생각이
말이다

Thinking
Speech

싱킹 스피치

박경식 지음

국립중앙도서관 출판시도서목록(CIP)

싱킹 스피치 : 스피치 발표훈련 지침서 / 글쓴이: 박경식. -
- 서울 : 북랜드, 2018
p.416 ; 16.2×22.4 cm

참고문헌 수록
ISBN 978-89-7787-818-1 03300 : ₩25000

말하기
발표[發表]

802.5-KDC6
808.5-DDC23 CIP2018039421

생각이 말이다

싱킹 스피치

Thinking Speech

박 경 식 지음

스피치 발표훈련 지침서

프롤로그

□ 싱킹 스피치(Thinking Speech)란 무엇인가

인간관계에서 가장 중요한 핵심능력 중 하나가 소통능력인데, 말은 입으로 하는 게 아니라 마음으로 하는 것이며, 마음이란 수많은 생각과 말이 쌓여서 이루어지는 것이다. 따라서 소통을 잘한다는 것은 유창한 언변이 아니라 상대에게 '필요한 말을, 필요한 때에, 필요한 만큼' 하는 것이며, 말을 하기 전에 '이 말이 상대에게 필요한 말인가? 꼭 지금 해야 할 말인가? 상대에게 상처 주는 말은 아닌가?' 하고 한 번 더 생각하고 말하는 싱킹(Thinking) 스피치를 생활화할 때 성공적인 대인관계를 이루고 행복한 사회생활을 할 수 있다.

언어의 수준이 자기 인생의 수준을 결정한다고 한다. 우리는 나보다 더 높은 수준의 언어를 구사하는 사람을 상대하기는 힘들다. 상대하는 사람의 수준이 수입의 수준을 결정하고 인생의 수준을 결정한다고 말할 수 있다. 말은 생각의 거울이며, 태도는 마음의 거울이고 말씨는 정신의 지문이다. 따라서 싱킹(Thinking) 스피치는 단순한 스피치 발표가 아닌, 상대의 마음을 읽고 나의 마음을 다스리기 위한 마음공부, 한 번 더 생각하고 말하는 생각공부, 말을 잘하기 위한 기법인 화법공부를 통해서 연마된 마음속 깊숙한 내면으로부터 우러나오는 말이다.

□ 왜 싱킹 스피치가 필요한가?

현대인은 하루 종일 소리와 영상에 둘러싸여 있기에 스스로 생각할 시간이 상당히 부족하다. 눈을 뜨면 TV부터 켜고, 화장실에 가도 스마트폰을 들고 가고, 일터로 가기 위해 차를 타면 라디오를 듣고, 출근하면 하루 종일 컴퓨터와 씨름한다. 휴식 시간, 식사 시간이면 어김없이 스마트폰과 대화하며, 퇴근 후 마트에 장보기를 하거나 모임에 가도 음악 소리와 시끄러운 사람 소리가 가득하다.

예를 들어보자. TV를 켜도 시끌벅적한 예능프로그램이 대세이며, 화면에는 자막처리로 시청자들이 스스로 생각할 여지가 거의 없어졌다. 그저 바라만 보고 웃기만 하면 된다. 이렇게 사유(思惟)하고 사색(思索)하며 생각할 시간이 절대적으로 부족하다. 이런 환경 속에 사는 현대인들은 생각하기를 싫어하는 경향이 강하다. 왜냐하면 생각은 시간과 에너지를 필요로 하기 때문에, 생각 없이 쉽고 편리하고 간편한 것을 좋아한다. 또한 생각은 변화를 요구하며, 변화는 고통을 동반하기에 사람들은 생각하기 싫어하고 피하게 된다. 그래서 현대인들은 이른바 마인드리스 그룹(Mindless Group 생각하기 싫어하는 집단)에 자연스럽게 합류하게 된다. 생각의 시간이 없어져 버린 것이다. 그러니 사람들 간의 대화도 매우 즉흥적이다. 생각 없이 뱉는 말은 상대에게 상처를 주고 해(害)를 주며, 말하고 난 뒤에는 후회를 하게 된다.

말이란 입안에 있을 때 나의 것이지, 입에서 나가는 순간 다른 사람의 것이다. 따라서 말이 입안에 있을 때 생각하여야 통제가 가능하므로, 사색과 사유를 통해 머릿속 생각을 잘 정리하고 재구성하고 편집하는, 이른바 싱킹(Thinking)의 시간이 필요하다. 싱킹 후 입에서 나오는 말은 이제 상대에게 이로운 말, 필요한 말, 격려하는 말, 칭찬하는 말, 배려하는 말, 긍정적인 말로 사람들에게 유용한 말이 될 것이며 세상을 아름답게 만드는 윤활유가 될 것이다.

□ 싱킹 스피치의 방법

스피치의 시작은 경청(傾聽)으로부터 출발한다. 내가 말하기 전에 먼저 상대의 말을 듣고, 그 다음에 내가 말을 해야 한다. 이때 중요한 것은 상대방의 말을 잘 듣기 전에, 내 말을 먼저 들어야 한다. 다시 말하자면 나의 내면에서 들려오는 나의 소리를 잘 들어야 된다는 말이다. '나는 상대방의 말을 선입견, 편견 없이 듣고 있나?', '나는 상대방의 말을 끝까지 듣지 않고, 내가 할 말만을 머릿속에 생각하고 있지는 않나?', '나는 상대의 말은 관심 없고 다른 생각을 하고 있지는 않나?'하고 자신에게 질문하고 들려오는 대답소리를 듣고, 상대의 말을 듣는다면 온전한 경청을 하게 될 것이다. 이것이 '**싱킹 과정**'이다.

말할 때도 마찬가지다. 우선 자신의 목소리를 들으면서 말을 해야 한다. 아무 생각 없이 말하는 사람은 자신의 목소리를 듣지 않고 말하는 것은 물론이고, 자신이 말한 내용까지도 무슨 말을 했는지 모른다. 그래서 말을 할 때는 먼저 자신의 목소리를 들으면서 말을 해보라. '내가 지금 친절하고 부드러운 말투를 사용하고 있는가?', '혹시 짜증스런 말투나 날카로운 금속성 소리를 내고 있지는 않는가?', '지나치게 하이 톤(High Tone)으로 말하고 있는가?' 아니면 '자신감 없는 목소리로 말하고 있는가?', '상대방을 무시하는 말투와 일방적인 말을 하고 있는가?'하고 자신의 목소리를 들으면서 내가 지금 상대에게 필요한 말을, 필요한 만큼, 필요한 시점에 말하고 있는가를 생각하며 말하면 이것이 '싱킹 스피치'이다.

이렇게 스피치에서 말하기, 듣기만 잘하면 되는가? 그렇지 않다. 인간과 인간과의 관계는 반드시 심리적 접근법이 필요하다. 이성적, 논리적으로는 아무리 나의 말이 맞다 하더라도, 감정적인 문제가 자리 잡고 있으면 대화는 실패하고 만다. 인간유형에 따른 커뮤니케이션 방식을 이해한다거나, 남녀의 커뮤니케이션 방식을 이해하는 등 심리적 접근법을 반드시 알고 있어야 한다. (예를 들면 좌뇌형, 우뇌형에 따른 대화술, 내향형, 외향형에 따른 접근법 등)

스피치는 대화술도 중요하지만 여러 사람 앞에서 말하는 발표술 또한 중요하다. 발표할 때도 싱킹 과정은 필수조건이다. 대중스피치 발표의 성공조건인 '심리적인 안정감, 효과적인 전달력, 논리적인 내용구성'이 되어야 발표는 성공적으로 이루어진다고 할 수 있다. 자신이 과거에 발표로 인한 정신적 충격(트라우마)이 있다거나, 발표 준비가 제대로 되지 않았다거나, 대중 앞에서 발표 경험이 별로 없으면 심리적으로 불안하기 마련이다. 이럴 때 실수할까 두려워하고, 말이 막힐까 봐 불안해하고, 나보다 지위가 높은 사람이나 나를 평가하는 사람 등 부담스런 청중 때문에 심리적 고통을 겪는다면, 이 또한 싱킹 과정의 부족현상으로 나타나는 것이다.

또한 아무리 심리적으로 자신감이 있다 해도 효과적인 전달력, 즉 언어적 표현력(음성을 통해 전달하는 단어, 문장)과 비언어적 표현력(시선, 표정, 자세, 제스처, 태도 등)이 부족하면 발표는 어려워진다. 그리고 심리적으로 자신 있고 효과적인 전달력(언어, 비언어)를 갖추었다 하더라도 논리적인 내용구성이 되지 못하면, 설득력은 떨어지고 알맹이 없는 스피치가 되고 만다.

스피치 공부는 거경궁리(居敬窮理) (주자학에서 중시하는 학문수양의 두 가지 방법으로, 거경은 내적수양법으로 항상 몸과 마음을 삼가서 바르게 가지는 일이고, 궁리는 외적수양법으로 널리 사물의 이치를 궁구하여 정확한 지식을 얻는 일)의 원칙으로 깨달음의 지혜를 통해 가슴으로만 느낌이 아닌, 생활 속 실천을 통해 실용화해야 됨이 중요하다.

결국 스피치란 자신의 생각을 논리적이고 조리 있게 구성하여, 효과적으로 표현하여 상대를 설득하는 것이다. 따라서 스피치의 출발은 생각이고, 생각이란 질문과 대답으로 이루어진 자신과의 대화이다. '오늘은 어떤 말로 오프닝 멘트를 할까? 그래 오늘은 명절 쇠고 처음이니 명절 관련 인사말로 시작하면 좋겠다.' 하고 자신과 대화하는 것이 바로 생각이다. <Thinking>

그다음 할 일은 논리적으로 조리 있게 구성하는 일이다. 그것은 생각을 정리하는 일이다. 생각은 생각만으로 정리하기 힘들고 반드시 손으로 정리해야 한다. 즉 글쓰기를 해야 한다. 여기서 글쓰기는 책을 쓰기 위한 글

쓰기가 아니라, 말을 하기 위한 글쓰기다. <Speech Writing>

이제 효과적으로 표현하면 된다. 언어적 기법과 비언어적 기법을 동원하여 상대의 마음이 움직이도록 설득하면 되는 것이다. <persuasion>

스피치의 출발이 생각인 만큼 좋은 생각은 좋은 말을 만들고, 긍정적인 생각은 긍정적인 말을 하고, 부정적인 생각은 부정적인 말을 하게 된다. 생각한다는 것은 습관이나 관습, 통념, 편견에서 벗어나 '다르게 생각하고 새롭게 생각한다.'는 것이다. 예전과는 다르게 생각한다는 것은 다르게 살아가는 것이고, 새로운 생각은 새로운 삶을 살아가게 될 것이다.

□ 싱킹 스피치가 나오기까지

1990년초 웅변을 시작으로 현장에서 스피치 지도를 한 지 어언 25년이 지났다. 젊은 시절 사자와 같은 함성과 우레와 같은 청중들의 환호와 박수를 받는 웅변에 매료되어 시작하게 되었다. 이제 세월이 흘러 웅변(oratory)이란 단어는 역사의 뒤안길로 사라지고 있으며, 스피치(speech)로 변신하여 소통(communication)의 축이자 현대인이 갖추어야 할 필수조건으로 자리 잡게 되었다.

시대의 흐름에 따라 1990년대 함께했던 웅변인은 이제 만나기 힘들어졌고, 뿔뿔이 흩어져 각자 삶의 현장 속에 자리 잡았지만, 스피커로 변신한 소수의 웅사(雄師)들만 웅변-스피치 계보를 이어가고 있을 뿐이다. 현재 대통령상을 시상하는 전국단위 유일 웅변대회인, 한국자유총연맹 주관 '전국자유수호웅변대회'(2018년, 55회) 지역심사위원으로 참여하면, 같은 심사위원 입장에서 웅변인을 만나서 인사를 나눌 정도이다.

아무튼 웅사(雄師)에서 스피커(speaker)로 변신하여, 그동안 현장에서 겪은 수많은 지도경험과 시행착오를 바탕으로, 싱킹 스피치를 현장지도에 적용코자 인고의 세월을 보냈다.

현재, 스피치강좌를 듣고 있는 수강생들은 이렇게 말한다. "스피치를 배우러 왔더니 철학, 역사, 문학, 신학 등 인문학 이야기를 듣고 심리학, 논리학을 다루어 깜짝 놀랐어요. 그리고 독서를 하지 않으면 스피치를 잘할 수 없다고 하니, 그동안 한 달에 책 한 권도 제대로 읽지 않았는데 우선 책 읽는 습관부터 길러야겠어요. 처음엔 머리가 뜨끈뜨끈했는데, 이젠 스피치의 묘한 매력에 점점 빠져들어가고 있으며, 다음 강의가 기다려지고 망설임이 설렘으로 바뀌어졌어요."라고 말한다. 그렇다. 스피치(말하기)는 마음의 알맹이를 다루는 분야이므로 인생의 진리를 탐구하는 인문학을 논변하는 것은 당연한 것이고, 인간관계 처세술의 심리분야도 다루어야 하며, 조리 있게 논리적으로 자기표현을 하려면 논리분야도 빠뜨려서는 안 된다. 그리고 무엇보다 알맹이를 튼실하게 채우려면 독서를 강조함은 지극히 당연한 것이다.

야생마처럼 필드에서 현장경험을 많이 하면서 뼈저리게 체감한 것은, 스피치 지도는 기술, 기능을 중심으로 한 외적 지도를 하면 우선 당장에는 효율적으로 사용될 수 있다. 하지만 반드시 컨텐츠 부족, 멘탈 부족 등 내면의 부족함을 느끼게 되고 그땐 이미 스피치에 흥미를 잃어버리게 되는 수강생을 많이 보았다. 또한 스피치 강좌의 수강 경험이 있는 사람들을 만나보면, "스피치를 좀 배웠지만 배울 때는 효과가 있는 것 같았는데, 지금은 다시 예전과 별 차이 없어요."라는 말을 자주 듣게 된다. 그래서 처음 시작할 때부터 내적 기초를 튼튼하게 다지면서 기술과 기능의 외적요소를 함께 지도하여, 인문학적 소양을 갖춘 인문지식인으로 성장토록 지도하는 것이 중요하다는 것을 절감하게 되었다. 이것이 싱킹 스피치가 추구하는 목표가 되었다.

스피치강좌 초보자의 수강동기(動機)는 대부분 비슷한 편이다. "평소에 앉아서 주위 사람들과 말할 때는 잘되는데, 여러 사람 앞에만 나가면 말이 막히고 생각이 나지 않고 눈앞이 캄캄해진다.", "여러 사람 앞에 서면 울렁증이 있다.", "대중 앞에서 막힘없이 하고 싶은 말을 조리 있게 하고 싶다.",

"자신감 있게 말하는 사람이 되고 싶다."라고 말한다. 대체로 대화는 문제없다고 생각하고, 발표를 잘하고 싶어서 스피치강좌 수강을 하게 되었다고 말한다.

스피치 교육과정의 양 축은 「**발표**(presentation)**와 대화**(Talk)**과정**」이라고 말할 수 있다. 초보자가 말하는 스피치는 주로 발표(presentation)를 지칭하는 말인데, 발표는 스피치교육 과정 중의 한 축이며, 다른 한 축인 대화(對話)는 실생활에서 발표보다 더 많이 사용되므로 이 또한 중요한 과정이다.

이 책은 스피치 교육과정 중 초보자들이 주로 원하는 '**스피치 발표기법**'을 훈련과정 중심으로 편찬되었다. 목차를 소개하면, 스피치를 처음 입문한 사람이 익혀야 할 개념을 1장에서 다루었고, 스피치는 목소리를 통해 표현되므로 음성훈련(Voice Training)을 2장, 3장에서 다루었다. 그리고 여러 사람 앞에서 발표하려면, 첫 번째 극복해야 할 과제가 '발표불안증'이다. 이를 극복하기 위한 멘탈훈련을 4장에서 다루었고, 대중스피치 발표기법 및 발표실습은 5장에서 다루었다. 그리고 발표할 때 초보자가 어려움을 호소하는 것이 '갑자기 생각이 나지 않고 눈앞이 캄캄하다.'는 것이다. 또한 나이가 들수록 기억력 감퇴 현상으로 자신감을 잃는 사람들이 많다. 그래서 기억훈련을 6장에서 다루었으며, 7장은 스피치의 논리적 내용(컨텐츠) 구성에 해당하는 문자언어훈련 과정을 다루었다. 마지막으로 8장은 보디랭귀지라고도 말하는, 몸짓언어 훈련과정으로 구성되었다. 모쪼록 이 책이 여러분이 원하는, 필요로 하는 바를 달성하는 데 조금이나마 도움이 되기를 간절히 기원한다.

2018년 겨울의 문턱에서

박 경 식

차례

004 프롤로그

013 제 1 장 스피치 개념

Ⅰ. 커뮤니케이션 ____ 14
Ⅱ. 스피치 ____ 31
Ⅲ. 스피치 커뮤니케이션 ____ 43

049 제 2 장 음성언어 훈련

Ⅰ. 호흡훈련 ____ 50
Ⅱ. 발성훈련 ____ 56
Ⅲ. 발음훈련 ____ 68
Ⅳ. 조음기관 훈련 ____ 89

098 제 3 장 낭독훈련

Ⅰ. 낭독훈련 ____ 94
Ⅱ. 표준발음 낭독 ____ 118
Ⅲ. VT-100 훈련 ____ 128

133 제 4 장 멘탈(Mental) 훈련

Ⅰ. 대중공포증 ____ 134
Ⅱ. 발표불안증 ____ 141
Ⅲ. 자신감 만들기 ____ 154
Ⅳ. 동기부여 ____ 164

175 제 5 장 발표훈련

Ⅰ. 발표(대중스피치) _____ 176
Ⅱ. 연설 _____ 198
Ⅲ. 3분 스피치 _____ 221
Ⅳ. 발표 실습 _____ 231

251 제 6 장 기억훈련

Ⅰ. 기억법 _____ 252
Ⅱ. 기억력 향상 _____ 261
Ⅲ. 중년의 기억력 _____ 272

281 제 7 장 문자언어 훈련

Ⅰ. 스피치 글쓰기 _____ 282
Ⅱ. 스피치 컨텐츠 _____ 296
Ⅲ. 스피치 원고 구성 _____ 304
Ⅳ. 스피치의 논리 _____ 328

349 제 8 장 몸짓언어 훈련

Ⅰ. 비언어적 표현 _____ 350
Ⅱ. 연극대본 훈련 _____ 383
Ⅲ. VT-200 훈련 _____ 407

412 참고문헌

Thinking
Speech

제 1 장

스피치 개념

Ⅰ. 커뮤니케이션

스피치 교육과정을 이해하려면 먼저 커뮤니케이션(communication)이 무엇인지부터 알아야 한다. 스피치는 커뮤니케이션의 수단이지 목적이 아니다. 따라서 커뮤니케이션을 잘하기 위한 수단으로서의 스피치를 알려면 커뮤니케이션을 이해해야 한다.

1 커뮤니케이션 개념

(1) 커뮤니케이션이란?

인간의 삶이란 만남과 관계로 엮어진 과정이며 인간관계를 잘 형성하고 유지하기 위해 평생 노력하며 살아가는 것이라고 말할 수 있다. 인간(人間)이란 말 중 간(間)은 '사이'라는 뜻이다. 여기서 '사이'란 '관계'를 의미하며 곧 인간은 누군가 관계를 맺으며 살아간다는 말이 된다. 그래서 우리 모두는 보다 행복해지고 성공적인 삶을 살아가고 싶어, 다른 사람과 좋은 관계를 형성하고 원만한 관계를 유지하고자 한다. '사이좋은 관계'란 '잘 통(通)하는 관계'라고 말할 수 있다. 그러므로 다른 사람과의 관계를 잘하기 위해서 우리는 다른 사람에게 자신의 의사를 잘 표현하는 커뮤니케이션을 잘하려고 노력한다.

커뮤니케이션(communication)이란 간단하게 말하면 '의사소통(意思疏通)' 또는 '의사전달(意思傳達)'이라 말할 수 있으며 인간이 서로 의사, 감정, 사고를 전달하는 일로써 언어, 문자, 그 밖의 시각, 청각에 호소하는 몸짓, 표정, 소리 등의 수단으로 행하는 것을 말한다. 그러나 커뮤니케이션이란 말은 자주 들어봤지만 정확한 뜻을 설명하자면 좀 어려울 것이다. 커뮤니케이션이란 말은 라틴어 '커뮤니카레(Communicare)'에서 유래되었다. 신이 자신의 덕(德)을 인간에게 나누어준다거나 열이 어떤 물체로부터 다른 물체로 전해지는 분여, 전도, 전위 등을 뜻하는 말이다. 근래에는 '어떤 사실을 타인에게 전하고 알리는 심리적인 전달의 뜻'으로 쓰인다. 일반적인 의미로는 '개념이나 뜻의 전달 및 통신과 사상의 표현이나 교환을 말하는 의사전달'을 의미한다.

따라서 커뮤니케이션을 한 글자로 표현한다면 통(通)이다. 상대방과 통(通)해서 원하는 바를 얻거나 나누는 것이 커뮤니케이션의 핵심이라고 말할 수 있다. 그러므로 커뮤니케이션은 상호간에 정보의 공유와 나눔, 이해를 위해 무슨 말을(What to say) 어떻게 하느냐(How to say)에 따라 관계형성과 유지에 영향을 미치게 된다. 두 사람만의 대화이든, 소수와 스피치를 하거나 여러 사람 앞에서 대중스피치를 하든 간에 커뮤니케이션 목적은 사람과 사람간의 공감(共感)과 정보의 이해와 나눔이다.

(2) 커뮤니케이션의 중요성

우리는 세상에 태어나면서부터 사람과 관계를 맺으며 사는 동안, 수많은 사람과 커뮤니케이션하면서 관계를 맺으며 동반자로서 좋은 관계로 발전하기도 하고, 부딪치고 희로애락(喜怒哀樂)을 느끼며 변화하는 관계 속에서 살아가고 있다. 인간관계는 한 사람의 입장에서 보면 '대인관계'이므로, 어떤 사람이 대인관계가 좋다는 말은 커뮤니케이션을 잘한다는 뜻이다.

우리가 커뮤니케이션을 많이 하는 이유는 무엇인가? 미국의 어느 연구조사에 의하면 사람은 잠자는 시간을 빼놓고 활동의 80% 정도를 다른 사람과 커뮤니케이션으로 사용하고 있다고 한다. 우리의 삶을 자세히 들여다보면, 식사나 일을 하든, 물건을 사든, 휴식을 취하든 살아가는 데 필요한 정보나 지식을 얻는 등 무엇을 하든지 직・간접적으로 다른 사람과 연관이 되어 있다.

실제로 다른 사람들과의 행위 없이는 우리는 아무것도 할 수 없다. 그래서 사람들을 만나서 의사나 감정을 교환하는 커뮤니케이션을 한다. 그 결과로 어떤 일이 성사되거나 물건을 주고받는 등 어떤 행위가 오고 가게 된다. 어떤 학자는 이를 '숨 쉬는 공기와 같은 것'이라고 하며, 그 중요성을 강조하고 있다. 세계적인 경영학자 피터 드러커는 "인간에게 가장 중요한 능력은 자기표현이며, 현대의 경영이나 관리는 커뮤니케이션에 의해 좌우된다."고 말했다.

사람은 일생 수많은 관계를 맺고 살아가면서 빚어지는 큰 문제의 대부분은 말로서 빚어진다. 말이 없으면 그것도 문제되지만, 말이 입 밖에 나와 상대에게 전달되면 수면 위로 떠오르는 것과 같은 표면화가 된다. 말에는 실수가 따르고 해석의 차이가 있어, 때로는 오해와 갈등을 가져오기 때문에 커뮤니케이션은 쉽지가 않다.

구체적으로 말하자면, 그 이유로는 여러 가지가 있겠지만 커뮤니케이션을 함에 있어서 사람마다 자라온 그리고 처한 환경과 학식, 생각과 마음이 다르고, 이해수준도 차이가 있기 때문에 문제가 생긴다. 동상이몽(同床異夢)이란 말처럼, 사람의 생각은 똑 같을 수가 없다. 따라서 우리가 보다 원만한 인간관계를 유지하기 위해서 문제를 일으키지 않고, 나의 생각을 어떻게 전달할 것인가 하는 것이 중요하다.

(3) 커뮤니케이션의 역할

사람은 누구나 보다 행복해지고 성공적인 삶을 살아가고 싶어 한다. 그러기 위해선 커뮤니케이션을 잘해야 한다. 성공한 사람들은 다른 사람과 쉽게 친해지고 어느새 상대를 내 편으로 만들고, 자신의 의사대로 상대를 움직이게 한다. 그런 사람을 만나고 나면 무엇에 홀린 듯한 자신을 발견할 것이다. 당신도 그래야만 한다. 당신이 자신의 의사나 감정을 제대로 전달하여 상대가 받아준다면, 만족감이라는 행복을 느끼는 동시에 상대의 행동변화가 나타난다면 성공의 문이 조금씩 열리는 결과가 된다.

커뮤니케이션은 감성차원의 환경조절로서 사람과 사람을 이어줌으로써 인간의 사회적 욕구를 충족시켜주며, 기쁨을 같이 나누고 슬픔을 위로해줄 상대방을 만나게 하고, 비슷한 생각을 하는 사람들끼리 자연스럽게 응집시키는 커뮤니케이션 역할을 한다. 주위 사람들에게 긍정적인 인정을 받지 못하거나, 사이가 좋지 않아 거절당하기도 하고, 미움이나 오해를 사기도 하며, 심각한 갈등을 빚기도 한다. 이러한 어려움 중 대부분은 원만하지 않은 인간관계에서, 상대의 마음에 잘못된 메시지를 준 커뮤니케이션에서 비롯되는 것들이다. 당신이 진심으로 상대를 위해서 말을 하지만 그 말의 효과는 상대나 청중이 어떻게 받아들이느냐에 달려있다.

(4) 커뮤니케이션이 잘되지 않는 원인

1) 정보의 생략 때문이다

실제 경험은 많은 정보를 포함하고 있지만 말을 통해 전달하는 정보에는 한계가 있기 때문에 일반적인 커뮤니케이션 속에서는 정보가 '생략되어 전달된다. 따라서 상대에게 제대로 전달되지 않거나 상대를 이해하기 어렵게 만든다.

- "나 어제 술 마셨어!"
  ⇒ 이 말은 어디서? 누구랑? 왜 마셨지? 소주? … 등 많은 정보가 생략되어 있다.

2) 정보의 왜곡 때문이다

① 정보의 수용방법이 사람마다 다르다

- 철수 : "어제 여자 친구랑 영화 봤어."
- 세민 : "와! 좋았겠다."

■ 수태 : "난 당분간 여자 친구와 영화 보지 않을 거야."

⇒ 세민이는 과거의 경험을 통해 여자 친구와 영화를 보는 일은 즐겁다는 프로그램이 형성되어 있어서, 철수의 이야기를 듣자마자 자신의 과거 경험에 비추어 상상한 것이다. 하지만 수태는 여자 친구와 영화보다 싸운 지 얼마 되지 않은 상태에서 철수의 이야기를 들었다면, 다르게 받아들인다는 것이다.

② 그 사람의 가치관이 필터가 된다

사람들에게 책을 지정해주고 독후감을 발표하라고 하면, 같은 책을 읽고도 다양한 발표가 나오게 된다. 이처럼 우리는 저마다 자라난 환경과 경험, 배경지식이나 바탕지식 등 교육수준이 다르기 때문에 당연히 가치관도 다르다. 이 가치관이 그 사람의 필터가 되는 것이므로 같은 것을 보아도 사람마다 관점과 감상이 달라진다.

③ 정보는 자신만의 필터를 통해 왜곡된다

우리는 각자 자신만의 필터를 통해 세상을 본다. 그런데 그것이 극단적으로 표현될 때가 있다. 어떤 의견에 무게감을 더해주기 위해 정보가 '왜곡'되는 경우이다. "그가 내 생일을 잊어버리다니, 이제 더 이상 나를 좋아하지 않는 거야." 이런 경우 '생일을 잊다=나를 좋아하지 않는다.'라는 필터를 통해서 상황을 파악했다. 사실은 정말 바빠서 잊어버렸거나 잊어버린 척하고 나중에 깜짝 이벤트를 해주려고 했을 수도 있다.

3) 정보의 일반화 때문이다

"모두 나를 바보 취급해!", "요즘은 불경기라서 전부 힘들어" "다들 그렇게 말하던데…"와 같은 표현에는 공통점이 있다. 바로 '일반화' 시킨다는 점이다. 하나의 사실을 놓고 마치 전부인 것처럼 표현하고 있다. 이처럼 '모두, 전부, 다들'과 같은 표현을 쓰고 있지만 하나도 남김없이 그렇지는 않다. 이렇게 모두 사실이 아닌데도 일반화한 표현을 빈번하게 사용하는 이유는 상대에게 동의를 구할 때, 단순하게 믿을 때, 자신의 의견에 자신이 없을 때 일반화된 표현을 사용한다.

4) 커뮤니케이션의 기술부족 때문이다

커뮤니케이션을 보면 인간관계에 도움을 주는 건설적인 것과 인간관계에 갈등을 불러일으키고 분열의 씨를 뿌리는 파괴적인 것이 있다. 대부분 커뮤니케이션에서 일어나는 문제는 자신의 의사를 강요하기 때문에 일어난다. 사람은 강요당하거나 구속되는 것을 싫어하는 습성을 지녀, 강요를 당한다면 반발하게 된다. 커뮤니케이션 기술은 다른 사람의 감정을 상하지 않으면서 나의 의견을 정확히 전달하므로, 자신의 역량을 발휘하는 데 중요한 역할을 한다. 커뮤니케이션 기술이 부족한 이유를 크게 두 가지로 보면 다음과 같다.

① 자신의 커뮤니케이션 기술에 문제가 없다고 믿는다

어린이들을 보면 글을 몰라도 말을 하며 자신의 감정과 의사를 드러낸다. 이와 같이 어렸을 때부터 자연스럽게 우리말을 익혀왔고 구사해왔기 때문에, 다른 사람과 커뮤니케이션에 아무런 문제가 없다고 생각하는 사람이 많다. 이런 사람들은 커뮤니케이션이 잘못되어도 남을 탓하거나 운이 없는 탓으로 돌려버리며, 커뮤니케이션 방법은 굳이 배우지 않아도 저절로 습득되고, 누구나 원만하게 커뮤니케이션을 할 수 있다는 잘못된 통념이 자리 잡고 있다. 실제로, 커뮤니케이션 능력이란 언어능력과 함께 부단한 훈련과 실제 적용을 통한 경험에 의해서만 습득될 수 있는 능력인데도 말이다. 하지만 대부분의 사람들은 이러한 사실조차 모르고 여태까지 살아왔기 때문에, 대인관계에서 갈등과 오해, 분란이 떠나지 않는 것이다.

② 커뮤니케이션 방법을 모른다

살아가는데 있어서 커뮤니케이션의 중요성은 알고 있지만, 어떻게 해야 효과적인 커뮤니케이션이 이루어지는지 잘 모르기 때문이다. 초·중·고등학교의 국어 과목에서 적당한 음성으로 자신을 표현하고, 다른 사람들에게 적절한 메시지를 전달해야 한다는 것을 이론상으로 배웠지만, 실제 커뮤니케이션에는 인간관계에 필요한 '심리적 접근'이 필요하다. 하지만 이것은 학창시절에 미처 배우지 못한 부분이며, 세상을 살아가면서 체험을 통해 하나씩 깨우쳐가고 있다. 즉, '방법론'을 모르기 때문이다.

(5) 커뮤니케이션 능력향상법

커뮤니케이션에는 참여자 간에 말을 주고받는데, 참여자들의 커뮤니케이션 능력의 바탕 위에 태도, 기대, 감정의 변화에 따라 커뮤니케이션의 맥락 자체도 변화를 한다. 무엇보다도 커뮤니케이션의 결과에 영향을 끼치는 원인이 되는 말을 어떻게 표현하느냐에 따라 크게 좌우된다. 바꾸어 말하면 커뮤니케이션은 그 능력 여부에 따라 결과가 좌우될 수 있다는 말이다. 따라서 커뮤니케이션 기술이나 능력향상을 위해서는 다음의 능력을 갖춰야 한다.

1) 일반적인 지식 능력을 갖추어야 한다.

일반적으로 지식의 수준이 서로 대등해야 커뮤니케이션이 가능하다고 한다. 참여자간에 커뮤니케이션이 시작되고 진행 • 종료되는 과정의 밑바탕에는 참여자들이 가지고 있는 태도, 인성, 지식 등이 중요한 작용을 한다. 커뮤니케이션 과정에서는 주고받는 메시지의 이해와 해석, 더 나아가 복잡한 문제나 추상적인 문제를 이해하거나 분석하는 것도 필요한데, 이를 위해서는 지식을 어느 정도 갖추어야 한다.

특히 새롭고 다양한 지식을 갖춘 경우, 회의나 토론과 같은 커뮤니케이션 과정에 적극적이고도 역동적으로 참여하여 주도하고, 신지식이나 기술을 익히는 등 꾸준히 자기 개발을 하고, 중요한 커뮤니케이션이 있는 경우 사전에 필요한 정보와 지식을 충분히 갖추고 임해야 한다. 이런 노력 없이 커뮤니케이션 능력 향상은 있을 수 없다.

2) 화법 능력을 갖추어야 한다.

대화, 협상, 회의, 토론, 연설과 같은 커뮤니케이션 상황에서 말하고 들을 때에 필요한 지식에 대한 능력, 즉 '화법(話法)능력'이다. 여기에는 말하는 목적을 효과적으로 달성할 수 있도록, 말하기의 상황과 상대방이나 청중의 처지와 이해수준을 감안하고 그 내용을 선정하고 조직하는 '메시지 작성기술' 즉, 글 쓰는 능력이 포함된다. 또한 상대를 이해시키기 위하여 그것을 정확하게 표현하고, 내용에 맞게 목소리를 조절하여 몸짓언어까지 적절히 취하는 '표현기술'이 있어야 한다. 아울러 문답이 오가는 대화나 토론의 경우에는 상대의 말을 잘 듣는 '경청기술'도 있어야 한다. 이러한 능력이 부족한 사람은 상대나 청중에게 자신의 의사나 감정을 효과적으로 전달할 수 없다. 특히 여러 사람을 상대로 발표하는 경우에는 발표불안증도 극복해야만 한다.

3) 전략적 능력인 '심리적 접근법'을 알아야 한다.

말을 잘하는 사람은 정보를 분석, 종합하는 능력이 뛰어나고 상대에 따라 정보를 효과적으로 잘 이용할 줄 안다. 커뮤니케이션 상황에서 말하고 들을 때에는 상대방, 커뮤니케이션 목적, 말하고 듣는 태도를 고려해야 한다. 커뮤니케이션에 있어서 심리적 접근능력은 커뮤니케이션의 목적 달성을 위하여, 말하기와 듣기를 상대방의 언어사용과 생각의 방식에 적절하게 대응하여, 자신의 언어사용 방식을 조정하는 상호작용 기술로서, '공감'을 우선시한다.

커뮤니케이션 형식 중에서 얼굴을 마주하고 하는 대화는 말 한마디나 상황에 아주 민감하다. 나와 이야기를 할 것인지 아닌지, 목적을 공유할 것인지 아닌지의 선택은 주로 상대방에게 달려 있다. 또한 나의 이야기에 상대방이 얼마나 집중할 것인지, 동의나 수락하느냐의 여부도 상대방에게 달려 있다고 할 수 있다. 그러나 당신은 전략적으로 상대의 선택을 조정할 수가 있는데, 이것이 바로 전략적 능력인 심리적 접근법이다. 따라서 성공하려면 반드시 당신은 어떤 사람을 상대하든 간에, 당신의 의사를 효과적으로 전달할 수 있는 능수능란한 커뮤니케이터가 되어야 한다는 사실이다.

2 커뮤니케이션 방식

커뮤니케이션(communication) 즉, 의사소통이란 한 개인이 다른 사람에게 정보를 전달하는 과정인데 이는 다른 사람의 언어적, 비언어적 행위에 의미를 부여할 때 일어난다. 의사소통은 행동의 한 형태이지만 모든 행동이 다 의사소통은 아니다. 청자(聽者)가 화자(話者)의 언어나 행동에 담긴 메시지를 인식하는가에 달려있다. 무엇을 말했거나 전달하고자 했는가에 관계없이 그 말이나 몸짓에 의미를 부여하는 것은, 청자이므로 의사소통은 주로 청자에게 초점을 둔다.

의사소통 방식은 크게 언어적 의사소통과 비언어적 의사소통으로 나눌 수 있다. 훌륭한 의사소통을 하기 위해서는 먼저 모든 인간은 독특하므로 누구나 독특한 방법으로 사건을 인식하고 경험하고 상호 교환한다는 것을 이해해야 한다.

(1) 언어적 의사소통

인간은 자신의 의사를 표현하고 상대방의 마음을 읽기 위해 언어를 사용한다. 그러나 언어를 사용할 줄 안다는 것과 타인과 커뮤니케이션을 잘한다는 것과는 상당한 차이가 있다. 언어 자체는 하나의 상징이기 때문에 의미와 직결되지는 않는다. 따라서 메시지를 전달할 때는 메시지 내용을 논리적으로 명확히 하고 간결하고 쉬운 용어를 사용하며, 좋은 음성과 적절한 속도로 자연스럽게 말해야 한다. 또한 너무 많은 정보로 수신자를 압도하지 않으며, 수신자가 잘 이해했는가를 확인하기 위해 소통 도중에 질문이나 코멘트 등 피드백을 요구한다.

1) 음성언어

세상에서 가장 위대한 악기가 무엇인가? 50억짜리 바이올린이 아니다. 그것은 바로 인간의 목소리다. 소리 내어 말하는 능력은 인간의 타고난 재능이다. 지구상의 어떤 종(種)도 인간만큼 발전된 소리기술을 가지고 있지 않다. 이렇게 위대한 악기를 보유하고 있으면서도, 평범한 기능만 사용하고 있지 않은가. 안타까운 현상은 거의 모든 사람이 위대함을 잠재우고, 평범한 수준에 머물러 있다는 것이다. 이제 당신의 위대한 악기를 단조롭게 만들어서는 안 된다.

신이 만든 위대한 악기는 수만 가지 소리를 낼 수 있다. 신이 내린 목소리라고 칭송받는 성악가 조수미의 노래를 들으면 온몸에 전율이 일어난다. 그녀는 타고난 목소리를 멋지게 개발하여 훌륭하게 만든 사람이다. 한마디로 자기 악기를 탁월하게 만든 증인이다. 이렇게 모델이 있기 때문에 우리도 잘 개발할 수 있다. 당신의 목소리도 잘 디자인하고 개발하여 탁월함을 과시하라.

① 목소리 다듬기

목소리를 잘 다듬는 방법은 목소리를 녹음하여 듣는 것이다. 자기 소리를 녹음하여 듣게 되면, 기대한 목소리와 너무 달라 놀랄 것이다. 이러한 놀라움은 정상이다. 이제부터 다듬으면 멋지게 될 수 있다. 목소리를 다듬는 몇 가지 요령을 알아보자.

<u>첫째, 평소의 목소리보다 톤(Tone)을 약간 올려라.</u> 톤을 약간 올리면 듣

는 사람이 훨씬 듣기 좋다. 명랑한 느낌이 들고 자신감 있는 목소리로 들린다. 당당하고 힘찬 목소리의 출발점은 지금보다 조금 높게 말하는 것이다. 자기 목소리 톤의 높이가 어느 정도가 적당한지 알아보려면, 먼저 자세를 바로 하고 "음~" 해 보라. 다음에 "흠~" 해 보라. 이제 "음~ 흠~"을 연속하여 발성하라. 이 톤이 종일 말을 해도 피로하지 않고 당신에게 가장 알맞은 높이다. 아직도 어느 정도인지 잘 모르겠다는 사람이 있을 것이다. 양손을 똑바로 펴고, 머리 위로 치켜세워라. 그리고 "음~" "흠~" 하고 소리 내어 보라. 이제 쉽게 이해가 되었을 것이다. 손을 높이 추켜세우면 소리를 낮게 낼 수 없다. 또 소리를 적정 톤보다 높이면 힘이 든다. 이렇게 손을 들고 "음" "흠"에 이어 "반갑습니다."를 해 보라. 이제 "음~ 흠~ 안녕하세요." 등의 낱말을 붙여 자연스럽게 톤의 높이를 인식하라.

둘째, 음성 고저에 리듬을 넣어라. 음악을 듣는 것은 리드미컬하게 말을 하는 데 도움이 된다. 그냥 단조롭게 말하지 말라. 강조할 때는 억양을 높여라. 때론 거의 들리지 않을 정도로 속삭여라.

셋째, 말의 속도를 조절하라. 긴장감을 유발할 때는 속도를 높여라. 그리고 말하는 도중에 멈춰라. 말의 멈춤은 긴장과 휴식을 동시에 조성한다. 편안함을 조성하고 싶을 때는 천천히 말하라. 상냥하고 달콤한 말은 언제나 편안하다.

넷째, 다양한 소리를 즐기며 연습하라. 이런 변화된 소리를 녹음하여 들어보라. 어떻게 달라졌는지 확인이 가능하다. 보완하고, 반복하여 연습하라. 마음에 드는 목소리가 발견되면 집중하여 연습하라. 생활 속에서 자연스럽게 말이 나올 때까지 연습하고 또 연습하라. 최고의 스피커(speaker)가 멋지게 한 말씀 하는 것은 수많은 연습의 결과물인 것을 잊지 말자.

② 음계 익히기

사람은 음의 높낮이에 따라 내용을 다르게 느끼므로 음계를 잘 익혀두자

■ '도/레' 음은 심각한 내용을 전달할 때 많이 사용하는데, 이것은 진지

하고 권위적이고 딱딱하고 음울한 느낌마저 준다.

■'미' 음은 PPT와 뉴스교양에 많이 사용한다. 그 이유는 '미' 음을 사용할 때 사람들은 신뢰와 교양이 있다고 생각하기 때문이다.

■'파/솔' 음은 경쾌한 내용의 스피치에 사용된다. 오락이나 유머 등 밝은 내용을 전달할 때 자주 쓰이지만 안 써도 되는데 불필요하게 '파/솔' 음을 쓰면 사람이 가벼워 보일 수도 있으니 유의해야 한다.

2) 문자언어

문자언어는 '내용언어'라고도 말하는 데 어떤 내용을 어떻게 담아 구성할 것인가를 의미한다. 말에도 진행방식이 있는데 내용을 정확하게 전달하기 위해서는 논리적 3단계방법을 사용하는 것이 청중에게 설득력이 있다.

① 서론

먼저 인사를 한 후 일상적인 이야기를 하며 청자와 공감대를 형성한다. 그다음 어떤 주제로 발표를 할지 간단하게 언급해 청자의 기대감을 유발한다.

☞ **스피치회원 여러분, 안녕하세요. 생각의 나이가 젊은 사람, ○○○입니다.**

여러분, 사람은 생각하는 대로 세상을 살아갑니다. 그렇지 않으면 사는 대로 생각하게 된다고 합니다. 생각의 게으름이야말로 가장 비참한 일입니다. 지금부터 여러분에게 "성공을 위한 생각의 변화"에 대해서 말씀드리겠습니다.

② 본론

전하고자 하는 내용을 3가지로 분류해 정리한다. 이것을 본인의 예화로 구체적인 사례를 들며 스토리텔링 기법을 사용하여 입체적으로 말한다.

☞ **"성공을 위한 생각의 변화" 3가지를 말씀드리자면,**
첫째는 자기성찰을 해야 합니다. 자기성찰을 위해 …
둘째는 자기수용을 해야 합니다. 자기수용을 위해 …
셋째는 자기사랑을 해야 합니다. 자기사랑을 위해 …

③ 결론

마지막에는 스피치를 요약 정리하며 스피치를 마친 후의 여운을 남길 수 있는 말을 하며 마무리 짓는다.

☞ **지금까지 "성공을 위한 생각의 변화" 세 가지에 대해서 말씀드렸습니다.**
여러분, 우리 모두 달력의 나이대로 살아가기보다는 생각의 나이로 살아가며, 성공을 향해 열심히 달려갑시다.
끝까지 경청해 주셔서 감사합니다.

(2) 비언어적 의사소통

언어가 커뮤니케이션의 핵심요소이지만 언어만으로는 의미전달이 이루어지지 않으므로 다양한 비언어를 사용해야 정확한 의사전달이 된다. 비언어 메시지의 특징은 감정을 표현한다는 것이다.

미국 UCLA 대학의 앨버트 메라비언(Albert Mehrabian) 박사는 '커뮤니케이션은 내용 7%, 음성 38%, 표정과 몸짓 55%로 이루어진다.'는 법칙을 만들었다. 이것은 한 사람이 상대방으로부터 받는 이미지는 시각이 55%, 청각이 38%이며 내용은 고작 7%밖에 되지 않음을 밝혀낸 연구결과다. 즉 말의 내용은 7% 정도이고 나머지 93%는 비언어적 요소인 표정과 몸짓, 목소리의 어조나 음조 등을 통해 표현된다.

따라서 비언어적 의사소통은 언어적 의사소통을 보다 정확하게 표현해

주는 보완적 의사소통이 되기도 하며, 말로는 표현할 수 없는 감정을 보다 솔직하게 표현해주는 수단이 된다고 한다. 그리고 전달하고자 하는 메시지 내용과 몸짓이 일치해야 하며 적절한 시선 접촉과 몸짓을 사용해야 한다.

1) 몸짓언어

사람은 말보다 몸으로 표현하는 언어에 더 신뢰점수를 높게 부여한다. "나는 당신이 좋습니다."라고 입으로 말하고, 동시에 몸으로는 '기분 나쁜 사람'이라는 표정을 짓는다고 상상해 보자. 듣는 사람이 어떻게 판단할 것인가? 신체언어가 이렇게 중요하기 때문에, 제대로 전달하기 위해서는 몸으로 표현하는 능력을 키워야 한다.

최고의 발레리나가 되기 위해서는 몸으로 표현하는 방법부터 배운다. 커뮤니케이션의 달인이 되는 것도 마찬가지다. 몸으로 대화할 수 있는 수준으로 만들어라. 몸으로 대화하는 데 도움이 되는 몇 가지 동작을 소개하면 미소, 끄덕임, 앞으로 몸 기울이기, 눈 맞추기, 다양한 얼굴표정 짓기, 손동작 등이 있다. 특히 손동작을 자연스럽게 연습하라. 당신도 전문가의 동작을 따라 해 보면 빠르게 배우는 지름길이 될 것이다. 그리고 혼자 동작을 연습하고 싶을 때는 최고의 훈련 파트너가 거울이다.

또한 시각언어는 시선, 표정, 피부표현, 눈, 눈썹, 치아, 의상, 몸짓, 머리모양 등을 말한다. 사람의 첫인상을 판단하는 데 3초가 걸린다고 자주 듣는데 이제는 3초도 옛말이고 0.3초라고 한다. 하지만 이러한 판단 기준에 외모가 절대적이지는 않다. 그보다 그 사람의 삶과 가치관이 인상에 나타나기 때문에 이를 가꾸는 것이 더욱 중요하다.

2) 공간언어

대부분 사람들에겐 각자 편안하게 느껴지는 나만의 영역이 있다. 공간 이용은 성별, 연령, 상대방과의 친밀도, 공간 크기, 문화적 배경에 따라 차이가 있다. 남자들이 여자에 비해 넓은 공간을 이용하고 여자들은 좁은 공간에서도 덜 불편해하며 아이들은 좁은 공간을 주로 이용한다. 그리고 사람들은 공간이 넓으면 서로 가까이 모이는 경향이 있고 공간이 좁으면 서로 멀리하는 경향이 있다. 낯선 사람, 권위적인 사람, 지위가 높은 사람, 위협적인 사람, 타지방 사람에게는 거리를 두며 문화적 배경에 따라 공간이용이 다르다. 공간거리의 유형을 살펴보면 다음과 같다.

- 친밀한 거리 : 45cm 이내 (엄마와 아이, 애인 사이)
- 사적 거리 : 45~120cm (사교할 수 있는 거리, 조용한 대화)
- 사회적 거리 : 120~360cm (사장과 사원, 갑과 을의 거리)
- 공적 거리 : 360cm이상 (연사와 청중의 거리)

3) 유사언어

유사언어(paralanguage)는 목소리와 관련된 요소로 소리의 높낮이, 속도, 크기, 음질, 발음 등의 말씨(말투)를 말한다. 이러한 유사언어는 상대의 나이나 외모, 키 등 신체적 특징을 암시하는 기능을 한다. 예를 들면 말하는 속도가 느리면 나이 든 사람, 빠르면 젊은 사람으로 인식되며, 큰 소리를 내면 키가 크고 덩치가 큰 사람으로 연상되기 쉽다. 또한 맑은 목소리와 정확한 발음을 구사하는 사람은 신뢰감을 주고 실력 있고 정직하다는 느낌을 갖게 해 준다. 그러나 "어, 저, 음…"과 같은 간투사를 자주 사용하면 메시지의 신뢰도를 의심받게 된다.

3 커뮤니케이션 유형

커뮤니케이션은 크게 보면 내적·외적 커뮤니케이션으로 볼 수 있고, 상황에 따라 나 혼자만의 상황, 두 사람의 상황, 몇 사람이 함께하는 상황, 대규모 모임에서의 상황으로 구분해 볼 수 있다

(1) **자기 커뮤니케이션** - 내적(內的) 커뮤니케이션

자기 커뮤니케이션(intrapersonal communication)은 자기 스스로 마음속으로 커뮤니케이션하는 과정, 즉 내적과정을 통해 의미를 이해하고 나누는 과정이다. 자기 스스로 내안에 존재하는 또 다른 나와의 내적 커뮤니케이션 행위로 정보를 받아들이고 저장하고 저장된 정보를 상기하는 등의 사고과정으로 감각, 신경세포, 뇌세포, 사고능력등과 연결된다. 예를 들면 어떤 상황이 생겼을 때 이 상황을 어떤 의미로 해석하고 받아들이고, 어떤 관점에서 판단하고, 어떤 감정으로 태도를 정하는가, 어떤 언어를 선택해서 표현할 것인가, 어떤 개념으로 이 상황을 처리할 것인가 등이다.

자기 커뮤니케이션 형태는 성찰(省察)이나 자각(自覺), 사유(思惟)와 숙고(熟考)를 들 수 있으며, 명상(冥想)이나 묵상(默想), 그리고 기도(祈禱) 등을 통해 내적 커뮤니케이션을 한다.

(2) **대인 커뮤니케이션** - 외적(外的) 커뮤니케이션

대인 커뮤니케이션(interpersonal)은 서로 얼굴을 마주 보는 상태에서 말하기, 듣기가 이루어지며 상대방이 있는 경우를 말한다. 나 혼자가 아닌 상대방의 존재로 인해 각자의 사고방식, 태도, 가치관, 신념, 표현방식이 서로 다르므로 커뮤니케이션의 장애(생략, 왜곡, 과장, 일반화 등)가 생기는 등 복잡한 과정이 발생되므로 논리적, 심리적인 커뮤니케이션이 필요하다. 대인 커뮤니케이션 형태는 대화, 좌담, 상담, 협상, 회의, 토론, 면접 등으로 외적 커뮤니케이션을 한다.

(3) **대중 커뮤니케이션** - 외적(外的) 커뮤니케이션

대중 커뮤니케이션(public communication)은 한 사람의 화자가 여러 사람 앞에서 발표하는 경우를 말한다. 따라서 공식적이고 논리적이며 계획적인 발표기법이 필요하다. 대중 커뮤니케이션은 주로 정보전달, 동기부여, 설득을 목적으로 행해진다. 그 밖에 소개, 오락, 인사말, 건배사 등 다양한 목적이 있다.

대중 커뮤니케이션 형태는 소개(자기소개, 타인소개), 인사말, 건배사, 소감발표, 주제발표, 프레젠테이션, 사회진행, 회의진행, MC, 선거연설, 강의, 강연, 설명회, 강론, 설교, 설법, 수사발표, 경과발표 등으로 외적 커뮤니케이션을 한다.

Ⅱ. 스피치(Speech)

커뮤니케이션에 대해 알아보았으니 이제 스피치에 대해서 알아보자. 일반적으로 스피치 공부를 하지 않은 사람들은 스피치는 여러 사람 앞에서 말하는 발표, 연설, 웅변으로 이해하는 사람이 많은 편이다. 이것은 스피치에 대한 좁은 의미로 이해하고 있기 때문이다. 이제 우리가 이해하고자 하는 것은 스피치의 넓은 의미다.

1 스피치의 정의

사전(辭典)에는 스피치(speech)를 '**공중(公衆)과의 말, 여러 사람 앞에서 자기의 주장이나 의견 등을 말하는 일**' 이라고 표시하고 있다. 그러나 넓은 의미에서 보면 '대중과의 말'뿐만 아니라 사람이 사람에게 하는 모든 말을 스피치라고 할 수 있다. 연단에 서서 50명, 100명 이상 많은 사람에게 말하는 것은 물론이고 1:1의 대화나 3~4명과의 이야기도 스피치인 것이다. 물론 개인 간의 대화와 대중스피치(발표)는 구별된다. 대화는 상대방의 의견에 따라서 그때그때 대응하며 말하는 것이지만 대중스피치는 여러 사람 앞에서 자기의 사상이나 감정, 주의나 주장을 일정한 시간 동안 일방적으로 말하는 특성을 가지고 있다.

우리가 매일 일상생활에서 접하는 친구나 동료들 간의 대화나 이야기에는 스피치에 필요한 모든 요소들이 갖추어져 있지는 않다. 그러나 말하는 사람은 한 사람에게 말하든 여러 사람에게 말하든 간에 '**어떻게 하면 듣는 사람이 관심과 흥미를 가지고 내 말에 호응하게 할까**'를 생각하며 말해야 한다. 그런 의미에서 대화와 대중스피치는 같은 성질을 가지고 있다. 대화는 그 형식에 구애됨이 없지만, 스피치는 말하고자 하는 목적에 맞는 분명한 주제가 있어야 하고 그 주제를 통일성, 일관성 있게 설명하는 과정을 거쳐 명확한 결론을 제시하는 끝맺음이 있어야 한다. 이러한 형식을 취해야 우리가 흔히 말하는 스피치(speech)라고 말할 수 있다.

2 스피치의 발달과정

스피치는 고대의 웅변으로부터 출발하여 중세의 종교연설과 근대의 의회 연설 형태를 거쳐 현대의 스피치 형태로 발달되었다고 볼 수 있다.

(1) 웅변(雄辯 oratory)

웅변(oratory)은 입으로 말하는 것(구두 표현)을 의미한다. 학문적으로 본다면 레토릭(rhetoric)이라 할 수 있는데, 이는 그리스어이다. 서구에서 '수사(rhetoric)'는 본래 청중을 앞에 둔 사람의 웅변술을 뜻하는 것으로, 어떤 생각을 특별한 방식으로 전달하는 기술(art)로, 표현과 설득에 필요한 능란하고도 다양한 방식에 대한 숙달을 뜻하는 것이다. 수사학은 기원전 4~5세기경부터 아테네를 중심으로 발전하였고 아리스토텔레스에 이르러 학문적으로 체계화되었다. 아리스토텔레스는 일찍이 언어를 논리, 수사, 시의 세 갈래로 나누고, 『수사학』을 따로 저술하였다. 『수사학』에서는 웅변의 종류, 웅변의 종류에 따른 수사법, 말씨 등을 논했고, 수사를 3대 요소로 나누었다. 말의 내용인 로고스, 말하는 사람의 인격과 태도인 에토스, 이를 받아들이는 청중들의 심정 태도를 파토스로 들고 있다.

로마 시대에는 키케로 같은 대웅변가와 퀸틸리아누스 같은 수사학의 권위자들이 쓴 저술의 영향이 지대하여, 모든 상류층의 기본교육 과목에 반드시 수사학이 포함되었다. 이 교육 전통은 중세, 르네상스를 지나 19세기까지 이어져서, 이 시기에 교육받은 사람이란 자기의 의견을 설득력 있게 발표할 수 있는 훈련을 받은 사람을 뜻했다. 현대까지 잘 정리된 책으로 남아 있는 것은 로마 시대의 '키케로의 수사학'을 참조하면 도움이 된다.

(2) 연설(演說)

연설(演說)이란 '**개인이 대중을 대상으로 삼아 자신의 주장이나 견해를 피력하는 행위**'이다. 연설의 역사를 살펴보려면 먼저 웅변과 연설의 개념과 어원, 그리고 차이점 등을 살펴보고 연설에 관해 논해야 한다.

고문헌에서 스피치나 연설, 웅변 등에 관한 학문을 '레토릭(rhetoric)'이라 하였고 이를 '수사학'으로 주로 번역하며 글쓰기 기법으로 이해하는 사람들이 많은데 실제는 말하기 기법 즉, 스피치에 관한 학문이라 할 수 있다.

영국 의회에서는 과거 의회 의원들의 상당수가 고전에 대한 교양이 있는 귀족들로 구성되었을 때 풍부하게 나타났던, 고대 그리스 로마의 사상에 대한 언급이 점차 사라지면서 대중적 연설로 바뀌는 경향이 나타났다. 18세기 말 영국 정치연설의 황금기에는, 의회의 자유가 확대되고 서민의 권리를 변호하고 넓힐 수 있는 기회가 늘어남에 따라 엄청난 힘을 갖게 되었다. 18세기의 의회 논쟁가들이 지녔던 극적인 자세들이 사라지면서 보다 솔직하고 자연스러운 방식이 널리 퍼졌다.

연설태도가 바뀐 것처럼 웅변 언어도 바뀌었다. 이전의 연설자들은 때때로 두운법·대조법·대구법을 비롯한 여러 가지 수사법을 지나치리만큼 많이 사용했고, 라틴어나 그리스어 전통에 고도로 숙달된 이들에게 연설했다. 그러나 이런 기교들은 보통 사람들이 쓰는 말에 어울리는 명쾌한 문체와 생생한 표현, 그리고 더 나중에는 라디오와 텔레비전의 어휘 등에 밀려나게 되었다.

20세기에는 웅변술을 완전히 다른 방식으로 적용해 같은 효과를 낸 제2차 세계대전 때의 두 지도자가 있다. 아돌프 히틀러가 웅변을 통해 패배감에 빠져 분열되어 있었던 독일인들에게 힘을 불어넣어 정복에 대한 광기를 심어주었듯이, 윈스턴 처칠도 이에 결코 뒤지지 않는 능력으로 공격에 대항하는 영국 국민의 깊은 곳에 잠재해 있던 역사적 저력을 불러일으켰다. 그 후 설득적인 연설의 중요성이 줄어든 것은 아니지만 라디오와 텔레비전이 새로운 연설방법을 만들었기 때문에, 많은 전통적인 웅변이론이 더 이상 적용되지 않게 된다.

연설은 청중과의 관계나 그 반응에 있어서 즉각적이고 역사적으로 폭넓은 영향을 끼칠 수도 있다. 그리고 웅변가는 정치사나 사회사를 대변해주는 사람이 될 수도 있다. 연설이 국가적인 관심을 모을 수 있다는 것을 보여주는 생생한 일례는, 1963년 워싱턴 D.C에서 일어난 대규모 인권시위에서 마틴 루터 킹이 한 연설이다. "내게는 한 가지 꿈이 있습니다."라는 문장을 거듭하면서, 그는 설교자로서 이미 몸에 배어 있던 웅변술을 발휘해, 수백만 명의 마음을 움직일 만큼 강력하게 미국 흑인들의 인권증진을 호소했다.

(3) 웅변과 연설의 차이점

고대 그리스에서 연구된 레토릭(rhetoric) 분야는 오라토리(oratory)에만 국한하지 않고 철학적인 부분과 더불어 창안, 배열, 논거, 청중 분석 등 다양한 연구가 행해졌다. 근대에 와서 레토릭(rhetoric)은 다소 폭이 좁아진 경향이 있다. 같은 의미로 해석할 수도 있지만 언어는 사회적 특성과 트렌드를 반영하므로, 현 시점에서 받아들여지는 어휘의 뉘앙스로 본다면 웅변은 1950~70년대에 학교나 사회단체에서 웅변대회도 열었던 사자후의 쩌렁쩌렁한 목소리의 표현법이다. 이에 비해 연설은 현대적 표현을 포함한 더욱 포괄적인 뜻을 함의하고 있다고 보면 된다. 그러나 굳이 차이점을 둘 필요는 없다. 단 스피치 스타일이 과거 웅변 스타일이냐, 현대적인 자연스러운 표현 스타일이냐를 논하는 것이 더 적절하다.

학문에서 가장 중요한 것 중의 하나가 정의를 내리는 것인데, 용어만을 가지고 이런저런 논의를 하는 것이 정확성을 떨어뜨리게 될 것 같다. 조작적 정의를 내리기도 어색할 것 같다. 웅변을 큰 목소리의 과거 표현 스타일이라면, 시대에 맞게 자연스러운 현대적 표현 스타일로 변모할 필요가 있다고 생각된다. 또한 단순한 구두 표현에 그치지 않고 설득이나 커뮤니케이션, 심리학, 정치학 등 다양한 학제적인 연구와 발전이 필요할 것이다. 또한 미디어 시대에 걸맞게 언어적인 요소뿐만 아니라 비언어적인 표현도 정형화되지 않으면서도, 자연스럽고 효과적인 메시지가 될 수 있도록 연구와 노력이 따라야 할 것으로 생각된다.

(4) 스피치

스피치(Speech)의 학문분야는 수사학(修辭學)이다. 수사학은 상대를 설득하기 위한 언어기법을 연구하는 학문으로, 생각이나 사상, 감정을 효과적으로 표현할 수 있도록 문장과 언어사용법을 연구하여, 말(구술적 언어, 문어적 언어, 시각적 언어)을 통해 상대에게 영향을 끼치는 설득의 기술이다. 또한 수사학(修辭學)은 독자들에게 감동을 주기 위해 문장 · 사상 · 감정을 효과적으로 표현할 수 있는 언어수단들을 선택하고 그 이용 기법을 연구하는 학문이다.

위에서 살펴보았듯이 스피치는 「웅변→연설→스피치」의 형태로 발달되어 오늘날 우리가 사용하는 스피치 형태를 취하게 된 것이다. 스피치를 좁은 의미에서 본다면 웅변, 연설과 같은 「발표(presentation)」 형식을 말하며, 넓은 의미에서는 음성언어(입말), 문자언어(글말), 몸짓언어(몸말)를 포함한 「발표(presentation)+대화(talk)」 형식을 말한다.

3 스피치의 중요성

과거 우리 사회는 스피치의 중요성을 과소평가하는 경향이 있었다. 유교의 영향을 많이 받은 우리 전통 사회는 말보다는 행동을 더 중시하여, "말 잘하는 사람치고 믿을만한 사람은 없다"는 식으로 사고하였으며, 말보다는 행동을 중시했다. 그래서 사람들은 가능하면 말을 줄이려 하였고 이러한 전통은 표현력이 부족한 민족이 되는데 영향을 끼쳤다.

(1) 더 이상 행동으로 보여줄 수는 없게 되었다

사실 말보다는 행동을 중시하는 유교의 가르침이 잘못된 것은 아니다. "백문이 불여일견"이라, 백 마디의 말로 떠들어대는 것보다는 한 번의 행동으로 보여주는 것이 더 효과적인 것은 사실이다. 그러나 문제는 오늘날의 사회는 전통 사회와 그 구조 자체가 다르다는 점이다. 과거, 지역 공동체를 중심으로 하는 사회에서는 사람들의 생활반경이 매우 좁았고, 자신이 설득하고자 하는 사람들과 가까운 곳에서 많은 시간을 함께 할 수 있었다. 따라서 자신의 소견과 능력을 말보다는 행동으로 보여준다는 것이 가능했던 것이다.

오늘날 우리가 살고 있는 사회는 지역공동체와는 성격이 전혀 다른 글로벌공동체이다. 우리의 생활반경은 크게 확대되었으며 우리가 다루거나 설득해야 할 대상도 그만큼 증가하였다. 반면에 우리와 설득대상 간의 접촉시간은 크게 줄어들어 그들 중 대부분은 우리의 행동을 제대로 관찰할 수 없으므로, 우리가 아무리 행동으로 보여주고 싶어도 이제는 더 이상 통하지 않는 사회가 된 것이다.

(2) 권위주의 사회에서는 신분과 출신이 설득한다

우리의 생각과 능력을 행동으로 보여줄 수 없다면 설득대상자들은 무엇을 통하여 우리를 판단하게 되는가? 이것은 우리가 어떤 사회에 살고 있느냐에 따라 달라진다.

1980년대 중반까지만 하더라도 우리는 권위주의가 위세를 떨치는 사회에서 살고 있었다. 이러한 사회에서는 신분이나 출신이 그 사람의 능력을 대변한다고 믿는 경향이 강하였다. 즉, 사람들은 상대가 얼마나 유능한가,

또는 얼마나 표현력이 뛰어난가, 하는 것보다는 그가 어느 집단 소속이며 얼마나 높은 지위에 있는가, 어느 학교 출신인가, 또는 직업이 무엇인가를 더 중시했다. 그래서 정치인의 경우 그의 소견이나 능력보다는 그가 어느 정당의 공천을 받았느냐를 더 중시하였고, 기업 경영인들은 개인의 능력을 검증하기보다는, 출신학교만을 따져서 직원을 채용하고 승진을 결정하였다.

(3) 탈권위주의 사회에서는 개인의 능력이 설득한다

1990년대 이후 우리 사회는 매우 빠른 속도로 변하였다. 오랫동안 뿌리내리고 있던 권위주의도 점차 쇠퇴하였고, 사람들의 판단기준도 합리적으로 변해가고 있었다. 특히 서구로부터 유입된 개인주의 사고방식이 강해지면서 사람을 판단할 때, 그의 신분이나 출신보다는 능력이나 사람됨을 보고자 하는 경향이 강해졌다.

정치적으로는 지방자치제가 실시되면서 후보들 간의 토론이 정착되었고, 기업에서는 직원 채용시 면접의 비중이 매우 높아졌다. 이러한 변화들은 능력을 중시하는 탈권위주의 현상을 반영하는 것이다.

(4) 능력은 말을 통해서 표출된다

탈권위주의 사회에서 개인의 능력은 어떻게 표출되는가? 오늘날과 같은 대중사회에서는 더 이상 행동과 실행만으로 자신의 능력을 입증할 수는 없게 되었다. 따라서 말은 자신의 능력을 보여주기 위한 필수불가결한 수단이 되었다.

정치인의 경우 아무리 훌륭한 비전과 뛰어난 능력을 갖고 있더라도, 연설이나 토론 등의 기회를 통하여 이를 효과적으로 알리지 못하면 유권자의 지지를 얻지 못하고 만다. 또한 교사나 교수가 아무리 아는 것이 많아도 이를 전달하는 방법이 미숙하면 무능한 선생이 되고, 학생이 아무리 공부를 열심히 해도 토론이나 질의응답 과정에서 제대로 발표하지 못하면, '그저 그런 학생'이 되고 만다. 직장인의 경우도 자신에게 맡겨진 일을 아무리 열심히 하더라도, 회의나 프레젠테이션에서 주눅이 들어 더듬거리게 되면 그 능력을 인정받지 못하게 되고 만다.

(5) 정보화 사회에서는 스피치가 곧 능력이다

정보화 사회에서 가장 중요한 능력은 말을 다루는 능력 즉, 스피치 능력이다. 우선, 매스미디어의 발달 그리고 매스미디어와 컴퓨터가 결합된 멀티미디어의 발달로 인하여, 사람들은 안방에 앉아 생활에 필요한 모든 정보를 입수할 수 있게 된다. 그렇게 되면 사람들 간의 개별적 접촉은 더욱더 어렵게 되어, 타인에 대한 판단은 미디어를 통하여 전달되는 그 사람의 말에 크게 의존하게 된다. 이러한 현상은 오늘날에 정치인이나 대학교수가 방송에 출연하여 대담을 하게 되면, 그 사람의 실제 정치행적이나 연구업적보다는 그 사람의 스피치능력에 기초하여 '똑똑한 사람'이니 '별로 아는 것도 없는 사람'이니 하고 흔히 평가하게 된다.

매체를 통하지 않고 직접 얼굴을 맞대고 정보를 주고받는 경우에도 말의 중요성은 여전하다. 말은 정보를 전달하는 가장 중요한 수단이 된다. 정보를 제공하는 사람의 스피치 능력이 떨어지는 경우, 전달되는 정보는 불완전할 수밖에 없고, 당연히 그 사람의 능력은 평가 절하된다. 이것은 학생들이 수업 시간에 질문을 하거나 발표를 할 때, 또는 회사원이나 전문직 종사자가 동료나 고객을 대상으로 프레젠테이션을 할 때 일어날 수 있는 일이다. 아무리 아는 것이 많더라도 이를 효과적으로 표현하지 못하면 상대는 제공되는 정보의 질을 의심할 수밖에 없고, 나아가서는 화자의 능력까지도 의심하게 된다. 반대로, 스피치능력이 뛰어난 경우에는 정보 자체도 효과적으로 전달될 뿐더러 화자에 대한 신뢰감도 높아져서, 결국 화자의 능력 자체를 높이 평가하게 된다. 말하자면, 스피치 능력이 그 사람의 전반적인 능력을 대표하게 되는 셈이다.

4 스피치의 목적

스피치의 목적은 "내가 알고 있는 내용(contents)을 효과적으로 표현(expression)해서 상대방을 설득(persuasion)시키는 것"이다. 따라서 "나와 같이 생각하고, 나와 같이 느끼고, 나와 같이 행동하게" 만드는 데 스피치의 최종 목표가 있다.

(1) 내용(contents)

- 다양하고 풍부한 내용이어야 한다.
- 새로운 내용이어야 관심을 집중시킬 수 있다.
- 창조적인(독특한) 내용이어야 흥미를 가지게 할 수 있다.

(2) 표현(expression)

- 언어적 요소는 단어, 문장, 내용을 통해 표현된다.
- 비언어적 요소는 외모, 표정, 자세, 제스처, 태도, 목소리로 표현된다.
- 효과적 요소는 조리 있고(논리성, 정확성) 리듬감 있는 표현이다.

(3) 설득(persuasion)

- 청중 분석을 통해 청중의 상태를 자세히 파악해야 설득할 수 있다.
- 청중과 정보공유와 나눔을 통해 공감해야 한다.
- 심리적 접근(겸손, 존중, 배려)으로 진정성 있게 말해야 설득할 수 있다.

5 스피치의 종류

스피치의 종류는 화자(話者)가 어떤 상황에서, 어떤 목적으로, 어떤 방법으로, 어떤 표현형식으로 청자(聽者)에게 말하느냐에 따라 분류한다.

(1) 상황에 따른 분류

화자가 어떤 상황에서 청자에게 스피치를 하느냐에 따른 분류방식이다.

1) 대화(對話)상황

'대화'는 화자와 청자가 1:1 또는 소수의 사람이 서로 번갈아 가면서 말을 주고받는 상황으로 대화, 상담, 협상, 면접, 인터뷰 등이 이에 속한다. 이 상황에서는 화자와 청자의 역할이 고정된 것이 아니라, 화자의 자격으로 말하기도 하고 때로는 청자의 자격으로 말하기도 하면서 역할이 바뀌게 되기도 한다.

2) 참여(參與)상황

'참여'는 회의, 세미나, 토론, 토크 쇼 등에 게스트(guest)나 패널(panel)의 자격으로 참여하여 말을 하는 것이다. 이 상황에서는 사회자나 진행자의 요청에 의해 말을 하게 되며, 상황의 진전에 따라 부분적으로 자신의 소견을 말하게 된다.

3) 진행(進行)상황

'진행'은 여러 사람이 참석하는 회의, 세미나, 토론, 토크 쇼, 오락 등을 진행자의 자격으로 말하는 상황을 말한다. 이 경우에 회의 주재자(의장), 토론과 세미나 또는 발표회의 사회자, 그리고 쇼의 MC, 오락 MC 등이 이에 속한다.

4) 발표(發表)상황

'발표'는 한 사람의 연사가 발표자의 자격으로 다수의 청중을 상대로 스피치를 실행하는 상황이다. 정치인의 연설, 성직자의 설교나 강론, 교수나 강사의 강의, 회사원의 프레젠테이션, 학생의 연구 발표, 학자들의 학술 발표, 일반인의 강연 활동, 인사말, 자기소개, 소감발표, 건배사 등이 이에 속한다. 이때는 화자와 청자의 역할이 고정되어 있다.

(2) 목적에 따른 분류

화자가 어떠한 목적을 갖고 청자에게 스피치를 하느냐에 따른 분류방식이다.

① 강의 ▸ 지식이나 정보, 기술 전달을 위하여 한다.
② 강연 ▸ 사상이나 이념을 고취, 동기부여를 시키기 위하여 한다.
③ 강론(설교, 설법) ▸ 종교인을 대상으로 신념과 신앙을 심어주기 위하여 한다.
④ 인사말 ▸ 각종 행사를 빛내기 위하여 하는 말로 축사, 조사가 해당된다.
⑤ 연설 ▸ 선거에서 지지표를 모아 당선되기 위하여 한다.
⑥ 담화 ▸ 일정한 형식 없이 자연스럽게 이야기를 나누기 위하여 한다.
⑦ 토론 ▸ 일정한 규칙에 따라 사회자의 진행으로 어떤 문제에 대해 찬성, 반대를 주장하기 위하여 한다.
⑧ 토의(회의) ▸ 일정한 규칙에 따라 어떤 문제를 논의하여 최적의 결론을 얻기 위하여 한다.

(3) 방법에 따른 분류

화자가 어떤 방법으로 청자에게 스피치를 실행하느냐에 따른 분류방식이다.

1) 원고암기 스피치

원고암기 스피치는 스피치 대본(臺本)을 완성한 다음에 이를 그대로 암기하여 실행하는 스피치로서, 흔히 연극이나 드라마 대사 또는 웅변대회나 시낭송 대회에 쓰인다.

2) 원고낭독 스피치

원고낭독 스피치는 준비한 대본을 보면서 낭독하는 형태로 주로 공적인 자리에서 인사말, 수사 발표, 경과보고, 회의결과 보고 등을 할 때 행하는 스피치를 말한다.

3) 메모 스피치

메모 스피치는 「개요 스피치」라고도 말하며, 완성된 대본을 사용하지 않고 메모지에 핵심어(key-word)만으로 개요를 작성한 후 스피치 하는 방법으로 주로 강의, 강연, 행사진행 등에 사용한다.

4) 즉흥 스피치

즉흥 스피치는 사전준비 없이 그 자리에서 즉흥적으로 실행하는 스피치를 말한다. 소감발표, 인사말, 인터뷰 등을 할 때 사용한다.

(4) 표현방식에 따른 분류

1) 언어적 표현

스피치의 언어적 표현방식은 '입말'과 '글말'이다. 입말이란 입으로 말하는 음성적 표현을 말하며, 글말은 단어, 어절, 문장, 문단을 논리적이고 조리 있게 표현하는 것을 말한다. 우리가 표현하는 언어적 요소는 주로 직접 보고 들은 객관적인 사실이나 주관적인 생각이나 느낌을 말한다.

2) 비언어적 표현

스피치의 비언어적 표현방식은 주로 '몸말'을 말하는데 외모, 유사언어, 공간언어 등도 포함하여 말한다. 몸말은 몸짓언어라고 하며 얼굴표정, 시선, 자세, 몸동작, 제스처, 태도 등으로 표현하는 하는 것이고 외모는 의상, 헤어스타일, 액세서리, 화장 등으로 표현하는 것을 말한다. 그리고 유사언어는 목소리의 변화와 말투, 간투사 등으로 표현되며 뉘앙스와 신뢰도와 연관이 있고, 공간언어는 공간의 거리에 따른 친밀도로 표현된다.

Ⅲ. 스피치 커뮤니케이션

지금까지 커뮤니케이션과 스피치의 개념과 과정을 이해했다. 이제 뭔가 감이 잡힐 것이다. 결국 스피치란 커뮤니케이션의 수단으로 스피치를 하게 되는 것이니 보다 알맞은 표현을 하자면 <스피치> 보다는 <스피치 커뮤니케이션>이 구체적인 표현이다.

1 스피치 커뮤니케이션 개념

21세기 한국사회는 '스마트폰의 시대'라고 말할 수 있다. 스마트폰의 핵심가치는 '소통(communication)'이므로 21세기 한국사회는 "소통의 시대"라고도 말할 수 있다. 미래창조과학부가 발표한 통계자료에 따르면 2015년 2월 국내 이동전화 가입자 수는 약 5,717만 명이며, 이 중 약 4,106만 명이 스마트폰을 사용한다고 한다. 국내 경제활동인구 대부분이 사용하는 셈이다.

이는 전 세계 어느 선진국가보다 첨단화된 커뮤니케이션 환경을 구축하고 있는 것이다. 인터넷과 휴대폰 보급률은 가히 세계 최고의 수준이라고 할 수 있을 정도로 IT강국이다. 따라서 첨단화, 다양화된 커뮤니케이션 방식만큼 커뮤니케이션의 비중도 매우 커졌다는 사실이다. 그래서 "어떻게 하면 상대방에게 의사전달을 명확히 하고, 설득의 기술을 발휘하고, 상대의 마음을 움직일 수 있고, 인간관계를 원만히 할 수 있는가?" 하는 문제는 가정에서, 직장에서, 일상생활에서 현대인들에게 요구되는 최적의 커뮤니케이션 능력이다.

커뮤니케이션 과정에서 '말을 잘한다'는 것은 말하는 자체뿐만 아니라 말하기 위해서 생각하는 방법, 나를 남에게 드러내는 방법, 남의 말을 잘 듣는 방법, 구체적으로 표현하는 방법이 모두 포함되며, 단순한 언어적 표현(낱말구성, 어법에 맞는 문장)만이 아닌 비언어적 표현방법(시선, 표정, 몸짓, 의상, 목소리, 말투)도 포함된다. 따라서 '**스피치 커뮤니케이션은 단순한 말하기가 아닌 언어와 비언어 상징을 통해 메시지를 주고받는 상호작용의 과정이며 상대방과 함께 의미를 공유하는 과정**'이다.

2 스피치 커뮤니케이션 과정

화자 (話者)	1단계 **전달**	2단계 **이해**	3단계 **공감**	4단계 **감동**	5단계 **설득**	**청자 (聽者)**
인격 정보 화술	- 언어 - 비언어	- 논리적 - 질문법	- 예화,사례 -스토리텔링	- 심리적 - 진정성	- 행동실천 - 피드백	**경청 반응 실천**

(1) 전달 단계

1) 언어적 전달

화자는 청자나 청중에게 천천히, 또박또박, 크게, 자연스럽고 분명하며, 발음과 억양이 명쾌해야 한다. 구강을 넓히고 입술을 정확하고 부지런히 움직여 시원스러운 음성으로 말해야 하며, 이는 호흡훈련으로 다져진 심폐기능이 뒷받침해준다.

- 호흡 : 복식호흡, 명상(발표불안 해소) 등 호흡훈련이 필요하다.
- 발성 : 성대에서 만들어진 소리를 배의 힘으로 밀어내는 복성(뱃소리)이 필요하다.
- 발음 : 표준발음법에 따른 명료한 발음이 필요하다.

2) 비언어적 전달

청자와 시선을 맞추고 미소를 머금고 밝은 표정, 진지한 태도, 겸손한 자세로 청자가 듣기 좋은 목소리와 기분 좋은 말투로 리드미컬하게 말하는 것이 중요하다.

- 시선, 표정, 자세, 태도, 제스처 훈련이 필요하다.
- 메시지 내용과 몸짓이 일치하여야 한다.
- 목소리, 어조, 리듬감 등 말투에 유의하여야 한다.

(2) 이해 단계

화자가 청자를 이해시키는 과정인 이 단계에서 맥을 잡아 핵심을 찌르는 스피치를 구사할 때 사람들은 이해의 폭을 넓혀갈 수 있다. 따라서 화자는 전달하고자 하는 메시지에 대한 정확하고 높고 깊은 식견을 갖추고 있어야 한다. 화자는 말을 할 때 늘 청자의 입장에서 눈높이가 어느 정도 되는지를 파악한 후, 상대에 맞는 어휘를 선택하여 말해야 할 것이다. 더불어 다양한 수사법과 3단논법(서론-본론-결론)을 동원한 논리적이고 명쾌한 스피치와 질문법이 필요하다. 질문법에는 질문을 던져 상대방이 스스로 문제의 해결책을 찾아가도록 유도하며, 결코 상대방에게 해답을 강요하는 것이 아니라 스스로 질문하고 답을 하면서 스피치를 풀어가는 질문법을 구사한다.

- 상대방의 눈높이에 맞춘 대화를 하라.
- 논리적 기법 : 3단논법(서론–본론–결론), 4단논법(기–승–전–결)을 활용하라.
- 어휘선택과 핵심어를 명확히 하고 다양한 수사법을 활용해 이해시켜라.
- 질문법을 활용해 쌍방향 스피치를 전개하라.

(3) 공감 단계

청자의 관심과 호기심을 끌어내며 공감을 하기 위해서는 예화와 사례를 구체적으로 말해야 한다. 이때 자신의 경험담과 사례, 예화와 에피소드 등을 말하는 것이 좋으며 예화, 사례를 전개해 갈 때는 스토리텔링으로 말하는 것이 가장 좋은 방법이다.

- 말하는 사람 위주가 아니라 듣는 사람 위주의 스피치를 전개하라.
- 논쟁을 일으킬 만한 화제(정치, 종교, 사상)는 피하는 것이 좋다.
- 스피치를 '스토리텔링(story-telling)' 형태로 말하라.
- 주변에서 이야깃거리를 찾아 연쇄적으로 이끌어가라.
- 유머는 스피치의 윤활유 역할을 한다는 사실을 유념하라.

(4) 감동 단계

사람을 감동시키기 위해 필요한 것은 화자는 말을 할 때 늘 청자의 관심과 원하는 것이 무엇인지를 알아야 할 것이며, 사람의 마음속 깊은 곳의 욕구(欲求)와 한(恨)을 어루만져주고, 웃음과 눈물을 선사할 수 있다면, 상대에게 감동을 줄 수 있을 것이다. 그리고 이 모든 것은 신뢰감과 진정성을 바탕으로 해야 된다는 사실을 절대 잊지 말 것이다.

- 내가 하고 싶은 말이 아니라 상대방이 듣고 싶은 말을 하자.
- 상대방의 심리상태를 잘 파악하라.
- 솔직함이 깃들인 화법은 신뢰감을 준다.
- 말에는 의(義)가 있어야 한다.
- 가슴에서 우러나오는 말을 하자.
- 말에도 타이밍이 있다. 상대가 필요할 때, 필요한 말을 필요한 만큼 말하는 사람이 말을 잘하는 사람이다.

(5) 설득, 변화 단계

스피치커뮤니케이션의 최종목적은 상대의 마음을 움직여 변화하게 만드는 것이다. 즉, 청자나 청중에게 확신을 주어 결단을 내리고 행동으로 변화하게 하는 설득의 단계를 말한다.

- 최종적으로 확신을 갖고 결단을 내리도록 설득한다.
- 설득된 내용을 행동으로 실천토록 하고 행동의 변화가 없으면 설득은 실패이다.
- 최종 변화된 과정을 피드백 한다.
- 청중을 대상으로 할 땐 반드시 리허설을 한다.
- 자신이 하는 말을 녹음하거나 영상화하여 피드백 한다.

이처럼 스피치커뮤니케이션의 단계를 생각하고, 그 단계마다 필요충분조건을 생각하며 스피치를 전개한다면, 자신이 원하는 스피치를 구사하게 될 것이다.

Thinking
Speech

제 2 장

음성언어 훈련

Ⅰ. 호흡훈련

음성훈련(Voice Training)의 기본단계로 호흡, 발음, 발성훈련으로 나눌 수 있다. 먼저 호흡훈련은 우리가 하는 말은 코나 입으로 들이마신 들숨을 다시 내뱉는 날숨 과정에서 에너지의 변화로 가능하게 된다. 그래서 스피치를 할 때 호흡은 말의 에너지원이므로 매우 중요한 것이다. 스피치뿐만 아니라 호흡은 심신의 안정에도 도움이 되며 스포츠 할 때도 중요한 역할을 한다.

1 호흡

(1) 나의 호흡 상태를 파악

대부분 사람들은 흉식호흡을 한다. 하지만 태어날 때부터 그랬던 것은 아니다. 갓 태어난 신생아나 어린 아이들을 잘 살펴보면 복식호흡을 한다는 것을 알 수 있다. 새근거리며 잠자는 아기를 보면 배가 불룩 솟았다가 내려오는 걸 확인할 수 있고, 5살짜리 아이도 아랫배가 들어갔다 나왔다를 반복하면서 말을 하는 것을 볼 수 있는데, 이것이 곧 복식호흡을 한다는 증거다.

그러나 인간은 걸을 수 있게 되면서부터 복식호흡과 흉식호흡을 같이 하다가, 점점 나이가 들면서 바쁜 일상과 여러 가지 스트레스가 쌓이면서 좀 더 간편한 흉식호흡으로 바뀌게 된 것이다. 처음에는 배로 호흡하던 것이 가슴으로 호흡하고, 어깨로, 목으로 올라오게 되었다. 나중에는 목으로 쉬는 숨이 멈추게 되는 데, 이것을 우리는 목숨이 끊어졌다고 말을 한다.

평균적으로 성인 10명 중의 3~4명 정도는 전형적인 흉식호흡을 하고 있고, 나머지는 흉식호흡과 복식호흡의 중간 단계로 대체로 호흡이 짧은 편이다. 그 중에서 1~2명 정도가 제대로 된 복식호흡을 하고 있다. 그 이유는 호흡의 중요성에 대해서 잘 알지 못하기 때문이다. 그렇기 때문에 대부분의 사람들은 제대로 된 호흡을 하려는 노력을 하지 않고, 그저 생명 유지에 필요한 호흡 정도만 무의식적으로 하고 있을 뿐이다.

그럼 지금부터 평소처럼 숨을 크게 한 번 쉬어 자신의 호흡을 체크해보자. 숨을 들이마실 때 배가 들어간다면 흉식호흡을 하고 있는 것이고, 배가 나온다면 복식호흡을 하고 있는 것이다. 평소 나는 어떤 호흡을 하고 있는 것일까?

(2) 흉식호흡과 복식호흡의 차이

외관상으로 흉식호흡을 하고 있는지 복식호흡을 하고 있는지 살펴보면, 흉식호흡은 어깨를 들썩이게 되고 가슴부분이 움직이는 것을 볼 수 있다. 그리고 숨을 들이마실 때 배가 들어간다. 그런데 복식호흡은 어깨나 가슴은 움직이지 않고, 숨을 들이마실 때 배가 나오고 숨을 내쉴 때 배가 들어가게 된다. 그 원리는 횡격막에 있다.

우리의 가슴속에는 허파의 밑 부분을 가로 받치고 있는 횡격막이란 근육이 있는데, 들숨으로 공기가 차면서 이 횡격막을 아래로 내려 공기의 저장 공간을 최대화시켜주는 호흡이 바로 복식호흡이다. 다시 정리하자면 흉식호흡은 얕고 빠른 호흡이고 복식호흡은 느리고 깊은 호흡이다. 쉽게 말해 복식호흡이란 숨을 깊게 충분히 들이마시고 내쉬는 호흡법을 말한다. 복식호흡이라고 해서 배로 숨 쉬는 것은 물론 아니다. 뇌 호흡이 뇌로 숨 쉬는 것이 아니듯 말이다. 누구나 알고 있겠지만 숨은 폐로 쉬는 것이다. 공기주머니인 폐는 풍선과 같다고 생각하면 된다. 숨을 들이마시면 부풀어 오르고, 내뱉으면 쪼그라든다.

보통 숨 쉬는 모양만 봐도 그 사람의 건강과 기분까지 측정할 수 있다. 몸이 아프거나 화가 났을 땐 호흡이 가빠지고 빠르며, 평온하고 건강한 상태면 숨이 깊고 고르다. 결국 건강한 사람의 숨은 깊고, 느리고, 고르다는 말이다. 이 말은 거꾸로 적용할 수도 있다. 즉 깊고, 느리고, 고른 호흡을 익히면 건강하고 장수할 수 있다는 것이다.

스피치를 잘하기 위해서는 복식호흡을 해야 하는데, 여기서 말하는 복식호흡은 아랫배가 들어갔다 나왔다 하는 모습이 꼭 배로 숨 쉬는 것 같아 보인다고 해서 복식호흡이라고 부르는데, 한자로는 배 복(腹) 자를 사용한다. 그러나 사람의 아랫배에는 직접적으로 호흡을 할 수 있는 장기가 없다.

우리가 숨을 들이마시게 되면 흉부에 있는 폐 속으로 공기가 들어오게 되고, 이때 흉부의 좌폐, 우폐는 상하좌우로 확장하면서 공기를 가득 저장하게 되며, 더 많은 공기를 저장하기 위해서는 폐가 확장할 수 있는 공간을 필요로 하게 된다. 이와 같은 공간을 만들어주기 위해서 흉부가 확장되는 것을 흉식호흡(胸式呼吸), 복부가 확장되는 것을 복식호흡(腹式呼吸)이라고 한다.

2 복식호흡 과정

(1) 횡경막 운동

숨을 들이마실 때 횡경막을 아래로 끌어내려 복부를 불룩하게 만들어 폐에 공간을 만들어 준다. 실제 횡경막은 임의로 움직일 수 없으므로 복부를 활용해서 횡경막의 움직임을 원활히 조정한다. 폐에 만들어진 공간을 세 개의 층으로 분리시켰다고 상상하고, 아래층에서부터 위로 공기를 채워나간다. 복부가 아래로 내려가고 횡경막이 올라가면서 숨을 내쉰다. 이때 어깨와 가슴이 아래로 내려오면서 공기를 밖으로 보낸다. 마지막으로 복부를 등 쪽으로 더 당겨 폐에 남은 공기를 모두 배출시킨다.

(2) 멈춤

천천히 숨을 들이마신 다음 몇 초 동안 그대로 멈춘다. 이때 목과 가슴에서 긴장을 느껴본다. 입으로 숨을 내쉬면서 흉곽의 긴장도 함께 내보낸다. 숨을 일부러 들이마시려고 하지 말고 저절로 공기가 들어오게 한다. 다시 숨을 멈추고 폐에 있는 공기를 강제로 밖으로 보내듯이 숨을 내쉰다. 숨을 들이마시고 내쉴 때에 느껴지는 고요함에 집중한다.

(3) 리듬

3박자로 숨을 들이마시고, 3박자 동안 숨을 멈춘 다음, 3박자에 맞춰 숨을 내쉰다. 그리고 이와 같은 절차를 반복한다. 다음은 박자를 바꿔서 리듬을 변화시켜본다. 이번에는 3박자에 맞추어 숨을 들이마시고, 3박자 동안 숨을 멈춘 다음, 숨을 내쉴 때는 두 배인 6박자로 바꾼다. 이런 방법으로 들이마시기와 내쉬기의 비율을 <3:3-3:6, 4:4-4:8, 6:6-6:12, 8:8-8:16>으로 바꾸어 본다.

(4) 주의집중

호흡할 때 호흡 리듬에 모든 주의를 집중시킨다. 만약 숨을 들이마시고 내쉬는 사이에 잡념이 떠오르면, 다음 호흡을 할 때에는 호흡 리듬 박자에만 주의를 집중시켜 잡념이 사라지도록 한다. 호흡을 반복함에 따라 점점 몸이 이완이 된다고 상상한다. 이 방법은 잡념을 없애는 데 매우 효과적이다.

3 복식호흡 방법

(1) 호흡 자세

① 허리를 꼿꼿이 펴고 턱을 당긴다. 머리를 숙이거나 배를 내밀지 말고 근육의 긴장을 풀고 자연스럽고 편안한 자세를 갖는다.

② 어깨를 아래, 위로 움직이거나 가슴을 들먹거리지 말고 배만 움직여서 횡격막 호흡을 한다. 연사가 고음의 소리를 낼 때 가슴과 어깨가 규칙적으로 말과 함께 움직이는 경우가 많은데, 이것은 호흡훈련을 잘못한 결과에서 오는 것이다.

③ 들이마신 공기가 떨어졌을 때에는 배에 힘을 주어야 하며, 결코 목에 힘을 주어서 억지소리를 내지 않아야 긴장이 풀리며 성대에 무리가 가지 않는다.

④ 복식호흡 훈련은 아침, 저녁으로 매일 두 번씩 각 10분 정도 한다.

(2) 호흡 순서

① 편한 장소에서 간편한 옷차림으로 앉는다.

② 긴장을 풀고 눈을 꽉 감지 않고 살며시 감는다.

③ 허리를 꼿꼿이 세우고 어깨에 힘을 빼고 턱을 당긴다.

④ 두 손을 자연스럽게 내리고 왼손을 오른손 위에 올리며 엄지손가락을 마주하며, 아치 형태를 취하며 가볍게 포개어 무릎 위에 올려놓는다.

⑤ **흡(吸) :** 숨을 코로 천천히 들이마시며(약 3초정도) 들이마신 공기를 아랫배로 밀어 넣는다.(배꼽의 4~5cm 아래 지점) 이때 배는 들이마신 공기로 인해 불록하게 나오게 된다.

⑥ **지(止) :** 공기를 아랫배에 넣은 상태로 숨을 멈춘다.(약 3초 정도)

⑦ **토(吐) :** 다시 숨을 천천히 내쉰다.(약 3초 정도) 이때 배는 들어가게 된다.

(3) 호흡방법

① 흡(吸) :	**3**	**4**	**6**	**8**	**/**	**3**	**4**	**6**	**8**
② 지(止) :	**3**	**4**	**6**	**8**	**/**	**3**	**4**	**6**	**8**
③ 토(吐) :	**3**	**4**	**6**	**8**	**/**	**6**	**8**	**12**	**16**

4 호흡과 발성

발성이란 호흡을 저장하고 내쉬는 과정에 성대를 닫아 울림을 내는 것이라는 간단한 개념으로 접근을 하면 된다. '발성'에서 가장 문제는 '내 톤(tone)을 내가 잘 모르겠다.'의 경우이다. 내 톤(tone)을 일부러 만드는 것도 좋지만 연습을 통해 가장 편안한 소리를 낼 수 있으면 된다. 발성은 소리의 크기가 아닌 '질'로 평가된다. 따라서 그 소리의 질은 절대적으로 호흡에 기인하게 된다.

발성의 위치는 크게 두 가지로 볼 수 있다. 성대를 울려 소리를 내보내는 통로는 구강(입)과 비강(코)이다. 많은 사람들이 비음 때문에 고민을 하고 본인이 비음인지 아닌지를 잘 모르는 사람들은, 안울림소리인 'ㄱ' 음가를 낼 때 코를 잡고도 소리의 변화가 없다면 비음을 내지 않는 것이고, 반대로 소리가 바뀐다면 본인은 소리를 낼 때 비강이 많이 울린다는 것이다. 비음이 나는 이유는 만성비염, 비강 내 불균형(콧구멍 끝부분 한쪽 또는 둘 다 남보다 많이 작은 경우), 잘못된 발성 습관 등이 있다.

입에 물을 머금고 코로 숨 쉬는 연습을 통해 호흡기관을 재정비한 후에 발성 연습을 해보라. 또 습관적으로 비음을 내는 사람들의 경우는 일단 입을 다물고 **'음'**소리를 내면, 비강이 강하게 진동하며 어금니 부분까지 약한 진동이 오는 것을 느낄 것이다.

그다음 입을 살짝 벌리면서 연구개를 울려 **'으'** 발음을 하게 되면, 소리가 비강에서 구강으로 움직이는 것이 느껴질 것이다. 마지막으로 입을 점점 크게 벌려가며 **'아'** 발음을 내면, 구강 앞쪽 경구개가 울리는 느낌이 전해질 것이다. 그리고 제대로 된 발성을 하기 위해서는 구강 내에서도 울림점의 위치가 중요하다. 혀로 입천장을 건드렸을 때 단단한 부분(경구개)과 부드러운 부분(연구개) 중 당연히 경구개가 울려서 소리가 나와야 한다. 경구개가 울린다는 것은 위치상 소리가 앞으로 나온다는 의미와 더욱 맑은(좋은) 소리를 낼 수 있다.

[실습]

- **음 ~~**
- **으 ~~**
- **아 ~~**
- **음 > 으 > 아**

Ⅱ. 발성훈련

스피치는 음성으로 전달하는 것이므로 목소리의 저음, 중음, 고음을 자유자재로 발성할 수 있도록 연습하는 것은 매우 중요한 훈련이다.

1 모음 발성법

우리말은 모음(母音)에 의해 입 모양이 결정되며 발성이 된다. 따라서 정확하고 분명한 발성을 하기 위해서는, 입 모양을 정확히 할 수 있는 모음 발성법을 하여야 한다.

아	에	이	오	우

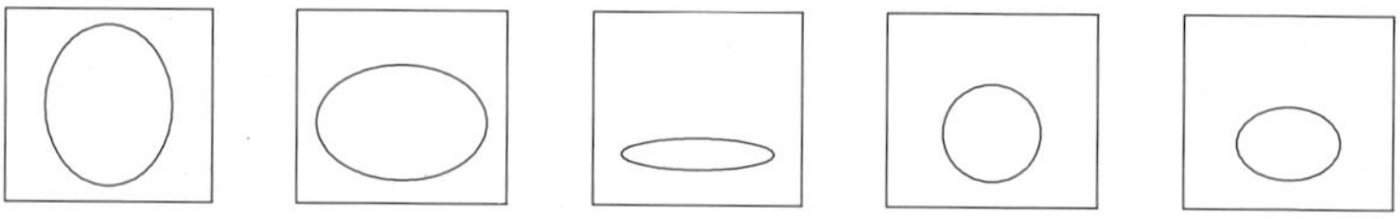

(1) 입 모양 만들기

※ 정확한 입 모양으로 반복하며 연습한다.

■ **'아'** -

입을 가장 크고 동그랗게 벌렸을 때이다. 대부분 사람들은 적당히 입을 벌리고 소리를 낸다. 하지만 훈련 때뿐만 아니라 평소에도 정확한 입 모양만이 바른 소리를 낼 수 있다. 성악훈련 시의 입 모양이 아니다. 가장 크게 벌려서 '아' 하고 짧고 힘 있게 소리를 아랫배에서 밀어내어 보자. 마음이 후련할 것이다.

■ **'에' -**

가장 주의하고 연습을 많이 해야 하는 소리이다 '애'와 '에' 발음은 대부분 사람들이 같은 소리를 낸다. '애'는 '아+ㅣ'이고 '에'는 '어+ㅣ'이다. '애'는 입 모양이 옆으로 벌어져서 나오는 소리이고, '에'는 입 모양이 모아져서 나는 소리이다.

■ **'이' -**

윗니와 아랫니가 가지런히 모아지고 입술모양이 가장 큰 사각형으로 만들어져서 나는 소리이다. 쉽게 표현해서 갈비를 뜯을 때의 입 모양을 생각하자.

■ **'오' -**

입 모양이 가장 작게 모아지고 앞으로 내민다. 사탕을 물고 있을 때의 입 모양이다.

■ **'우' -**

윗입술이 뒤집혀서 콧구멍에 닿도록 하고 소리를 내어보자. 생일케이크 촛불을 끌 때의 입 모양을 생각하면 된다.

(2) 모음발성 방법

① 입 모양이 제대로 잡혀가면 배에서 나오는 힘 있는 소리 즉, 뱃소리로 정확하게 한 음 한 음을 밀어낸다. (힘 있는 소리와 큰 소리는 다르다)

② '**아 / 에 / 이 / 오 / 우 /** ' 소리를 밀어낼 때 어미의 음이 낮아져서는 안 된다. 처음 시작할 때와 끝날 때가 똑같은 높이의 평성음으로 훈련을 한다.

③ 처음 소리를 내기 전에 호흡을 충분히 아랫배 가득히 들이마시고, 멈추고, 그다음 순간적으로 다시 들이마시면서, 아랫배로부터 힘 있게 밀어내면서 소리를 낸다.

(3) 모음 발성훈련

<인생에서 승리하기>

모든 문제에는 반드시 해결의 길이 있다. //
오으 우에에으 아으이 애여의 이이 이아 //

항상 침착한 태도를 유지한다. //
아아 이아아 애오으 유이아아. //

긴장된 상태에서는 올바른 판단을 내리기 어렵다. //
이아외 아애에어으 오아으 아아으 애이이 어여아. //

나는 언제나 여유 있는 자세로 유연하게 대처해 나간다. //
아으 어에아 여유 이으 아에오 유여아에 애어애 아아아. //

억지로 무리하게 문제를 해결하려고 달려들지 않는다. //
어이오 우이아에 우에으 애여아여오 아여으이 아으아. //

내 마음의 긴장을 풀고 한 발짝 뒤로 물러나서 바라보면
애 아으의 이아으 우오 아 아아 위오 우어아어 아아오여

신기하게도 해결책이 떠오를 것이다. //
이이아에오 애여애이 어오으 어이아. //

2 스타카토 발성법

스타카토 발성이란 한 글자 한 글자씩 끊어서 발성하는 것을 말한다. 이때 배에서 나오는 큰 소리가 아닌 힘 있는 소리 즉, 뱃소리로 정확하게 한 음절씩 밀어낸다.

(1) 음절연습 1

나 / 는 / 오 / 늘 / 부 / 터 / 큰 / 소 / 리 / 로 / 말 / 을 / 한 / 다. / 내 / 생 / 각 / 이 / 바 / 르 / 고 / 나 / 의 / 주 / 장 / 이 / 옳 / 은 / 데 / 누 / 가 / 감 / 히 / 내 / 말 / 을 / 막 / 을 / 것 / 인 / 가. / 그 / 무 / 엇 / 을 / 두 / 려 / 워 / 하 / 겠 / 는 / 가. //

나 / 는 / 오 / 늘 / 부 / 터 / 마 / 음 / 껏 / 소 / 리 / 치 / 고 / 소 / 신 / 있 / 게 / 행 / 동 / 할 / 것 / 이 / 다. / 내 / 목 / 소 / 리 / 내 / 신 / 념 / 으 / 로 / 하 / 늘 / 도 / 울 / 리 / 고 / 땅 / 도 / 울 / 리 / 도 / 록 / 목 / 을 / 놓 / 아 / 외 / 칠 / 것 / 을 / 굳 / 게 / 다 / 짐 / 한 / 다. //

(2) 음절연습 2

나 / 는 / 어 / 떤 / 위 / 기 / 에 / 도 / 스 / 스 / 로 / 극 / 복 / 할 / 수 / 있 / 는 / 힘 / 이 / 내 / 안 / 에 / 잠 / 재/ 해 / 있 / 다 / 는 / 것 / 을 / 믿 / 는 / 다. //

나 / 는 / 어 / 떤 / 문 / 제 / 라 / 도 / 해 / 결 / 할 / 수 / 있 / 는 / 지 / 혜 / 와 / 통 / 찰 / 력 / 을 / 가 / 지 / 고/ 매 / 순 / 간 / 마 / 다 / 가 / 장 / 현 / 명 / 한 / 판 / 단/ 을 / 하 / 리 / 라 / 는 / 것 / 을 / 믿 / 는 / 다. //

(3) 단문 연습

나는 / 감정적으로 / 판단하지 / 않고 / 냉정하게 / 상황을 / 직시한다. / 오직 / 나만이 / 위기에 / 처했다고 / 생각하지 / 않는다. //

나는 / 항상 / 조용하고 / 침착함을 / 유지한다. /
어떤 / 상황이라도 / 문제를 / 직시하면 / 해결점은 / 반드시 / 있다. //

나는 / 위기를 / 통해 / 자신을 / 더욱 / 강하게 / 단련한다. /
나를 / 다스릴 / 수 / 있는 / 사람은 / 오직 / 나 / 자신뿐이다. //

(4) 전체문장 연습

<인생에서 승리하기>

모든 문제에는 반드시 해결의 길이 있다.
항상 침착한 태도를 유지한다.

긴장된 상태에서는 올바른 판단을 내리기 어렵다.
나는 언제나 여유 있는 자세로 유연하게 대처해 나간다.
억지로 무리하게 문제를 해결하려고 달려들지 않는다.
내 마음의 긴장을 풀고 한 발짝 뒤로 물러나서 바라보면, 신기하게도 해결책이 떠오를 것이다.

나는 어떤 위기에도 스스로 극복할 수 있는 힘이, 내 안에 잠재해 있다는 것을 믿는다.
나는 어떤 문제라도 해결할 수 있는 지혜와 통찰력을 가지고, 매 순간마다 가장 현명한 판단을 하리라는 것을 믿는다.

나는 감정적으로 판단하지 않고 냉정하게 상황을 직시한다.
오직 나만이 위기에 처했다고 생각하지 않는다.

나는 항상 조용하고 침착함을 유지한다.
어떤 상황이라도 문제를 직시하면 해결점은 반드시 있다.

나는 위기를 통해 자신을 더욱 강하게 단련한다.
나를 다스릴 수 있는 사람은 오직 나 자신뿐이다.

3 음도 발성법

발성은 스피치의 목소리 가꾸기와 바른 태도, 정확한 발음, 표현력을 키우기 위한 가장 기본적인 요소이다. 발성법 중에서도 가장 중요한 것은 정확한 음의 측정이다. 음악에 음계(音階)가 있듯이 화술엔 음도(音度)가 있다. 정확한 음도의 분리가 연사의 음색을 지정시켜준다. 자연스러운 발성으로 가장 크게 낼 수 있는 소리를 100의 음성이라고 하고 자기 목소리를 4단계, 5단계, 10단계로 분리해 훈련하는 방법이다.

(1) 음성 개발하기

발성의 10단계는 아주 중요한 기본 발성으로서 자신의 음성을 정확히 알게 하고 고저, 강약, 장단의 연습을 통해 신뢰와 호감을 주는 음성을 개발할 수 있다. 음성학적으로 자기음성의 10%의 소리를 10도 음이라고 하고 100%의 소리를 100도 음이라고 한다. 10도 음부터 20, 30… 100도 음까지 계단식으로 음을 구분해서 발성연습을 하면 자신의 음성을 입체적으로 표현할 수 있어 의미전달을 잘할 수 있다.

1) 발성 10단계

하나 하면 하나요	(10)	고요한 바다
둘 하면 둘이요	(20)	잔잔한 바다
셋 하면 셋이요	(30)	출렁이는 바다

넷 하면 넷이요	(40)	물결치는 바다
다섯 하면 다섯이요	(50)	넘실대는 바다
여섯 하면 여섯이요	(60)	번개치는 바다
일곱 하면 일곱이요	(70)	폭풍치는 바다
여덟 하면 여덟이요	(80)	파도치는 바다
아홉 하면 아홉이요	(90)	찢어지는 바다
열이면 열이다.	(100)	깨져버린 바다

※ 특히 높은 소리를 낼 때에는 아랫배(단전)에만 힘을 주고, 자연스럽게 우렁찬 소리가 나올 수 있도록 연습하자. 목에 힘을 주거나 꾸민 음성은 상대방에게 불쾌감을 주기 때문이다

2) 발성 4단계

아 ………………… (25)
아 ………………… (50)
아 ………………… (75)
아 ……………… (100)

3) 발성 5단계 문장 연습

하나 하면 고향이 생각납니다.	(20)
둘 하면 시골길이 생각납니다.	(40)
셋 하면 바다가 생각납니다.	(60)
넷 하면 은하수가 생각납니다.	(80)
다섯 하면 소통이 생각납니다.	(100)

(2) 음의 점층 변화 (높낮이 강조 연습)

1) 2단계 점층 변화

산산이 부서진 이름이여 ······························ (25음)
불러도 주인 없는 이름이여 ······························ (50음)
우리들의 겨레는 사랑의 겨레 ························· (50음)
우리들의 조국은 영원한 조국 ························· (25음)

2) 3단계 점층 변화

나를 위하여 땀을 흘리고 ······························ (30음)
이웃을 위하여 눈물을 흘리고 ························· (60음)
조국을 위하여 피를 흘려라! ························· (90음)

여러분은 세상의 소금입니다. ························· (30음)
소금이 짠맛을 잃으면 ······························ (60음)
무엇으로 다시 짜게 할 수 있겠습니까! ············ (90음)

3) 4단계 점층 변화

우리의 소원은 통일 ······························ (25음)
꿈에도 소원은 통일이기에 ······························ (50음)
통일이여 어서 오라고 소리쳐 불러 봐도 ·········· (75음)
메아리만 울릴 뿐 대답이 없고 ························· (100음)

4) 5단계 점층 변화

남이 누워 있을 때 나는 일어나고 ······················ (20음)
남이 일어나면 나는 걸어가고 ························· (40음)
남이 걸어가면 나는 달려가는 정신으로 살아야만 (60음)
남보다 먼저 성공할 수 있는 사람이라고 ············ (80음)
나는 확실히 단언합니다. ······························ (100음)

(3) 시조발성

① 태산이 높다 하되 하늘 아래 뫼이로다.
오르고 또 오르면 못 오를 리 없건마는
사람이 제 아니 오르고 뫼만 높다 하더라.

② 청산은 어찌하여 만고에 푸르르며
유수는 어찌하여 주야에 긋지 아닛는고
우리도 그치지 말고 만고 산청하리라.

(4) 발성훈련 원고

※ 부호표시 : (✔)순간 띄기, (/)보통 띄기, (//)긴 띄기.

1) 밀알이 여물듯이

한 그릇의 물을✔ 마셔보지 못한 사람은 /
목마른 자의 갈증을✔ 진실로 이해하기 힘들고 /

눈물을✔ 흘려보지 못한 사람은 /
사랑과 진실이✔ 얼마나 소중한가를✔ 느낄 수 없는 것이며 /
이슬을 먹지 못한 밀알은✔ 여물 수 없듯이 /

자신의 진실을✔ 외쳐보지 못한 사람은 /
자신의 위대함을✔ 말할 수 없다고 / 자신 있게✔ 말씀드립니다.//

2) 지도자의 꿈

하루에 새벽이✔ 두 번 오지 않듯이 /
인생에 청춘도✔ 두 번 올 수가✔ 없습니다. //

오늘의✔ 이 시간이 지나고 나면 /

나는✔ 나로서의 이 시간을 돌려받을 수✔ 없습니다. //

그래서✔ 우리는✔ 이 시간 이 젊음을✔ 값지게 보내려고 /
정열과 용기를✔ 불태우고 있습니다. //

내 청춘의 용기를✔ 녹슨 칼집에✔ 가둘 수가 없고 /
이 소중한✔ 황금의 시간을 / 바람결에✔ 날려 보낼 수도 없기에 /

만인을 다스리며 / 새 역사를 주도할 /
지도자의 꿈을 펼치려고✔ 노력하고 있음을 / 잊지 말자✔ 이 말입니다. //

3) 국군은 죽어서 말한다 – 모윤숙

산 옆 외딴 골짜기에✔ 혼자 누워있는✔ 국군을 본다. /
아무 말 아무 움직임 없이✔ 하늘을 향해✔ 눈을 감은✔ 국군을 본다.//

누런 유니폼✔ 햇빛에 반짝이는 어깨의 표식 /
그대는✔ 자랑스런✔ 대한민국의 소위였구나.//

가슴에선✔ 아직도 더운 피가✔ 뿜어 나온다. /
장미냄새보다 더 짙은✔ 피의 향기여!/

엎드려✔ 그 젊은 주검을 통곡하며 /
나는 듣노라! / 그대가 주고 간✔ 마지막 말을......

나는✔ 죽었노라! / 스물다섯 젊은 나이에 /
질식하는 구름과 바람이✔ 미쳐 날뛰는✔ 조국의 산맥을 지키다가 /
드디어✔ 드디어/ 나는✔ 숨지었노라. ///

4) 피어린 육백리 – 이은상

푸른 동해 가에 / 푸른 민족이✔ 살고 있다. /
태양같이 다시 솟는 / 영원한✔ 불사신이다. //

고난을 박차고 일어서라! / 빛나는✔ 내일이 증언하리라. //
산 첩첩✔ 물 겹겹 / 아름답다. 내 나라여 //
자유와✔ 정의와✔ 사랑 위에 / 오래 거라✔ 내 역사여 //
가슴에 손 얹고✔ 비는 말씀, / 내 겨레✔ 잘살게 하옵소서. ///

5) 깃발을 세우며

도도히 흐르는✔ 탁류를 막고 /
수정처럼 맑은✔ 양심의 샘을✔ 솟게 하고자 /
여기✔ 외로운 깃발을✔ 세우려 합니다. //

역사의 물줄기를✔ 바로잡고 /
민족 양심의 부활을 위해 /
어려움과✔ 고난의 십자가를✔ 스스로 지고 /
두견이✔ 피를 토하듯 / 정의를 외치다✔ 쓰러져 간 /
자유 수호 선각자들의 넋에✔ 사죄하며 /
여기✔ 한 알의 씨알을✔ 땅속에 묻고자 합니다. /
아니✔ 한 알의 소리치는 씨알이 되려 합니다. //

민족을 외면한✔ 부귀, / 겨레를 저버린✔ 영화 /
동포를 팔아 얻어지는 / 구차한 삶이 아니라 /
민족과 더불어 당하는 고통 / 겨레를 위해 바치는 희생 /
자유를 지키다 죽어지는 / 떳떳한 죽음이기를✔ 원합니다. //

폼페이 최후의 날에 / 나신의 남녀가✔ 미쳐서 울고 /
성문을 지켜야 할✔ 군병의 말도 / 모두가✔ 제 살길 찾아 도망쳤는데 /
의롭고✔ 장한 청지기 있어 /
대지를 내리덮는✔ 하늘의 운명에 저항하며 / 홀로✔ 성문을 지켰듯이 /
자유를 지키다 죽어지는 / 떳떳한 죽음이기를✔ 원합니다. //

나라를 팔아먹은 자는✔ 이완용이가 아니라 / 바로✔ 나 자신이라
고 외치며 /
스스로 죄인임을 자처했던✔ 도산 안창호 선생님의 말씀처럼 /
이 땅에✔ 올바른 자유가✔ 없어지고, /
정의가 죽고✔ 진실과 양심이✔ 돌처럼 굳어진다면 /
바로✔ 그 죄인은✔ 나 자신이라는 죄책감에✔ 머리 숙입니다. //

찬바람 눈보라 치는✔ 겨울과 싸워 이긴 나무만이 /
찬란한 봄을 맞이할 수 있는 것이라면 / 이제✔ 감히 싸우려 합니다. /
외로운✔ 깃발을 들고...... ///

Ⅲ. 발음훈련

발음을 정확히 못하는 사람들이 의외로 많다. 말하는 사람이 발음을 정확히 하는 것은 글 쓰는 사람이 맞춤법을 정확히 알고 글을 쓰는 것과 같은 이치다. 글을 읽을 때 맞춤법이 틀린 내용은 자연스런 호흡으로 읽어 내려가기 힘들 듯, 정확치 못한 발음은 내용전달이 부정확해진다.

1 정확한 발음훈련

정확한 발음은 어떻게 이루어질까? 정확한 발음은 입술 모양과 혀 놀림, 턱 운동 이렇게 세 가지가 정확히 움직이는 것이다. 다음 내용들은 일상적으로 사용하면서도 흔히 틀리기 쉬운 발음들이니 정확히 발음하도록 훈련하자.

- '오' '우'는 우리가 평소 정확한 입 모양을 하지 않고 말하는 대표적인 모음이다.
- 한 음절씩 연속 발성하면서 배가 쑥쑥 들어가는 것을 느끼는 것이 중요하다.
- 입술을 오므리고 입 모양을 둥글게 하고 소리를 입 밖으로 끌어내는 느낌으로 한다.

오 오 오 오 오 오 오 오 오 오 오 오 오 오 오 오 오 오 오 오
우 우 우 우 우 우 우 우 우 우 우 우 우 우 우 우 우 우 우 우
오 우 오 우 오 우 오 우 오 우 오 우 오 우 오 우 오 우 오 우

(1) '와-워' 발음연습

- '**와**' '**워**' 는 입 모양이 재빨리 변하면서 이중모음이 만들어지는 것에 유의한다.
- '**와**'는 '**오+아**'/ '**워**'는 '**우+어**'의 입 모양에 신경을 쓰면서 연이어 빠르게 발음한다.

<예문>

- **과**학, **화:**재, **좌:**우, 정:**확,** 주**관**식, / **원**두막, 국**권**, **뭐:**든지, **권**리, **원**인
- 오:**월**의 **환**:한 햇살 / 만:**원권** 백만**원권** / 시:민문**화**회:**관** / 내:부순**환**도:로

(2) '왜-웨' 발음연습

- '**왜**'는 '오+아+이'/ '**웨**'는 '우+어+이'의 세 모음을 천천히 발음하면서 입술과 혀의 움직임을 충분히 느낀 후 정상적인 속도로 세 모음을 붙여서 발음한다.

<예문>

- **쾌**유, **돼:**지, **쇄**:신, **괜**찮다, **왜**소하다, / **궤:**도, **웨**이브, **웬:**만큼, **췌:**언, **퀭**하다
- 역사 **왜**곡은 인류의 죄:악이다. / **왜**소한 체구이지만 **왠**지 당차 보인다.
- 며칠 앓더니 눈이 **퀭**하다. / 명예를 **훼:**손시키는 일은 절대 하지 말라.

(3) '에-애' 발음연습

- '**에**'와 '**애**'는 입을 벌리는 정도에 따라 발음상의 차이가 난다
- '에'는 검지손톱을 가볍게 무는 정도로 입을 벌리고 발음한다.
- '애'는 검지와 중지를 겹쳐서 무는 정도로 입을 벌리고 발음한다.

<예문>

- **에**너지, 누**에**, **메**주, **제**발, 삼**베**, 안경**테,**

■ **재**:발, 돌**배**, 백**태**, **애**:간장, **애**:국심, 남**매**

■ 마파람에 **게:**눈 감추듯 한다.

■ **해**가 바뀔수록 씀씀이가 **헤:**프다

■ **네**가 올라가면 **내**가 **내**려가고, **내**가 올라가면 **네**가 **내**려간다.

<낭독>

하루 연습을 **빼**먹으면 **내**가 압니다.
이틀 연습을 **빼**먹으면 아**내**가 압니다.
사흘 연습을 **빼**먹으면 온 **세**상이 압니다.
물론 그 연습은 단순한 반복 이상이어야 하지요.
집중**해**서 연습하는 것이 중요합니다.
물론 연습만으로 완벽**해**질 수는 없습니다.
하지만 완벽한 연습을 **해**야 완벽**해**질 수 있습니다.

(4) '어-으' 발음연습

■ 사투리를 많이 쓰는 사람들이 '어'를 '으'로 발음하는 경우가 많다.

■ '어'는 '**에**' 발음할 때 입을 벌린 정도와 같다.

■ '으'는 '**이**' 발음할 때 입을 벌린 정도와 같다.

<예문>

■ **걸, 글 / 넉, 늑 / ~던지, ~든지 /**

■ **걸**레, **글**씨 / **넉넉**한, **늑**대 /

■ 무엇이었**던지**, 하**든지** 말**든지** /

■ **거름, 버릇, 처음, 정거**장, **범**:인, **천**연 /

■ **증**거, **흔적, 드럼, 크**기, **그을음,** 기**쁘**다 /

■ **으스**대며 **큰**소리로 **떠드는 거**:인 / **크**낙새 **슬**피 **우는** 소리 /

■ 눈시울**을 뜨겁**게 **적**시는 **트럼**펫 소리

<나의 다짐>

나는 멋진 목소리를 갖고 싶다.
편안하고 따뜻하며 호감을 줄 수 있는 그런 목소리.
그러나 나는 한 번도 좋은 목소리를 내는 방법에 대해 배운 적이 없기 때문에 그동안 내 목소리에는 문제가 많았다.
나는 변화하고 싶다. 지금 시작해도 절대 늦지 않았다.
나는 내 목소리를 멋지게 변화시킴으로써 내 인생도 성공적으로 이끌 것이다.
나는 할 수 있다. 나는 나를 믿는다.

(5) '의' 발음연습

우리말에서 **'의'**는 위치에 따라 동일 글자이면서 다음과 같이 3가지로 발음된다.

1) 단어의 첫 음절 '의'는 이중모음 'ㅢ'(으+이)로 발음한다

- 의사, 의미, 의심, 의견, 의복, 의자, 의문, 의리, 의심하다, 의젓하다

2) 단어의 중간이나 끝에 올 경우에는 '이'로 발음할 수 있다

- 중간에 올 경우 : 여의도, 탈의실, 강의실, 모의고사, 대의명분, 주의집중
- 끝에 올 경우 : 강의, 상의, 신의, 협의, 유의, 회의, 민의, 정의

3) 조사 '의'는 '에'로 발음할 수 있다

'의'로 발음해도 되지만 '에'로 발음하는 것이 자연스럽고 편하다.

- 나의 소망, 사랑의 미로, 우리의 소원, 조국의 미래, 고향의 봄

- 강의의 참여도를 높이기 위한 교수들의 논의가 한창입니다.
- 의회 민주주의의 의의.

※ '의' 발음에 유의하며 낭독하기

'나의'[나에]라는 말은 한 개인의[개:이네] 삶에 있어서 가장 중요한 말이며, 따라서 이를 잘 생각해 보는 것이야말로 지혜로움의[지혜로우메] 시작이다.

이것은 '나의'[나에] 저녁 식사, '나의' 개, '나의' 집, '나의' 아버지, '나의' 조국, '나의' 하느님 등에서 보듯이 똑같은 힘을 가지고 있다.

우리는 자기 것이라면 시계든 자동차든 혹은 천문, 지리, 역사, 의학 지식이든, 그것을 헐뜯기만 하면 여하튼 불같이 화를 낸다.

우리는 진실이라고 습관적으로 생각해온 것들을 언제까지나 믿고 싶어 한다. 그 신념을 뒤흔들려는 것이 나타나면 분개한다.

2 틀리기 쉬운 말 발음훈련

정확한 발음은 사람들에게 신뢰감을 준다. TV에서 뉴스를 진행하는 앵커들이 믿음직하게 보이는 이유는 바로 발음이 정확하기 때문이다. 발음으로 인한 신뢰감은 일상에서도 느낄 수 있는데, 예를 들면, 휴대폰을 새로 구입하려는 사람이 A사 직원은 제품에 대해 막힘없이 잘 설명해주는데, B사 직원은 중간에 계속 자료를 찾아보거나 발음이 어눌한 것이었다. 가격 혜택은 B사가 좋았지만 그는 결국 A사 제품을 선택했다. 왜냐하면 B사 직원의 제품에 대한 무지함과 발음이 어눌한 것에서 신뢰감이 떨어졌기 때문이다. 보험을 판매하는 보험설계사가, 자동차를 판매하는 영업사원이, 면접을 보러 온 사람이 발음이 어눌하다면 당신은 그를 선택하겠는가?

이처럼 정확한 발음은 상대방에게 신뢰감을 주는 중요한 요소이다. 이제부터라도 대인관계에서 믿음직한 모습을 보여주고 싶다면, 정확한 발음으로 말하는 능력을 갖추기 바란다. 만약 본인이 상대방의 말을 귀로 들으며 정확한 발음과 잘못된 발음을 잘 구분하지 못한다면, 아무리 발음훈련을 해도 발음교정이 되지 않는다. 그래서 가장 먼저 정확한 발음과 잘못된 발음을 구분할 줄 아는 청음훈련이 우선이다.

먼저 많은 사람들이 잘못된 발음을 하는 문장 중 하나의 사례를 들어보자. "**찬바람이 부는 한강을 보러, 관광객과 함께 본부장이 왔다.**"는 문장에서 '찬바람'이 아니라 '참바람'으로, '한강'이 아니라 '항강'으로, '관광객'이 아니라 '광광객'으로, '본부장'이 아니라 '봄부장'으로 발음하는 사람들이 많다.

여기서 자주 틀리는 발음이 바로 'ㄴ' 받침소리이다. 'ㄴ'은 훈민정음이 창제될 때 혀의 모양을 따라 만들어졌으므로, 발음할 때는 앞니의 뒤 딱딱한 입천장(경구개)에 혀가 'ㄴ' 모양으로 닿아야만 한다. '**나**'와 같이 'ㄴ'이 초성으로 올 때는 앞니 뒤에 혀가 닿은 상태에서 시작하고, '**찬**'과 같이 'ㄴ'이 종성으로 올 때는 마지막 입 모양에서 혀가 반드시 앞니 뒤쪽에 닿아야 정확한 발음이 된다.

그런데 많은 사람들은 혀가 정확하게 닿지 않은 상태에서 발음을 하기 때문에 잘못된 발음을 하게 된다. 발음을 교정하려면 정확한 발음 못지않게 현재의 부정확한 발음을 알아야 한다. 부정확한 발음과 정확한 발음의 차이를 자신의 뇌와 조음기관(입술·턱·혀)에서 느낄 때 발음교정이 이루어진다. 틀린 발음과 맞는 발음으로 교차해서 읽으며 입 모양의 차이점을 머리로 기억해야 한다.

'ㄴ' 받침소리를 훈련하기 위해서는 먼저 한 글자씩 정확하게 발음해야 한다. 첫 글자를 발음하고 난 입 모양은 혀가 'ㄴ' 모양으로 꺾여서 앞니 뒤쪽에 붙어야 한다.

"**참바람 ⇨ 찬바람, 항강 ⇨ 한강, 광광객 ⇨ 관광객, 봄부장 ⇨ 본부장**"으로 천천히 또박또박 틀린 발음과 맞는 발음을 하는 훈련이 되면, 조금씩 일상 대화에서 사용되는 수준까지 말하는 속도를 끌어올려서 연습하면 된다.

이제는 눈을 감고 옆 사람이 발음하는 소리만 듣고 정확한 발음을 골라내는 훈련을 한다. 눈을 감으면 청각에 집중력이 놀라울 정도로 높아진다. 옆 사람은 틀린 것과 맞는 것을 무작위로 발음을 하면, 소리만 듣고 맞는 발음을 골라낸다. 소리만으로도 입 모양이 정확한지 아닌지 그려질 것이다.

아기가 '엄마'라는 말을 어떻게 하게 되었는가? 어머니의 입 모양을 보고, 소리를 듣고 따라한다. 뇌가 폭발적으로 활동하는 언어형성기에 본능적으로 시청각을 활용해 상대방을 따라 하며 '엄마'라는 소리를 낸 것이다. 우리의 현재 언어체계는 글을 배운 다음 말을 하는 것이 아니라, 말을 배우고 나중에 글을 배우면서 소리에 맞는 문자(한글)를 대입한 것이다. 그래서 발음교정 방법은 처음 소리 말을 배운 방법대로 시청각의 본능적인 능력을 활용해야 한다.

먼저 발음이 정확한 A와 발음이 부정확한 B가 거울 앞에 나란히 선다. B는 거울을 통해 A가 말을 할 때의 입 모양을 집중적으로 보고 소리를 듣는다. 이후 B는 방금 본 입 모양과 소리를 바탕으로 똑같은 크기로 입 모양을 만들면서 동일한 소리를 내어본다. A는 틀린 입 모양을 설명해주고 이와 같은 과정을 반복하며 정확한 입 모양과 소리를 찾아간다. 이처럼 발음할 때의 입 모양과 혀의 위치를 교정하는 방법은 발음이 정확한 사람의 입 모양을 보면서, 자신의 입 모양을 똑같이 만들어내며 소리를 내려고 노력하는 것이다.

지금까지 연습한 'ㄴ' 받침소리만 정확하게 발음해도 굉장히 발음이 깔끔해지고 명확해진다. 하지만 이외에도 이중모음이나 혀 짧은 소리 등 다양한 잘못된 발음들에 대해 차근차근 본인이 부족한 발음을 연습해 나가면, 어느새 신뢰감이라는 이미지도 함께 따라오게 된다.

(1) 입술운동

1) **첫째, 'ㅁ', 'ㅂ', 'ㅍ' 받침이 나오는 글자를 읽을 때는 입술을 닫는다.**

예 문	틀리기 쉬운 발음	정확한 발음
잘 자, **내 꿈꿔**	내 꿍꿔	**내 꿈꿔**
선생님께 경례	성생님께, 선생닝께	**선생님께**
여러분의 **심부름꾼이** 되고자	심부릉꾸니	**심부름꾸니**
심각한 일입니다	싱각한	**심각한→ 심가칸**
결혼했다는 사실을 **숨기고**	숭기고	**숨기고**
자유의 꽃 **탐스럽게** 피어나고	탐스럭게	**탐스럽게**
의롭고 장한 일을 해 냈어	으이록고	**으이롭고**
자유롭고 행복하게 살기 위해	자유록고	**자유롭고**
자연스럽게 말 하세요	자연스럭게	**자연스럽게**
실현성이 거의 **없기 때문에**	억기 때무네	**없기 때무네**
숨기고 **싶기까지야** 하겠어?	식기까지야	**싶기까지야**
친구와 놀고도 **싶고**	식고	**싶고**

2) **둘째, '와'나 '화'를 '아'나 '하'로 잘못 발음하는 경우**

(경상도 지역 사람들에게서 많이 나타나는 특성이기도 하다)

예 문	틀리기 쉬운 발음	정확한 발음
무궁한 **영광을** 위하여	영강을	**영광을**
관광산업의 활성화	강간산업의 할성하	**관광산업의 활성화**
좌절과 절망의 순간	자절가 절망	**좌절과 절망**
완전하게 처리한다	안전하게	**완전하게**
화장실 문	하장실	**화장실**
주위 **환경을** 깨끗이	한경을	**환경을**

3) **셋째, 'ㅚ'를 'ㅐ'로 발음하는 경우**

예 문	틀리기 쉬운 발음	정확한 발음
원칙과 규정이 **무시된 채**	무시댄 채	**무시된 채**
부정과 부패의 **사회적 딜레마를**	사해적 딜레마를	**사회적 딜레마를**
기회를 꼭 잡으세요	기해를	**기회를**
당신이 **최고야**	채고야	**최고야**

4) **넷째, '윗'을 '잇'으로 잘못 발음하는 경우**

예 문	**틀리기 쉬운 발음**	**정확한 발음**
뒷사람의 이정표가 될 것이므로	딧사람의	**뒷사람의→ 뒷싸라메**

(2) 혀 운동

1) 첫째, 'ㄴ' 받침을 'ㅇ', 'ㅁ'으로 읽지 않도록 하자

예 문	틀리기 쉬운 발음	정확한 발음
한강의 기적	항강의	한강의
반복해서 외쳐라	밤복해서	반복해서→ 반보캐서
군것질 할 돈	궁것질	군것질→ 군걷찔
무조건 **반길 것이** 아니라	방길 것이	반길 것이→ 거시
선각자들의 넋에	성각자들의	선각자들의→ 선각자드레
준비를 철저히 하자	줌비를	준비를
그만큼만 가져와라	그망큼만	그만큼만
건강과 행복	겅강과	건강과

2) 둘째, 'ㅆ'이나 'ㅅ'을 'ㄱ"으로 잘 못 소리 내는 경우

예 문	틀리기 쉬운 발음	정확한 발음
잘못했기 때문에	잘못핵기	잘못했기→ 잘모탣끼
개구리가 울기 **시작했고**	시작핵고	시작했고→ 시자캗꼬
자신 있게 말씀드립니다	자신 익게	자신 있게→ 자시 닏께
두둥실 춤을 **추었고**	추억고	추었고→ 추얻꼬
아직 도착하지 **않았기** 때문이다	안악기	안았기→ 아낟끼
뱃길을 따라	백길을	뱃길을→ 배끼를
나그네의 외투를 **벗길 수는**	벅길 수는	벗길 수는→ 벋낄 쑤는
바닷가의 모래알처럼	바닥가의	바닷가의→ 바다까에

3) 셋째, 'ㄷ'을 'ㄱ'으로 잘못 발음하는 경우

예 문	틀리기 쉬운 발음	정확한 발음
굳게 다짐 합니다	국게	굳게→ 굳께

4) 넷째, 'ㅌ'을 'ㅁ'으로 잘못 발음하는 경우

예 문	틀리기 쉬운 발음	정확한 발음
끝말을 정확히 하라	끔말을	끝말을→ 끈마를

5) **다섯째, 'ㅈ'을 'ㄱ'으로 잘못 발음하는 경우**

예 문	틀리기 쉬운 발음	정확한 발음
잃어버린 꿈을 **되찾고** 싶어요	되착고	**되찾고→ 되찯꼬**
인원에 **맞게** 준비를 해야지	막게	**맞게→ 맏께**

(3) 턱 운동

1) 첫째, '의'자 발음 문제

"의" 자는 오는 위치에 따라 다음과 같이 세 가지로 소리가 난다.

① '의' 자가 낱말의 첫 음으로 올 때 → '으이'에 가까운 발음

예) 의사, 의무, 의자, 의사당, 의리, 의심

② '의' 자가 낱말의 중간이나 끝에 올 때 → '이' 발음

예1) 중간 : 정의감(정이감), 군의관(구니관), 수의사(수이사), 강의실(강이실)

예2) 끝말 : 정의(정이), 동의(동이), 강의(강이), 상의(상이),

③ '의' 자가 조사(토씨)로 올 때 → '에' 발음

예) 자유의 여신상(자유에 여신상), 우리의 소원(우리에 소원)

※ 조사(助:詞) : 문장에서 자립형태소에 붙어서 그 말과 다른 말과의 문법적 관계를 나타내거나 뜻을 더하여 주는 단어.

[실습 1] 민주주의의 의로운 정의의 용사

[실습 2] 교육의 의의의 중요성

2) 둘째, 'ㅎ'을 'ㅇ'으로 잘못 발음하는 경우

예 문	틀리기 쉬운 발음	정확한 발음
전화하면 배달해 줍니다	전와아면	**전화하면**
고향에 가면 마음이 편해져요	고양에	**고향에**
정확한 발음을 **생활화** 합시다	생왈와	**생활화**

☞ 정확한 발음을 위해서는 이에 대한 지속적인 관심과 일정한 훈련이 필요하다.

3 자 · 모음 발음훈련

모든 것이 다 그렇듯이 기초를 차근차근 다지는 것은 매우 중요한 일이다. 스피치 할 때의 정확한 발음을 하기 위해서는, 우리말의 자 · 모음 훈련부터 출발하는 것이 순서이다.

(1) 자음 발음훈련

1	가	나	다	라	마	바	사	아	자	차	카	타	파	하
2	가나		다라		마바		사아		자차		카타		파하	
3	가나다라				마바사			아자차카				타파하		
4	가나다라마바사							아자차카타파하						
5	가나다라마바사아자차카타파하													
6	하	파	타	카	차	자	아	사	바	마	라	다	나	가
7	하파		타카		차자		아사		바마		라다		나가	
8	하파타카				차자아			사바마라				다나가		
9	하파타카차자아							사바마라다나가						
10	하파타카차자아사바마라다나가													

(2) 모음 발음훈련

가	갸	거	겨	고	교	구	규	그	기
나	냐	너	녀	노	뇨	누	뉴	느	니
다	댜	더	뎌	도	됴	두	듀	드	디
라	랴	러	려	로	료	루	류	르	리
마	먀	머	며	모	묘	무	뮤	므	미
바	뱌	버	벼	보	뵤	부	뷰	브	비
사	샤	서	셔	소	쇼	수	슈	스	시

아	야	어	여	오	요	우	유	으	이
자	쟈	저	져	조	죠	주	쥬	즈	지
차	챠	처	쳐	초	쵸	추	츄	츠	치
카	캬	커	켜	코	쿄	쿠	큐	크	키
타	탸	터	텨	토	툐	투	튜	트	티
파	퍄	퍼	펴	포	표	푸	퓨	프	피
하	햐	허	혀	호	효	후	휴	흐	히

4 이중모음 발음훈련

갸	괴	겨	귀	교	궤	규	계	과	괘	궈	걔
냐	뇌	녀	뉘	뇨	눼	뉴	녜	놔	놰	눠	냬
댜	되	뎌	뒤	됴	뒈	듀	뎨	돠	돼	둬	댸
랴	뢰	려	뤼	료	뤠	류	례	롸	뢔	뤄	럐
먀	뫼	며	뮈	묘	뭬	뮤	몌	뫄	뫠	뭐	먜
뱌	뵈	벼	뷔	뵤	붸	뷰	볘	봐	봬	붜	뱨
샤	쇠	셔	쉬	쇼	쉐	슈	셰	솨	쇄	숴	섀
야	외	여	위	요	웨	유	예	와	왜	워	얘
쟈	죄	져	쥐	죠	줴	쥬	졔	좌	좨	줘	쟤
챠	최	쳐	취	쵸	췌	츄	쳬	촤	쵀	춰	챼
캬	쾨	켜	퀴	쿄	퀘	큐	켸	콰	쾌	쿼	컈
탸	퇴	텨	튀	툐	퉤	튜	톄	톼	퇘	퉈	턔
퍄	푀	펴	퓌	표	풰	퓨	폐	퐈	퐤	풔	퍠
햐	회	혀	휘	효	훼	휴	혜	화	홰	훠	햬

(1) 이중모음

(ㄱ) 가**갸** 가**갸** / 거**겨** 거**겨** / 고**교** 고**교** / 구**규** 구**규**

[기+아] [기+어] [기+오] [기+우]

(ㄲ) 까**꺄** 까**꺄** / 꺼**껴** 꺼**껴** / 꼬**꾜** 꼬**꾜** / 꾸**뀨** 꾸**뀨**

[끼+아] [끼+어] [끼+오] [끼+우]

(ㄴ) 나**냐** 나**냐** / 너**녀** 너**녀** / 노**뇨** 노**뇨** / 누**뉴** 누**뉴**

[니+아] [니+어] [니+오] [니+우]

(ㄷ) 다**댜** 다**댜** / 더**뎌** 더**뎌** / 도**됴** 도**됴** / 두**듀** 두**듀**

[디+아] [디+어] [디+오] [디+우]

(ㄸ) 따**땨** 따**땨** / 떠**뗘** 떠**뗘** / 또**뚀** 또**뚀** / 뚜**뜌** 뚜**뜌**

[띠+아] [띠+어] [띠+오] [띠+우]

(ㄹ) 라**랴** 라**랴** / 러**려** 러**려** / 로**료** 로**료** / 루**류** 루**류**

[리+아] [리+어] [리+오] [리+우]

(ㅁ) 마**먀** 마**먀** / 머**며** 머**며** / 모**묘** 모**묘** / 무**뮤** 무**뮤**

[미+아] [미+어] [미+오] [미+우]

(ㅂ) 바**뱌** 바**뱌** / 버**벼** 버**벼** / 보**뵤** 보**뵤** / 부**뷰** 부**뷰**

[비+아] [비+어] [비+오] [비+우]

(ㅃ) 빠**뺘** 빠**뺘** / 뻐**뼈** 뻐**뼈** / 뽀**뾰** 뽀**뾰** / 뿌**쀼** 뿌**쀼**

[삐+아] [삐+어] [삐+오] [삐+우]

(ㅅ) 사**샤** 사**샤** / 서**셔** 서**셔** / 소**쇼** 소**쇼** / 수**슈** 수**슈**

[시+아] [시+어] [시+오] [시+우]

(ㅆ) 싸**쌰** 싸**쌰** / 써**쎠** 써**쎠** / 쏘**쑈** 쏘**쑈** / 쑤**쓔** 쑤**쓔**

[씨+아] [씨+어] [씨+오] [씨+우]

(ㅇ) 아**야** 아**야** / 어**여** 어**여** / 오**요** 오**요** / 우**유** 우**유**

(ㅈ) 자**쟈** 자**쟈** / 저**져** 저**져** / 조**죠** 조**죠** / 주**쥬** 주**쥬**

[지+아] [지+어] [지+오] [지+우]

(ㅉ) 짜**쨔** 짜**쨔** / 쩌**쪄** 쩌**쪄** / 쪼**쬬** 쪼**쬬** / 쭈**쮸** 쭈**쮸**

[찌+아] [찌+어] [찌+오] [찌+우]

(ㅊ) 차**챠** 차**챠** / 처**쳐** 처**쳐** / 초**쵸** 초**쵸** / 추**츄** 추**츄**

[치+아] [치+어] [치+오] [치+우]

(ㅋ) 카**캬** 카**캬** / 커**켜** 커**켜** / 코**쿄** 코**쿄** / 쿠**큐** 쿠**큐**

[키+아] [키+어] [키+오] [키+우]

(ㅌ) 타**탸** 타**탸** / 터**텨** 터**텨** / 토**툐** 토**툐** / 투**튜** 투**튜**

[티+아] [티+어] [티+오] [티+우]

(ㅍ) 파**퍄** 파**퍄** / 퍼**펴** 퍼**펴** / 포**표** 포**표** / 푸**퓨** 푸**퓨**

[피+아] [피+어] [피+오] [피+우]

(ㅎ) 하**햐** 하**햐** / 허**혀** 허**혀** / 호**효** 호**효** / 후**휴** 후**휴**

[히+아] [히+어] [히+오] [히+우]

(2) 이중모음 예문

고개를 **갸(기+아)**우뚱 하다 / 양질의 **규(기+우)**사토 / 남**녀(니+어)**노소/ 9시 **뉴(니+우)**스 / **듀(디+우)**스 게임 / **류(리+우)**성**룡(리+옹)** 선생님 / **묘(미+오)**사 하다 / **뮤(미+우)**지컬 공연 / **뷰(비+우)**티풀 / 비**료(리+오)** 얼굴에 뾰**(삐+오)**루지가 나다 / 시원한 쥬**(지+우)**스를 마시고 싶다 / **슈(시+우)**퍼맨이 돌아오다 / 얼굴도 **샤(시+아)**방 **샤(시+아)**방 / **큐(키+우)**피터 화살 / 자동차 **튜(티+우)**브 / **표(피+오)**결하다 / **퓨(피+우)**마 운동화 / **휴(히+우)**가를 떠나다 /

5 받침 발음훈련

다음은 우리 생활에서 자주 사용되는 받침발음이다. 표준발음법 중에서 받침발음은 비교적 어려운 발음에 속하므로 유의하여야 한다. 여기서는 예외조항은 생략하고 실생활에서 자주 사용되는 받침발음을 중심으로 알아보자.

(1) 받침 'ㄱ' 다음에 'ㅎ'이 올 때는 'ㅋ'으로 발음한다.

<예> ▪ **명확한[명화칸]** 발음을 하는 사람은 신뢰감이 갑니다.

▪ 스피치의 꽃은 **즉흥[즈킁]**스피치라고 말할 수 있습니다.

▪ 고기를 **밝히면서[발키면서]** 다이어트 할 생각은 하지마세요.

(2) 받침 'ㄷ' 다음에 'ㅎ'이 올 때는 'ㅊ'으로 발음한다.

<예> ▪소뿔에 **받히어[바치어]** 큰 상처를 입었다.

▪마음이 **닫힌[다친]** 사람은 긍정적인 생각을 하지 않습니다.

▪여기에 **묻혀[무쳐]** 있습니다.

(3) 받침 'ㅂ'다음에 'ㅎ'이 올 때는 'ㅍ'으로 발음한다.

<예> ▪**궁핍한[궁피판]** 생활은 사람을 주눅 들게 만듭니다.

▪사업이 실패를 **거듭했고[거드패꼬]**, 결국 그는 폐인이 되고 말았습니다.

▪그는 실수를 **용납하지[용나파지]** 않는 성격의 소유자였습니다.

(4) 받침 'ㅅ, ㅈ, ㅊ, ㅌ ' 다음에 'ㅎ'이 올 때는 'ㅌ'으로 발음한다.

<예> ▪상대가 **잘못한[잘모탄]** 점이 있더라도 너그럽게 용서하십시오.

▪대중스피치는 **또렷한[또려탄]** 발음을 해야, 정확한 의사전달이 가능합니다.

▪그만 탁자에 **부딪히고[부디치고]** 말았습니다.

▪오늘 **낮 한때[나 탄때]** 소나기가 예상됩니다.

▪그대에게 **꽃 한송이[꼬 탄송이]**를 바치고 싶어요.

▪검게 잘 구운 **숯 한봉지[수 탄봉지]**를 가져 오세요.

▪그동안 **숱한[수탄]** 세월의 흐름 속에서 단련되었습니다.

(5) 받침 'ㄷ' 다음에 모음 '이'가 올 때는 'ㅈ'으로 발음한다.

<예> ▪상대가 싫어하는 것을 **굳이[구지]** 할 필요가 있을까요?

▪**여닫이[여다지]** 창문보다는, **미닫이[미다지]** 창문이 편리합니다.

(6) 받침 'ㅌ' 다음에 모음 '이'가 올 때는 'ㅊ'으로 발음한다.

<예> ▪논보다는 **밭이[바치]** 더 좋습니다.

▪우리 모두 성공하는 그날까지, **같이[가치]** 갑시다.

(7) 받침 'ㄱ(ㄲ,ㅋ,ㄳ,ㄺ)' 다음에 'ㄴ, ㅁ' 이 올 때는 'ㅇ' 으로 발음한다.

<예> ■ **국물[궁물]**을 **먹는[멍는]**다.

■ 재래시장에는 물건 값을 **깎는[깡는]** 사람이 많다.

■ 받침 **키읔만[키응만]** 조심해서 발음하세요.

■ 자기 **몫만[몽만]** 잘 챙겨라.

■ 카드 **긁는[긍는]** 것을 좋아하지 마라.

(8) 받침 'ㄷ(ㅅ,ㅆ,ㅈ,ㅊ,ㅌ,ㅎ)' 다음에 'ㄴ, ㅁ' 이 올 때는 'ㄴ' 으로 발음한다.

<예> ■ 문 **닫는[단는]**소리가 시끄럽구나.

■ **옷맵시[온맵씨]**가 세련된 사람이 되자.

■ 흥이 **있는[인는]** 사람이야.

■ 비에 **젖는[전는]** 수가 있으니 조심해라.

■ **꽃망울[꼰망울]**이 활짝 피었다.

■ 먼지가 달라**붙는다.[분는다]**

■ 무거운 물건을 **놓는[논는]** 소리야.

(9) 받침 'ㅂ(ㅍ,ㄼ,ㄿ,ㅄ)' 다음에 'ㄴ, ㅁ' 이 올 때는 'ㅁ' 으로 발음한다.

<예> ■ **밥물[밤물]**을 잘 조절해라.

■ **앞마당[암마당]**에서 노는 아이들을 보라.

■ 낙엽을 **밟는[밤는]** 소리가 그립다.

■ 구슬피 **읊는[음는]** 노랫가락은 사라졌다.

■ 그 가게는 **없는[엄는]** 게 없다.

(10) 받침 'ㅎ' 다음에 'ㄴ' 이 올 때는 'ㄴ' 으로 발음한다.

<예> ■ 물건을 잘 **놓는[논는]** 훈련과 **쌓는[싼는]** 훈련이 필요합니다.

(11) 받침 'ㅎ' 다음에 'ㄷ' 이 올 때는 'ㅌ' 으로 발음한다.

<예> ■ 우리 사이가 **좋든지[조튼지]** 그렇지 **않든지[안튼지]** 관여하지 마세요.

(12) 받침 'ㅎ, ㄶ, ㅀ' 다음에 'ㅅ' 이 올 때는 'ㅅ'을 'ㅆ'으로 발음한다.

<예> ■ **닿소[다쏘], 많소[만쏘], 싫소[실쏘]**

(13) 받침 'ㄱ,ㅁ,ㅂ,ㅇ' 다음에 'ㄹ' 이 올 때는 'ㄴ' 으로 발음한다.

<예> ■ **백리[뱅니], 담력[담녁], 협력[혐녁], 대통령[대통녕]**

(14) 받침 'ㄴ' 은 'ㄹ'의 앞이나 뒤에서 'ㄹ' 로 발음한다.

<예> ■ **난로[날로], 신라[실라], 대관령[대괄령], 신뢰감[실뢰감]**

6 어려운 말 발음연습

공주에 있는 무령왕릉은 국보급 무령왕릉인가, 안 국보급 무령왕릉인가?

꿀떡에 넣을 각 흑설탕은 갈을 각 흑설탕이냐 안 갈을 각 흑설탕이냐?

시골찹쌀 햇찹쌀 도시찹쌀 촌찹쌀, 싱싱슈퍼 싱싱상추 송송시장 송송소금.

이탕숙군 탕수육은 살짝 튀긴 탕수육, 이숙탕양 탕수육은 바짝 튀긴 탕수육.
목동 로얄 뉴 로얄 레스토랑 뉴 메뉴,
미트 소시지 소스스파게티 크림 소시지 소스스테이크.

상성석군은 왼뺨을 맞고 오른뺨을 내밀고,
성상숙양은 오른뺨을 맞고 왼뺨을 내민다.

앞집 꽃집 장미꽃 꽃집, 옆집 꽃집 튤립꽃 꽃집.

저기 저 스튜어디스는 한국 항공사 항공운항 담당 스튜어디스인가,
외국 항공사 항공운항 담당 스튜어디스인가?

강낭콩 옆 빈 콩깍지는 완두콩 깐 빈 콩깍지이고,
완두콩 옆 빈 콩깍지는 강낭콩 깐 빈 콩깍지이다.

된장공장 주방장과 김공장 주방장은 박주방장이고,
마늘공장 주방장과 파공장 주방장은 곽주방장이다.

동해파도 철썩찰싹 철찰싹, 남해파도 찰싹철썩 찰철썩.

똘똘이네 알뜰이는 한푼두푼 알뜰살뜰,
알뜰이네 똘똘이는 서푼네푼 흥청망청.

마늘 속 알리신 살균항균 작용이 높은가,
페니실린의 살균항균 작용이 높은가?

백합백화점 옆에 백화백화점이 있고, 백화백화점 옆에 백합백화점이 있다.

양양역앞 양장점은 양양양장점이고, 영양역옆 양장점은 영양양장점이다.

우유성분 함유율은 칼슘 함유량이 철분 함유량보다 높은가,
철분 함유량이 칼슘 함유량 보다 높은가?

중앙청창살 쌍창살, 시청창살 외창살.

한영양복점 옆 한양 양장점, 한양양장점 옆 한영양복점.

간장공장 공장장은 강 공장장이고, 된장공장 공장장은 공 공장장이다.

내가 그린 구름 그림은 새털구름 그린 구름이고,
네가 그린 구름 그림은 뭉게구름 그린 구름이다.

우리 옆집 뒷 창살은 홑 겹 창살이고, 우리 뒷집 앞집 옆 창살은 겹 홑 창살이다.

대공원에 봄 벚꽃 놀이는 낮 봄 벚꽃 놀이보다, 밤 봄 벚꽃 놀이니라.

저 말뚝이 말 맬만한 말뚝이냐, 말 못 맬만한 말뚝이냐?

저분은 백 법학 박사이고, 이분은 박 법학 박사이다.

작년에 온 솥 장수는 새 솥 솥장수이고, 금년에 온 솥 장수는 헌 솥 솥장수이다.

상표 붙인 큰 깡통은 깐 깡통인가, 안 깐 깡통인가?

장서방네 지붕에 앉은 장닭은 큰 장서방네 장닭이냐, 작은 장서방네 장닭이냐?

앞집 팥죽은 붉은 팥 풋팥죽이고, 뒷집 콩죽은 햇콩 단콩 콩죽이고, 우리 집 깨죽은 검은깨 깨죽인데, 사람들은 팥죽 콩죽 깨죽 죽 먹기를 워낙 싫어하더라.

들에 콩깍지는 깐 콩깍지인가, 안 깐 콩깍지인가? 깐 콩깍지이면 어떻고 안 깐 콩깍지이면 어떤? 깐 콩깍지나 안 깐 콩깍지나 콩깍지는 콩깍지인데.

멍멍이네 꿀꿀이는 멍멍해도 꿀꿀하고, 꿀꿀이네 멍멍이는 꿀꿀해도 멍멍하네.

강낭콩 옆 빈 콩깍지는 완두콩 깐 빈 콩깍지이고,

완두콩 옆 빈 콩깍지는 강낭콩 깐 빈 콩깍지이다.

구름 그림은 새털구름 그린 그림이고, 그린 구름 그림은 뭉게구름 그린 그림이다.

그린 기린 그림은 긴 기린 그림이고, 안 그린 기린 그림은 안 긴 기린 그림이다.

칠월칠일은 평창 친구, 친정 칠순 잔칫날이다.

소고삐 풀린 황소의 고삐는 쇠가죽 소고삐이고,
말고삐 풀린 백말의 고삐는 말가죽 말고삐이다.

탱글탱글 오렌지를 톡 터뜨리면, 새콤달콤 오렌지 쥬스가 된다.
고려고 교복은 고급교복이고, 고려고 교복은 고급원단을 사용했다.

담위를 들락날락하는 도선생이 이번만 들락날락인다고 맹세해도,
들락날락 들쑥날쑥하는 마음 때문에 손을 씻지 못한다.

포도밭에서 먹는 포도는 포도향기가 퐁퐁 풍기고,
포장마차에서 먹는 파전은 파 냄새가 팡팡 풍긴다.

담임 선생님의 담당과목은 도덕담당이고, 담임 닮은 담임선생님의 단골집 담 큰 주인은, 닭장에서 닭 모이를 주는 게 그의 취미이다.

춘천 공작창 창장은 편 창장이고, 평촌 공작창 창장은 황창장이다.

대우 로얄 뉴로얄, 철수 책상 철책상.

박씨집 똥개는 허리긴 똥개이고, 안씨집 똥개는 다리긴 똥개인데,
허리긴 똥개와 다리긴 똥개가 싸우면 어느 똥개가 이길까요?

천씨 미인도를 진짜 가짜, 가짜 진짜 하는데,
진짜 가짜 미인도는 어느 게 참 진짜 가짜 미인도일까?

얄리 얄리 얄라성 얄랄리 얄라, 머루랑 다래랑 먹고 청산에 살리라, 얄라리 얄라.

챠프포트킨과 치스챠코프는 라흐마니노프의 피아노 콘체르토의 선율이 흐르는 영화 파워트웨이트를 보면서, 켄터키 프라이드치킨, 포테이토칩, 파파야 등을 포식하였다.

안촉촉한 초코칩 나라에 살던 안촉촉한 초코칩이, 촉촉한 초코칩 나라의 촉촉한 초코칩을 보고, 촉촉한 초코칩이 되고 싶어 촉촉한 초코칩 나라에 갔는데, 촉촉한 초코칩 나라의 문지기가, "넌 촉촉한 초코칩이 아니고 안촉촉한 초코칩이니까, 안촉촉한 초코칩 나라에서 살아"라고 해서, 안촉촉한 초코칩은 촉촉한 초코칩이 되는 것을 포기하고, 안촉촉한 초코칩 나라로 돌아갔다고 합니다.

IV. 조음기관 훈련

우리가 하는 말의 정확도는 발성기관(조음기관)의 역할에 의해 좌우된다. 이러한 발성기관으로 가장 중요한 곳이 **혀, 입술, 턱**이다. 이 세 부분의 근육이 제대로 활동하지 못하게 되면 알아듣기 힘든 소리, 자연스럽지 못한 언어표현의 원인이 된다. 따라서 조음기관의 훈련을 통해 정확한 발음과 자신 있는 언어표현을 할 수 있다.

1 혀 운동

부정확한 말의 대부분은 혀의 기능이 제대로 발휘되지 않아서 생기게 된다. 다음의 혀 운동을 통해 굳어진 혀를 부드럽고 원활하게 바꿔보자.

(1) 혀 운동 방법

1) **앞, 뒤 운동** (10**회 반복**)
- '하나'에 혀를 앞으로 세게 내민다.
- '둘'에 뒤로 당기고 입을 다문다.

2) **왼쪽, 오른쪽 운동** (10**회 반복**)
- '하나'에 혀를 내밀고 왼쪽으로 충분히 뻗어준다.
- '둘'에 오른쪽으로 충분히 뻗는다.

3) **위, 아래 운동** (10**회 반복**)
- '하나'에 혀끝이 코끝에 닿는 기분으로 올린다.
- '둘'에 혀끝이 턱에 닿는 기분으로 내린다.

4) **돌리기 운동** (10**회 반복**)
- '하나'에 혀끝을 입안에서 오른쪽으로 돌린다.

■ '둘'에 혀끝을 입안에서 왼쪽으로 돌린다.

5) **뒤집기 운동 (10회 반복)**

■ 혀끝을 아래 이에 대고 오른쪽으로 뒤집는다.

■ 혀끝을 아래 이에 대고 왼쪽으로 뒤집는다.

6) **종합 운동**

■ 혀끝을 입천장에 대고 위로 감아준다.

■ 혀끝을 아래 이에 대고 안으로 감아준다.

■ 혀끝으로 아래와 위의 이 숫자를 세어본다.

■ 혀를 뱀의 혀처럼 날름거리며 움직여본다.

(2) 혀 운동 실습

1) **혀의 움직임을 느끼며 발성하자**

나냐나냐 / 너녀너녀 / 노뇨노뇨 / 누뉴누뉴 / 느니느니 /
다댜다댜 / 더뎌더뎌 / 도됴도됴 / 두듀두듀 / 드디드디 /
따땨따땨 / 떠뗘떠뗘 / 또뚀또뚀 / 뚜뜌뚜뜌 / 뜨띠뜨띠 /
타탸타탸 / 터텨터텨 / 토툐토툐 / 투튜투튜 / 트티트티 /
라랴라랴 / 러려러려 / 로료로료 / 루류루류 / 르리르리 /
사샤사샤 / 서셔서셔 / 소쇼소쇼 / 수슈수슈 / 스시스시 /
싸쌰싸쌰 / 써쎠써쎠 / 쏘쑈쏘쑈 / 쑤쓔쑤쓔 / 쓰씨쓰씨 /
자쟈자쟈 / 저져저져 / 조죠조죠 / 주쥬주쥬 / 즈지즈지 /
짜쨔짜쨔 / 쩌쪄쩌쪄 / 쪼쬬쪼쬬 / 쭈쮸쭈쮸 / 쯔찌쯔찌 /
차챠차챠 / 처쳐처쳐 / 초쵸초쵸 / 추츄추츄 / 츠치츠치 /

2) **혀의 빠른 움직임을 느끼며 발성하자**

빨리 리빨 리빨 빨리, 리빨 빨리 빨리 리빨 (2회반복, 3회반복)

몰라 라몰 라몰 몰라, 라몰 몰라 몰라 라몰 (2회반복, 3회반복)

빨리 리빨 리빨 빨리, 리빨 빨리 빨리 리빨
몰라 라몰 라몰 몰라, 라몰 몰라 몰라 라몰 (1회-2회-3회 반복)

3) **혀를 굴려보자**

찌리링 찌리링 찌리리링 ~~~ 자전거가 나갑니다. 찌리리리링~~~
따르릉 따르릉 따르르릉 ~~~ 전화소리 들립니다. 따르르르릉~~~
부르릉 부르릉 부르르릉 ~~~ 자동차가 나갑니다. 부르르르릉~~~
꼬르륵 꼬르륵 꼬르르륵 ~~~ 배가고파 나는소리. 꼬르르르륵~~~

2 입술 운동

혀 다음으로 중요한 발음기관이 입술이다. 게으른 입술이 되지 않도록 다음 운동을 통해 부지런한 입술로 바꿔보자.

(1) 입술 운동 방법

① 위, 아래 입술을 '우' 발음 형태로 내밀고 왼쪽, 오른쪽으로 반복하여 돌려준다.
② 아래 입술만 내밀었다가 당기는 운동을 반복한다.
③ 위의 입술을 최대한 끌어올려 위의 이와 잇몸이 보이도록 반복한다.
④ 위, 아래 이가 맞물리도록 하고 입술로만 발음한다.

- 빠 → 뽀 → 쁘
- 파 → 포 → 프
- 바 → 보 → 브
- 마 → 모 → 므

(2) 입술 운동 실습

마먀마먀 / 머며머며 / 모묘모묘 / 무뮤무뮤 / 므미므미 /

바뱌바뱌 / 버벼버벼 / 보뵤보뵤 / 부뷰부뷰 / 브비브비 /
파퍄파퍄 / 퍼펴퍼펴 / 포표포표 / 푸퓨푸퓨 / 프피프피 /
빠뺘빠뺘 / 뻐뼈뻐뼈 / 뽀뾰뽀뾰 / 뿌쀼뿌쀼 / 쁘삐쁘삐 /

3 턱 운동

아래턱은 입의 크기, 모양을 만드는 가장 중요한 기능을 가지고 있으며 특히, 모음발음에 있어서 아래턱의 운동은 참으로 중요하다.

(1) 턱 운동 방법

① 아래턱을 앞으로 내밀었다가 당기는 운동을 반복한다.
② 아래턱을 왼쪽, 오른쪽으로 움직이는 운동을 반복한다.
③ 턱을 최대한 크게 벌리는 운동을 반복한다.

(2) 턱 운동 실습

가갸가갸 / 거겨거겨 / 고교고교 / 구규구규 / 그기그기 /
까꺄까꺄 / 꺼껴꺼껴 / 꼬꾜꼬꾜 / 꾸뀨꾸뀨 / 끄끼끄끼 /
카캬카캬 / 커켜커켜 / 코쿄코쿄 / 쿠큐쿠큐 / 크키크키 /

Thinking
Speech

제 3 장

낭독훈련

Ⅰ. 낭독훈련

음성의 기본단계(호흡, 발음, 발성) 훈련을 마치면 낭독훈련을 시작한다. 낭독은 스피치훈련에서 가장 기본적이며 중요한 훈련이라고 할 수 있는데, 낭독의 기법을 충실히 훈련한 사람들이 대체로 스피치 발표를 잘하는 사람들이다. 그리고 자신의 목소리를 단련하고 맛깔스럽게 말하기 위해서는 낭독만큼 좋은 훈련이 없다. 그래서 스피치 훈련에서 낭독은 빠지지 않고 지속적으로 계속되어야 한다. 글을 몰라서 낭독하는 게 아니다. 소리를 낼 줄 몰라서 하는 게 아니다. 낭독을 통해 우리는 스피치훈련의 기본인 호흡훈련, 발성훈련, 발음훈련을 동시에 할 수 있다. 그리고 자신이 원하는 목소리를 가다듬을 수 있고, 감정표현을 통해 말투도 자연스럽고 부드럽게 구사하며, 문장구사력과 어휘력도 기를 수 있기 때문이다. 이렇게 낭독은 평소 우리 생활 속에서 더욱 활발해져야 하며 생활 습관화되어야 한다.

1 낭독의 개념

낭독[朗讀]은 소리 높을 낭(朗)에 읽을 독(讀)이라는 뜻으로 '소리 높여 읽는 것'을 말한다. 낭독이란 단순히 소리만 내어서 읽는 책 읽기의 형태가 아니라 듣는 사람이 그 소리를 듣고 그 내용을 이해하며, 그 글 속에 빠져 들어갈 수 있도록 감정을 살려서 큰 소리로 글을 읽는 것을 말한다.

낭독의 개념을 이해하기 위해서는 음독이 무엇인가 이해해야 하며, 또한 낭독과 음독의 명확한 구분을 이해할 필요가 있다. 음독(音讀, oral reading)은 글을 소리 내어 읽는 것, 즉 글을 이해하기 위한 활동을 말하는데, 글을 소리 내어 읽는다는 점에서 음독과 낭독이 비슷한 것처럼 보인다. 하지만 음독은 스스로를 위한 읽기 행위이고 낭독은 남에게 들려주기 위해 읽는 것이라는 점에서 분명한 차이점이 있다.

낭독을 흔히 읽는 행위로 알지만 사실은 읽는 동작이 중요한 것이 아니라, 우선 그 글의 내용이 진지하고 솔직한 표현, 즉 의미를 풀어서 '자기의 것'으로 하고, 제 것이 된 글의 내용을 '남에게, 진실하고 솔직하게' 말하고 들려주는 것이 중요하다. 따라서 읽는 목적에 따라 읽는 태도가 바뀌는 것은 당연한 이치이다. 그리고 그 태도에 따라서 읽는 법도 달라져야 할 것이다.

그래서 유능한 낭독자가 되기 위해서는, 우선 자신이 읽게 될 글의 내용을 확실하게 파악해야 하고, 모르는 단어나 어려운 말은 익혀야 하며, 글쓴이의 마음과 이미지가 살아나도록 실감 있게 읽어야 한다. 아울러 남이 잘 알아들을 수 있고, 누가 들어도 이해할 수 있도록 낭독해야 한다. 따라서 글의 종류에 따라 낭독자 자신의 성격을 주입시킬 것과, 그렇지 않고 객관적인 입장에서 낭독해야 할 것을 구별해야 한다.

2 낭독의 중요성

인류는 수천 년간 책을 소리로 터득했다. 구술과 낭독, 암송과 낭송 등으로 소리 내어 읽는 순간 몸 전체가 그 소리의 파동 속으로 들어가게 된다. 글의 내용을 이해하고 이해하지 못하고는 부차적인 문제다. 중요한 건 그 파동과 기(氣)를 몸이 기억하게 된다는 것이다. 그래서 소리 내어 공부하는 것이 가장 좋은 학습법이다. 하지만 지금은 오로지 묵독(默讀)만이 책 읽기라는 편견에 빠져있다. 그 결과 학교 교육에서도 어느덧 낭독이 사라져 버렸다. 학교 교육이 생동감을 잃어버리게 된 이유이기도 하다.

학창시절 수업시간을 한 번 떠올려 보라. 책에 담긴 내용을 선생님이 설명해 주고, 거기에 해당하는 문제를 풀이해 준다. 학생들은 그저 눈으로 선생님의 활동을 지켜만 보고 있다. 시험과 관련된 사항만 암기하면 그만이다. 대부분의 학생들은 멍하니 지켜보거나 혹은 머릿속으로 딴 생각을 한다. 그러니 무슨 즐거움이 있겠는가. 이럴 때 독서는 고역이다. 이런 상태에서 책에 대한 좋은 느낌을 가지는 건 불가능하다. 그러니 피하고 싶을 수밖에 없다.

근대 이전에는 동서양을 막론하고 구술문화의 시대라 낭독이 대세였다. 묵독은 책을 읽는 여러 가지 방법 가운데 하나였을 뿐이다. 독서라는 말도 그렇지만, 그리스어의 경우 '쓰인 모든 것은 그 자체만으로는 불가능한 것'으로 여겼다고 한다. 완전해지려면 읽는 행위가 필요하다는 것이다. 비유적으로 말하면, '**텍스트는 쓰인 문자라는 연속된 날줄에 음성이라는 씨줄이 짜여 나온 직물인데, 독서 행위로 이 직물이 짜이고, 그것이 끝나면 다시 풀어진다.**'고 본 것이다. 따라서 묵독은 어디까지나 부수적인 방식이었다.

낭독이 공적이고 사교적이며 터놓고 하는 방식이라면 묵독은 편안하고 조용하며 심미적 체험을 주로 한다. 이후 부르주아의 시대가 열리면서 묵독은 비로소 대세가 되었다. 무엇보다 인쇄술의 발달로 책이 대중화되었기 때문이다. 소수만이 책을 독점하던 시대에서 다수가 언제든 책을 볼 수 있는 시대가 온 것이다. 책의 보급, 진리의 대중화라는 점에선 대단한 진보임에 틀림없다.

허나, 모든 진보에는 대가가 있다고 했다. 이제 책은 더 이상 로고스(이성, 합리, 논리)의 향연이 아니다. 책과 소리의 분열이 일어난 것이다. 독서라는 말에서 소리가 탈락되어 버렸다. 거의 대부분의 사람들이 '독서'라고 하면 바로 '고즈넉한 곳에서 눈으로만 읽는 행위'를 떠올리는 건 그때문이다. '마음의 양식'이라는 표현도 그렇다. '마음으로만 쌓는 교양'일 뿐 외부와 소통하는 신체성이라는 의미는 누락되었다. 그런 점에서 묵독은 소리의 침묵, 혹은 침묵의 소리이다.

책과 소리가 멀어지면서 책과 사람들의 관계도 어색해졌다. 낭독이나 낭송은 그 자체로 대중적이다. 함께 읽어야 하고 서로의 소리를 들어야한다. 그래서 광장이나 마당이 어울린다. 선비들의 경우 방안에서 홀로 읽는다 해도 그 소리는 사방으로 울려 퍼졌다. 가족은 물론이고 지나가는 길손과 이웃사촌들, 그리고 개와 고양이까지 다 들을 수 있었다. '서당 개 삼년이면 풍월을 읊는다.'는 속담을 환기해 보라. 그 소리를 들으면 진도가 얼마나 나갔는지, 얼마나 내공이 깊어졌는지를 짐작할 수 있다. 일종의 '지성의 공동체'가 형성되는 것이다.

낭독에는 머리와 가슴과 팔 혹은 다리의 강력한 운동이 수반되었다. 그래서 힘은 들지만 기혈 순환에는 아주 그만이다. 그에 반해 묵독은 정지된 자세를 요구한다. 책상 앞에 똑바로 앉든 소파에 비스듬하게 눕든 마찬가지다. 힘이 들지 않는 대신 전신의 기혈이 막히기 십상이다. '몸을 쓰지 않으면 마음이 번잡해 지고, 몸을 활발하게 움직이면 마음이 가벼워진다.'는 『동의보감』의 이치는 이 경우에 그대로 적용된다.

낭독이 또박또박 정독을 해야 한다면, 묵독은 뇌와 시각중추만을 이용해 후다닥 읽어 치울 수 있다. 현대는 더 많이, 더 빨리 읽는 속독법이 끊임없이 개발되고 있지 않은가. 그와 동시에 책은 이제 지혜나 진리의 보고가 아니라 지식과 정보의 집적체가 되어 버린다. 뇌가 특권화 되면서 시각이 중요하게 되면 다른 감각들은 침묵한다. 특히 청각의 소외가 심각하다. 가수들은 자기가 하는 노래를 들으면서 연습을 한다고 한다. 소리에 집중할수록 정확한 음정을 낼 수 있기 때문이다. 마찬가지로, 자신이 읽는 소리를 들어야 제대로 전달할 수 있다. 묵독에는 이런 과정이 생략된다는 점에서 치명적이다. 책읽기와 말하기 능력 사이에 커다란 간극이 생긴다는 뜻이다. 책에서 소리를 제거하면 나의 목소리도 침묵하게 된다.

인간의 목소리에는 다른 사람을 공명하게 하는 울림이 있다. 책을 읽어 내려가는 사람의 호흡과 감정이 듣는 사람에게 전달되며, 혼잣말을 하거나 혼자 읽을 때보다 느낌이 훨씬 깊어진다. 그 교감의 기억은 평생 갈 수도 있고 교감의 경험은 무엇보다 소중한 개인적 자산으로 남는다. 낭독을 하면 함께 낭독하는 구성원의 개성이 그대로 드러난다. 다양한 직업을 가진 낭독자들 중에는 세련되고 자신 있는 목소리도 있고, 낭랑하고 진지한 목소리도 있다. 느리고 깊으며 설득력이 느껴지는 목소리, 느릿하고 매력적인 미성, 변론하듯 또박또박 논리적인 어조, 옆에서 이야기하는 듯 다정한 목소리 등 참 다채롭다. 거기서 삶과 존재의 다양성을 느끼게 된다.

글을 소리 내어서 낭독하면 마음이 즐겁고, 무슨 글이든지 어느덧 자신도 모르게 그 나름의 리듬을 넣어서 읽게 된다. 그리고 대화가 나오는 곳이면 자신도 모르게 연극 공연을 하는 것처럼, 목소리를 바꾸어 리드미컬하게 읽게 된다. 글을 읽을 때 머리와 몸을 흔들며 노래하듯이 읊는 것은, 저절로 흥이 생기기 때문일 것이다. 흥도 흥이지만 소리 내어 읽으면, 시각과 청각이 결합돼 학습효과가 높아진다. 그래서 옛날 서당에서는 크게 소리 내어 읽게 한 것이고, 초등학교에 들어가면 일어서서 교과서를 낭독하게 시키는 것이다.

낭독은 말하기, 듣기, 받아쓰기 등과 마찬가지로 언어교육의 중요한 분야를 차지한다. 글의 의미는 소리를 따라오기 마련이다. 어떤 사람은 소리를 내서 읽어보면 좋은 글인지 나쁜 글인지를 금세 알 수 있다고 말한다. 좋은 글은 글자 하나하나가 빳빳이 살아 있는 반면, 나쁜 글은 비실비실 힘이 없어서 읽어도 소리가 붙지 않는다는 것이다. 근대 이전에는 낭독을 하는 것이 관례였으나, 개인의 인권이 신장되고 사적 영역이 커지면서 소리를 내어 읽는 것은, 다른 사람들을 방해하는 교양 없는 일로 치부되었지만, 그런 상황에서도 시 낭송대회나 동화 구연대회, 웅변대회가 열리고, 책 읽기를 좋아하는 사람들 중심으로 독서토론회가 활발하게 운영되었다. 현대사회는 묵독이 대세인 시대에 살지만, 낭독을 즐기는 사람들이 모여 낭독이 생활화하도록 되살려야 하며, 여기에 우리 스피치를 사랑하는 사람들이 앞장서야 될 것이다.

옛 어른들은 아이들 밥 먹는 소리와 함께 글 읽는 소리를 가장 듣기 좋은 소리라고 꼽았다. 그리고 중국 송나라 때의 학자 문절공(文節公) 예사(倪思)는, 세상의 아름다운 소리를 이렇게 나열했다. "솔바람 소리, 시냇물 흐르는 소리, 산새 지저귀는 소리, 풀벌레 우는 소리, 학이 우는 소리, 거문고 뜯는 소리, 바둑 두는 소리, 비가 섬돌에 똑똑 떨어지는 소리, 하얀 눈이 창밖을 두드리는 소리, 차 끓이는 소리, 그러나 가장 아름다운 소리는 낭랑하게 글 읽는 소리, 즉 독서성이요, 그 중에서도 아이들의 글 읽는 소리가 으뜸이라."하였다. 흔히 하는 표현대로 '병에서 물이 쏟아지듯' 시원하고 유창하게 글을 읽는 소리는 얼마나 상쾌한가. 낭독의 힘과 중요성을 잘 알았기에 정부기관 문화부는 2012년에 '책 읽는 소리, 대한민국을 흔들다'라는 캐치프레이즈를 내세우기도 했다.

3 낭독의 장점

(1) 호흡과 발성, 발음훈련 세 가지를 동시에 할 수 있다

낭독은 언어훈련의 기본인 호흡훈련, 발음훈련, 발성훈련을 동시에 할 수 있는 유일한 방법이고 또한 낭독을 통해 의미 단위별로 끊어 읽기, 강조와 포즈(pause) 기법, 리드미컬한 음조 등에 익숙해질 수 있다. 낭독을 통해 이러한 방법을 익히고 난 후 실전 스피치에 적용하는 것은 그리 어렵지 않다. 무엇이든 기초가 튼튼해야 하지 않겠는가?

(2) 정확한 표준어와 발음을 익힐 수 있다

글로 된 문장은 이미 정확한 어법에 맞게 구성되었으며, 사투리나 속어가 아닌 표준어로 쓰여 있으므로 낭독을 통해 자연스럽게 표준어를 체득할 수 있고, 표준발음도 익힐 수 있게 된다. 눈으로 보고 입으로 말하고 귀로 듣는 등 모든 감각을 동원해 낭독을 하다 보면, 어느새 낭독의 즐거움에 푹 빠지게 될 것이다.

(3) 적절한 어휘선택과 풍부한 표현이 가능해진다

아무리 멋진 표현이나 좋은 어휘도 머릿속으로만 알아서는 소용이 없다. 인간은 늘 자기 입에 익은 말만 사용하기 쉽다. 그러므로 좋은 문장이나 어휘를 소리 내어 읽음으로써 대뇌에 각인되어 입에 익숙해질 것이고, 평소 말을 할 때 적절한 어휘선택과 풍부한 표현이 가능해지게 된다.

(4) 말에 생명력을 불어 넣어줄 수 있다

낭독은 그저 문자 하나하나를 읽어 나가는 것이 아니라 내용에 담긴 철학과 사상을 느끼며 마음에 담아 읽을 때, 그 마음이 소리로 구현된다. 따라서 낭독은 내용 파악과 감정 이입의 정도에 따라 소리의 표현력과 연출력에 차이가 생기며, 말에 생명력을 불어넣어 줄 수 있다.

이렇게 낭독은 자신의 목소리를 더 좋게 만들고, 말을 맛있게 하고 멋있는 스피치를 하기 위해서는 필수적으로 해야 할 기초 훈련과정이다. 낭독을 통해 단순한 낭독행위에만 초점을 맞추지 말고, 글의 내용에 깊이 빠져 마음과 의식의 변화를 함께 느껴보자. 우리 마음은 스스로 동기 부여를 해주었을 때 가장 강력하게 움직일 수 있다. 우리의 마음속에 무엇을 입력하느냐에 따라 출력되는 내용은 당연히 달라진다. 따라서 낭독은 양질의 자양분을 마음에 공급하는 하나의 방법이다. 크게 소리 내어 낭독하는 과정을 통해 나의 마음 깊은 곳에서 꿈틀거리는 무언가를 느끼게 될 것이다. 내 마음이 희망과 자신감으로 가득 차면 낭독하는 목소리도 자신감이 넘쳐날 것이다.

4 낭독의 방법

낭독의 형식으로는 혼자서 읽는 것, 여러 사람이 다 같이 읽는 것, 몇 사람이 분담해서 차례차례 읽는 것, 배역을 정해 희곡을 읽는 것 등이 있는데, 이런 군독(群讀)은 효과적인 표현기술을 익히기에 매우 좋다.

낭독의 중요성이나 효과에 대해서는 누구든 이의를 제기하지 못할 것이다. 책이나 좋은 글을 낭독하는 것도 좋으며, 매일 배달되는 신문의 사설이나 칼럼도 좋다. 이때 상황설정이 중요하다. 글을 읽지 못하는 사람, 10명 정도가 지금 내가 읽어주는 사설이나 칼럼을 듣고 있다고 생각하고, 평소보다 톤이 높은 목소리로 아랫배에 힘을 주고 천천히 또박또박, 발음을 분명히 하며, 적당한 사이 두기(쉼, 띄움)를 하며 리드미컬하게 읽는다.

매일 낭독하기를 권한다. 중요한 것은 읽는 사람이 내용을 생각하면서 읽어야 듣는 사람도 생각하면서 듣는 만큼, 절대로 서두르지 말 것이다. 3개월만 지나면 말의 속도조절과 정확한 발음이 되는 등 많은 변화가 온다. 연습 방법으로 매일 아침 화장실에 앉아 자신의 목소리를 들어가면서 읽는 것도 좋은 방법이다.

(1) 낭독의 요령

① 처음 읽는 사람들은 대개 '자신의 말이 빠르다'는 점을 깨닫게 된다. 반복하여 읽는 과정에서 말의 속도를 조금씩 늦춰가도록 하자.

② '아'나 '하'로 시작하는 낱말을 읽을 때는 의식적으로 입 모양을 크게 벌려 읽도록 한다. 보다 명료한 발음을 하는 데 도움이 된다.

③ 발음을 놓치는 낱말이 종종 생길 것이다. 말의 속도 때문이다. 그러한 낱말은 읽어가면서 연필로 밑줄을 그어둔다. 반복하여 읽을 때 밑줄 그었던 낱말에서는, 글을 이제 막 배우는 초등학생처럼 한 글자 한 글자 또박또박 읽도록 한다.

④ 똑같은 음으로 밋밋하게 읽으면 재미가 없다. 낱말의 장·단음을 잘 살리자. 또 중요한 낱말을 강조한다는 생각으로 읽으면 리듬이 살아나 노래 부르듯 재미도 붙는다.

⑤ 꾸며주는 낱말을 그럴듯하게 표현하자. 내용의 이해도가 한결 높아진다. 문장의 주체가 되는 서술어를 잘 살려 읽자는 것이다. 사람이나 사물의 성질이나 상태, 또는 존재를 나타내는 낱말 역시 강조하거나 적절히 감정을 넣어 읽도록 한다.

⑥ TV나 라디오에서 아나운서들의 뉴스를 유심히 관찰하자. 적절한 끊어 읽기와 장단음을 살려낼 수 있는 요령을 익힐 수 있다.

⑦ 신문 사설, 칼럼 외에 눈길을 끄는 기사문 등을 소리 내어 읽는 폭을 늘려나간다. 매일 읽으면 하루 하나씩 대화 재료가 쌓여갈 것이다.

⑧ 매일, 낭독 음성을 녹음해 보라. 그러면 자신을 객관적으로 바라볼 수 있는 힘이 생기고, 피드백을 통해 자신의 부족한 점도 보완할 수 있게 된다.

(2) 낭독훈련의 효과

① 목소리가 좋아진다.
② 발음이 분명해진다.
③ 말에 리듬이 생기며 속도 조절이 가능해진다.
④ 호흡조절 훈련과 함께 다양한 억양 표현이 가능해진다.
⑤ 어휘력이 풍부해진다.
⑥ 말의 조리성과 설득력이 길러진다.
⑦ 대화 재료가 풍부해진다.

5 낭독의 기법

낭독은 그저 책 읽기해서는 아무런 효과가 없다. 원고를 보지 않는 청중들이 귀로 듣기만 해도 그 내용을 정확히 알 수 있도록, 평소보다 큰 목소리로 또박또박 명료한 발음으로 읽어야 하며, 감정을 충분히 살려 마치 연기자가 대본을 보며 연기하듯이 낭독하여야 한다.

(1) 낭독을 시작할 때

대부분 사람들은 원고의 시작 부분에서 가장 많은 긴장을 한다. 우리 몸은 긴장하면 그 긴장을 방어하고자 에너지가 필요해진다. 많은 긴장을 했다면 많은 양의 에너지가 필요해질 것이다. 에너지는 간이나 근육에 있는 글리코겐이라고 하는 영양소와 산소가 결합하여 만들어지는데, 산소는 호흡으로 만들 수 있으므로 많은 양의 에너지는 결국 많은 양의 호흡이 필요해진다. 우리가 긴장 상황에서 호흡이 가빴던 이유가 바로 여기에 있다. 그런데 만일 이 상황에서 말까지 빨리 하려고 한다면, 호흡은 더 바빠질 것이고 우리의 몸은 최대 위기 상황에 직면하게 된다. 따라서 이때는 의도적으로 복식호흡을 하면서 천천히 시작해야 한다.

숨을 충분히 들이마신 상태에서 말을 할 때가 바로 복식호흡의 상태다. 물론 숨을 밖으로 다 내뿜은 상황에서도 말은 나오지만, 힘 있는 목소리를 기대하긴 어렵다. 왜냐하면, 호흡은 발성의 에너지 원천이기 때문이다. 호흡을 자동차의 휘발유에 비유한다면 연료가 가득 찬 상태의 운행이 바로 편안한 정(正)호흡에 비유될 수 있으며, 기름이 거의 없어 경고등이 들어온 상태의 불안한 운행은, 우리가 숨을 밖으로 다 내보내고서도 몸속에 기본적으로 남아 있는 잔여 호흡량으로 말하는 것이다. 따라서 불안하고 떨리는 목소리보다 자신 있고 힘 있는 목소리를 원한다면, 평소 숨을 충분히 들이 마시고 말하는 복식호흡을 습관화해야 한다. 연료를 넣고 주행하듯이 숨을 충분히 들이 마시고 말하는 습관을 기르자.

(2) 어절의 끝 처리

한 문장에서 끝나지 않은 어절의 끝은 살짝 올려주고, 한 발화 구간은 한 들숨으로 말한다.

<예문> **옛날◡ 어느 나라에◡ 학문과 지혜를 숭상하는◡ 어떤 왕이◡ 있었습니다.**

① 위 문장에서 **'날'**과 **'에'** 그리고 **'는'**과 **'이'**의 끝을 살짝 끌어 올려준

다. 이때 유의할 것은 끝을 너무 강하게 끌어올려주면 이상한 어조가 되므로 조심해야 한다. 또한 끝을 너무 길게 늘어뜨리면 마치 어린아이에게 말하는 듯한 말투가 된다.

② 한 들숨을 취한 후, '**옛날…왕이 있었습니다.**'까지 비교적 늘어짐 없이 말한다.

(3) 핵심어 처리

원고의 주제, 인명과 같은 중요한 단어나 어구 등 핵심어는 가능한 좀 더 크게, 천천히, 또박또박 말함으로써 변별성을 강화해주어야 청중에게 또렷하게 전달된다. 예를 들어, '**저는 오늘, 건강의 비결**에 **대해서 말씀드리겠습니다.**'의 문장에서 **'건강의 비결'**은 핵심어로 좀 더 크게, 좀 더 또박또박, 좀 더 천천히 말해야 좋다는 것이다.

(4) 말의 의미 파악하기

우리가 말을 하다 보면 자기의 의도와는 관계없이 기계적인 말투, 변화 없는 말투, 지루한 말투, 힘없는 말투로 바뀌게 되는 경우가 있다. 이러한 바르지 못한 화법은 말의 뜻을 살려 말하지 못하는 데서 비롯된다. 따라서 말을 할 때는 말의 고저, 강약, 장단, 완급, 쉼, 등의 리듬을 잘 살려 기쁠 때는 기쁘게, 슬플 때는 슬프게 감정을 잘 살려서 연기자와 같이 말해야 한다.

(5) 보상적 장음화

말을 할 때 의미를 삭감하지 않는 범위에서 음운이나 음절을 생략하는 경우가 많다. 이러면 생략된 단어를 생략되기 전의 단어의 길이만큼 길게 발음을 해주는데, 이것을 보상적 장음화라고 한다. 대표적인 예가 '하여'와 '되어'이다.

예문1) 하여 → [해:], 하여서 → [해:서], 하였으며 → [했:으며], 하였고 → [했:고], 하였습니다 → [했:습니다.]

예문2) 되어 → [돼:], 되어서 → [돼:서], 되었으며 → [됐:으며], 되었고 → [됐:고], 되었습니다 → [됐:습니다.]

(6) 구어체 바꾸기

스피치원고를 발표할 때는 문어체(글말)를 구어체(입말)로 바꾸어서 표현한다. 문어체 말이란 손으로 표현하고 눈으로 이해하는 것(쓰기, 읽기)이고, 구어체 말이란 입으로 표현하고 귀로 이해하는 것(말하기, 듣기)을 말한다.

※ 낭독할 때 구어체 바꾸기 방법

① '이다'는 '**입니다**'로, '하다'는 '**합니다**'로, '있다'는 '**있습니다**'로, '없다'는 '**없습니다**'… 등으로 말한다.

② 받침이 없는 글자 뒤에 '입니다'가 오면 앞 글자 받침자리에 'ㅂ'을 붙여 발음하면 된다. 이름이 '김철수입니다.'로 원고에 적혀 있더라도, 말로 표현할 때는 [**김철숩니다**]로 발음한다. 마찬가지로 '홍길동 박사입니다'는 [**홍길동 박삽니다**], '자리입니다'는 [**자립니다**], '저입니다'는 「**접니다**」로 음운이나 음절을 생략하여 구어체(입말)로 표현한다.

(7) 포즈(pause) 활용

쉼은 강조기법에서도 다루고 있지만, 쉼(pause)을 잘 활용하면 스피치가 빛나게 된다. 쉼은 다음과 같은 세 가지로 활용된다.

첫째, 강조 전에 활용한다.

"우리에게 필요한 것은 / **사랑입니다.**"

둘째, 동격 전에 활용한다.

"**우리나라** / **대한민국**은 정말 아름답습니다."

셋째, 동사 전에 활용한다.

"끝까지 함께 하기를 / **바랍니다.**"

특히, 동사 전에 활용하는 쉼을 잘 활용하게 되면 말이 더 품위 있고 격식 있게, 세련되게 느껴진다. 예를 들면, '**끝까지 경청해주신 여러분! 대단히** / **감사합니다.**'

(8) 강세(accent) 표현

같은 문장이라도 어느 부분을 강하게 강조하느냐에 따라 뜻이 달라지기도 한다.

- **철수는** 어제 집에서 자장면을 시켜먹었습니다. (영희가 아니라 철수였구나)
- 철수는 **어제** 집에서 자장면을 시켜먹었습니다. (오늘이 아니고 어제였구나)
- 철수는 어제 **집에서** 자장면을 시켜먹었습니다. (사무실이 아니라 집에서구나)
- 철수는 어제 집에서 **자장면을** 시켜먹었습니다. (짬뽕이 아니라 자장면이었구나)
- 철수는어제 집에서 자장면을 **시켜먹었습니다.** (가서 먹은 것이 아니라 시켜 먹었구나)

(9) 리드미컬한 표현

1) 동격 표현

의미를 강조하려면 비슷한 단어의 나열로 대부분은 뒤의 단어를 크게 발음하여 강조하지만, 부정적인 의미가 있는 단어나 의미상 뒤의 단어가

소극적인 의미일 때는 예외적으로 앞의 단어를 크게 발음하여 강조한다. (참고로 강조에는 이처럼 크게 발음하는 높임 강조 외에 낮춤 강조, 느림 강조, 혼합 강조 등도 있다.)

- 삼천리 / **금수강산** (뒤의 단어 강조),
- 나의 조국 / **대한민국** (뒤의 단어 강조),
- **자유가 아니면** / 죽음을 달라 (앞의 단어 강조),
- **아침엔 소나기가** / 저녁엔 이슬비가 (앞의 단어 강조)

2) 1 · 2 · 3 **단계 점층 화법**

3단계 발성으로 뒤로 갈수록 점점 크게 소리 내어 말하는 방법이다.

- **여러분, 과거는 이미 시효가 지난 수표일 뿐입니다.** (1**단계 :** 30**음도**)
- **그리고 미래는 부도날지도 모르는 약속어음입니다.** (2**단계 :** 60**음도**)
- **그러나 현재는 당장 사용이 가능한 현찰입니다.** (3**단계 :** 90**음도**)

(10) 띄기

띄기를 '띄어 읽기', '끊어 읽기', '띄어 말하기' 또는 '사이' 라고 표현하기도 한다. 말의 의미를 정확히 하기 위해서 반드시 지켜야 할 가장 중요한 요소이다. 말의 기본 정신인 말하는 사람의 사상과 감정의 정확한 전달은, 띄기를 함으로써 살아나는 것이다. 물론 한 문장과 다음 문장의 사이를 두는 띄기의 시간적 틈새가 분명히 어느 정도라는 규정은 없다. 그러나 말의 뜻을 뚜렷하게 하여 말의 효과를 위해, 그 간격을 자유롭게 표현 할 수 있다. 그리고 호흡이 부족할 것 같은 긴 문장에는 문장 중간에 숨 쉴 곳을 찾고, 말투 바꿀 곳을 찾아야 한다. 띄기는 시간적인 간격을 기준으로 해서, (✓) 순간 띄기(도둑호흡), (/) 보통 띄기, (//) 긴 띄기로 구분한다.

1) 띄기의 구분

① 순간 띄기

순간 띄기는 한 문장 안에서의 주어(주어부)와 술어(술어부)의 사이에서, 문장의 뜻을 명료히 하기 위한 띄기의 시간적 간격이다. 순간 띄기는 도둑 호흡이라고도 하는데 이는 '아무도 모르게 살짝 숨을 쉬라'는 뜻으로, 실제로는 거의 숨을 안 쉬고 다음 단어로 넘어가는 것이 좋다. 순간 띄기의 '다음 단어'에는 '강세'가 들어가게 된다. 말하자면 순간 띄기는 그 강세의 계기가 되는 것이다. 순간 띄기를 해야 할 곳에서 숨을 쉬거나 사이를 많이 줌으로써 '보통 띄기'의 사이가 되면, 의미의 명료성과 문맥의 연결성이 떨어진다. 또한 말의 흐름이 느슨해지며, 생동감이 떨어진다.

② 보통 띄기

보편적으로 한 문장이 끝났을 때 두는 '사이'이다. 그러나 한 문장이 끝났더라도 호흡시간을 가질 여유가 없는 경우도 많다. 한 문장이 끝날 때 보통 띄기를 하는 것이 순리지만, 감정의 맥을 유지하기 위해 순간 띄기만 하고 의미다발과 감정다발을 살려 이어갈 수도 있다. 호흡이 허락하는 한, 같은 주제를 설명하는 여러 개의 문장까지 이어 넘어가면서 소주제를 밝히는 '의미다발'을 엮는 것이다.

③ 긴 띄기

한 편의 글 속에는 대주제가 있고 그 대주제를 세분화하여 설명하기 위한 소주제가 있다. 또한 단락은 여러 개의 문장으로 구성되어 의미다발과 감정다발로 엮어져 있다. 여기서 '의미다발'과 '감정다발'이란, 한 편의 글 속에서 어느 특정한 부분이 '같은 내용과 같은 감정'을 가졌음을 나타내기 위해, 그 부분의 문맥이나 감정의 맥을 연결하는 것을 말한다. 이러한 의미다발이 끝나거나, 단락이 끝나고 다른 내용으로 넘어갈 때 긴 띄기를 둔다. 그리고 긴 띄기는 상대방에게 반응을 할 수 있는 시간을 준다는 의미도 있다. 수사학에서의 문답법에 잘 쓰이는 기법이다. 순간 띄기, 보통 띄기로 팽팽한 분위기가 계속되어 긴장이 지속되었을 때도, 긴 띄기를 활용하여 상대가 반응할 시간을 주는 동시에, 말하는 이는 자기정리의 시간을 갖는 것이다.

2) 띄기의 원칙과 분석

① 주어와 술어 사이를 띈다.

띄기를 하는 기본정신은 글의 뜻을 명료히 하여 상대에게 잘 전달하기 위함이다. 술어는 주어를 설명해주는 부분이다. 술어의 설명을 받는 주어는 주어로서의 값을 하기 위해 주어 다음에 잠시 띄고 술어로 넘어간다.

<예문1> 나는✓ 간다.
꽃이✓ 피었다.

위의 예문은 한 문장이 '주어+술어'만으로 구성되어 있을 때, 최소 단위의 문장으로서 구실을 한다. 아래 예문은 주어와 술어 앞을 수식어로 꾸며주는 문장이다. 한 문장에서 주어와 술어를 띄는 것이 '띄기'의 기본단위이자 원칙이다.

<예문2> 부모의 희망인 <u>나는</u> ✓ 공부하러 도서관에 <u>간다</u>.
들에 핀 이름 모를 <u>꽃이</u> ✓ 가지가 휘도록 <u>**피었다.**</u>

주어와 술어 앞에 아무리 긴 수식어가 있어도 주어부(수식어+주어)의 끝에 띄기를 해야 한다. 이때 띄기는 순간 띄기로써 호흡의 여유가 있다면 의미 표현상 띄기를 하고, 말하는 이의 의지만 나타내고 그대로 술어부로 연결해서 말한다. 결국 끝까지 숨을 쉬지 않고 한 문장을 계속해서 말하는 것이다. 그렇게 함으로써 뜻의 연결성과 감정의 연결성이 유지되어 세련된 언어표현을 하게 되는 것이다.

<예문3> 아파트 뒷벽에 붙은 손바닥만 한 터에✓ 이것저것 심어놓고 가꾸시는 1층 수정이 <u>**할머니가**</u>✓ 삽을 들고 김을 매러 <u>**나오신다.**</u>

위 문장의 주어는 '할머니'이고, 술어는 '나오신다.'이다. 그 앞에 긴 문장은 수식어다. 어떠한 긴 문장이라도 수식어부터 강세를 주고 쭉 붙여 주어까지 읽은 뒤, 순간 띄기를 하고 다시 술부로 넘어가면 된다. 이로써 정확한 전달, 세련된 표현이 된다.

② 의미의 명료성을 위해 띄기를 한다.

<예문4> ▪그,✓ 새끼 양을 잘 키워야 할 텐데…
▪그 새끼,✓ 양을 잘 키워야 할 텐데…

<예문5> ▪나는,✓ 민수와 미경이를 때렸다.
▪나는 민수와,✓ 미경이를 때렸다.

<예문6> ▪철이가,✓ 울면서 떠나는 영희를 배웅했다.
▪철이가 울면서,✓ 떠나는 영희를 배웅했다.

<예문7> ▪피자헛,✓ 먹었습니다.
▪피자,✓ 헛먹었습니다.

<예문8> ▪아줌마,✓ 파마 돼요?
▪아줌마파마,✓ 돼요?

위의 예문에서 첫 번째는 정상적인 의미의 문장이다. 그러나 두 번째는 의미가 달라지고 있음을 알 수 있다. 띄기를 통한 의미의 명료성을 잘 보여주고 있다.

3) 띄어 말하기 요령

띄어 말하기 요령은 보편적인 관점에서 볼 때 띄어 말해서는 안 되는 경우와 띄어 말하면 좋은 경우, 그리고 내용과 상황에 따라 띄어 말하는 경우이다.

① 띄어 말해서는 안 되는 경우

첫째, 어절 사이를 띄어 말해서는 안 된다.

예) '**아버지가 방에 들어가신다.**'

⇨ '아버지'와 '가', '방'과 '에', '들어'와 '가신다.'를 띄어 말해서는 안 된다.

둘째, 수식어와 수식을 받는 말은 보통 붙여서 말한다.

예) **즐거운**(수식어) <u>**사람**</u>(수식을 받는 말)

행복한(수식어) <u>**사람**</u>(수식을 받는 말)

② 띄어 말하면 좋은 경우

첫째, 독립어는 띄어서 말하면 좋다. 독립어는 문장의 다른 성분과 밀접한 관계없이 독립적으로 쓰는 말이다. 감탄사, 호격 조사가 붙은 명사, 제시어, 대답하는 말, 문장 접속 부사 따위가 이에 속한다.

- '**아**, 달이 밝다' (감탄사)
- '**주한아**, 산에 가자' (호격조사가 붙은 명사)
- '**청춘**, 이것은 듣기만 해도 가슴이 설레는 말이다' (제시어)
- '**예**, 맞습니다' (대답하는 말)

둘째, 접속어는 띄어서 말하면 좋다. '그리고, 그래서, 그러므로, 따라서' 등의 접속어(순접)와 '그러나, 하지만, 그렇지만, 그런데' 등의 접속어(역접) 뒤에는 요점이 제시되므로 요점강조를 위해서 띄어서 말하는 것이 좋다.

- 우리는 스피치 회원들입니다. **따라서✓** 남에게 상처 주는 말을 하지 맙시다.
- 어제는 날씨가 흐렸습니다. **그러나✓** 오늘은 날씨가 매우 화창합니다.

셋째, 마침표(온점, 물음표, 느낌표), 그리고 쉼표 등의 부호는 띄어서 말하면 좋다.

- 우리는 소중한 주권을 가진 대한민국 국민입니다(.)
- 그런데, 지금 누가 우리의 주권을 짓밟고 있습니까(?)
- 소중한 주권을 지키기 위하여 우리는 힘을 길러야합니다(!)

③ 내용과 상황에 따라서 띄어 말하는 경우

첫째, 강조 전 포즈(Pause)를 두는 경우

- 우리에게 지금 필요한 것은 / **사랑입니다.**
  ('사랑'을 강조하기 위해 간격을 둔 경우이다. 이때 숨을 들이마시진 않는다)

둘째, 동격 전 포즈(Pause)를 두는 경우

- 우리나라 / **대한민국**
  (우리나라와 대한민국은 격이 같은 동격이므로 간격을 두고 말을 이어갈 때, 표현이 강조된다. 이때 역시 숨을 들이마시진 않는다.)

셋째, 서술어 전 포즈(Pause)를 두는 경우

- 경청해주신 여러분, 대단히 / **감사합니다.**
  (서술어 전 띄어 말하기는 말의 품격을 높여 준다. 이때 숨을 들이마시진 않는다)

6 낭독 실습

여러 사람 앞에서 스피치원고를 보면서 발표할 경우에는 원고를 읽는 형식이 아니라 원고는 단지 참조용이며, 마치 말하듯이 자연스럽게 발표를 해야 청중들에게 공감과 감동을 주고 설득을 할 수 있다. 따라서 원고 내용을 충분히 숙지하고 완전히 자신의 것으로 소화한 다음 자연스럽게 말하듯 낭독해야 한다. 말하듯이 읽으려면 원고가 읽는 사람의 말하는 버릇과 호흡에 잘 맞아야 한다. 그래서 스피치원고는 본인 스스로 작성하는 것이 좋다. 원고가 작성되면 청중 앞에서 말하듯이 미리 연설문을 읽어보면서 문장이 긴 것은 짧게 끊어 조정해야 한다. 어느 부분에서 숨을 쉬어야 할지도 감안하면서 원고를 완전히 익혀야 한다. 피나는 노력으로 애써 작성한 원고는 문자로 청중에게 다가가는 것이 아니라, 음성으로 다가간다. 청중은 연사의 음성에 따라 감동을 받기도 하고 무미건조하게 느끼기도 한다. 따라서 원고 낭독을 책 읽기로 생각하지 말고, 청중이 감탄할 수 있도록 훈련을 하고 원고 낭독에 임해야 한다.

(1) 말하듯 낭독하기

낭독할 연설문을 읽기 쉽도록 문어체는 구어체로 고치고 청중이 쉽게 알아들을 수 있는 단어로 바꾸고 일반인들이 늘 사용하는 현장용어를 사용한다. 그리고 문장이 긴 것은 짧게 끊어서 낭독하기 쉽도록 고치고 미리 큰 소리로 여러 번 반복 연습하고 문장의 첫 시작 멘트와 끝 부분 멘트는 보지 않고도 청중을 향해 말할 수 있도록 완전히 외워서 익혀야 한다. 그리고 띄어 말할 곳과 강조할 곳, 어느 곳에서 청중에게 시선을 줄 것인지를 표시하고 목소리의 강약, 고저, 장단, 완급, 쉼을 적절히 조화시켜 때로는 절규하듯, 때로는 속삭이듯, 때로는 장중하게 감정표현을 잘해야 한다.

1) **주어와 술어 사이를 띈다** (주어 뒤, 술어 앞 띄어 말하기)
- 우리 회원들을 위해 **저는✓** 머슴이 **✓되겠습니다.**

2) **독립어는 띄어서 말한다.** (감탄사, 호격명사, 제시어, 대답하는 말)
- **아,**/ 멋진 장면이 연출되는군요.
- **철수야,**/ 이제 우리는 한 배를 타고 가는 거야.
- **소통,**/ 이것이 오늘의 핵심주제입니다.
- **예,**/ 제가 그랬습니다.

3) **접속어(순접,역접) 다음은 요점이 제시되므로 띄어서 말한다.**
- 그리고, 그래서, 그리하여, 그러므로, 그렇지만, 하지만…

ex) 우리는 스피치회원입니다. **그렇기 때문에✓** 명확하고 조리 있는 말을 합시다.

4) **강조하는 말, 앞에 띄어서 말한다.**

ex) 우리에게 지금 필요한 것은 **✓소통과 화합**입니다.

(2) 단문 낭독실습

(✔는 순간 띄기, ／ 는 보통 띄기, // 는 긴 띄기의 표시이다.)

존경하는✔ 시민 여러분! / 그리고✔ 현명하신 유권자 여러분!/
기호 1번, / ○○○을 선택해 주십시오./
우리 OO시를✔ 확 바꾸어 놓겠습니다./
여러분의 한 표가✔ 변화의 출발입니다./ 열심히 일하겠습니다. 여러분!//

(3) 문장 낭독실습

낭독방법은 (✓)표시는 순간 띄기, (/)표시는 보통 띄기, (//)표시는 긴 띄기를 한다. 그리고 ☺ 표시는 고개를 들고 청중을 바라본다.

<성공>

☺ 스피치회원 여러분,/ 안녕하십니까?/
☺ 언제나 긍정적으로 생각하는 사람,/ ○○○입니다./
☺ 오늘은✓ '**성공**'에 대해서✓ 말씀드리겠습니다.//

성공에 대한 여러 가지 정의가 있지만,/ 객관적 의미로는✓ 부(富),/ 지위,/ 명예 등을 얻는 것이고/ 주관적 의미로는✓ 자신이 성취하고자 하는 목표를 달성하는✓☺ 것입니다./
그러나✓ 보다 고차원적 의미에서 성공이란✓ 진정한 내면의 충족감과 자부심이 아닐까✓☺ 생각합니다.//
진정한 의미에서의 성공을 원한다면/

첫째,/ 내면의 충족감을 위해서✓ 자신의 마음을 컨트롤 할 수 있어야✓☺ 합니다./

많은 문제나 걸림돌에 대해✓ 자신이 어쩔 수 없다고 생각하는 경우가 많으나✓ 마음먹기에 따라✓ 그러한 문제에 집착하지 않고 초월할 수✓☺ 있습니다.//

자신의 마음을 컨트롤한다는 것은✓ 자신의 가치관이나 인생관에 따라 행동하므로✓ 마음이 흔들리지 않는 안정감과 내적 충만감을 가질 수✓☺ 있습니다./

또✓ 외적 환경을 탓하기보다는✓ 자신이 할 수 있는 일에 노력을 집중함으로써/ 자신이 주체가 되어✓ 주도적으로 사는 삶을✓☺ 의미합니다.//

둘째,/ 자신의 가치관과 삶의 방향을 정확히 하는✓☺ 것입니다./

자신의 가치관은✓ 삶의 기준이 되는 것이요,/ 삶의 방향은✓ 인생 항로에서✓ 목적을 분명히 정하고 살아가는✓☺ 것입니다./

나는✓ 어떠한 삶을 살기✓ ☺원하는가?/

나는✓ 진정 무엇을✓ ☺하고 싶은가?/

나는✓ 어떤 사람이 되길✓ ☺원하는가?/

내 인생에 있어서✓ 소중한 것은✓ ☺무엇인가?/

자신의 가치관과 방향은✓ 현실에서 안주하며 안일함에서 빠져 나올 수 있는 힘이✓☺ 됩니다./

서커스단의 어린 코끼리 새끼를✓ 말뚝에 묶어놓고 키우면,/ 커다란 몸집을 가진 어른 코끼리가 되어서✓ 능히 그 말뚝을 뽑아 버릴 수 있는 힘이 있음에도 불구하고✓ 그 말뚝에 묶인 채✓ 말뚝 주위만 맴돈다고✓☺ 합니다./

그러므로✓ 현재의 익숙하고 편안한 상태에서 벗어나✓ 새로운 변화를 위해 도전하는 것은✓ 힘들고✓ 어렵고✓고통스러울 수✓☺ 있습니다.//

셋째,/ 자신의 가치관과 목표를✓ 행동으로 실천하는✓☺ 것입니다./

서커스단의 코끼리처럼 사람도✓☺ 마찬가지입니다./

여러분,/ 혹시✓ 꿈을 꾸면서도 행동하지 않고✓ 세상이 나에게 기회를 주기만을 기다리고 있지✔☺ 않습니까?/

기회를 먼 곳에서 찾을 필요가 ☺없습니다./

바로 자신이 서 있는 곳에서,/ 자신의 가장 가까운 곳에서✓ 성공의 기회를 찾으시길✔☺ 바랍니다.//

여러분,/ 진정한 성공을 원한다면✓ 자신의 마음을 컨트롤할 수 있는 능력을 기르고✓ 자신의 가치관과 삶의 방향을 분명히 하여✓ 그것에 집중해서✓ 행동으로 실천하는✔☺ 것입니다./

그러면✓ 여러분은✓ 반드시 성공할✔☺ 것입니다. //

☺ 오늘은✓ 여러분에게 '성공'에 대해서✓ 말씀드렸습니다./

☺ 끝까지 경청해주셔서✓ 감사합니다.//

■ 낭독속도 TEST

※ 내가 하는 낭독의 속도는 적당한지 다음 글을 정확히 1분 동안 읽어 보자. 그리고 1분이 되는 순간, 낭독이 끝난 부분을 (/) 표시해 보자.

세상사는 마치 날씨와도 같은 게 아닌가 하는 생각이 듭니다.

대부분의 사람들은 맑게 개인 날만 계속되기를 바랍니다.

허나 날씨라는 것은 그렇지 못해 태풍도 불고 비바람, 눈보라도 있게 마련이지요.

하지만 어떤 태풍도 한 달 이상 계속 되지는 않습니다. (100)

세찬 비바람과 눈보라도 여간해서는 며칠을 넘기지 못하고요.

설령 몇 달 동안 계속 햇볕만 내리쬐는 맑은 날만 계속 되었다고 칩시다.

하지만 그것 또한 슬픈 일이 아닐 수 없습니다.

매일 날씨가 좋아 햇살만 내리쬐면 그 땅은 이내 사막이 되어버리니까요. (200)

비바람과 폭풍은 귀찮고 혹독한 것이지만 그로 인해 씨앗은 싹을 틔웁니다.

당신의 인생살이 또한 그와 다를 바 없습니다.

견디기 힘든 시련과 아픔이 삶의 여정 중에 왜 없겠습니까.

하지만 그 시련과 아픔은 당신이라는 거목을 키우기 위한 밑거름입니다. (300)

성공적인 삶을 사는 사람은 오늘 내리는 비바람과 폭풍우 속에서도
맑게 개인 내일 아침을 볼 수 있는 혜안을 가진 사람입니다. (350)

항상 준비하고 결단하고 선택하고 도전하며 헤쳐 나가는 삶,
우리의 인생은 날씨와도 같이 끊임없이 변화하는 삶이 아닐까요. (400)

■ **낭독 결과**

횟수	1분 낭독 음절 수
1회	
2회	
3회	
평균	

Ⅱ. 표준발음 낭독

사적인 자리에서 대화를 나눌 때는 사투리를 사용해도 괜찮다. 오히려 사투리를 사용함으로써 친근감이 들고 가까워지는 장점도 있다. 그러나 공식석상이면 경우가 달라진다. 반드시 표준어법에 맞는 표준어를 사용하여야 한다. 당연히 표준발음을 함으로써 대한민국 국민 누구나 알아들을 수 있기 때문이다. 사투리 억양은 단기간에 교정하기가 어렵지만, 표준발음은 집중하고 의식해서 사용하면 단기간에도 할 수 있다.

1 발음의 중요성

우리나라 학교 교육은 국어 시간에 말하기 듣기, 읽기, 쓰기 등을 가르친다. 말하기의 본질, 말하기의 원리, 말하기의 태도, 바르게 읽기 등을 가르치기는 하되 반복적으로 연습하고 훈련하는 시간이 상당히 부족하다. 그래서인지 우리말을 발음하는 데 기준이 되는 표준발음법을 알아도, 제대로 발음할 줄 아는 사람이 몇 안 되는 것이 현실이다. 이는 애들뿐만 아니라 어른들도 마찬가지이다. 대학에서 고등교육을 받았다는 사람들은 물론이고, 심지어 석사나 박사들도 우리말 발음이 엉망이다.

외국 사람들은 배우면 배운 만큼 그 말에서 티가 난다고 한다. 그가 하는 말의 내용과 어휘구사는 물론 발음까지도 다르다고 한다. 그런데 우리나라는 왜 차이가 없을까? 우선 영어발음이 틀리면 이상하다고 생각하지만, 우리말은 발음을 잘해야 한다는 생각이 없기 때문이다. 우리말 발음을 중요하게 생각하지 않고 있는 것이다. 그리고 간혹 그 중요성을 알아도, 학교에서 발음연습을 수업 시간에 집중적으로 지속적으로 하지 않은 것이다. 따라서 우리말 발음의 기본이라고 할 수 있는 연음법칙도 제대로 모르고 말을 하고 있는 것이 현실이다.

우선 학교에서부터 정확한 우리말 발음을 가르쳐주고, 반드시 연습을 시키고 잘하면 칭찬해주고 더욱 사기를 북돋워 주자. 집에서는 부모와 형제자매가 서로 올바른 발음을 알려주고 잘못을 교정해주자. 사회 곳곳에서도 우리말 발음의 중요성을 인식하고, 올바른 발음으로 말하는 것을 생활화하도록 노력하자. 처음에는 좀 번거롭다는 생각이 들기도 하겠지만, 꾸준히 하다 보면 어느새 발음이 정확해지고, 말이 분명해질 것이다.

2 표준발음법 사례

- 우선 연음법칙이란, 앞 음절의 끝소리가 모음으로 시작하는 뒤 음절의 첫소리로 이어져 나는 소리를 말한나. 예를 들면 '옷이' → [오시], '꽃을' → [꼬츨]로 발음된다.
- "국민 여러분! 한라산을 간통해서 질을 넓히고, 제주도를 세계적인 강간의 도시로 만들겠습니다!" 문민정부 시절 YS가 '관통'을 <간통>으로 '길'을 <질>로 '관광'을 <강간> 이라고 잘못 발음하여 듣는 이들을 기절초풍시킨 웃지 못할 실화라고 한다.
- '레포트'라고 흔히 사용하는 영어 'report'는 외래어표기법에 따라, 한글로는 '리포트'라고 쓴다. '리포트'라고 쓰니 당연히 발음도 **'리포트'**라고 해야 한다. 하지만 대학교수도 "레포트 제출하라."고 하는 경우가 얼마나 많은가?
- 어떤 사람이 "비행기 값이 얼마지요?"하고 묻자, "글쎄, 잘은 모르지만 아마 한 대에 300억 원 정도는 하지 않을까요?" 한참을 웃더니 또 묻는다. "아니요, 거시기 말고 차비요?" 그럼 처음부터 그렇게 물어볼 것이지… 그러나 주변을 살펴보면 거의 모든 사람들이 "버스값이 얼마지? 지하철값이 얼마지?" 하고 묻는다. 물론 그렇게 말해도 다 통한다. 그렇지만 꼼꼼하게 따져보자. "비행기값이 얼마지요?"가 아니라 "비행기 삯이 얼마지요?"가 맞는 말이다. '삯이'의 발음은 'ㄱ'은 앞에 남고

'ㅅ'이 뒤로 넘어가 [삭시]가 된다.

- 우리말의 전통적인 어법상 받침이 없는 글자 뒤에 '입니다'가 오면 앞 글자 받침자리에 'ㅂ'을 붙여 발음한다. 그러므로 [이미자입니다]가 아니라 [이미잡니다]라고 해야 한다. 이름이 '송혜교'라면 [송혜굡니다]라고 하고, '박명수'라면 [박명숩니다]라고 발음해야 한다. 물론 쓸 때는 '송혜교입니다', '박명수입니다'라고 써야 한다. 텔레비전에 나오는 모 자동차보험 광고에서 '차보다 사람이 먼저입니다.'라는 광고문구가 나오고 동시에 [차보다 사라미 먼저입니다]라고 광고 모델이 말한다. 그러나 자신을 소개할 때 이름을 발음하는 것과 마찬가지로, 이 광고에 나오는 [먼저입니다]는 [차보다 사라미 먼접니다]라고 발음을 해야 함이 옳다.
- 서울 사람들 말이라고 해서 다 표준말이고 표준발음은 아니다. 서울 사람들은 툭 하면 '~ 했구요, 그랬구요, 저랬구요'라고 하는데 이런 게 바로 서울 사투리이다. 그러므로 '~ 했고요, 그랬고요, 저랬고요'가 표준발음이다.
- 신세대들은 어미 '~요'의 발음을 '~여'로 하는 경향이 있다. 그래서 '그랬어여, 좋아여, 맞아여'라고 한다. 그러나 '그랬어요, 좋아요, 맞아요'가 맞다. 그리고 '하세요'를 '하삼'으로 표현하기도 하는데 이 또한 어법에 어긋난다는 사실을 알아야 한다.
- '스톱'과 '멈춰'는 어떤 차이가 있을까? 현재 '스톱(STOP)'은 외래어로서 우리말의 지위를 차지하고 있다. '멈춰'는 본디 우리가 쓰던 토종말이다. 둘 중 어떤 말을 쓰건 잘못됐다고 말할 수 없다. 그러나 외국에서 들어온 '스톱'보다는 이왕이면 토종말인 '멈춰'를 쓰는 게 좋다.
- 자동차 운전자가 잘 쓰는 말 중에 '빠꾸'가 있다. 영어 백(back)의 일본식 발음이다. 그러나 차를 몰거나 운전자한테 신호를 할 때는 여전히 '빠꾸'라고 말한다. 그리고 타이어에 구멍이 났을 때도 '펑크'를 '타이어가 빵꾸났다.'라고 말한다.
- 많은 사람들이 발음하기 까다롭고 틀리기 쉬운 낱말인 '담임'의 옳은 발

음은 [다님]이 아니고 [다밈]이다. 따라서 '담임 선생님'의 발음은 [다님 선생님]이 아니라, [다밈 선생님]이다.

- "이 꽃 이름이 뭐예요?"하고 누가 물었을 때, "그 꽃은 할미꽃입니다."를 절대로 "그 [꼬슨] [할미꼬십니다]"라고 발음하지 말자. 반드시 "그 [꼬츤] [할미꼬칩니다]"라고 발음하자.
- "당신의 영어 발음은 참 좋습니다!"라는 얘기는 들었을지 몰라도 그 반대인 "당신의 우리말 발음은 참 좋습니다!"라는 말은 과연 들어봤을까? 어쩌면 "우리말 발음, 그것도 신경 써서 말해야 돼?"라고 반문하는 사람도 있을 것이다. 영어를 배울 때 발음이 중요하다는 얘기는 엄청 강조한다. 또 영어 발음을 정확하게 하지 않으면 상대가 못 알아듣는다며 무지무지하게 겁을 준다. 그러나 한국어 발음을 잘못하면 상대가 못 알아듣는다며 과연 겁줄까?
- '교과서'를 [교꽈서]로, '고가도로'를 [고까도로]로, '깨끗이'를 [깨끄치]로 발음하는 것도 표준발음법에 어긋난다는 것도 알아 두어야 한다.
- 나사를 돌리는 공구인 '드라이버(driver)'를 '도라이바'라고도 하고 '텔레비전'을 '테레비'라고 하고, 변압기 '트랜스(trans)'를 '도란스', '페인트(paint)'를 '뼁끼', 환풍기 '팬(fan)'을 '후앙', '머플러(muffler)'를 '마후라', 카메라의 '셔터(shutter)'를 '샷따', '샐러드(salad)'를 '사라다', '배지(badge)'를 '빠찌', '자동차 범퍼(bumper)'를 '자동차 밤바', '팬티(panty)'를 '빤쓰'라고 습관적으로 잘못 사용하고 있다.

무엇이든지 기초가 중요하듯이 외국어공부의 기초는 튼튼한 우리말 실력이라고 주장하고 싶다. 언어학 전문가에 따르면, 한국말 실력이 90점인 사람은 커서 영어를 배워 80점까지 할 수 있지만, 한국말 실력이 70점인 사람은 아무리 노력해도 영어는 60점까지밖에 하지 못한다고 한다. 한국어든 외국어든 언어습득의 과정은 같다는 말이다. 그러니 우리말부터 확실하게 기초가 다져져야, 외국어도 제대로 정복할 수 있는 것이다. 그런데 많은 사람들은 우리말은 등한히 하면서, 영어 정복을 위해 얼마나 많은 돈과 시간을 투자하고 있는지 안타까운 현실이다.

3 표준발음 낭독

(1) 꿈을 도둑맞은 사람들에게

목표를 적고 **시각화[시:가콰]**한 후 그 목표에 대한 자기 **확신[확씬]**을 가지면, 놀라운 결과를 **만들어[만드러]**낼 수 있다. 하지만 그것이 얼마나 놀라운 결과가 **될지는[될찌는] 각자에게[각짜에게]** 달려 있다. 다음은 이 기법들을 이용하여 당신이 이룰 수 있는 **몇 가지[멷가지]** 것들이다.

나는 지금 부:유하다.

나는 지금 **행복하다.[행:보카다]**

나는 지금 건:강하다.

나는 지금 사랑하고 **있고,[읻꼬]** 사랑**받고[받꼬] 있다.[읻따]**

나는 지금 **아름답다.[아름답따]**

나는 지금 즐겁다.

나는 지금 평화롭다.

나는 지금 성공적인 **삶을[살믈]** 살:고 **있다.[읻따]**

나는 지금 부:자이다.

나는 지금 자신감이 넘친다.

나는 지금 친절하다.

당신에게 제:일 중:요한 **사:람인[사라:민]** 당신 자신에 대한 **믿음과[미듬과]** 가:정, 견해를 바꾸는 일은 결코 불가능하지 **않다.[안타] 시각화[시:가콰]**나 자기**확신[확씬]** 등의 **방법은,[방버븐]** 180억 개에 달하는 뇌세포에

동력을[동:녀글] 전달하여 **뚜렷하고[뚜려타고]** 단일한 **목적을[목쩌글]** 향해 나아가게 한다.

잠재의식이 당신을 변:모시키는 과정에 **개입한다.[개이판다]** 그 과:정은 눈에 보이지 **않는다.[안는다]** 상처 주지도 않는다. 오랜 시간을 **필요로[피료로]** 하지도 않는다. 그냥 일어난다. 손가락으로 가슴을 톡톡 두드리며 말:하라. "나는 정말 **멋진[먿찐]** 사:람이다." 일단 당신이 그 과:정과 기초적인 흐름에 **익숙해지면[익쑤캐지면]** 점점 더 자주 그리고 솜씨 **좋게[조:케]** 이 기법들을 실행할 수 있다.

(2) 정상에서 만납시다

빅토르 세리브리아코프가 열다섯**[열:다섣]** 살이었을 때, 선생님은 그가 학교도**[학꾜도]** 제대로 졸업하지 못할 것이며**[모:탈 거시며]** 공부는 그만두고 장사를 배워야 한다고 말했다.**[말:핻따]** 빅토르는 선생님의 충고를 받아들여, 그다음 17년 동안 여러 가지 평범하지 않은**[아는]** 일들을 해왔다.**[해왇따]**

빅토르는 '저:능아'란 소리를 들었고**[드럳꼬]** 그 후부터 계:속 저:능아처럼 행동해왔다. 그러나 서른두 살이 되었을 때, 기상천외한 일이 벌어졌다.**[버러젿따]** 빅토르가 IQ 161인 천재라는 게 밝혀졌다.**[발켜젿따]** 빅토르는 이제 천재처럼 행동하기 시작했다.**[시:자캗따]** 그 이후로 빅토르는 책도 쓰고, 특허권도**[트커꿘도]** 몇 개 땄으며, 사:업도 탄탄대로를 달렸다. 낙오자이던 그에게 가장 중:요한 사건은**[사:껀는]** 멘사협회**[혀푀]** 회:장으로 당선된 일이다. 이곳의**[이고세]** 회:원 자격은 오직 하나, IQ가 최:소한 140 이상이어야 한다는 것이다.

빅토르 세리브리아코프의 이야기를 듣게 되면 남들이 영리하지 않다고 **[안타고]** 했기**[핻:기]** 때문에, 바:보처럼 행동한 천재들이 우리 주변에 얼마나 많은지**[마:는지]** 궁금해진다. 빅토르가 그 후로 엄청난 교육을 **[교:유글]**

받은**[바든]** 건 아니었다. 그가 얻은**[어든]** 게 있다면 바로 자신감이다. 그 결과 빅토르는 훨씬 효율적이고**[효:율쩌기고]** 생산적인 사람이**[사:라미]** 되었다.**[되얻따]** 자신을 다르게 보기 시작했을 때,**[시:자캐쓸때]** 다르게 행동하기 시작한**[시:자칸]** 것이다.

(3) 새벽은 새벽에 눈뜬 자만이 볼 수 있다

순간순간 어떤 생각 속에 나를 던져두느냐, 어떤 생각 속에 머무르느냐가 우리의**[우리에]** 삶을**[살:믈]** 결정**[결쩡]**하게 됩니다. '나는 안 돼'라는 생각을 한 번 품으면 그것은 우리의 마음 깊숙이**[깁쑤기]** '녹음'되어 있다가, 결정적인**[결쩡저긴]** 순간마다 불쑥불쑥 튀어나와 온 : 마음이 되는 것을 방해한답니다.

그러므로 세:상에서 가장 고감도의 센서를 가진 자신의 마음 밭에**[바테]** 절망적인 얘기를 해서는 안 됩니다. 스스로를 긍:정하고 아껴주면 마음 밭은**[바튼]** 절로 풍요로워져, 애써 가꾸지 않아도**[아나도]** 여유와 자신감이 흘러나오게 됩니다.

이 세:상을 천국으로 만드는 것도, 지옥으로 만드는 것도 우리의 생각입니다. 결국 자기 자신의 생각이 자신과 세상의**[세:상에]** 모:든 것을 창조하는 것이지요.

(4) 부의 법칙

생각은 현:재의 우리를 만들었으며 **앞으로의[아프로에]** 우리도 만들 수 있다. 이것이 부:에 대한 또 하나의 놀라운 진실이다. 즉 성공의 동반자로서 반드시 부:자가 될 수 **있다는[읻따는]** 생각을 의도적으로 하기 **시작하면,[시:자카면]** 그 어떤 사:람도 그 어떤 환경도 신이 **준비해 놓은[준:비해 노은]** 부:와 성공을 빼앗아 가지 못한다.

부:자가 되고 싶은 욕망은 잘못된 게 아니라 마땅하고도 **옳은[오른]** 생

각이며, 신은 나를 위해 풍성한 우:주를 마련해 놓았고, 내가 그것을 누리기를 원한다는 믿음, 그것이 바로 부:를 이루기 위해 꼭 필요한 마음가짐이다. 그러므로 생각이 성공을 만든다는 **사실은[사:시른]** 우리가 반드시 **기억해야[기어캐야]** 할 **진리[질리]**이다.

(5) 폰더 씨의 위대한 하루

오늘부터 나는 새로운 나를 **창조함으로써[창:조하므로써]** 새로운 미:래를 만들겠다. 나는 낭비한 시간, **잃어버린[이러버린]** 기회를 아까워하며 절망의 구렁텅이에 빠지지 **않겠다.[안켇따]** 과거의 일은 아무리 사소한 것이라도 바꿀 수 없다. 하지만 나의 미:래는 곧 다가온다. 나는 미:래를 **양손으로[양:소느로]** 움켜쥐면서, **적극적으로[적끅쩌그로]** 미:래를 **개척해[개처캐]** 나가겠다.

아무것도 하지 않는 것과 뭔가 해:야 하는 것 중 하나를 **선택하라면,[선:태카라면]** 나는 늘 행동하는 쪽을 **선택하겠다![선:태카겓따]** 나는 이 순간을 잡는다. 지금을 **선택한다.[선:태칸다]** 나는 행동을 **선택하는 사람이다.[선:태카는 사:라미다]** 나는 언:제나 활발하게 행동하는 **습관을[습꽈늘] 들일[드릴]** 것이고, 늘 미소를 **잊지[읻찌] 않을[아늘]** 것이다.

나의 정맥 속으로 흘러드는 생명의 피는 행동과 성취를 향:하여, 더 멀:리 더 높이 나아가라고 **권유[궈:뉴]**한다. 게으른 자에게는 부:와 **번영이[버녕이]** 따라오지 않는다. 나는 행동을 **선택하는[선태카는]** 사람이다. //

나는 리더이다. 리드하는 것은 행동하는 것이다. 리드하기 위해 나는 앞으로 움직여 나가야 한다. 늘 달리는 **사람에게는[사:라메게는] 많은[마:는] 사람들이[사:람드리]** 길을 비켜준다. 나의 행동은 나를 따르는 사람에게 성공의 파도를 일으킨다. 나의 행동은 **한결같을[한결가틀]** 것이다. 이것은 나의 리더십에 자신감을 **불어넣어[부러 너어]**줄 것이다.

나는 행동을 선택하는 사람이다. 나는 과:감하다. 나는 용:감하다. 이제

내 인생에서 두려움은 더 이상 **발붙일[발부칠]** 자리가 **없다.[업:따]** 나는 두려움이 증기 같은 것이라 **생각하며,[생가카며]** 그것이 다시는 내 인생을 **짓누르도록[진누르도록]** 내버려두지 **않겠다![안켇따]**

나는 실패를 두려워하지 않는다. 실패는 그만두기를 **좋아하는[조:아하는]** **사람에게나[사:라메게나]** 있는 것이다. 나는 결코 그만두지 않는다. 나는 용:감하다. 나는 리더이다. 나는 이 순간을 **잡는다.[잠는다]** 지금을 **선택한다.[선:태칸다]** 나는 행동을 선택하는 사람이다.

(6) 시크릿

비밀은[비:미른] 당신 안에 있다. 내면의 힘을 **활용[화룡]**하면 할수록, 그 힘이 가까이 다가올 것이다. 더 이상 **연습하지[연:스파지]** **않아도[아나도]** 되는 시점에 도:달할 것이다. 자신이 곧 힘이 되고, 완전해지고, 지혜가 되고, 사랑이 되며, 기쁨이 될 터이기에…

당신은 지금 중:대한 시기를 **맞이했다.[마지핻따]** **내면에서[내:며네서]** 뭔가가 계:속 "넌 **행복할[행:보칼]** 자격이 있어"라고 말:하기 때문이다. 우리는 뭔가를 세:상에 더하고, 세:상을 더 가치 있게 만들려고 태어났다. 어제보다 더 크고 나은 존재가 되기 위해…

경험한 모:든 일, 지나간 모:든 순간은 바로 **지금을[지그믈]** 위한 **준비였다.[준:비엳따]** 지금 당신이 아는 지식으로 오늘부터 **무엇을[무어슬]** 할 수 있을지, 상:상해 보라. 이제 당신은 자신이 운:명을 만드는 창:조자임을 알았다.

그러면 이제 얼마나 더 많이 **해낼 수[해:낼 쑤]** 있을까? 얼마나 더 나은 존재가 될 수 있을까? 그저 존재하는 **것만으로[건마느로]** 얼마나 **많은[마:는]** **사람을[사:라믈]** **축복해줄 수[축뽀캐:줄 쑤]**있을까?

이 순간 무엇을 할 것인가? **어떻게[어떠캐]** 현:재에 **몰입할[모리팔]** 것인가? 어느 누구도 남을 대:신해 춤을 추고 노래하고, **남의[나메]** 이야기를

기록할 수 없다.[기로칼 쑤 업:따] 당신이 누구이고 무엇을 하는가, 그것은 이제부터 **시작이다![시:자기다]**

(7) 지란지교를 꿈꾸며 - 유안진

저녁을[저녀글] 먹고 나면 허물**없이[업:씨]** 찾아가 차 한 잔을 마시고 **싶다고[십따고] 말할 수[말:할 쑤]** 있는 친구가 있었으면 **좋겠다.[조:켇따]** 입은 옷을 갈아입지 **않고[안코]** 김치냄새가 좀 나더라도 흉보지 않을 친구가, 우리 집 가까이에 살았으면 **좋겠다.[조:켇따]**

비 오는 오:후나, 눈 : 내리는 밤에도 고무신을 끌고 찾아가도 **좋을[조:을]** 친구, **밤늦도록[밤늗또록]** 공허한 마음도 마음 **놓고[노코]** 열어 보일 수 있고, **악의[아기]** 없이 남의 얘기를 주고받고 나서도 **말이[마:리]** 날까 걱정이 되지 **않는[안는]** 친구가…

사:람이[사라미] 자기 아내나 남편, 제 형제나 제 자식하고만 사랑을 나눈다면 어찌 **행복해질 수[행:보캐질 쑤]** 있을 까. **영원이[영:워니] 없을수록[업:쓸쑤록] 영원을[영:워늘]** 꿈꾸도록 서로 **돕는[돔:는]** 친구가 **필요[피료]** 하리라.

그가 여성이어도 **좋고[조:코]** 남성이어도 **좋다.[조:타]** 나보다 나이가 **많아도[마:나도]** 좋고, 동갑이거나 **적어도[저:거도]** 좋다. 다만, 그의 인품이 **맑은[말근]** 강물처럼 조용하고 은근하며, **깊고[깁꼬]** 신선하며, 예:술과 인생을 소:중히 여길 만큼 **성숙한[성수칸] 사람이면[사:라미면]** 된다.

그는 반드시 잘생길 필요가 **없고,[업:꼬]** 수수하나 멋을 알고, **중후한[중:후한]** 몸가짐을 할 수 있으면 된다. 때로 약간의 **변덕과[변:더꽈]** 신경질을 부려도 그것이 애:교로 통할 수 있을 정도면 **괜찮고,[괜찬코]** 나의 변덕과 괜:한 흥분에도 **적절하게[적쩔하게] 맞장구[맏짱구]**쳐주고 나서, 얼마의 시간이 흘러 내가 평온해지거든, 부드럽고 세:련된 표현으로 충고를 아끼지 않았으면 **좋겠다.[조:켇따]**

Ⅲ. VT-100 훈련

1 VT-100 훈련이란

VT-100이란 보이스 트레이닝(Voice Training)을 100일 동안 훈련하는 프로그램으로 실천만 하면 효과가 매우 좋다. 그래서 강의, 강연을 멋지게 하고 싶은 명강사를 꿈꾸는 사람이나, 평소 거칠고 투박하며 발음이 좋지 않고 목소리가 작고 기어들어가는 등 자신의 목소리가 마음에 들지 않는 사람은 필수적으로 훈련하는 과정이다.

이 과정에서 중요한 것은 100일 동안 하루도 빠트리지 않고, 100일 기도하는 마음으로 실천하는 것이다. 단군신화에 나오는 곰과 호랑이처럼 쑥과 마늘을 먹고 100일 동안 기도하던 중, 호랑이는 도중에 뛰쳐나왔지만 100일 기도를 마친 곰은 인간 웅녀가 되어 단군을 낳은 것처럼 새로운 변신을 하는 것이다. 따라서 VT-100은 매일매일 해야지 생각날 때마다 하는 것은 별 효과가 없다. 물론 안하는 것보다는 낫겠지만 이것은 본인 스스로 위로될 뿐이다. 그럼 당신은 100일 기도 중 도중하차한 호랑이가 되고 싶은가, 아니면 그토록 원하던 인간이 되어 단군을 낳은 곰이 되고 싶은가?

2 VT-100 훈련과정

(1) 훈련일정 (낭독 70일, 토크 30일)

100일 동안 휴대폰으로 3분 스피치 분량으로 음성을 녹음하여, 단체 카톡방에 파일을 올린다. 올린 파일을 듣고 지도자는 개인별 코칭을 하고 과정별 미션을 전달한다.

■ **01일~50일 신문사설, 칼럼 낭독하기**

01일~10일 문어체 낭독 : 신문사설 내용을 그대로 읽는다.

11일~20일 구어체 낭독 : 신문사설을 구어체로 바꿔 읽는다. (예 : 있다 →있습니다)

21일~30일 히어링 낭독 : 다른 사람들의 VT 내용을 듣고 비교하면서 읽는다.

31일~40일 액션 낭독 : 앉아서 낭독하던 것을 자리에 서서 움직이며 낭독한다.

41일~50일 칼럼 낭독 : 신문 칼럼을 감정을 이입한 목소리로 낭독한다.

■ **51일~60일 표준어 낭독 :** 성우가 녹음한 파일을 듣고 성우를 따라 하며 낭독한다.

■ **61일~70일 좋은글 낭독 :** 개인별로 준비한 좋은 글을 낭독한다.

■ **71일~80일 책 소개토크 :** 소개하고 싶은 책을 ITDOE 기법을 활용하여 토크한다.

■ **81일~90일 테마 소개토크 :** 맛집, 요리, 관광지, 취미 생활 등 테마별로 토크한다.

■ **91일~99일 생생 리얼토크 :** 매일 삶의 현장에서 일어나는 일을 리얼 토크한다.

■ **100일 소감 달성토크 :** VT-100 달성 소감을 말한다.

※ VT-100 달성 축하파티 : VT-100을 달성한 사람들을 대상으로 축하파티를 연다. 그리고 VT-100을 하루도 빠트리지 않고 성공적으로 달성한 사람은 7~10일간 휴식을 가진 뒤 VT-200에 도전한다.

(2) 훈련용 멘트

■ **01~40일 : 신문사설 낭독**

안녕하세요? 보이스 트레이닝 1일 차 ○○○입니다.

오늘은 ○월 ○일자 ○○일보 사설, "(제목)"에 대해서 낭독하겠습니다.

… … …

이상으로 VT-1일 차 낭독자, ○○○이었습니다. 감사합니다.

■ 41일~50일 : 신문칼럼 낭독

안녕하세요? 보이스 트레이닝 41일 차 ○○○입니다.

오늘은 ○월○일자 ○○일보 칼럼, "(제목)"에 대해서 낭독하겠습니다.

… … …

이상으로 VT-41일차 낭독자, ○○○이었습니다. 감사합니다.

■ 51일~60일 : 표준어 낭독 (자료 배부)

안녕하세요? 보이스 트레이닝 51일 차 ○○○입니다.

오늘은 표준어 낭독, "(제목)"에 대해서 낭독하겠습니다.

… … …

이상으로 VT-51일 차 낭독자, ○○○이었습니다. 감사합니다.

■ 61일~70일 : 좋은 글 낭독 (개인별 자료 준비)

안녕하세요? 보이스 트레이닝 61일 차 ○○○입니다.

오늘은 좋은 글 낭독, "(제목)"에 대해서 낭독하겠습니다.

… … …

이상으로 VT-61일차 낭독자, ○○○이었습니다. 감사합니다.

■ 71일~80일 : 책 소개 토크

안녕하세요? 보이스 트레이닝 71일 차 ○○○입니다.

오늘은 책 소개 토크, "(제목)"에 대해서 말씀드리겠습니다.

… … …

이상으로 VT-71일 차 토크, ○○○이었습니다. 감사합니다.

■ 81일~90일 : 테마 소개 토크

안녕하세요? 보이스 트레이닝 81일 차 ○○○입니다.

오늘은 테마 소개 토크, "(제목)"에 대해서 말씀드리겠습니다.

… … …

이상으로 VT-81일 차 토크, ○○○이었습니다. 감사합니다.

■ 91일~99일 : 생생 리얼 토크

안녕하세요? 보이스 트레이닝 91일 차 ○○○입니다.

오늘은 생생 리얼 토크, "(제목)"에 대해서 말씀드리겠습니다.

… … …

이상으로 VT-91일 차 토크, ○○○이었습니다. 감사합니다.

■ 100일 : VT-100 달성 소감 토크

안녕하세요? 보이스 트레이닝 100일 차 ○○○입니다.

오늘은 "VT-100 달성 소감"에 대해서 말씀드리겠습니다.

… … …

이상으로 VT-100 달성자, ○○○이었습니다. 감사합니다.

(3) VT-100 훈련 후기

평소 강의를 할 때, 보이스 트레이닝의 중요성을 역설하고 100일간 낭독훈련을 하면 놀라운 효과를 거둘 수 있다고 강조하지만, 수강생이 개인적으로 100일간 훈련을 하는 것을 20여 년 동안 한 번도 보지 못했다. 그래서 개인적으로 달성하기는 힘들다고 판단하고, 수강팀별로 단체 카톡을 만들어 매일 녹음한 것을 올리도록 했다. 그러면 자연스럽게 비교경쟁이 되기도 하고, 자신이 포기하는 모습을 보여주기 싫은 자존심도 유발되고, 또한 자신의 포기로 팀원들에게 민폐를 끼칠 수도 없게 되었다. 그랬더니 놀라운 변화가 생겼다. 전혀 100일 달성할 것 같지 않은 사람이 성공적으로 달성하는가 하면, 무난히 잘할 것 같았던 사람은 오히려 이것저것 사정을 호소하며 도중하차 하는 것이었다. 의지력의 단면을 볼 수 있었다.

팀별 100일 훈련은 놀라운 일들이 생기는 것이었다. 해외여행 중에도 VT훈련을 하여 파일을 올리는가 하면, 시차가 다른 나라에 여행하는 사람은 와이파이가 되는 호텔에 가서 매일 녹음한 파일 2~3일 분량을 한꺼번에 올리는 사람도 있었다. 그것은 팀원들에게 큰 동기부여가 되었고, 100일 달성자가 속출하는 시너지효과가 되었다.

그리고 놀라운 일은 친정아버지 상(喪)중에도 VT훈련을 해서 녹음파일을 올린, P 수강생을 잊을 수 없다. 평소와 달리 목소리가 좀 처진다는 생각은 했지만, 설마 상(喪)중에 VT를 해서 파일을 올릴 줄이야… 나중에 물어보니 상중에도 VT를 하루도 빠트릴 수 없다는 일념과 팀원들에게 피해를 줄 수 없다는 배려심의 발동이었던 것이다. 그 어려운 상황에서도 평소의 성품이 그대로 드러난 것이었다.

이렇게 VT-100 훈련은 여러 가지 후담을 남기고 있으며, 이는 100일 기도하는 정성으로 오늘도 열심히 VT하는 사람에게나, 앞으로 VT를 할 사람들에게 좋은 본보기가 될 것으로 생각된다.

Thinking Speech

제 4 장

멘탈Mental 훈련

Ⅰ. 대중공포증

여러 사람 앞에서 말하게 될 경우 또는 낯선 사람 앞에서 말할 경우, 긴장하거나 주눅이 들고 숨이 가쁘며 목소리가 잘 안 나오고 목소리의 변화가 없고 거칠게 되고 음성이 높아지는 것, 또는 말문이 막히고 청중들의 눈을 피하거나 내용이 생각 안 나는 것 등 이러한 모든 것을 '대중공포증, 연단공포증, 무대공포증, 발표불안증'이라고 하는데 즉, '감정적 긴장상태'를 말하는 것이다.

평소엔 아무렇지 않다가도 무대(연단)에만 서면 식은땀이 나고, 입술이 마르며 가슴이 뛰고, 경련이 일어나거나 주의협착(主意狹搾) 또는 주의확산(主意擴散)현상이 일어나는 사람이 있다. 주의협착은 눈앞의 일부만 의식되고 뿌옇게 몽롱해지는 상태이고, 주의확산은 청중의 태도, 표정, 수군거림 등에 신경이 쓰여 집중되지 않는 상태를 말한다. 또한 아랫배가 빈 것 같은 것을 느끼는 것도 모두가 감정적 긴장상태다.

이는 생리적 반응으로서 아드레날린 호르몬(Adrenalin hormone)이 직접 혈액 속에서 분비되고, 더 많은 산소가 필요하게 되므로 숨이 빨라지게 된다. 심장이 뛰는 것은 혈액 순환이 가속되기 때문이요. 땀이 나는 것은 몸을 식히기 위한 것이요. 공복감을 느끼는 것은 위액의 분비가 정지되기 때문이다. 즉 온몸 전체가 그러한 장면에 적응하기 위하여 활동이 증대되는 것이다.

감정적 긴장상태는 오랫동안 갈고 닦은 실력을 펼쳐 보이고 인정받을 수 있는 시험이나 면접, 발표, 프레젠테이션 등에서 인생의 전환점이 될 수도 있는 좋은 기회를 살리지 못하는 실전에 약한 사람이 되고 만다. 이런 사람들은 대부분 자신의 소심한 성격과 능력부족을 탓하며 어쩔 수 없다고 생각하는 경우가 많다. 그러나 긴장을 하는 원인을 알면 몸과 마음을 컨트롤할 수 있게 되고, 결국 자신의 긴장과 흥분도 극복하고 어떤 상황에서건 자신의 능력을 100% 발휘하고 실전에 강한 사람이 된다.

1 긴장상태 해소법

(1) 긴장의 원인

① '다른 사람에게 잘 보이고 싶다'는 생각이 강하면 강해질수록, '실패하면 비웃음을 살 것이다'라는 부정적인 생각으로 점점 바뀌어진다.
② 사람들이 모두 자신을 보고 있다고 생각하며 주위의 시선을 지나치게 의식한다.
③ 얼굴이 붉어지고 목소리가 떨리고 가슴이 뛰는 등, 자신이 긴장하고 있다는 것을 남들에게 들키기 싫다.
④ 새로운 장소나 모르는 사람 등에 대해 불안감을 느낀다.
⑤ 아직 일어나지도 않은 일에 대해 미리 걱정하고 비관적으로 생각한다.
⑥ 아직 준비와 연습이 스스로 부족하다고 생각한다.

(2) 머리가 좋을수록 긴장

긴장하면 몸을 활발하게 움직이는 교감신경과, 느긋하게 하는 부교감신경의 균형이 깨져 혈액이 상반신으로 몰리게 된다. 그 결과 심장박동이 빨라지고 얼굴이 화끈거리거나, 체온이 올라가 땀을 흘리게 된다. 이런 현상은 갑작스런 위험에 빨리 대처할 수 있도록 하기 위해 나타난다. 즉, 긴장감이란 몸을 지키기 위한 본능인 것이다. 따라서 긴장을 하는 것 자체는 자연스러운 일이며, 머리가 좋은 사람일수록 쉽게 긴장하는 경향이 있다고 한다.

또한 앞으로 생길 일을 미리 파악하여 준비하는 것은, '리스크 관리'라는 측면에서 보면 뛰어난 능력이다. 하지만 주위 사람을 지나치게 의식하거나, 아직 일어나지도 않은 일을 미리 걱정부터 하면 더욱 긴장하게 된다. 이 또한 앞을 내다보는 능력이 있거나 두뇌 회전이 빠른 사람들에게 흔히 보이는 경향이다. 따라서 긴장하는 것을 창피하다고 부정적으로 생각하지 말고, '적절한 긴장감은 오히려 도움이 된다. 머리가 좋아서 긴장하는 것' 이라고 긍정적으로 생각하고 받아들이는 것이 중요하다.

(3) 긴장하지 않는 사람

① 사소한 일이라도 성공을 한 경험이 있는 사람은, 다른 일을 할 때에도 불안해하지 않는다. 따라서 언제나 당당하게 자신을 갖고 모든 일에 임한다.
② 컨디션이 나쁘면 긴장하기 쉽다. 반대로 긴장하지 않는 사람들은 자신의 능력을 최대로 발휘할 수 있도록 컨디션 조절을 잘한다.
③ 완벽을 추구하면 실패에 대한 두려움이 생기기 때문에 긴장하기 쉽다. 따라서 '70~80점만 돼도 OK'라고 낙천적으로 생각한다.

(4) 긴장 해소법

① 성공한 체험을 되살릴 수 있는 자신이 성공한 프로젝트의 파일이나 표창장, 기념사진, 상패, 트로피 등 과거의 성공을 기억할 수 있는 구체적인 물건을 주변에 둔다. 긍정적인 태도를 유지하는 데 도움이 된다.
② 인생의 큰 목표를 갖는다. 긴장을 한다는 것은 사소한 일에 신경을 쓰고 있다는 증거이다. 큰 목표를 갖고 있다면 사소한 일에 신경 쓸 겨를이 없다. 돈이나 시간 등 현실적인 제약은 전부 잊고, 인생의 원대한 목표에 대해 생각하자. 가능한 구체적으로 목표를 정하고 긴장이 될 때마다 그 목표를 떠올리며 '지금은 큰 목표를 이루기 위한 통과점.'이라고 생각하자.
③ 스스로를 칭찬한다. 동기부여를 위한 가장 효과적인 방법은 칭찬이

다. 매일 아침 거울을 보며 자신의 장점에 대해 스스로 칭찬을 하자. 물론 다른 사람에게 듣는 칭찬도 효과적이다. 늘 긍정적인 사람들과 어울리는 것도 한 가지 방법이다.

④ 중요한 순간이라고 새 옷을 입거나 새로운 물건을 사용하면, 익숙하지 않아서 긴장하게 된다. 중요한 순간일수록 익숙한 옷과 물건을 지니고 가는 것이 좋다.

2 대중공포증 해소법

(1) 무대(연단)공포의 원인

① 낯선 장소와 새로운 상황에 접하게 될 때.
② 말해야 할 내용에 대한 충분한 지식이나 정보가 없을 때.
③ 실패하지나 않을까 하는 두려움을 가질 때.
④ 준비가 불충분하거나 컨디션이 나쁠 때.
⑤ 열등감 및 성격상의 결함이 있을 때.
⑥ 청중에게 과민하거나, 청중의 반응을 불리하게 해석할 때.
⑦ 경험이 없거나, 군중을 너무 두렵게 생각할 때.

(2) '무대(연단)'에 오르기 직전에는

긴장의 원인과 긴장을 없앨 수 있는 방법에 대해서 알아 봤지만, 그래도 막상 실전이 닥치면 긴장할 수 있다. 이럴 때 사용하면 즉각적으로 효과를 볼 수 있는 방법에 대해 알아보자.

① 긴장하면 혈액이 상반신으로 몰려 몸의 말단 부분에 혈액이 공급되지 않는다. 따라서 손으로 다리를 주무르거나, 발가락에 힘을 주는 등 말초 신경을 자극해 혈액순환이 잘 되도록 한다.

② 왼손으로 오른쪽 다리를, 오른손으로 왼쪽 다리를 주무른다. 양쪽

뇌를 똑같이 열 번씩 두드리며 자극하여, 몸의 균형을 되찾음으로써 감정을 컨트롤하기 쉬워진다.

③ 심호흡을 하면 마음이 안정된다. 코로 천천히 숨을 들이마시고 한꺼번에 내뱉는다.

④ 가끔 너무 긴장하면 시간이 빨리 흐르는 것처럼 느껴질 때가 있다. 이것은 '내적 시간'이 어긋났기 때문에 생기는 것이다. 가끔 시계의 초침을 보며 자신의 리듬을 조절하면 긴장도 누그러진다.

(3) 무대(연단)공포 극복법

1) 정신적 태도에 의한 방법

① 자신이 할 수 있는 최선을 다한 후, 나머지는 신(神)께 모든 것을 맡겨라.

② 예전에 잘했던 장면과 기억을 떠올리며 마음속에 자신감을 가지고 무대에 오르고, 이 시간만큼은 '내가 왕이다'라는 생각을 갖고 천천히 여유 있게 행동한다.

③ 나만이 두려움을 느끼는 것이 아니라, 인간이면 모두 두려움을 느낀다는 보편적인 생각을 가지고 열등의식을 없애고, 자신의 단점을 극복하려는 의지를 가져라.

④ 발표를 시작할 때 성급히 하지 말고 천천히 청중을 둘러보고 마음속으로 3초(하나, 둘, 셋하고 센다) 정도의 여유시간을 가진 후 발표를 시작한다.

⑤ 잘하려고 하면 할수록 떨리므로 실패해도 좋다, 떨려도 좋다는 마음으로 한다. 그래도 너무 떨리게 되면 안 떨리는 척, 강한 척하지 말고 자신이 떨고 있다는 것을 청중에게 말을 한다. 그러면 오히려 여유가 생긴다.

⑥ 자신을 사랑하고 청중을 사랑하며, "나는 할 수 있다"는 강한 신념

을 가진다.

2) 육체적 통제에 의한 방법

① 등단하면 양발을 적당히 벌리고 양쪽 발끝에 힘을 주고 배(단전)에 힘을 준다.
② 흉식호흡이 아닌 복식호흡을 하면서 자율신경을 안정시킨다.
③ 되도록 신체적 동작(제스처)을 사용하며, 적당히 움직이며 말한다.
④ 등단할 때, 발표할 때, 하단할 때, 시종일관 당당하고 자신 있게 한다.

3) 충분한 준비에 의한 방법 (준비가 부족하면 떨린다)

① 말 첫머리 3~4개의 문장은 외워서 나간다.
② 아우트라인(Outline)을 작성하고, 그 아우트라인은 외운다.
③ 사전 연습을 할 수 있다면, 단 한 번이라도 하고 나간다.

4) 경험에 의한 방법

① 백 번 생각하는 것보다 한 번 행동하는 것이 낫다. 단순하게 생각하고 과감하게 행동한다.
② 경험은 가장 위대한 스승이다. 기회 있을 때마다 앞에 선다.
③ 반복한 경험은 두려움을 없애 주고 숙달과 자신감을 낳는다.
④ 첫 경험은 누구나 안절부절, 횡설수설의 실수 연발이다. 실수를 겁내지 않는다.

5) 기타 방법

① 연단발표 대기 중에 옆 사람과 적당히 대화를 한다.
② 두근거리는 가슴보다는 이야기 내용에 신경을 쓴다.
③ 어차피 할 것이라면 기다리지 말고 먼저 나간다.

④ 자기 연설의 중요성을 너무 과대평가하지 않는다.

⑤ 서두에 집중하고 어려운 고비도 포기하지 말고 끝까지 말한다.

(4) 발표멘트 숙지

① 시작인사 : "○○○ **회원여러분, 안녕하십니까?**"

⬇

② 자기소개 : **"언제나 긍정의 힘을 믿는 사람, ○○○입니다."**

⬇

③ 서두 : **"지금부터 여러분에게 ○○○에 대해서, 말씀드리겠습니다."**

⬇

④ 본론(사례, 증거) : 구체적인 사례나 경험, 증거를 대며 본론을 말한다.

⬇

⑤ 마무리 : **"지금까지 여러분에게 ○○○에 대해서, 말씀드렸습니다."**

⬇

⑥ 끝인사 : **"끝까지 경청해주셔서 감사합니다."**

Ⅱ. 발표불안증

자기의 생각이나 철학, 그리고 사상과 감정, 느낌 등을 대중 앞에서 제대로 표현하지 못하면, 아무리 좋은 재능을 가지고 있고 우수한 두뇌와 실력을 가지고 있어도, 현대사회에서는 인정받지 못한다. 하지만 자기생각을 상대방에게 제대로 표현하고 싶지만 발표불안증이 있는 사람은 발표의 기회가 와도, 그 기회를 잡지 못하게 되므로 어떤 어려움과 고통이 따르더라도, 빨리 이런 심리적 압박감에서 벗어나야만 한다.

1 불안, 공포의 속성

불안 공포는 약자에게는 강하고, 강자에게는 아주 약한 더러운 속성을 가지고 있기 때문에 피하면 절대로 안 된다. 사람이 한 번 쫓기기 시작하면 한없이 쫓기게 된다. 사람은 누구나 많은 대중이 모인 연단 앞에 나와서 이야기 하려면 떨리기 마련이다.

많은 사람들이 있는 연단 앞에 섰는데도 안 떨리고, 아무런 감정이 없다면 그건 사람이 아니다. 이렇게 불안하고 떨리는 감정의 흐름은 바로 횡경막을 압박하게 되고 성대, 목구멍, 혀와 입술같이 발성과 호흡에 연결되는 모든 기관에 영향을 주어서 경련을 일으키고 말의 흐름을 막게 된다.

2 발표불안 원인

이 세상에 성공한 사람, 행복한 사람, 남보다 앞서가고 두각을 나타내는 사람은 모두가 '할 수 있다'의 긍정적, 적극적 사고방식을 가진 사람들이었다. 열등의식을 갖고 좌절감을 갖고 '할 수 없다'고 불평불만을 하면서 성공한 사람은 한사람도 없었다.

1:1로 만나서 이야기하면 별로라고 생각한 사람이 대중 앞에만 나서면 자신 있고 매력 있고 많은 사람들로부터 인기를 끄는 사람이 있는 반면에, 1:1로 만나서 이야기하면 아주 유능하고 매력 있는 사람이 대중 앞에만 나서면 위축되고 표정이 굳고 쩔쩔매는 사람이 있다. 왜 그런가? 대중 앞에서 말을 잘하지 못한다면 대중 앞에서 말을 잘하기 위한 훈련을 하지 않았기 때문이다. 태어날 때부터 말 잘하는 사람은 없다.

(1) 아들러 심리학, 목적론

현대 심리학의 거장 '아들러'의 목적론(目的論)에 의하면 어떠한 경험도 그 자체는 성공의 원인도 실패의 원인도 아니다. 다만 우리는 경험을 통해 받은 충격(트라우마)으로 고통 받는 것이 아니라, 그 경험에 부여한 의미에 따라 목적에 맞는 수단을 찾아낼 뿐이다. 예를 들면 불안해서 발표를 못하는 게 아니라, 발표함으로써 남보다 못한 내가 되는 게 싫은 것이고, 발표를 하지 않으니까 불안한 감정을 만드는 것이다. 그래서 발표하지 않는 것이 목적이 되고, 그 목적을 달성하는 수단이 '불안과 긴장'이다. 따라서 인간은 과거의 원인에 영향을 받아 행동하는 것이 아니라, 스스로 정한 목적을 향해 움직이는 것이다. 즉 할 수 없어서 포기하는 것이 아니라 포기하기 때문에 할 수 없는 것이다.

같은 사람끼리 세끼 밥 먹고, 같은 한국말 하면서 똑같이 살아가는데 이런 것 때문에 하고 싶은 말을 못하고, 이대로 눌려서 살아야 한단 말인가? 남들은 많은 사람들 앞에서 웃기고 울리고 자신 있게 말을 잘하는데, 또 성공을 향해서 자신의 모든 능력을 쏟고 있는데, 당신은 당신의 능력을 어느 쪽에 쏟고 있는가? 만약 당신이 대중공포, 시선공포, 첫 말이 막혀서 할 말을 제대로 못한다는 약점을 갖고서도 그 약점을 피하기만 한다면, 당신은 어쩌면 영원히 그것을 고치지 못할 지도 모른다.

(2) 의지력 부족

여러 사람들 앞에서 이야기하려고 하면 떨려서 못 하는 것이 아니라, 안 하려고 피하기 때문에 더 떨리게 된다는 사실을 당신은 알고 있는가? 소심해서 못하고 불안해서 못 하는 것이 아니라, 못한다고 생각하기 때문에 점점 더 소심해진다는 것을 당신은 왜 모르는가? 떨려서 못 하고 두려워서 못하고 자신이 없기 때문에 못 하고 부끄러워서 못 한다면, 당신은 이것을 극복하려는 의지력이 부족한 것이다. 꼭 해야겠다는 굳센 의지가 있다면 떨려도 해야 되고 부끄러워도 해야 된다. 처음부터 어떻게 잘할 수가 있겠는가? 대중 앞에 나와서 안 해봤기 때문에, 말해본 경험이 적기 때문에 못하는 것은 너무나 당연한 것이다. 그러므로 '~ 때문에, ~탓으로'의 핑계를 대지 말라. 안 되는 방향으로 생각하지 말고 될 수 있는 방향으로 생각을 바꿔라.

(3) 청중에 대한 부담감

자신이 앞에 나와서 말하려고 할 때 듣는 청중의 지위가 말하는 사람을 무척 부담스럽게 한다. 만약 듣는 사람들이 말하는 자신보다 아주 어린 초등학생이나 유치원생 이라면 말하는 사람이 떨리고 자신이 없을까? 그런 사람은 별로 없을 것이다. 듣는 사람이 어느 정도 나이도 있고 사회적인 지위가 있을수록 앞에서 말하는 사람은 상당한 부담감을 가지게 되며 스피치에 대한 공포심도 생겨나게 된다.

특히 말하는 사람이 평소에 심한 열등감에 시달리는 사람일수록 대중스피치에 대한 공포는 더욱 커지게 되며, 시선 공포나 목소리의 떨림, 얼굴 경련과 같은 현상이 나타나게 된다. 그 주된 원인은 듣는 사람들의 욕구를 만족시켜 주지 못할 것이라는 부담감이며, 자신의 떨림이 겉으로 드러나게 되는 난처함 등이 공포를 더욱더 가속화하는 요인이 된다.

따라서 말하는 사람은 듣는 사람들을 너무 의식할 필요가 없다. 프로인 경우는 청중들의 반응까지도 파악해야 하겠지만, 말하기도 어려운 아마추어인 경우는 수많은 사람들이 나의 이야기를 들으려고 귀를 쫑긋 세우고 있다고 생각하면, 부담감으로 인해 눈앞이 캄캄해지고 알고 있는 사항도 생각이 나지 않는다. 그러므로 청중들을 마네킹으로 여기고, 마치 마네킹이 의자에 앉아 있는 것처럼 생각하고 말하라.

(4) 경험부족

평소 대중 앞에 설 기회를 의도적으로 피해 온 사람들은 발표경험이 부족함으로써 더욱 발표 불안이 가속화된다. 그리고 가정주부 등 평소 대중 앞에 설 기회가 없는 사람들도 경험 부족으로 인해 발표 불안은 심해진다. 경험 부족은 간접경험이라도 자주 쌓고, 발표기회가 자신에게 왔을 때는 피하지 않고 도전함으로써 경험을 쌓는다고 생각하고, 연단 경험을 많이 함으로써 극복될 수 있는 부분이다.

(5) 컨텐츠 부족

할 말의 컨텐츠가 부족하면 불안이 가중된다. 할 말이 없다는 것은 준비 부족도 되므로 준비되지 않은 사람은 발표 불안이 엄습하기 마련이다. 평소 시사상식, 정보수집, 자료검색, 독서 등을 통해 풍부한 컨텐츠를 준비해 둔다면 컨텐츠 부족을 극복할 수 있다. 스피치는 많이 아는 사람이 발표를 잘한다는 사실을 유념하라.

(6) 훈련부족

여러 가지 발표 준비가 되어 있더라도 스피치는 개인훈련이 아주 중요하다. 대중 앞에서 발표하는 것만으로 경험을 쌓으려면, 시행착오를 거치고 기간도 많이 걸리지만 개인 훈련을 철저히 해두면 대중 앞에 섰을 때

그만큼 시행착오를 줄이게 된다.

따라서 평소에 낭독훈련, 보이스 트레이닝(VT-100), 비주얼 트레이닝(VT-200), 독서토론, 주제발표, 3분 스피치 등 발표훈련을 꾸준히 준비해둔다면, 발표 불안은 완전히 극복할 수 있다.

3 발표 불안 극복방법

대중 앞 연단공포를 없앨 수 있는 가장 빠른 방법은 자기 스스로 연단공포를 극복할 수 있다는 강한 의지가 있어야 한다. 내 문제에 직접 부딪혀 이겨내겠다는 강한 정신력만 있으면 연단공포, 시선 공포 같은 것은 아무런 문제가 안 된다.

'호랑이를 잡으려면 호랑이 굴에 들어가라'는 말과 같이 '죽기 아니면 살기'라는 비장한 마음의 각오를 가져야 한다. 죽기를 각오한 일이라면 세상에 무서울 것이 무엇이 있겠는가? 죽음을 각오한다는 것은 벌써 불안공포의 차원을 넘어선 것이다. 아무리 심한 시선 공포, 연단공포, 부끄러움, 말더듬의 공포도 죽기를 각오한다면 무엇이 두렵겠는가.

(1) 자기암시

연단에 대해서 공포증을 갖고 있는 사람은 여러 사람 앞에 나서기 전에 먼저 자기의 말이 더듬고 떨리는 모습을 먼저 느끼고 있다. 마음속에 실패를 예측하고 불안 공포를 갖고 있는 한 아무리 자신 있게 이야기하려고 해도 안 된다. 앞에 나서기 전에 미리부터 자신의 떨리는 모습을 상상하는 것은, '떨려라' 하고 주문을 외는 것과 같다.

머릿속으로 많은 사람들 앞에서 자신 있게 이야기하고 박수를 받는 장면들을 상상해 보자. 수많은 사람들 앞에서, 그 사람들에게 꼭 필요한 이야기들을 전달해주고 있는 내 자신을 상상하여 보자. 이것을 '이미지훈련', '자기암시훈련'이라고 하는데 결코 불가능한 것도 아니다. 실전에 부딪히지 않더라도 자기암시훈련에 의하여 자신감을 얻을 수 있다. 이러한 이미지훈련의 횟수는 많으면, 많을수록 효과적이다.

(2) 이미지훈련

여러 사람이 모인 대중 앞에서 유창하게 말을 잘하기 위해서는, 먼저 말을 잘하는 자신의 모습을 먼저 봐야 되고 느껴야 한다. 대중 앞에서 말 잘하는 모습을 아무리 느끼려고 해도 느껴지지가 않는다면, 대중 앞에서 말하는 것은 힘들게 된다.

대중 앞에서 말을 해야 될 때 먼저 온몸에 힘을 빼고 단전 깊숙히 숨을 들이마신 후에 육체를 편안히 이완시킨 후, 많은 사람들 앞에 서서 말을 잘하는 자기의 모습을 상상 속에서 그려보라. 마음의 눈에 먼저 보여야 하고 먼저 그렇게 느껴져야 한다.

각종 모임에서 또는 공공장소와 같은 많은 사람들이 모인 장소에서, 많은 박수를 받고 격려를 받는 모습을 마음속에 상상한다. 그리고 그 장면을 오감을 총동원하며 암시한다. 이렇게 마음속에 품고 느끼는 이미지훈련은 자기 자신을 변화시킬 수가 있는 가장 빠른 훈련방법 중의 하나이다.

1) 이미지 트레이닝1

지위가 높은 사람이나 손위의 사람을 만나거나 여러 사람 앞에 서는 것이 두렵고 친구를 사귀는 데 어려움을 겪는다면, 이럴 경우 잠시 동안 당신의 잠재의식 속에 당신이 그릴 수 있는 최대의 좋은 인상을 그려야 한다. '그 사람은 선하고 좋은 사람, 나는 그 사람에 대해서 호감을 가질 것이고, 그 사람들도 나에게 좋은 호감을 갖게 될 것이다.' 이렇게 그 사람을 만나서 자신 있게 말하고 미소 띤 얼굴로 말하는 당신의 모습을, 먼저 그리고 난 후에 만나라. 그 사람을 만나면 기분이 좋아진다는 감정을 느끼고 만나보라. 손님을 접대한다든지 사람들을 소개한다든지 윗사람에게 보고를 할 때, 당신의 밝고 명랑하고 매력 있고 자신감에 찬 당당한 모습을 상상한 후에 만나 보라.

2) 이미지 트레이닝2

사람의 두뇌는 수신하는 능력이 있어서 당신이 '좋은 감정'의 파장을 상대방에게 보내면, 상대는 당신이 보내는 파장을 받고 당신에게 좋은 호감을 갖게 될 것이다. 사람은 상대의 기분과 감정을 알아차리는 능력이 있다. 옆 사람과 같이 앉아 있기가 거북하고 그 사람이 밉고 불쾌하다고 느끼고 있으면, 그 느낌의 파장은 즉시로 상대에게 전달되어 상대도 나와 똑같은 감정을 느끼게 된다.

거울 앞에서 내가 웃으면 거울 속의 나도 웃고, 내가 화를 내면 거울 속의 나도 화를 낸다. 이처럼 나에게서 나간 감정의 파장이 다른 사람에게 전달되어 다시 내게 돌아오는 것이다.

(3) 잠재의식 훈련

'백문이 불여일견' 이라는 말과 같이 백 번 듣는 것보다 한 번 눈으로 보는 것이 낫다. 잠재의식은 실제로 경험하는 것과 마음속에 선명하게 그림을 그려 주는 것을 전혀 구별하지 못한다. 당신이 지금 소심하다면 과거부터 소심한 생각을 마음속에 품고 있었기 때문이다. 불안, 공포, 소심증은 모두가 상상력에 의해서, 경험에 의해서, 성장 과정에서 왔다. 실제로 느꼈던 실패나 공포 감정을 잊지 못하고 되풀이 반복해서 상상하고 느꼈다. 또 그렇게 되면 어쩌나하고 일어나지도 않은 일, 시작하지도 않은 일, 다가오지도 않은 일을 미리 걱정하고 설계하지 말라. 좋은 일이 일어날 것을 기대하면서 시작하라. 과거처럼 살면 과거와 같아진다. 당신의 삶이 10년 전이나 1년 전이나 어제나 오늘이나 똑같다고 한다면, 내일도 1년 후도 10년 후에도 똑같이 된다.

(4) 상상훈련

1) 구체적으로 상상하는 방법

마음에 없는 것은 현실에도 없다. 강연장 전체를 상상하고 그 자리에 가득 찬 한 사람 한 사람의 모습을 그려본다. 내 이야기를 듣는 많은 사람들이 감명을 받고 기뻐하고 의욕을 갖고 자신감을 갖는 모습을 내 상상 속에서 본다.

그리고 스피치가 끝난 후 많은 사람들이 미소를 띠고 나에게 악수를 청하는 것을 느끼고, 짜릿한 감정을 마음속에서 맛본다. 당신의 멋있고 매력있고 맑은 목소리와 자신감에 차 있는 미소 띤 당신의 모습을 그려보라.

당신이 지금 실패하고 좌절한 모습을 마음속에 상상하고 있으면 당신은 반드시 실패한다. 당신의 마음속에 그려져 있는 상상 그 자체가 바로 당신이 된다. 사람이 변화될 때는 그냥 변화되는 것이 아니라, 반드시 머릿속에 상상의 눈으로 보는 것처럼 느껴져야만 변화가 된다.

2) 미치도록 죽고 싶었을 때를 떠올려라

떨리고 긴장될 때, 말문이 막혀 도저히 나올 것 같지 않을 때, 내 생애 가장 슬프고 마음 아프고 죽고 싶었을 때를 머릿속에 떠올려라. 그러면 긴장을 가라앉히고 마음을 편하게 해줄 수가 있다. 그때를 생각하며 용기를 얻고 현재의 긴장감으로부터 벗어나게 해주며 정신을 다른 쪽으로 돌려, 떨리면 안 된다는 집착과 강박관념을 잊게 해준다. 내가 가장 서러웠을 때, 부모님이 돌아가셨을 때, 나를 사기 치고 도망간 사기꾼 생각이라든지, 일생일대 가장 힘들고 어려웠을 때를 머릿속에서 생각하는 것이다. 앞에 있는 청중들이 대수롭지 않게 여겨질 것이며, 신경 쓰고 싶은 마음이 별로 들지도 않을 것이다. 머릿속으로 그때의 복받쳐 오르는 서러움, 분노, 괴로움 등을 가슴으로 직접 느끼게 되면 대중스피치의 공포를 무마하는 데 도움이 된다.

(5) 시선 공포 극복

한 사람의 시선은 두렵지 않으나 대중 앞에서의 수많은 눈이 나를 바라본다면, 그 기세에 눌려 제대로 고개도 들지 못하고 말문이 막힌 채 얼굴이 벌겋게 되어 버린다. 눈의 위치는 어디에 두어야 할지 몰라 안절부절못하고, 어색한 행동과 앞뒤가 맞지 않는 엉뚱한 말들만 나와서 망신만 당하고 들어가게 된다. 이러한 행동의 근본적인 원인 중의 하나가 시선 공포이다.

뭔가를 기대하고 있는 수십에서 수백 개의 눈들, 무척이나 부담스럽고 두렵기까지 하다. 이럴 때 시선의 위치는 한곳에 머무르지 말고, 청중을 1/4로 분할하여 골고루 4군데를 번갈아 가면서 보면, 청중의 수를 1/4로 인식하여 심리적인 부담감을 줄일 수도 있고, 적절한 시선의 안배로 균형 있는 자세가 된다. 시선 공포를 극복하기 위하여 평상시 할 수 있는 훈련 방법으로는, 여러 사람이 모인 강당이나 운동장, 연극영화 관람석 등의 장소에서 앞문을 열고 들어가 누구를 찾는 것처럼 자리에 앉아있는 사람들의 눈을 한 번씩 쳐다보는 방법과, 지하철에서 마주 앉은 사람들을 차근차근 쳐다보는 방법, 길을 걸을 때도 사람들의 눈을 쳐다보는 등의 방법이 있다.

(6) 연단 경험

여러 사람 앞에서 떨리지 않고 말을 잘할 수 있는 가장 좋은 방법은 연단 앞에 자주 나서서 직접 경험하고 훈련하는 것이다. 그리고 훈련한 것을 잠재의식 속에 '이미지화' 시키는 것이다. 부담이 가는 장소나 부끄럽고 떨리고 두려운 장소에 나가서 실제로 떨려도 보고 실수도 해보고 말을 꾸며도 보고 박수도 받아 보고, 짜릿한 감정을 직접 피부로 느껴봐야 한다.

연단공포를 심하게 느끼는 사람이 아무리 이론적으로 연단공포를 해결하는 방법을 많이 알고 있더라도, 실제 훈련이 되지 않으면 연단 공포 제거는 불가능해진다. 연단 공포증이 있으면 절대 피하지 말고, 떨리면 떨리는 대로 최대한 떨려버려라. 최대한 떨고 나면 오히려 그다음부터는 훨씬 덜 떨린다. 심장이 두근거린다고 절대 심장약을 먹지 말고 이런 훈련을 하는 것이 백 배 천 배 좋다.

(7) 실전훈련

별것 아닌 것 같지만 간단한 인사말이나 브리핑, 각종 모임에서의 한 말씀, 사회자역할 같은 것을 잘 훈련해 놓게 되면, 지금까지 별로 인정받지 못하고 주목하지 않았던 사람도 다른 차원에서 당신을 새롭게 보게 되고 재평가를 받게 된다. "야! 그 사람 얌전한 사람인 줄 알았는데…, 난 그 사람 그렇게 안 봤는데…, 그 많은 사람들 앞에서 아주 멋있게 말을 잘하는 걸 보고 깜짝 놀랐어. 다시 한번 쳐다보이더라!"는 등 새로운 실력을 인정받게 되고, 인생의 전환점이 될 큰 계기가 될 수도 있다. 준비하면 언젠가는 기회가 반드시 올 것이다. 기회는 준비하는 자의 몫이다.

동창회, 체육대회, 신년회, 송년회, 계모임 등 각종 모임에서 사회를 보는 것도 대단히 좋은 실전 훈련 방법이다. 아직 한 번도 모임의 사회나, 대중 앞에서 마이크를 잡고 스피치를 해본 적이 없지만 지금이라도 훈련하면 얼마든지 잘할 수 있는 능력이 있다는 것을 믿어야 된다. 나서야 한다. 머뭇거리지 말고 과감하게 나서야 한다. 기회는 지금이다. 내가 나서지 않는다면 물론 다른 사람이 맡아서 하고 나는 편안한 마음으로 자리에 앉아 지켜볼 수 있겠지만, 당신은 당신 자신이 성장할 수 있는 기회를 놓쳐버린 것이다. 마음이 불편하고 불안하더라도 그 순간이 지나고 나면, 당신은 해냈다는 성취감과 자부심은 이루 말할 수 없을 것이다.

▣ 대중공포 극복을 위한 자기암시

연단 불안증을 극복하기 위한 방법 중 하나가 자기암시 방법이다. 다음과 같이 자신 있는 단어나 문장들을 사용하여 자신에게 반복하여 암시를 해주는 방법이다.

스피치회원 여러분, 안녕하십니까?

대중공포 극복을 위해 이 자리에 나온, ○○○입니다.

여러분!

제가 용기 있게 큰 소리로 말할 수 있도록, 힘찬 박수를 부탁드립니다.

난 멋있어. 난 잘할 수 있어.

난 무엇이든지 할 수 있는 능력이 있어.

그 능력을 찾아 쓰고 개발해야 돼!

지금까지는 그 능력을 사용하지 않았기 때문에 할 수 없었던 거야.

자! 힘을 내자. 과거의 실패는 실수로 돌리자. 앞으로 잘하면 된다.

나에게는 신념이 있고, 나에게는 용기가 있고, 나에게는 배짱이 있다.

대중공포야 물러가라! 이제 나는 나의 얼굴에 철판을 깐 사람이다.

나의 멋있고, 자신 있고 신념에 찬 성공의 모습을 매일 마다 내 마음의 눈으로 바라보고 있다.

수많은 사람들이 내 이야기를 듣고 박수를 치고 기뻐하는 모습을 내 마음의 상상 속에서 매일마다 상상하고 있다.

아! 훌륭하다. 아! 멋있다.

나는 모든 점에서 점점 좋아지고 있다.

연단공포, 대인공포, 시선공포, 이제는 깨끗이 물러갔다.

여러분, 지금까지 제가 용기를 내어 큰 소리로 말할 수 있도록 성원해주셔서, 대단히 감사합니다.

【원고발표】

<대중스피치 불안증 극복>

안녕하십니까? 품격 높은 스피치를 구사하고 싶은, ○○○입니다.

지금부터 **'대중스피치 불안증 극복방법'**에 대해서 말씀드리겠습니다.

우리가 많은 사람들 앞에서 자신의 의사표현을 올바르게 하기 위해서는 먼저 대중스피치 불안증을 극복해야 합니다. 아무리 좋은 생각과 논리적인 내용이라도 대중스피치 불안증을 해소하지 않고서는 청중들과 효과적으로 소통하기는 어렵습니다.

대중스피치 불안증을 극복하기 위해서는 첫째, **'자신감'을 가져야 합니다.** 어떤 일을 하든지 자신감을 갖는 것이 그 일을 성공적으로 이루어내는 최선의 방법입니다. 자신감이란 자존심과 체면을 버리고 자존감을 키울 때 생겨나며, 바로 그 사람 자신의 정신상태의 표현이고 또한 그 일에 대한 준비와 노력의 결과입니다. 자신감을 갖기 위해서는 자존감을 키우고 철저한 준비와 꾸준한 연습을 해온 사람은 넘치는 자신감을 갖게 되지만 그렇지 못한 사람은 자신감을 갖지 못할 것입니다.

둘째, 대중스피치 불안증을 극복하기 위해서는, **발표 결과를 미리 나쁘게 예측하지 맙시다.** 사람은 누구라도 많은 사람들 앞에 서게 되면 긴장하고 초조해지며 불안해지기 마련인데, 이것은 보다 좋은 결과를 가져 오겠다는 생각과 많은 사람들을 상대로 말을 해야 한다는 부담감에서 오는 현상입니다. 이럴 때는 복식호흡을 하면서 "나는 할 수 있다. 나는 반드시 성공한다"라고 자기 스스로에게 다짐을 해보는 '자기암시'를 해 보세요. "혹시 내가 발표를 하다 실수하면 사람들이 모두 웃어버릴 텐데..."라고 실패의 결과를 먼저 생각하지 말고 나의 발표에 만족하며 박수치고 환호하는 성공의 결과를 생각하며 최선을 다한다면 좋은 발표를 할 수가 있습니다.

셋째, 대중스피치 불안증을 극복하기 위해서는, **청중을 두려워하지 마십시오.** 발표를 잘하기 위해서는 듣는 사람들을 친한 친구나 가족처럼 부담 없이 편안하게 생각해야 합니다. 물론 청중이 부담스러운 상대이거나 낯선 사람들일 경우에는 두려움이나 긴장감이 더욱 심화됩니다. 그럴 때는 부담스런 사람보다는 자신과 교감이 잘 되는 사람을 보십시오. 그러면 자기가 생각하고 표현하고 싶은 바를 충분히 잘 발표할 수 있을 것입니다.

여러분! 대중스피치 불안증 극복을 위해서는

첫째, 발표에 대한 자신감을 가지고

둘째, 발표결과를 미리 나쁘게 예측하지 말고 셋째, 청중을 두려워하지 마십시오. 그러면 여러분은 훌륭한 대중스피치 발표자가 될 것입니다.

지금까지 대중스피치를 잘하기 위해서 반드시 극복해야 될 **'대중스피치 불안증 극복방법'**에 대해서 말씀드렸습니다. 끝까지 경청해주셔서 감사합니다.

Ⅲ. 자신감 만들기

세상 사람 누구에게나 이루고 싶은 꿈이 있을 것이다. 하지만 우리는 과연 그 꿈을 이루기 위해 얼마나 많은 시간을 투자하고 있는가? 아마 그리 많은 시간을 투자하진 않을 것이다. 왜 그럴까? 우리 자신의 마음에 귀를 기울여 보면, 아마 이런저런 변명의 소리가 들려올 것이다. '당장 무엇부터 시작해야 할지 감이 잘 안 잡혀.', '지금은 시기가 좋지 않은 것 같아.', '지금은 경제상황이 너무 안 좋아.' 그리고 항상 마무리는 이런 말로 장식된다. '아직은 자신감이 없어.' 자신감은 주어지는 것이 아니라 만들어야 한다. 지금부터 자신감 만들기에 대해서 알아보자.

1 자신감을 가지려면

대부분의 사람들이 새로운 일을 시작하거나 자신의 꿈을 추구할 때 가장 먼저 떠올리는 것은, 자신감으로 충만했으면 하는 바람이다. 그러나 이 바람(hope)은 말 그대로 바람(wind)으로 끝날 뿐이다. 스피치훈련도 하지 않고서 어떻게 강사로서의 자신감을 만들 수 있을까? 허구한 날 소파에 누워 TV나 보면서, 어떻게 사업을 시작할 자신감을 만들 수 있을까? 주말마다 집에 틀어박혀 전혀 사람을 만나지 않고서, 어떻게 인간관계에서 자신감을 만들 수 있을까? 절대 불가능하다.

언젠가는 기적이 일어나 직업을 바꾸거나, 새로운 인간관계를 만들거나, 한몫 잡을 기회를 갖게 될 것이라는 희망을 가진 사람들이 많다. 그런 사람들은 기적이 일어나서 앞으로 나아갈 용기와 확신이 생길 때까지 기다리기만 한다. 그렇다면 우리는 어느 쪽인가? 스스로를 돌아보라, '어디서 저절로 용기와 확신이 생기지 않나, 어디 하늘에서 뭔가가 뚝 떨어지지 않나'하고 기다리기만 하면서, 앞으로 나아가기를 미루어 온 경우가 얼마나 많은지 말이다.

우리는 너무나도 오랫동안 기다려왔을지도 모른다. 하지만 그런 마법의 순간은 일정한 나이가 된다고 해서, 또는 좋은 꿈을 꾸었다고 해서 저절로 오는 게 아니다. 어느 날 아침에 일어나 보니, 오랫동안 기다렸던 자신감이 드디어 내 몸에 펄펄 넘치고 있을 리는 없다. 아니, 실제로는 그 반대의 경우가 더 많다.

많은 사람들이 자격지심과 열등감 때문에 성공할 기회를 놓치고 있다. 가정에서건 직장에서건 내가 진정 원하는 일을 미루면 미룰수록, 그 일을 향한 열정도 점점 줄어만 간다. 그리고 열정이 줄어든 만큼 두려움은 더욱 늘어만 가고 자신감은 사라져 가게 되는 것이다. 그럼 어떻게 해야 할까?

우리의 자신감을 겨우 몇 분 만에, 아니 겨우 몇 초 만에도 확 높일 수 있는 방법은 자신의 목표에 한 발자국 다가갈 수 있는, 무엇인가를 행동으로 실천하기만 하면 된다. 즉 일을 저질러야 한다. 그러면 자신감이 금방 솟아날 것이다. 꿈을 이루기 위해 한 발자국을 내딛는 그 동작만으로도, 부풀어 오르는 자신감과 신뢰감을 느낄 수 있는 것은, 자신이 과감하게 변화했기 때문이다. 그리고 그 신뢰의 힘을 통해 우리는 무엇을 하든지 더 잘해낼 수 있다.

그리고 당신 사전에서, '언젠가', '조금 더 있다가', '돈이 좀 생기면', '시간이 좀 되면', '여유가 생기면', '나중에' 라는 단어는 지워버려라. 당신의 삶과 그 누군가의 삶에 웃음과 기쁨, 행복을 줄 수 있는 일이 있다면 미루지 말고 즉시 실천하라.

지금 이 순간 떠오르는 그 사람의 소식이 궁금하고, 어떻게 지내는지 알고 싶다면 미루지 말고 연락하라. 그러면 그와의 관계는 다시 재개될 것이다. 그렇지만 마음 한 구석에 '나중에 연락하지, 뭐…' 하고 생각한다면, 그 나중'은 영원히 오지 않을지도 모른다.

따라서 자신감을 만들려면 다음의 원칙을 마음 깊이 새겨 두도록 하라.

첫째, 아이디어를 실행에 옮김으로써, 그것에 가치를 부여하라. 아무리 좋은 아이디어라 할지라도 실행에 옮기지 않으면 아무런 소용이 없다.

둘째, 아이디어를 실행에 옮기고, 마음의 평정을 얻어라. 입으로 말할 수 있는 단어 중에서 가장 슬픈 것은 '할 수도 있었는데…', '그때 했더라면…'이다.

좋은 아이디어가 있는가? 그렇다면 그것을 실행에 옮겨 보라. 실행을 통해 두려움을 치료하고 자신감을 얻어라. 행동은 자신감을 키우고 강화하지만, 행동하지 않는 것은 온갖 종류의 두려움을 키운다. 두려움을 물리치고 싶다면 행동하라. 그러나 두려움을 키우고 싶다면, 기다리고 유보하고 연기하라. 실행에 옮겨지지 않은 좋은 아이디어는 심리적 고통을 낳지만, 실행에 옮겨진 좋은 아이디어는 정신적 만족을 가져다 준다.

다음은 공수부대 교관의 체험 이야기이다.

"비행기에서 뛰어내리는 강하 자체는 사실 그리 무섭지 않습니다. 사람을 진정으로 힘들게 하는 것은 강하를 기다리는 시간이죠. 그래서 저는 훈련병들이 강하 장소까지 가는 동안 시간이 빨리 흘러가는 것처럼 느끼도록 해주기 위해 노력합니다. 그래도 강하 시간이 닥치면 그동안 강하에 대해 너무 걱정해온 탓에, 거의 패닉 상태에 빠져 뛰어내리지 못하는 훈련병이 나오게 되죠. 하지만 그를 이번 강하시간에 뛰어내리지 못하게 하면 그는 낙오될 수밖에 없습니다. 자신감을 얻지 못하고 계속 강하를 연기할수록 두려움만 커지기 때문입니다."

이렇게 기다림은 전문가들조차 안절부절못하게 만든다. 영국의 '타임'지는 전국 최고의 앵커맨인 '에드워드 R. 머로우'도 방송시간이 되기 직전에는, 식은땀을 흘리며 초조해한다고 보도한 적이 있다. 그러나 일단 방송을 시작하면 두려움이 순식간에 사라진다는 것이다. 수많은 베테랑 배우들 역시 그와 같은 긴장상태를 경험하고 있다. 그들은 이구동성으로 무대공포증에 대한 유일한 치료책은 행동이라고 말한다. 관중 앞에 나서는 행동이야말로 두려움, 걱정, 불안을 단번에 날려버릴 수 있는 최고의 치료약인 것이다.

2 자신감 만들기

(1) 확고한 목표설정

자신감은 섣부른 도전이나 용기와는 구별되어야 한다. 그 단어 속에는 뭔가 확고한 철학과 자세, 실천의지가 숨겨져 있다. 즉, 몇 가지 요소들이 기초되어야 제대로 된 자신감이 만들어진다. 진정한 자신감을 만드는 그 첫 번째 기초가 확고한 목표를 정하는 것이다. 목적지도 없이 무작정 달려가는 것은 인생 낭비요, 에너지 낭비일 뿐이다. 목표 없는 실천은 결국 상실감과 허무, 나태 등을 안겨준다. 확고한 목표는 언젠가는 꼭 이뤄내겠다는 자신감과 발 빠른 실천을 낳는다.

(2) 철저히 준비

목표를 달성하기 위해 철저히 준비하는 것이 필요하다. 저 목표를 향해 어떻게 하면 빨리 갈 수 있을까에 대해 늘 고민하고 그 해결책을 찾기 위해 노력해야 하는 것, 이처럼 누구보다 목표를 향해 빨리 갈 수 있는 준비가 충분히 되어 있다면, 자신감은 자연스럽게 생겨난다.

(3) 경험하기

자신감을 얻으려면 경험이 중요하다. 두 사람이 각각 어떤 장소를 찾았다고 치자. 한 사람에게는 익숙한 장소이지만 다른 한 사람에게는 낯설기만 한 장소이다. 누가 이 장소에서 자신 있게 행동할 수 있을까? 사람은 익숙하고 한 번쯤 경험해본 적 있는 상황에서는 자신감 있게 행동한다. 자신감을 가지려면 많은 것에 대한 경험을 쌓아 나가야 한다. 물론 매번 실천에 대한 성공만 보장되는 것은 아니다. 성공보다는 실패가 더 많다. 그러나 실패를 경험 삼아 성공의 길을 찾는 과정에서 자신감은 단련되고 더욱 커진다. 남들이 경험해보지 못했던 일을 경험했으므로 나는 이미 전문가가 되어 있고, 어떻게 하면 실패하지 않을지에 대해 누구보다 잘 알게 된다. 경험해보지 못한 것에 대한 두려움을 눌러 버리고 수많은 실천을 통해 자신감을 얻어 보자.

(4) 열등감 극복

자신감을 얻기 위해서 반드시 극복해야 할 것이 있다면 바로 열등감이다.

1) "나는 반드시 해낸다!"라는 말을 자주 한다

열등감은 자신이 어떤 사람인지 정확하게 판단하지 못하도록 만든다. 그래서 스스로를 무시하는 태도를 갖게 하며, 자신의 역량을 과소평가하게 만드는 동시에 무기력함을 느끼게 한다. 이때문에 무슨 일을 하든지 포기가 빠르고, 자립심이 부족하여 결과적으로 제대로 하는 일이 하나도 없다.

2) 작은 목표부터 하나씩 이루어라

사람들이 보통 자신이 무능하다고 여기는 순간은 언제나 난관에 부딪혀 실패한 직후이다. 실패에서 오는 열등감은 자신을 의심하게 만든다. "내가 과연 다시 일어설 수 있을까?" 물론 일어설 수 있다. 이제부터는 단번에 최고가 되려는 욕심을 버리고 적절한 목표를 세우자. 작은 일이라도 하나씩 이루어 나가는 기쁨은 정신건강에 도움이 될 뿐만 아니라, 자신감을 되찾는 지름길이다.

3) 허영심을 버려라

열등감을 가진 사람과 자신감으로 가득 찬 사람의 내면은 어떤 차이가 있을까? 이 둘은 꽤 상대적으로 보이지만, 사실 생각 하나의 차이다. 열등감이 강한 사람은 일반적으로 자존심도 그만큼 센 사람이다. 그리고 그러한 사람은 자존심에 상처를 입을까 불안해하는 경향이 강해 심리적 부담을 많이 가져 긴장을 하게 된다. 즉, 강한 자존심이 긴장을 유발시켜 열등감을 부채질하는 것이 되는 것이다. 그러나 자신감이 가득 찬 사람은 자존감이 매우 높다.

4) 괴로운 과거는 지워버려라

이제 과거에 상처받았던 일들은 모두 잊어야 한다. 더 이상 후회를 반복하지 말자. 안타깝게도 열등감을 지닌 사람들은 과거의 일들에서 자유로워지기 힘들다. 과거의 좋지 못한 경험을 떠올리게 되는 순간, 당신은 자신의 능력을 의심하게 될지도 모른다. '내가 잘할 수 있을까?'하는 의구심과, 과거에 일어났던 모든 부정적인 일과 유쾌하지 않은 과거가 떠오를 때는, 그 공간에 현재의 목표를 밀어 넣을 수 있어야 한다. 이제 과거는 잊고 현재를 즐겨라. 지금 이 순간에 충실하라!

5) 가진 게 없다고 기죽지 말라

당신은 어쩌면 신체적으로나 정신적으로 결핍된 것이 있을지도 모른다. 하지만 그렇다고 자기 스스로를 무엇은 할 수 있고, 무엇은 할 수 없는 사람이라는 '편견'의 시선으로 바라볼 필요가 없다. 또한 이러한 시선으로 다른 사람의 결핍된 것에 대해서도 편견을 가져서는 안 된다. 더는 자신의 신체적, 정신적 결함을 부담스러워하지 말자. 중요한 것은 '시작'이다.

6) 초심(初心)을 유지하라

당신의 위대한 목표를 눈에 가장 잘 띄는 곳에 글로 써서 붙여라. 힘들고 지칠 때마다 마음을 다잡을 수 있는 계기가 되며, 심리적 방어선을 보호할 수 있는 힘이 될 것이다. 약점에 감염되지 않으려면 늘 초심을 유지해야 한다.

7) 자신에 대한 다른 사람들의 평가에 귀 기울여라

타인은 당신을 비추는 거울이다. 그들은 어쩌면 당신보다 더 자세히 당신에 관한 모든 것을 객관적으로 본다. 당신의 장점과 단점은 물론, 삶에 대한 가치관까지 꿰뚫고 있을지도 모른다. 자신에 대한 다른 사람들의 평가에 귀를 기울이는 사람은 지혜로운 사람이다. 그렇다고 다른 사람들의 눈치나 보고 체면을 차리라는 의미와는 다르다.

8) 'As if의 법칙'을 실천하라

'As if의 법칙'이란 "마치 ~인 것처럼 행동하는 것"을 말하는데 이것은 자기암시 이론을 바탕으로 하고 있다. 자기암시는 일종의 자기최면이다. 즉 자신의 생각이나 소원을 의식적으로 자기 잠재의식에 주입함으로써 인생을 바꾸는 힘을 가지고 있다. 이 법칙은 우리 인생의 아름다운 열매를 따게 해 주는 마법의 법칙인 것이다. 자신 있는 것처럼 행동하면 자신감이 붙는다. '자신감은 성공의 첫째 조건'인데 선천적으로 자신감이 넘치는 사람이 있는가 하면, 노력을 해서 자신감을 몸에 붙인 사람도 있다. 슬럼프에 빠졌거나 의기소침해졌을 때, 생활 태도를 바꾸면 자신감이 생기기도 한다.

3 자신감 배짱 훈련

- 다음 글을 큰 소리로 읽어보자. 자신감 배짱을 키우는 데 도움이 될 것이다.
- '✔'는 순간 호흡, '/'는 반 호흡, '//'는 한 호흡을 하면서 읽도록 하자.

(1) 자신감 배짱 훈련 1

여러분!✔ 안녕하십니까? // 제 이름은✔ ○○○입니다. //
여러분 앞에서✔ 이렇게 인사드릴 기회를 갖게 되어 / 정말로 영광스럽습니다. //

저는✔ 많은 사람들 앞에 나서면✔ 얼굴이 붉어지고, / 간이 콩알만 해지며, / 음성이 떨리는 경우가 많았습니다. //

남들 앞에 나서는 것을✔ 두려워하고 자꾸 피하다 보니✔ 제 자신이 못나게 생각될 뿐만 아니라✔ 모든 일에✔ 소극적으로 되어 가는 것을 느꼈습니다. //
평생 이렇게 살아가야 하는가? / 언제까지 뒤로만 나앉아 있을 것인가? //

여러분!/ 하고 싶은 말이 있는데도✔ 막연한 두려움 때문에✔ 나서지 못하는 고민을 겪어보셨습니까?/ 알코올 힘을 빌리고✔ 때로는✔ 우황청심환까지 동원해야하는✔ 고통을 아십니까? //

하지만✔ 저는✔ 술이 말하는 것이 아니라✔ 인간 ○○○이(가) 말하는 ✔ 당당한 사람이 되고 싶었고/ 약 먹고 진정시키는 가슴이 아니라✔ 용기와 자신감으로 나설 수 있는✔ 배짱 있는 사람이 되고 싶었습니다. //

지금껏 생각만 해오다가/ 오늘✔ 드디어 이렇게 나서보았습니다. //
오늘 이 자리는✔ 바로✔ 진짜 나의 모습을 찾아 떠나는✔ 첫 날입니다. //
여러분! / 뜨거운 축하의 박수,/ 한번✔ 보내주십시오. //
(짝짝짝짝~~)
감사합니다. / 대단히 감사합니다. //

(2) 자신감 배짱 훈련 2

뚫렸습니다. / 드디어 뚫렸습니다. //
큰소리로 말하고 나니✔ 막혔던 가슴이✔ 시원하게 트였습니다. //
사우나를 하고 나온 것보다✔ 열 배나 더✔ 상쾌한 기분이 되었습니다. //

앞으로✔ 사람들 앞에 나설 일이 있을 때는/ 절대로 뒤로 물러서지 않겠습니다. / 여러 사람이 모이는 자리에서는/ 항상✔ 맨 앞자리에 앉도록 노력하겠습니다. //

나 자신에 대한 비판을 중지하고/ 절대로✔ 미리 염려하지 않겠습니다. //
무엇이든지 소리를 내어 연습할 때는/ 보통 때보다✔ 더 큰 목소리로 말하고✔ 자신 있는 사람처럼✔ 행동하겠습니다. //

지혜는✔ 들어서 얻고/ 기회는✔ 말을 해야 잡는다고 하지 않습니까? //
우리 모두 한 번뿐인 인생/ 즐겁게 웃어가면서✔ 멋지게 살아봅시다. //

내 인생의 주인공은✔ 바로✔ 나 자신입니다. //
감사합니다.

(3) 자신감 배짱 훈련 3

탄력 받고 있습니다. /
지금부터 제가 하는 말을✔ 큰 소리로 따라 해보시기 바랍니다. //

"오늘의 내 모습을 만든 것은✔ 나 자신이다!" /
"그러므로✔ 나를 바꾸는 것도✔ 나 자신이어야 한다!" //

"약자는✔ 기회를 앉아서 기다리지만, / 강자는✔ 기회를 서서 만들어간다."/

"자신 있게 살아가자!" / "웃으면서 살아가자!" /

"그것이 바로✔ 성공하는 인생이다!" //

으~ 하하하하하하하!

격려해주시고 성원해주신 여러분,/ 대단히 감사합니다. //

IV. 동기부여

우리가 어떤 일을 이루기 위해서는 동기부여가 필요하다. 동기부여((Motivation 動機附與)란 '자극을 주어 행동을 하게 만드는 일'을 말한다. 우리는 사람들과의 관계에서 스피치 커뮤니케이션을 잘하고 싶고, 여러 사람 앞에서는 자신이 하고 싶은 말을 조리 있고 논리적으로 잘 표현하고 싶어 한다.

1 동기의 작용

우리는 '어떤 일을 이루었으면' 하고 바람을 가지고 있으면서도, 그것을 이루어내는 과정에는 흥미를 가지지 않는다. 즉 어떤 결과를 원한다고 해도 그 과정까지 원하는 것은 아니다. 우리는 그것을 끝내고 나서 얻는 것을 그냥 얻을 수 있기를 바란다.

동기를 갖는 데는 사람마다 각기 다른 성향이 있다. 먼저 매일 아침 5시 30분에 기상하여 독서를 하기로 결심했다면, 당신은 아침에 시간 맞춰 일어나려고 알람을 설정할 것이다. 아침에 알람이 울리면 "아, 힘들어. 30분만 더 자고 6시에 두 번째 알람이 울리면 일어날 거야." 하고 잠을 청한다. 이번에 두 번째 알람이 울리면 당신 마음속 목소리가 "벌써 30분이나 지났나? 일어날 시간이 맞나?" 하고 물어본다. 그러나 이불속은 따뜻하고 편안하기 그지없으니 당신은 이렇게 생각한다. "오늘은 어제 일이 많아 늦게 잤고 피곤하니까 오늘은 좀 더 자고 내일 아침에 일어나서 독서하자. 하루쯤 안한다고 문제될 건 없잖아. 내일 좀 더하면 되지." 하고 잠을 청한다.

한편으로는 알람이 울리면 마음속에서 "일어나야지. 이번 주말에 독서토론 하는 날이잖아." 하고 말하는 목소리가 들린다. 당신 두뇌에서는 독서토론 할 때 별로 할 말 없이 가만히 앉은 당신의 모습을 비춰주기 시작한다. 그러나 당신은 내일 더 시간을 투자하여 독서하면 된다고 생각한다. 그러고는 다시 잠 속으로 빠져든다.

그리고 이번에는 알람이 울리기 시작하면 마음속의 목소리가, "이젠 일어나야 할 시간이야! 너는 일어나야만 해!"하고 큰 소리로 외쳐대는 것을 듣게 된다. 그리고 마음속으로 "내가 왜 이렇게 게을러졌지? 아침에 일찍 일어나는 것조차도 제대로 못 하면서 무슨 성공을 꿈꿀 수 있겠는가?" 하고 스스로 책망하며, 그 목소리가 점점 더 크게 들리면 "좋아, 좋아, 일어나면 되잖아!"라고 하게 된다. 이제야 당신은 일어날 동기(動機)를 갖게 되었다.

이번에는 다른 종류의 동기에 대해서 알아보자. 아침에 눈을 뜨는 순간부터 당신은 그날 할 일을 생각하기 시작했을 것이다. 아침 일찍 일어나 독서하는 당신의 늠름한 모습을 떠올리고, 아침부터 새로운 정보의 입력에 대한 두뇌의 환희에 대한 이미지가 떠오르고, 독서 토론할 때 멋지게 발표하는 당신의 모습이 떠오르게 된다.

그리고 여러 사람 앞에서도 지적정보의 축적으로 인한 막힘없이 박식한 당신의 언변솜씨에 찬사를 보내는 사람들의 모습에 대한 생생한 장면들은, 마치 강력한 자석처럼 당신을 이불 밖으로 밀어내게 된다. 이처럼 그날 해야 할 멋진 일을 떠올리면서 일어나게 된 날도 있을 것이다. 이때 당신은 아침에 일찍 일어남으로써 어떻게 하면 더 많은 즐거움과 성취감, 유능감과 자신감을 가지고 원하는 방향으로 다가갈 수 있을 것인가를 생각하고 있었다. 당신은 그 일을 하면서 그에 대한 보상으로 다가가는 자신의 모습을 떠올렸다. 당신은 오늘 아침이 어떻게 내일 아침으로 연결되는지, 그리고 마침내 인생에서 진실로 바라는 방향으로 다가가게 해줄지를 떠올린 것이다.

2 동기의 방향

동기의 방향성(Motivation Direction)은 앞에서 이야기한 두 가지의 동기가 서로 전혀 다른 방향을 가지고 서로 다른 방식으로 작용한다는 사실을 보았다. 한 방향은 당신이 원하는 쪽으로 다가가는 것(지향적)일 수도 있고 다른 한 방향은 원하지 않는 것을 멀리하는 것(회피적)이다. 동기의 방향은 우리의 삶 전반에 걸쳐 영향을 미치게 된다.

모든 사람들은 회피적(멀리하는)동기와 지향적(다가가는)동기 모두를 발달시킨다. 즉 고통이나 불편, 스트레스 같은 것은 멀리하고 유쾌함이나 편안함, 안락함 같은 것에는 다가가려고 한다. 이 두 가지 방향은 우리에게 동기를 부여하는 데 서로 다른 방식으로 작용하며 두 가지 모두 다양한 상황에서 유용하게 이용될 수 있다. 멀리해야만 할 위험한 장소나 자신에게 해가 되는 행동들, 부정적인 생각 같은 것이 있는가 하면 다가가야 할 멋진 장소나 나를 지지하고 용기를 주는 사람들, 긍정적인 생각 같은 것도 있다.

모든 사람들은 어느 정도 두 가지 방향을 모두 사용하고 있으나 흥미로운 사실은, 그 사람의 성향에 따라 이 두 가지 중 어느 한 가지 방향을 더욱 특화시켜 더 많이 사용하는 경향이 있다. 사람들은 성공이나 즐거움, 성취에 대한 이미지를 향해 다가가기 위해서 동기를 가지기도 하고, 실패나 고통, 상실과 같은 것을 멀리하기 위해서 동기를 가지기도 한다.

예를 들면, 직장상사가 소리치며 마감 시간까지 업무를 처리하지 않으면 회사에서 잘라버리겠다고 위협적인 장면을 머릿속으로 상상하며 야근하는 사람의 동기방향은, 상사의 위협으로부터 벗어날 수 있는 고통이나 불편, 부정적인 결과를 멀리하는 쪽으로 동기부여의 방향이 있다. 이런 스타일의 사람은 인생의 다른 영역에서도 이렇게 움직일 것이다. 친구를 사귈 때도 자기를 귀찮게 굴지 않는 친구를 사귈 것이고, 현재의 직장에서도 더는 견딜 수 없을 때 비로소 다른 직장을 찾게 된다. 즉 자기가 원하지 않는 것을 멀리하려 할 때 동기(動機)가 생기는 회피적 동기이다.

또 다른 사례는 즐거움이나, 보상, 목표처럼 원하는 것에 다가가기 위해 동기가 생기는 것이다. 자기 꿈을 실현하기 위해 더 일을 미룰 수 없다고 생각한다. 이런 성향의 사람은, "오늘은 뭘 할 수 있지? 내가 정말로 원하고 바라는 것에 가까이 다가가기 위해서 오늘 내가 얻을 수 있는 기회는 무엇일까?" 하고 질문을 던지며 일을 한다. 친구를 사귈 때도 자신에게 자극을 줄 수 있는 사람을 택할 것이고 더 큰 기회를 얻기 위한 이직을 생각한다. 자기가 원하는 것을 향해 움직이는 지향적 동기이다.

3 동기방향의 효과

언뜻 보면 회피적 동기보다 지향적 동기가 더 좋은 것으로 보이지만 회피적 동기가 필요한 경우도 있다. 가난한 집안환경을 벗어나기 위해 과거 어려웠던 시절의 기억들이 현재 삶의 질을 높이기 위해 노력할 수 있도록 동기를 부여해준 경우에는, 회피적 동기를 적절하고 생산적으로 이용한 사례가 될 수 있다.

때때로 어떤 사람들은 자신의 목표를 이루는 데에만 너무 많은 동기를 가지고 있어서, 어떤 문제에 직면하게 될지 어떤 어려움을 겪게 될지에 대해 전혀 고려하지 않는 막무가내식 지향적 동기는, 젊은 사업가에게서 흔히 발견되는 특징이기도 하다. 이로 인해 비싼 수업료를 내고 힘든 경험을 겪게 되기도 한다.

두 종류의 동기는 모두 장단점이 있으며 적절히 활용하는 것이 필요하다. 당신은 아마도 자신의 동기가 어느 쪽인지 궁금해하면서, 되도록 지향적 동기이기를 바랄 것이다. 하지만 어느 쪽 동기를 사용하든 모두 성공할 수 있다. 크게 성공한 사람은 지향적 동기에 더 무게를 두지만, 회피적 동기 역시 당신의 성공을 도와줄 수 있다.

4 동기방향의 활용

당신이 만약 경영자(관리자)라면 이 방법을 통해 다른 사람에게 동기를 부여할 수 있다. 경영자(관리자)는 구성원들이 사용하는 언어나 반응양식을 보고 각자 다른 방식으로 동기를 얻는다는 사실을 알 수 있다. 예를 들어 어떤 사람들은 상이나 보너스, 인센티브, 칭찬과 같은 것에서 동기를 얻는다. 그들은 보너스 해외여행이 주어진다거나 자동차 제공 등에서 자신이 얻고자 하는 지향적 동기이므로 이를 잘 활용하면 훌륭한 성과를 거둘 수 있다.

한편 회피적인 동기를 사용하는 사람들은 보너스나 보상금은 별로 의미가 없다. 경영자의 입장에서 보면 "내가 이렇게 보너스나 보상금 등 좋은 제안을 했는데도, 아직도 퍼질러 앉아 창의적 아이디어를 제출하고 있지 않잖아?"라고 말할 수 있다. 그들에게는 결과를 내지 못하면 잘라버린다거나, 인원 감축, 구조조정 등의 말을 흘리면 갑자기 미친 듯이 일하며 이전에는 생각지도 못한 성과물을 내놓기도 하게 된다.

그들은 자기에게 소리 지르는 것을 듣지 않고 불쾌하거나 부정적인 상황을 피하기 위해 생산적인 일을 하는 사람들인 것이다. 그러나 이들에게도 계획적으로 고통과 불편을 주면서 지속적으로 통제하려고 한다면, 그들의 반응은 금세 둔감해지기도 한다. 따라서 적절한 활용이 필요한 것이다.

목표전략을 세울 때 한쪽은 목표와 꿈을 지향하지만, 다른 한쪽은 어려움을 회피하고 문제해결을 하는 집단이다. 지향적 동기를 가진 사람들은 적극적인 가능성을 제시하며 논의하지만 회피적 동기를 가진 사람들은 "이 일은 이런 문제가 있어요." 하면서 이유를 대기 시작할 것이다. 이럴 때 그들의 의견을 존중하면서 둘 다 필요한 것임을 명심하라.

이 두 집단은 다른 장소에서 회의를 진행토록 하여 지향적인 동기를 가진 팀이 목표와 꿈을 발전시켜 가야 할 방향을 찾아내도록 하고, 회피적 지향을 가진 팀은 문제점을 찾아내고 해결할 방법을 궁리하도록 하는 것이다. 두 가지 동기방향을 가진 사람들을 순서대로 이용하면 계획을 완전하게 검토해볼 수 있다. 순서는 지향적 동기 팀이 먼저이고 회피적 동기 팀이 나중이다. 당신이 경영자(관리자)이고 이런 방법을 알게 되면 팀원들의 재능과 자원을 모두 끌어낼 수 있게 될 것이다.

5 동기방향의 사용

스피치 발표에서 동기 방향성의 사례를 들어보자. 어떤 사람은 스피치 발표, 프레젠테이션, 보고, 회의, 인사말 등을 잘 못하니까 항상 주눅이 들고 자신의 존재감이 상실되는 등 자신감을 가지지 못해, 스피치발표를 잘하는 게 중요하다고 생각한다. 그래서 이런 스타일의 사람들을 그 상황을 벗어나고 싶어 하는 회피적 동기 방향성이라고 말할 수 있다. 이런 사람들은 직장에서 보고를 제대로 못한다거나, 회의 중 자신의 주장을 제대로 펼치지 못해 진급이 되지 않거나, 거래관계에서 프레젠테이션 실패로 인한 거래성사의 걸림돌이 된 경험이 있으면, 당장 스피치 기법을 배워 나를 변화시킨 새로운 이미지를 보여주겠다고 결심하고 열심히 스피치 발표훈련을 하게 된다.

그러나 조금 배운 기법을 사람들 앞에서 제대로 활용하지 못하게 되면 금방 포기하고 만다. 실패나 고통, 상실, 불편함과 같은 것을 멀리하기 위해서 회피적 동기를 가졌기 때문에 현실적용이 되지 않음에 대한 실망감이 급상승하고, "역시 나는 잘 안 되는구나. 어차피 스피치 발표 잘 못해도 먹고사는 데는 큰 지장이 없으니 그냥 생긴 대로 살자. 잘하면 좋은데 노력해도 난 안 되니까 할 수 없는 거야. 언변은 타고 나는가 봐. 난 타고난 재주가 없는 모양이야."라고 자기기만(자기합리화)에 빠지게 된다. 회피적 동기로 인한 출발 동기는 매우 좋았으나 회피적 동기의 방향성을 제대로 활용하지 못한 경우라고 말할 수 있다.

다른 사례를 보자. 버락 오바마는 유창한 언변으로 최초의 미국 흑인 대통령으로 당선되어 미국 역사에 길이 남는 인물이 되었으며, 재임 중 구설수도 없어 무난히 재선에 성공하고 영광스런 퇴임을 하였고 퇴임 이후에도 계속 호평을 듣는 인물이다. 그의 대통령 당선 비결에서 스피치능력이 차지하는 비중이 매우 크다는 사실은 우리에게 이미 잘 알려진 이야기이다. 그리고 영국의 처칠 수상은 말더듬이에서 명연설가로 변한 위대한 근대의 정치인이고, 고대 웅변계의 대부라 불리는 데모스테네스 역시 말더듬이에서 혹독한 훈련을 통한 자기 변화로 성공한 대표적인 인물이기도 하다.

이들을 생각하며 스피치 발표 능력의 향상으로 위대한 변화와 성공적인 인생을 살아간 위인들을 생각하며, 나의 언변능력을 키워 나의 꿈을 이루며 성공을 향해 달려가겠다는 나의 정체성을 확실히 가진 사람들은, 지향적 동기를 가진 사람이다. 이들은 웬만해서 고통이나 좌절, 실패에 결코 굴하지 않는다. "나는 할 수 있어! 내 꿈을 여기서 포기할 순 없어!"라며 아직은 꿈을 향해 달려가는 과정이라고 생각하기 때문이다.

어느 스피치클럽에서 '회장 인사말'에 대해 3분 스피치 발표를 하게 하였다. 그런데 교육생 중의 한 명이 아주 비참한 모습을 보여주고 말았다. 그는 자기 차례가 돌아오자 무릎이 후들후들 떨렸으며, 할 말을 잊은 듯 꿀 먹은 벙어리처럼 마냥 서 있기만 했던 것이다. 그렇게 3분 정도 헤매던 그는 완전히 낙심한 모습으로 자리에 돌아가고 말았다. 잠시 후 지도자와 교육생은 마주 앉아 조금 전의 그의 모습에 대해 대화를 나누었다. 지도자는 그에게 발표를 하기 5분 전에 정확히 무슨 생각을 하고 있었느냐고 물었다.

"글쎄요. 지금 생각나는 것은 무척 겁이 나고 떨리는 것뿐입니다. 저는 망신을 당하리라는 사실을 알고 있었죠. 보나마나 발표를 못할 것이 뻔했습니다. 계속 이런 생각만 들었죠. '대체 나는 남들 앞에 서기조차도 힘든데, 더구나 회장 인사말까지 한단 말인가?' 저는 할 말을 생각해내려고 애를 썼지만 회장을 해본 적도 없고, 앞으로 하지도 않을 것이니 나에게는 회장 인사말은 필요도 없고, 실패하리라는 생각밖에 떠오르지 않았습니다."

지도자는 거기서 그의 말허리를 잘랐다. "바로 그 부분입니다. 당신의 문제에 대한 해답은 바로 거기에 있습니다. 발표하기 전에 당신은 자신에게 끔찍한 정신적 타격을 주었던 것입니다. 당신은 스스로 실패하리라고 자신을 설득시켰죠. 당신의 발표가 잘되지 않은 것은 당연한 결과입니다. 용기 대신 두려움을 자신에게 주문했기 때문이죠.

이제부터는 발표하기 전에 스스로에게 이렇게 말하십시오. '나는 발표를 잘할 것이다. 그리고 사람들이 박수를 쳐줄 것이다. 나는 할 수 있다. 화이팅!' 스스로 완벽한 확신이 들 때까지 이 말을 반복해서 자신에게 들려주십시오. 그런 다음 다시 발표해 보세요." 짧지만 강력한 자기암시는 그가 훌륭한 발표를 할 수 있도록 도와주었던 것이다.

여기서 우리가 배워야 할 점은 스스로를 격려하고 칭찬하라는 것이다. 결코 자기 비하적인 자기 징벌을 하지 말라. 당신은 당신이 생각하는 크기만큼 대접받는다. 따라서 자신을 가치 있게 생각할수록, 당신은 그만큼 가치 있는 존재가 된다. 강력한 동기부여는 자기 스스로에게 격려하고, 자기 스스로에게 먼저 칭찬하는 것이다.

6 동기부여의 추진력

이제 어느 정도 동기의 방향이 무엇이고 사람들이 동기를 얻기 위해 어떻게 이것을 사용하는지를 알게 되었다. 이제 중요한 것은 동기에 가장 강력한 추진력을 제공하는 요소이다. 그것은 바로 '그 사람이 가지고 있는 가치'이다. 가치는 인생을 재는 척도이다. 자신의 가치에 따라 인생의 의미나 앞으로 취할 행동, 그리고 지향하거나 회피해야 할 대상이 결정된다. 사람들은 자신의 가치로부터 멀어질 때 동기를 잃게 된다. 따라서 자신의 가치를 이루기 위한 목표를 떠올리고 다음과 같은 질문을 해보라.

- 이 목표를 이루기 위해서 중요한 것은 무엇인가?
- 이 목표에 대해서 나는 무엇을 중요하게 여기고 있는가?
- 이 목표는 나에게 어떤 의미가 있는가?

자유, 도전, 인정, 성취, 안정 등 여러 가지 단어가 떠오를 것이다. 예를 들면 "나 자신을 증명하는 것", "무엇인가 새로움을 창조하는 것", "세상을 좀 더 나은 곳으로 만드는 일"처럼 하나의 문구가 생각날 것이다. 그것이 무엇이든 간에 이런 문구가 당신의 내적인 가치를 나타내는 것이다. 우리가 그동안 가진 꿈이나 목표, 욕망은 우리 자신의 가치를 실현시키기 위한 하나의 도구에 불과한 것이다. 우리의 가치들은 우리의 동기에 영향을 준다. 만일 당신의 가치를 강력하게 유지하지 못한다면 동기를 거의 얻을 수가 없다. 만일 우리의 가치가 강력하다면 우리의 동기 역시 마찬가지로 강력할 것이다.

7 내적 이미지 만들기

모든 사람들은 자신의 내부 목소리를 들을 수 있는 능력을 가지고 있다. 그리고 자신이 아는 사람의 음성을 들을 수 있다. 이러한 능력은 위대한 변화를 가져오게 할 수 있는 강력한 동기부여의 도구로 쓰여진다. 긍정적 내적인 음성은 우리가 자신감을 가지고 우리가 선택한 길을 갈 수 있도록 도와준다. 긍정적 내적인 음성은 자신을 위한 훌륭한 언변가가 될 수 있고, 동기를 부여하는 지도자가 될 수도 있다. 보통 사람들은 내적인 음성을 부정적이거나 약하게 표현하길 좋아한다. 그러나 성취인들은 강력한 긍정적 내적 음성표현을 즐긴다. 즉 강력한 자기암시를 한다고 말할 수 있다.

만일 당신이 스피치발표를 위해 연단에 오른다면, 당신은 당신의 내면에서 들리는 목소리를 들을 것이다. "실수하지 말아야지, 막히지 않고 잘해야 될 텐데, 잘한다 소리는 못 들어도 최소한 망치지는 않아야 될 텐데,

그래도 못한다는 소리를 듣지 말아야지." 등 회피적 동기 방향성의 목소리가 들려오는지 귀를 기울여 보라.

아니면 "멋지게 발표하고 큰 박수를 받아야지, 환호하고 엄지손가락을 치켜세우는 주변 사람들의 모습을 떠올려야지, 오늘 당신의 멋진 새로운 모습을 보았어요."라는 지향적 동기 방향성의 목소리를 평소에 들었는지를 곰곰이 생각해 보라. 당신이 느끼는 에너지와 내적인 열정은 스스로의 마음속에서 증폭시킨 이미지와 내적인 소리 때문에, 그곳에 모인 여러 사람들에게 자동적으로 그대로 전해질 것이다.

스피치발표에서 당신의 동기방향이 주로 회피적이라면 강렬한 매력을 강렬하게 피하고 싶은 것으로 만들 것이 아니라, 긍정적인 결과물을 더 크고 밝고 가까이 만들 필요가 있다. 많은 사람들이 회피적 동기부여로 불쾌한 결과에 대한 강도를 서서히 증가시키며 몇 달, 몇 년을 허송세월하곤 한다. 여러 가지 불만과 스트레스를 느끼면서 말이다. 만약 당신이 피하고 싶은 것이 있다면 그것을 당신 가까이 다가오게 해서 더욱 선명하고 현실적으로 바라보라. 그것이 지금 당장 닥칠 것처럼 이미지화하라. 이렇게 이미지화하면 몇 달, 몇 년 동안 스트레스를 받는 대신 즉각적으로 행동할 것이다. 이것이 바로 '동기 방향성 이용하기(utilization)하기' 이다.

Thinking Speech

제 5 장

발표훈련

Ⅰ. 발표(대중스피치)

발표(presentation) 형식으로 구성되는 대중스피치, 연설, 3분 스피치에 대해서 알아보자. 발표는 대화처럼 일상에서 계속하는 경우가 적으므로, 기회가 왔을 때는 피하지 말고 도전함으로써 경험을 쌓고, 평소에 준비와 훈련을 통해 발표력을 길러야 한다.

1 대중스피치(발표)의 개념

대중스피치란 자기의 생각과 느낌을 상대방에게 당당하고 자신 있게 표현하여 듣는 사람을 설득, 이해, 감동, 감화시키는 말의 기술이다. 일부는 일정한 장소에 청중을 모아 놓고 하는 정치 연설 같은 것만을 대중스피치라고 생각하는 사람이 많지만, 결코 그렇지 않다. 청중의 수가 많든 적든 사람이 있고, 그 듣는 사람에게 자기의 의사를 전달하여 이해시키고 설득시킬 수 있다면 이것은 대중스피치인 것이다.

대중스피치란 말이 조리 있게 다듬어져야 하며, 말 속에 깊은 뜻과 생각이 들어 있어야 한다. 미국의 제16대 대통령 링컨의 게티즈버그에서의 연설은 불과 5분밖에 안 되는 짤막한 대중스피치였지만, 오늘날 민주주의의 금언(金言)으로 널리 알려져 있다. 그러나 아무리 조리 있고 유창하게 말을 한다 해도 듣는 사람을 감동시키지 못한다면 이것은 대중스피치가 아니다. 예를 들어 뉴스 진행, 시사 해설, 기상 캐스터의 일기 예보 등과 같이 보도나 보고, 지시 같은 것은 대중스피치로 볼 수 없고 정보전달이다.

국어사전에서 '대중스피치란 말을 조리 있고 거침없이 잘하는 말, 말을 잘하는 일'이라고 풀이되어 있다. 쉽게 말해서 '말을 잘하는 것'이라고 할 수 있다. 한때 '침묵은 금이요, 웅변(대중스피치)은 은이다'라고 했다. 이것은 어찌 생각하면 말을 잘하는 것보다 그저 침묵만 지키는 것이 낫다는 뜻으로 오해할 수도 있겠지만, 이 말은 쓸데없이 떠드는 것은 입을 다물고 가만히 있는 것보다 못하다는 뜻이지, 하고 싶은 말도 참고 하지 말라는 뜻은 아니다. 지식 정보화 시대인 현대는 필요한 말은 꼭 해야 한다. 또한 자신의 의사를 정확히 전달하고 자기의 감정을 잘 전달할 수 있어야 자신의 가치를 높일 수 있다. 무엇보다 커뮤니케이션이 중요해진 현대사회에서 대중스피치는 성공을 향한 필수조건이라는 것을 명심해야 한다.

2 대중스피치의 기본원칙

다음은 대중스피치 즉, 여러 사람 앞에서 발표하는 낭독(담화문, 수사발표, 공지사항, 회의록 발표, 회계보고…), 연설, 강의, 강연, 프레젠테이션, 보고, 설명, 사회, MC, 자기소개, 소감발표, 주제발표, 각종 인사말(격려사, 환영사, 치사, 축사, 고별사, 송사, 답사, 조사, 주례사, 취임사, 기념사, 신년사, 송년사, 건배사…) 등에 해당되는 말하기의 기본원칙이다.

(1) 천천히 여유 있게 말하라

화자(話者)의 말이 빠르면 아무리 좋은 내용이라도 청자(聽者)는 무슨 말인지 알아들을 수가 없다. 특히 여러 사람 앞에 서본 경험이 부족하거나 처음으로 대중스피치를 하는 사람의 경우, 흥분하고 긴장하게 되어 자신도 모르게 말이 빨라지게 된다. 따라서 많은 청중 앞에서도 천천히 말할 수 있다는 것은, 그만큼 여유가 있고 침착하다는 증거로서 정확한 전달력은 물론 청중에게도 좋은 인상을 주게 된다. 그러나 침착과 여유는 단기간에 되는 것이 아니고, 꾸준한 연습과 수많은 스피치 경험을 통해서 생겨난 자신감에서 길러진다는 것을 알아야 한다.

'천천히 말하는 것'은 말을 질질 끈다든지 낱말과 낱말 사이에 쉬는 시간이 너무 길어서 듣는 사람에게 지루하고 답답한 느낌을 주는 '느리게 말하는 것'이 아니라, 말을 길게 끌지 않고 쉼과 쉼이 분명하게 말하는 것을 의미한다. 그리고 '여유 있게 말하는 것'은 말 한마디를 하고 나서 충분히 호흡을 가다듬고, 다음 말을 이어가는 것으로 여유로움이 무엇보다 중요하다는 뜻이다. 그런데 대중스피치의 경험이 부족한 사람들은 마치 책을 읽어 나가듯이 원고를 보면서 말하는 경우가 많은데, 이렇게 말할 경우 처음 몇 마디는 관심 있게 들어주지만, 시간이 경과할수록 청중들의 관심에서 점점 멀어질 것이다.

예를 들어, "**존경하는✓ 회원 여러분**! // **이번 회장 선거에 출마한✓ 기호 3번**,/ **홍길동입니다**.// "이란 말을 한다고 했을 때 (✓) 체크표시 부분은 순간적으로 살짝 띄기를 하고 (/) 슬래시(one) 부분은 보통 띄기이며, (//) 슬래시(two) 부분은 긴 띄기로 충분히 호흡한 후 다음 말을 해 나가면, 말하는 연사도 말하기 쉬울 뿐만 아니라 듣는 청중 또한 편안한 마음으로 들을 수 있다. 누가 쫓아오는 것도 아닌데 연단에만 서면 자신도 모르게 따발총처럼 입에다 오토바이 엔진을 달고 다니는 사람은, 훌륭한 연사가 되기를 원한다면 지금부터 여유롭게 말하는 습관을 가져야 한다.

흔히 열정적인 연사는 말이 빠르고 침착한 연사는 말이 느린 편이라고 하는데, 연사의 성격에 따라서 말의 속도가 결정되어서는 안 되며, 전달하고자 하는 내용이 어렵고 쉬움, 듣는 청중의 수준에 따라서 달라져야 할 것이다. 보통 청중이 듣기 알맞은 스피치의 속도는 1분간에 띄어쓰기를 제대로 한 상태에서, 원고지 1.5장 정도가 적당하다고 한다. 요즘은 원고지를 사용하지 않고 A4용지에 워드작업을 하여 쓰기 때문에 1분간에 300자 정도가 알맞다고 보면 된다. 그러나 연사의 나이에 따라 차이가 있는데 나이가 좀 지긋한 연사는 좀 느리게, 젊은 연사는 약간 빠르게 하는 것이 무난하다.

(2) 또박또박하게 말하라

우리가 긴장을 하면 가장 빨리 마비되는 근육이 바로 안면 근육과 입술 근육이다. 그러다 보니 평소에 잘되던 말도 연단에 서면 이상하게 말이 꼬이거나 발음이 부정확해질 때가 많은데 유명강사나 전문방송인, 아나운서들도 실수하지 않기 위해서 항상 조음기관(입술, 혀, 턱)을 풀어주고 발음, 발성연습을 부지런히 하고 있다는 사실을 명심하라. 그것이 훌륭한 연사가 되는 전제조건이다.

말하고자 하는 내용을 분명하면서도 효과적으로 전달하기 위해서는, 단어나 문장을 정확하고 분명하게 발음해야 한다. 그렇다고 낱말 하나하나를 전부 떼라는 것이 아니고 문장과 내용, 단어나 조사 등을 잘 살펴서, 연결해서 말해야 할 곳과 띄어서 말해야 할 곳을 잘 구분해야 한다. 잘못 끊어서 말을 하게 되면, 뜻이 뒤바뀌는 경우도 있고 감정 전달이 제대로 안 된다. 예를 들면 "**대구시✓ 체육회**" 가 "**대구✓ 시체✓ 육회**"가 될 수도 있다는 말이다.

(3) 큰 소리로 자신 있게 말하라

듣는 사람이 신경을 집중해서 들어야 할 정도의 작은 음성은 말하는 내용이 정확하게 전달될 수 없으며, 청중들은 처음에는 들으려 하다가도 조금만 시간이 지나면 주의가 산만해져 소란스러워지기 쉽다. 특히 선거연설에서 말에 힘이 없다든지 음성이 작으면 연설의 효과가 떨어질 뿐만 아니라, '추진력 없는 사람, 박력 없는 사람'이란 인상을 주게 되어 낙선의 고배를 마시는 경우가 많다. 그러므로 스피치의 경험이 많지 않은 연사는 연단에 서면, 원래 자기 음성보다도 작아지는 경우가 대부분이라는 사실을 염두에 두고, 평소 큰 소리로 연습하는 습관을 가지는 것이 좋다.

대중스피치는 큰소리 연습만이 감정표현을 잘할 수 있고 나아가 작은 소리도 똑똑하게 표현하는 지름길이기 때문이다. 그러나 20~30명이 모인 곳에서 스피치를 할 때는 말을 듣는 모든 사람들이 부담감 없이, 편안한 마음으로 들을 수 있는 음성의 크기가 좋다. 연사의 목소리가 너무 작으면 자장가처럼 들려 청중이 졸게 되고, 목소리가 너무 크면 시끄러워 청중이 귀를 막아버리게 된다. 우리가 긴장을 하거나 주눅이 들면 자신도 모르게 목소리가 안으로 기어 들어가는데, 여기서 '큰 소리'란 고함이나 무조건 크게 말하라는 것이 아니라, 자신감 있는 목소리로 강연장 제일 뒤에 있는 사람이 충분히 알아들을 수 있을 정도의 크기로 말하라는 것이다.

최소한 남을 설득하고자 연단에 선 연사라면 태도는 물론이거니와 자신이 하는 말에 자신감이 넘쳐나야 한다. 당당하고 자신감 넘치는 음성으로 말할 때 청중은 그 말을 믿고 따르게 된다. 그렇지 않고 연사의 목소리가 떨리고 불안하고 주눅이 든 음성으로 말하면, 절대 청중은 그 말에 설득되거나 감동하지 않을 것이다. 예를 들어 '1 더하기 1은 2입니다.'라는 말을 할 때 목소리에 자신감이 없으면 그 답이 맞다 하더라도 청중은 고개를 갸우뚱하게 되고, 반대로 '1 더하기 1은 1입니다.'라고 당당하게 말하면 청중은 연사가 자신 있게 말을 하므로 어떤 이유가 분명히 있을 것이라고 순간 짐작하고, 얼떨결에 고개를 끄덕일 수 있다는 사실을 기억하기 바란다. 말을 잘하려면 이제부터 항상 자신감이 넘쳐나는 말을 당당하게 하라.

(4) 자연스럽게 말하라

TV에서 똑같은 대본을 가지고 말하는데 왜 최불암 씨가 말하는 것은 연기 같지 않고 정말 촌 동네 할아버지같이 자연스러운데, 삼류 연기자의 말은 왠지 어색하고 닭살이 돋을까? 그 이유는 간단하다. 바로 말의 자연스럽고 부자연스러움의 차이다. 일류배우는 대본을 열심히 읽고, 숙지하다가도 카메라 앞에 서면 대본은 단지 참고만 하고 평상시 자기 스타일대로 거침없이 연기한다. 그러나 삼류 배우는 작가의 의도나 대본을 소화하려 하기보다는 암기에만 주력하고, 또 카메라 앞에 서면 시나리오나 지문에 신경을 쓰다 보니 행동이 어색해지고 말투 또한 이상해진다고 한다.

스피치 역시 마찬가지이다. 가장 듣기 좋은 말은 꾸밈없는 자연스런 말투이다. 기분 좋은 내용을 말할 때는 기분 좋은 말투로, 기분 나쁜 이야기를 할 때는 표정도 말투도 화난 표정과 음성으로, 평소 자기가 하던 어투대로 말하면 절대 청중들에게 거부감을 주지 않는다. 자연스럽게 말하는 원리는 한 호흡이 끝날 때까지는 음의 변화를 주지 않는 것이다. 예를 들어 "**아리랑 아리랑 아라리요 / 아리랑 고개를 넘어갑니다. // 나를 버리고 가시는 님은 / 십리도 못 가서 발병 나지요.**"라는 아리랑 가사를 발표한다고 가정하면, 슬래시(Slash : /) 표시까지는 같은 높이로 해주고, 그 다음에 이어지는 소절은 앞 소절보다 약간 높여 주거나 낮추어 주면 자연스럽게 들리는데, 많은 사람들이 글자 한 자 한 자에 음의 변화를 주거나, 단어에 악센트를 주게 됨으로써 말이 부자연스럽게 된다.

자연스럽지 못한 태도는 물론 꾸민 음성이나 지나치게 멋진 목소리를 내려고 억지로 만든 음성이나, 웅변이나 연설을 잘못 이해하는 데서 오는 이상한 리듬이나 가락을 타는 어조 등은 연사의 진실성을 결여시키고 청중으로 하여금 싫증 내지는 거부 반응을 갖게 한다. 따라서 신뢰감과 설득을 목표로 하는 스피치에서 '자연스럽게'는 연사의 진심을 보여주는 역할을 한다. 다음의 경우들이 자연스럽지 못하니 주의해야 한다.

자기의 음성이 아니고 멋지게 꾸미려는 미성이나 가성, 말끝이나 낱말의 끝자를 이상하게 올리든지 길게 뽑는 경우, 애조 띈 음성이나 시장통에서의 장사꾼 같은 말투, 가짜 고아의 넋두리같이 리듬이 실린 어조, 북한 방송 아나운서의 어조, 군인의 스타카토식(한 자씩 끊어서 하는) 어조, 국회나 의회에서 자주 등장하는 옛날 웅변조의 어조로 "**친애하는 국민 여러분, 그리고 존경하는 의원동지 여러분!**" 등 이런 말투이다.

자연스럽게 스피치하는 법을 터득하는 것은 참으로 중요한 일이다. 오직 꾸준한 발성, 발음연습만이 해결할 수 있다. 많은 사람이 있다는 생각을 털어버리고, 단둘이 이야기한다는 기분으로 말하면 자연스러워질 것이다.

(5) 끝말을 정확히 하라

끝으로 우리말은 술어에 따라 의미전달이 되므로 끝까지 말을 정확히 해야 된다. 그래서 "우리말은 끝까지 들어봐야 안다."라는 속담도 있다. 그러나 우리나라 사람들 대부분이 고쳐야 할 것이 있다면, 끝말을 정확하게 못 하고 적당히 얼버무리는 언어습관이다. 끝말을 정확히 해야 정확한 의사전달도 되고 행동도 분명하고 박력 있게 보이나, 끝말을 얼버무릴 때는 사람이 어딘가 부족해 보이고 행동조차도 끊고 맺음이 분명치 못한 인상을 주게 된다. 그런데 끝말을 강하게 한다거나 끝을 올려서 말할 경우에는 이상한 어조가 되어, 오히려 어색해진다는 사실을 유념하기 바란다. 따라서 끝말을 올리거나 강하게 하라는 것이 아니라 정확히 하라는 것이다.

스피치는 모든 청중에게 또렷이 들리게 크게 말하고, 생각을 담아서 말하고 재미있게 말하면 된다. 연사의 말이 잘 들리면 듣는 사람이 편안해하고 생각을 담으면 설명과 설득이 가능하며 재미있게 말하면 인기도 얻게 된다는 뜻이다. 그 결과 원만한 인간관계를 맺을 수 있어 지인이 많아지고 자신감이 붙게 된다. 결론은 연사의 입에서 나오는 조리 있고 정확한 표현은 청중을 끌어들이는 제일의 요건이라고 할 수 있다.

대중스피치 할 때 자신의 생각을 전달하는 커뮤니케이션 과정에서 가장 중요한 것은 천천히 여유 있게 말하고, 또박또박 정확한 발음과 모든 사람이 다 들을 수 있을 정도의 크기로 말하고, 자연스러운 말투로 끝말을 정확히 하는 것이다. 이것이 대중스피치의 말하기 기본원칙이다.

3 대중스피치의 성공조건

성공적인 대중스피치를 하기 위해선 세 가지의 조건을 갖추어야 한다. 첫째는 심리적 안정감을 갖고 대중 앞에서 당당하고 자신 있게 말할 수 있어야 한다. 둘째는 청중을 사로잡는 멋진 음성테크닉, 연단 매너, 제스처 등을 자연스럽게 구사할 수 있는 등 효과적인 전달능력이 있어야 한다. 셋째는 전하고자 하는 핵심적인 내용구성이 논리적이고 청중을 감동, 감화, 설득할 수 있어야 한다.

(1) 심리적 안정감

스피치는 다른 사람을 대상으로 하고 한정된 시간 내에 전하고자 하는 말을 끝내야 한다는 시간 제약과, 목적을 달성해야 한다는 심리적 부담 때문에 정신적인 구속이 가해진다. 또한 실수하지 않고 잘해야 한다는 부담감으로 불안, 초조, 긴장 등이 고조되기도 한다. 이러한 심리적 갈등을 어떻게 극복하느냐에 따라 스피치의 성패가 좌우되므로 심리적 안정감은 무엇보다 중요하다.

발표 불안을 극복하는 최상의 방법은 역설적이지만 대중 앞에서 스피치를 자주 경험하여 발표 불안의 면역성을 키우는 것이다. 타인들이 발표 기회를 만들어 주기 전에 자신이 기회를 적극적으로 만들어서 경험하는 것이 가장 효과적인 방법이기 때문에, 각종 모임의 사회 진행 등 생활 속에서 자신이 할 수 있는 것을 실천해 본다.

"진정한 용기란 두려워하지 않는 것이 아니라, 두렵지만 행동으로 옮기는 것이다."

(2) 효과적인 전달력

좋은 상품이라도 전달을 잘하지 못했기 때문에 소비자의 손에 닿지 않고 사라지는 상품들이 얼마나 많은가? 미국의 심리학자 메라비언에 의하면 같은 말이라도 목소리에 따라 의사전달 효과가 38%나 좌우된다고 하며, 하버드 대학에서 연구, 조사한 바에 따르면 청중의 80% 이상이 말하는 사람의 목소리만으로 그의 신체적, 성격적 특성을 규정짓는다고 하였다. 목소리는 연사의 이미지를 결정짓는 중요한 요소가 되며, 나아가 의미전달효과에도 큰 영향을 미치게 된다.

1) 신뢰와 호감을 주는 음성 개발하기

발성의 10단계는 아주 중요한 기본 발성으로서 자신의 음성을 정확히 알게 하고 고저, 강약, 장단의 연습을 통해 신뢰와 호감을 주는 음성을 개발할 수 있다. 음성학적으로 자기 음성의 10%의 소리를 10도 음이라고 하고 100%의 소리를 100도 음이라고 한다. 10도 음부터 20, 30… 100도 음까지 계단식으로 음을 구분해서 발성연습을 하면 자신의 음성을 입체적으로 표현할 수 있어 의미전달을 잘할 수 있다.

2) 복식 호흡법

스피치에서의 호흡법은 숨을 들이마시면 배가 자연스럽게 나오고 말을 할 때에는 배에 힘이 들어가는 복식호흡이 바람직하다. 그러나 현대인들은 가슴으로 얕게 숨을 쉬는 흉식호흡을 해서, 빈약하고 조급한 목소리와 짧은 스피치에도 목이 쉽게 잠기는 것을 볼 수 있다. 항상 자신의 호흡을 점검하며 복식호흡을 생활화하여 좋은 음성과 건강을 유지하도록 한다.

3) 효과적인 말하기

표현을 잘하는 사람과 못하는 사람의 가장 중요한 차이는, 말의 억양이나 속도에 변화를 주며 말하느냐 아니냐이다. 처음부터 끝까지 단조롭게 표현하면 듣는 사람을 지루하게 만들고, 의미전달을 효과적으로 할 수도 없다. 음성의 강약과 높고 낮음, 그리고 빠르고 느림이 잘 조화된 언어 표현을 익혀야 한다.

4) 띄어 말하기

글을 쓸 때는 단어 중심으로 띄어 쓰지만, 말에서는 그 의미나 흐름에 맞추어 어구를 한 단위로 묶어서 말하는 게 보통이다. 즉, 한 어구 안에서의 낱말은 붙여서 표현하는 것이, 물 흐르듯 자연스럽다는 뜻이다.

5) 음성의 고저, 강약, 완급

신문 사설을 선택하여 말의 강약, 어조의 빠르기에 변화를 주며 말하되 읽는 게 아니라 말하듯이 자연스럽게, 천천히 그리고 약간 큰 소리로 읽는다. 문장 끝에 '있다' '없다' '것이다'를 '있습니다' '없습니다' '것입니다' 등 구어체로 바꾸어서 읽는다.

6) 감정이입

데일 카네기는 "말 속에 자기를 투입하라."고 했다. 억양이나 속도에 변화를 주고 띄어 말하기를 한다 하더라도, 화자가 자기의 말에 진심과 열성을 담지 않고 건성으로 말한다면 결코 청자의 마음을 사로잡을 수 없다. 말할 때 내용과 일치되는 감정을 목소리와 표정에 담아야 한다.

7) 웃는 연습, 표정 연습

'몸은 입보다 더 많은 말을 한다.'는 말이 있다. 그만큼 스피치에 있어서 표정이나 제스처가 중요하다. 몸은 의사표현의 직접적인 수단이 되기도 하고 때로는 간접적인 의사보충 효과를 나타내기도 한다. 거울이나 동영상으로 자신의 표정을 피드백 한다.

(3) 핵심적인 내용구성

먼저 퍼스널 브랜드인 자신에 대한 철저한 분석을 해서 자신의 강점을 발견해야 한다. 자신을 정확히 알기 위해서는 친구나 지인, 멘토 등의 피드백을 받는 것도 좋은 방법이다. 지금까지 무엇을 해왔느냐, 타인과 차별화된 전문적이고 경쟁우위의 능력은 무엇이며, 어느 곳에서든 저 사람이 없다면 이 분야에서 일이 안 된다는 소리를 듣는 나만이 할 수 있는 영역은 무엇인가? 등 자신의 강점과 자신이 잘할 수 있는 내용을 압축 요약해서 구성하라. 이것이 바로 당신이 말해야 할 핵심적인 내용구성이다. 물론 이것은 논리적이고, 청중을 감동, 감화, 설득할 수 있어야 한다.

1) 먼저 이야기하고자 하는 주제를 분명히 정한다

내가 전달하고자 하는 이야기의 주제는 무엇이고, 또한 이 주제를 전달하고자 하는 목적은 무엇인가에 대하여 짚어보고 이야기를 전개토록 한다.

2) 서두를 멋지게 시작한다

첫인상은 인간관계에 있어서 대단히 중요하다. 우리가 상대방과의 대화도 말머리(서두)를 어떻게 진행하는가에 따라 상대방이 받아들이는 느낌 또한 다르다고 할 수 있다. 서두를 전달하는 방법에 대한 예로, 구체적으로 당신이 말하고자 하는 목적과 결론을 바로 이야기하고 본론을 진행한다든가, 또는 서론을 이야기하고 나중에 본론과 결론으로 진행한다든가 하는 등의 다양한 방법이 있다. 물론 서두에서 약간 뜸을 들이면서, 청중들의 시선과 관심을 모으는 방법도 괜찮은 방법 중 하나이다.

3) 3단계 논법으로 화제를 말한다

대중 앞에서 이야기를 전개하면서 두서없이 말하거나 횡설수설했던 경험이 있을 것이다. 따라서 청중 앞에서 자기의 의사를 전달할 때는, 서론–본론–결론, 또는 예화–본론–결론, 결론–서론–본론 등의 다양한 3단계 논법으로 스피치를 한다면, 청중 또한 상당히 논리적인 이야기라며 당신의 스피치에 박수를 보낼 것이다.

4) 예화를 잘 활용하라

상대방을 이해시키는 데 예화(실화)만큼 좋은 소재 거리는 없다. 예화란 당신이 전달 하고자 하는 목적에 대한 하나의 증거물이다. 당신이 설득하고자 하는 상대방에게 실례의 증거를 제시함으로써 상대방의 이해를 최대한 얻을 수 있다.

5) 구체적이지 않으면 감동을 주지 못한다

이야기도 눈에 보이는 이야기와 눈에 보이지 않는 이야기가 있다. 즉, 눈에 보이는 이야기란 그 이야기가 정말 실감이 난다는 이야기이다. 눈에 보이는 듯, 손으로 만져지는 듯이 이야기함으로써 상대방을 감동시킬 수 있는 것이다.

6) 유머를 활용하라

영국 속담에 '스피치할 때 유머나 조크도 모르면서 이야기하려면 그 이야기에 끼어들지도 말라'는 말이 있다. 적절한 유머나 조크 또는 여담은 딱딱한 분위기를 깰 뿐만 아니라, 당신의 스피치를 더욱더 화려하게 만들 것이다.

7) 짧고 간결하게 하라

옛말에 '여자의 미니스커트와 스피치는 짧을수록 좋다'는 말이 있다. 정보화 시대의 훌륭한 스피치는 자기가 전달하고자 하는 내용과 목적을, 신속히 그리고 간략하면서도 쉽게 전달하는 것이다.

8) 유종의 미를 장식하라

대중스피치에서 가장 중요한 부분은 서두와 결론 부분이다. 서두는 당신에 대한 첫 인상을 남겨주는 부분이고, 결론 부분은 청중들에게 당신에 대한 인상을 가장 오래도록 간직하게 하는 부분이다. 결론 부문에선 당신이 강조하고자 하는 부분이 무엇인가를 다시 한번 간략히 정리해서 주지하면서, 깨끗하고 간략하게 결론을 맺음으로 한 폭의 그림에서 화룡점정과 같은 효과를 얻을 수 있을 것이다.

4 대중스피치 발표기법

대중스피치는 연사의 자질과 준비된 내용의 표현능력으로 청중의 마음을 사로잡고 그들의 마음을 움직일 수 있어야 한다. 하지만 지나치게 논리를 앞세워 강변을 늘어놓거나 이론만 나열하는 형식의 발표는 청중의 호응을 얻지 못한다. 따라서 내용과 어조의 적절한 변화를 주는 입담가로서의 기질을 갖추고 무엇보다도 부담 없는 소재의 선택이 중요하다. 그리고 시사적이거나 일상생활에서 쉽게 접할 수 있는 신선한 소재를 바탕으로 적당히 응용하는 것이 좋다.

우리나라 속담에 '같은 말이라도 <아> 다르고 <어> 다르다'는 말은, 스피치의 표현요령과 기술이 얼마나 까다로운가를 강조하는 속담이라고 할 수 있고, '서당개 3년이면 풍월 읊는다.'는 말은 스피치는 훈련을 통해서 얼마든지 그 능력을 향상시킬 수 있음을 강조하는 속담이라고도 할 수 있다. 따라서 스피치의 표현능력을 기르기 위해 꾸준히 훈련하고 노력하면, 누구나 훌륭한 연사가 될 수 있다.

(1) 발표 준비과정

연사가 스피치에 대한 참된 철학을 갖지 않고서는 효과적인 스피치를 기대하기 어렵다. 연사가 미리 철저하게 준비하지 않고 무엇을 말해야 좋을지 모르면 그 결과는 실패로 끝나 버릴 것이다. 준비가 철저하고 구체적으로 되었을 때 자신감이 생긴다.

1) 논점을 철저히 한다

연사의 스피치 발표가 끝나면 비평가들은 내용의 허점을 발견하려고 애쓰며 빈틈을 잡고 공격을 하게 될 것이다. 연사는 비평가와 반대자의 의견을 잘 들어야 하지만, 그보다 먼저 자기 스스로 논점을 철저하게 고찰하여야 한다.

2) 복잡한 것을 피한다

복잡한 내용, 과장된 언어의 사용은 피하는 것이 좋다. 청중이 이해하지도 못하는 말을 해서 자기 과시하려고 하는 것은 정말 어리석은 짓이다. 스피치의 소재를 먼 곳에서 찾지 않고 우리의 일상생활에서 흔히 볼 수 있는 것을 택할 때, 청중과의 거리를 좁힐 수 있고 공감대를 형성해나갈 수 있다.

3) 용어는 쉽고 간편하게 한다

대부분 경험이 부족한 연사는 권위의식에 사로잡혀 한자나 외래어, 전문용어를 사용하는데 이것은 잘못이다. 청중 가운데는 지식이 많은 사람도 있고 그렇지 못한 사람도 있다. 연사는 지식이 많은 사람이나 적은 사람이나 동일한 청중이라는 사실을 잊어서는 안 된다. 따라서 누구나 알기 쉬운 말을 선택하는 것이 가장 바람직하다.

4) 어구(語句)를 짧게 한다

말과 글은 이해도에 있어 대단한 차이가 있다. 글은 독자가 어느 정도 시간적 여유를 가지고 되풀이해서 읽을 수도 있으나, 말은 청중의 청각적 방법에 의해 순간적으로 이해를 구하는 것이기 때문에 짧고 쉬운 어구가 아니면 이해하기 어려워진다.

5) 자신의 개성을 살린다

인간은 누구나 한 개의 코와 입, 두 개의 눈을 가지고 있지만 누구 한 사람도 똑같은 용모를 가진 이가 없듯이 각자 개성을 가지고 있다. 자신의 개성을 살려 나갈 때 스피치의 힘과 진취성을 당겨 주는 불꽃이 될 것이니 자신의 개성을 잘 살려야 한다.

6) 청중을 명확히 파악한다

스피치의 목적은 연사가 생각하는 방향으로 청중의 마음을 움직이도록 하는 것이다. 따라서 청중의 심리와 욕구가 무엇인가를 파악하여, 연사중심이 아닌 청중 중심의 스피치를 해야 한다. 설득력 있는 훌륭한 연사가 되려면 청중 분석에 많은 관심을 기울여야 한다. 어떤 말이 어떻게 청중에게 결정적인 영향을 미칠 수 있는가를 항상 숙고해야 한다. 또한 지역, 출신, 청중의 성분 등을 잘 고려해서 말해야 한다.

(2) 발표 연습

풍부한 자료수집과 빈틈없는 구성을 하였음에도 불구하고 스피치발표에 실패하는 경우가 있기 때문에, 연사는 논지(論旨)를 완전히 소화하여 분위기의 변화에 따라 임기응변을 할 수 있는 충분한 연습이 필요하다. 그리고 가능하다면 사전답사와 리허설을 함으로써 실전에서 발생할 수 있는 예상되는 문제점을 사전에 해결할 수 있다.

(3) 발표 대기

기본적으로 모든 사람은 대중 앞에서 발표하기 전, 대기 순간이 가장 긴장되고 불안해진다. 하지만 다른 사람도 자기와 똑같은 처지에 있다고 생각하고 청중도 나와 똑같은 사람이라고 생각하면, 수십 명이든 수백 명이든 청중을 두려워할 이유가 없으며 심리적 불안상태에서 벗어날 수 있다. 그래도 떨리면 다음의 기법을 활용하라.

1) 심리적 안정감을 주는 기법

① 지압법 : 손을 무릎에 놓고 오른쪽 엄지손톱으로 왼쪽 손바닥을 누르고, 왼쪽 엄지손톱으로 오른쪽 손바닥을 힘껏 눌러 긴장을 완화시키는 방법

② 심호흡법 : 몸을 편안하게 한 뒤 코로 깊은 숨을 들이마시고 입으로 천천히 내보내는 방법으로, 한 번 숨을 내쉴 때마다 20~30초간 호흡을 유지한다.

③ 이미지 트레이닝법 : 자신이 당당한 모습으로 청중들에게 멋진 스피치를 구사하고 박수와 환호를 받으며, 늠름하게 퇴장하는 모습을 상상하는 이미지트레이닝을 한다.

2) 자아의식 과잉의 적을 극복한다

자아의식에 얽매여 구속되고 딱딱하게 긴장하는 것에서 해방되어야 한다. 여러 사람 앞에서 일단 자기의 껍질을 벗어 버리는 것만 터득하면, 그 후부터는 대중 앞에서 자기의 견해를 표현하는 데 망설이거나 멈칫거리지 않고 자연스럽게 이야기할 수 있다.

(4) 연단 발표

연사가 연단으로 나설 때는 침착하고 진지한 자세로 당당하고 여유 있게 나가야 한다. 절대 엉거주춤하거나 무기력한 모습을 보여서는 안 된다. 연단 앞에 도달하면 잠시 멈춰 서서 장내를 한번 죽 둘러본 다음, 엄지발가락 끝에 힘을 주고 꼿꼿하게 선 채로 아랫배에 힘을 주며 인사하고 자기소개를 하는 말로 서두를 장식한다. 이때 스피치의 시작단계에서 가장 많은 호흡량이 필요하므로 충분히 코로 숨을 들이마시면서, “하나, 둘, 셋”을 세며 3초간의 여유를 가진 후 서두를 시작한다.

1) 대중 공포증에서 벗어나라

1:1의 대화는 무난히 하는 사람도 대중 앞에서 스피치를 한다고 생각하면 지레 겁을 먹게 된다. 그러나 무턱대고 겁낼 것이 아니라 청중 앞에서도 편안한 마음을 유지하는 법을 배워야 한다. 가령 100명의 청중 앞에서 말을 한다면 1:1의 대화 시나 똑같은 말을 100명과 할 뿐이라고 생각하자.

'대중스피치란 거창한 것'이라는 고정관념을 버리고 나면, 이웃집 사람에게 인사하듯이 차분하게 청중 앞에 나설 수가 있게 된다. 다만, 대중스피치란 사람이 많이 모였으니 마이크를 사용하는 것이고, 시간이 한정되어 있으므로 좀 더 조리 있고 체계적으로 말해야 하는 차이점이 있을 뿐이다.

2) 매우 떨리면 솔직한 감정을 말하라

시작단계에서 지나치게 긴장되거나 떨려서 도저히 더 말할 수 없을 정도의 단계라면, 그때의 감정을 솔직하게 말하면 청중은 이해하고 격려해 주기 마련이다. 이렇게 자신의 솔직한 감정을 청중들에게 드러냄으로써 오히려 편안하고 차분해지며, 마음이 안정되어 자신이 준비한 스피치를 효과적으로 잘할 수가 있게 된다. 단, 이 방법을 자주 사용하는 것은 신뢰감을 주지 못하므로 꼭 해야 할 때만 사용하라.

3) 변명하는 투로 시작하지 말라

'저는 원래 말재주가 없어서'라든지, '갑자기 나오느라고 준비를 못 해서 좋은 말씀은 드릴 수 없지만…' 이런 식으로 사과의 말로 스피치를 시작하면 거의 대부분은 청중의 박수갈채를 받지 못한다. 이럴 때 청중은 당연히 '들어보나 마나겠군…' 하면서 실망하거나, 혹은 '그럼, 뭐 하러 나왔지?' 하는 의문을 갖게 될 것이다. 설령 갑자기 나오거나 준비가 소홀했다 하더라도, 당당하게 열심히 최선을 다하는 모습을 보여주면 된다. 스피치 결과의 성패 여부는 청중이 판단하는 것이다.

4) 듣는 사람을 과대평가하지 말라

상대가 나보다 더 말을 잘하고 수준이 높기 때문에 내 말이 하찮게 들릴 것이라는 선입견은 버리는 게 좋다. 이 세상에 완전무결한 스피치를 구사하는 사람은 한 사람도 없다. 누구나 입장을 바꿔놓고 보면 당신만큼 긴장하고 소심한 마음이 들 수밖에 없을 것이다. 중요한 것은 최선을 다해 자신의 뜻을 전달하는 데 있는 것이다.

5) 청중의 반응을 너무 자세히 읽으려고 하지 말라

스피치를 하는 도중에 현재 자신의 모습이 청중에게 어떻게 받아들여지고 있는지에 대해서 지나치게 의식하다 보면, 쓸데없이 위축되거나, 생각지도 않던 실수를 범할 수 있다. 실제로는 청중보다는 연사가 심리적으로 우위에 있는 경우가 더 많다는 걸 유념해야 한다. 청중의 반응에 관심을 기울이되, 그것을 너무 자세히 읽으려고 애쓸 필요는 없다.

6) 선택된 주제에 몰입하라

연사가 어떤 테마를 가지고 말한다고 해서 반드시 그 테마에 확신을 갖고 있지는 않다. 때로는 그 테마가 본인이 선택한 것이 아닐 수도 있다. 그렇다고 마지못해 하는 식으로 대중 앞에 나선다면 그 스피치는 분명 실패하고 만다. 청중이 당신의 말을 자연스럽게 받아들일 수 있도록 멋진 스피치를 하려면, 당신 스스로 이야기 속에 자신을 투입시켜야만 한다. 일단 선택된 테마에 대해서는 최선의 준비를 하라는 것이다. 내가 이런 주제로 말할 자격이 있나? 테마를 바꾸면 안 될까? 이렇게 생각하는 것은 절대 금물이다. 이 테마는 말할 가치가 있고 내게 주어진 사명감으로 그 테마에 몰입하라.

7) 청중과 이야기하듯 말하라

지시나 명령조의 스피치는 청중들로부터 반발을 불러일으키기 쉽다. 같은 처지의 입장에서 친절하고 명랑하게 사실을 솔직하게 이야기하는 것이 효과적이다. 이때 그 내용에 자신의 전부를 투입해야 한다. 주의해야 할 점은 감정을 어떻게 조절하느냐 인데 성실과 노력이 겸손하게 겉으로 나타날 때 청중의 많은 호응을 얻을 수 있다.

8) 음성표현을 유의하라

대중스피치는 자연스럽고 꾸밈없이 말해야 하는데 특히 주의해야 할 점은 조잡한 비유나 자기자랑, 단조로운 말로 청중의 기분을 상하게 해서는 안 된다. 그리고 목소리는 항상 맑고 깨끗하면서도 힘이 있고 진실성이 보여야 한다. 어두운 음성, 탁한 음성은 청중에게 부담을 주기 때문에 맑은 음성으로 부드럽게 말해야 한다. 그리고 지나친 사투리나 부정확한 발음은 의사전달의 큰 장애요소가 된다. 따라서 연사는 정확한 발음이 나오도록 평소 표준발음 훈련을 해야 한다. 특히 입 모양의 변화에 따라 모음의 소리가 달라진다는 것을 잊지 말고, 입 모양을 정확하게 하면서 가능한 크게 벌리고 말하는 습관을 길러야 한다.

9) 과장하지 않는다

경험이 없는 연사는 자기의 생각을 과장하여 즉시 표현하려는 경향이 있다. 그러나 세련된 연사는 당면 과제를 최소한 축소시키며 먼저 비판 대상에 대하여 호감과 존경심을 갖고 있다고 말하면, 상대는 더욱 미안하게 생각한다. 이렇게 논쟁과 시빗거리를 회피하여 화해적 태도를 보일 때 청중들은 그 연사를 높이 평가할 것이다.

10) 확신있게 말하라

청중은 연사가 말하고 있는 그 자체에 대해서 의심하는 경향이 있다. 그러므로 사례와 논거를 들면서 확신 있게 이야기해야 한다. Yes, No 문제에 대해서 너무 깊이 빠져 들어가지 말고, 잘못이 있을 때는 솔직히 시인하고 절대 변명해서는 안 된다.

11) 상냥하고 정중하게 말하라

연사는 청중에게 기쁜 마음으로 성실하게 말하고 있다는 것을 보여 주어야 하며, 친절하면서도 무게 있는 연사의 모습에서는 믿어도 좋다고 하는 지도력과 인간미가 생겨나게 되는 것이다.

12) 자신의 입장을 명확히 하라

우리가 스피치를 할 때 무엇보다 중요한 것은 자신의 입장을 명확히 밝혀야 한다는 것이다. 이것도 아니고 저것도 아닌 언행을 할 때, 그 연사가 무어라 변명해도 청중을 감동, 설득시킬 수가 없다. 자신의 감정을 억제하고 정신을 집중시켜 요점을 명확하게 말해야 한다. 청중이 자리를 뜨면서 "방금 저 사람 무슨 소리를 했지?" 하고 묻는다면 그 연사는 실패한 것이다.

13) 주저하지 않는다

청중은 연사에게 최고의 지성을 요구한다. 그렇기 때문에 청중에게 모든 것을 알려 주되 비굴하지 않아야 하는데 괴로운 마음, 슬픈 표정은 청중이 부담을 느끼기 때문에 보이지 않는 것이 좋다. 기백과 용기, 열성을 보이며 동참하고 싶다는 쪽으로 유도하면서 영광은 청중에게 돌릴 줄 알아야 한다.

14) 남의 흉내를 내지 말라

어떤 사람이 말을 잘한다고 여겨지면 그 사람의 흉내를 내기 쉬운데 그것은 나쁜 방법이다. 아무리 흉내를 잘 내려고 해도 결국 그 사람만큼은 할 수 없을 뿐더러 자기가 가진 능력의 최대치도 발휘할 수 없게 된다. 자기의 음성을 사랑하고 자기가 가장 쉽다고 생각되는 방법으로 말하자. 그러면 다른 누구와도 견줄 수 없는 독특한 자기 스타일의 스피치가 될 것이다.

15) 즉흥조로 스피치하라

대중스피치를 하기 위해 미리 써온 원고를 기계적으로 읽어 내려간다면 누가 써준 원고를 대신 읽는 것 같은 느낌을 주기 십상이다. 예를 들면 공적 사항을 전달하는 식의 담화문이나 수사발표, 공지사항 같은 경우는 공정하고 정확하게 읽기만 하면 되겠지만, 대중을 설득하기 위해서는 책 읽기 식의 낭독만큼 무의미한 게 없다. 이는 십중팔구 스피치 따로 청중 따로 겉돌게 되기 쉽다.

대중스피치는 연사가 원고를 충분히 준비한 상태에서 원고를 숙지하고 완전히 소화한 후 즉흥적인 말투로 이야기해야 한다. 물론 내용도 충실해야겠지만 중요 테마는 자연스럽고 효과적인 표현기법으로 전달하고, 또한 청중을 감동시키는 제스처도 적절히 사용해야 한다.

(5) 발표 마무리

1) 끝마무리할 때를 잘 파악하라

물줄기를 찾지 못하면 샘 파는 것을 중지하듯이, 청중들의 반응에서 언제 끝내야 할 때를 모른다면 처음부터 시작하지 않는 것이 좋다. 설령 준비된 내용을 다 말하지 못했더라도 청중이 지루해하거나 급격히 집중력이 떨어지면, 적당히 마무리를 하는 것이 좋다. 물론 청중이 무엇을 바라고 원하는가를 미리 파악하여 그쪽으로 스피치의 방향을 잡아가면서 청중의 가려운 곳을 긁어 주면 청중은 웃으며 좋아할 것이다. 그러나 청중의 반응이 좋다고 약속된 시간을 넘기거나 시간이 초과된 사실도 모르고 스피치에 열중하면 곤란하다. 아무리 명연설이라도 청중은 정해진 시간을 넘기면 흥미가 기하급수적으로 떨어진다는 사실을 명심하라.

2) 마무리 멘트 유의점

마무리 멘트할 때 유의할 점은, "지금까지 두서없는 말을 잘 들어주셔서 감사합니다." "횡설수설 실수 연발이었습니다. 죄송합니다." 등의 표현은 절대 하지 말아야 할 멘트다. 스피치 결과를 연사 스스로 판단해서 청중들에게 말할 필요가 없다는 것이다. 잘했든, 못했든, 아쉬웠든, 부족했든 이미 스피치는 끝난 것이다. 평가는 청중의 몫이므로 연사는 정중하게 인사하고 퇴장하면 된다.

3) 하단 시 유의점

설령 아쉽고 부족한 점이 있다 하더라도 연사는 퇴장 후 착석까지 청중들은 지켜보고 있다는 사실을 염두에 두고, 고개를 갸우뚱한다거나 혀를 날름 내미는 등의 불필요한 행동을 해서는 안 된다. 이 또한 자신의 스피치에 본인 스스로 자신감이 없다는 것을 행동으로 표현해주는 것이 되기 때문이다. 끝까지 최선을 다하라.

Ⅱ. 연설

시대적 흐름에 따라 연설은 TV토론, SNS 등에 밀려 쓰임새가 예전처럼 많지 않은 편이나, 아직까지는 선거연설, 의회 연설, 집회연설 등 중요한 소통 수단이 되고 있다.

1 연설이란

연설(演說)이란 '**다수의 청중을 대상으로 자신의 주장이나 사상을 지지, 호소, 찬성, 설득의 효과를 얻기 위한 의사전달 행위**'이다. 따라서 연사가 잘 정리된 메시지를 청중들에게 전달하는 표현 행위로써, 연설은 일상적으로 주고받는 대화가 아니고 청중을 대상으로 한 발표다. 시대의 변천에 구애됨이 없이 서로 이해하고 협력하며 공존하기 위해서는 대화, 토론과 더불어 연설이 필요한 것이다. 오늘날처럼 고도의 민주사회를 갈망하는 현대인에게는 민주사회의 발전과 자유, 평등, 공영을 위해서 연설의 역할은 중요하다고 할 수 있다.

연설은 내용을 표현하고자 하는 수단과 전달하고자 하는 목적이 있으므로 연설자는 어떤 내용을 어떻게 전달하여야 하는가를 먼저 생각하고, '대중 앞에서, 자기의 건전한 의견을 올바르게 표현・전달'해야 한다. 따라서 연설은 대중을 상대로 하는 것이기 때문에 공적(公的)인 측면에서 행해져야 하며, 참된 지적(知的) 측면에서 전개되어야만 한다. 그리고 선(善)한 윤리적(倫理的) 성격을 띠어야 한다. 만약 연설이 공적・지적・윤리적 성격을 이탈하여 악용된다면 참된 연설로서의 중요성을 잃게 된다. 이처럼 건전한 연설이란 개인의 발전과 더불어 인류의 번영과 공영을 위한 수단이 된다.

연설은 대부분 원고를 사전에 미리 준비하고 그 준비된 원고를 보면서 발표하는 **낭독연설**과, 원고를 사전에 미리 요약해서 메모지에 키워드만 적고 살을 붙여가며 발표하는 **메모연설**이 있고, 준비된 원고를 외워서 발표하는 **암송연설**이 있다. 그러나 사전에 원고 준비 없이 즉흥적으로 연설을 행하는 경우도 있으므로, 이렇게 그 자리에서 생각나는 대로 말하는 연설을 **즉흥연설**이라고 한다. 이에 반해 사전준비는 하되 원고를 보지 않고 완전히 소화해서 즉흥연설처럼 발표하는 **즉흥조연설**도 있다.

대체로 연설에 자신이 없거나 경험이 부족한 사람은 연단에 나가면 낭독연설을 하지만, 중요한 공적인 자리일 경우에는 오히려 원고를 보면서 실수 없이 명확하게 전달함으로써 청중들에게 더욱더 신뢰감을 줄 수 있는 경우도 있다. 그러나 연설에 자신감이 좀 붙으면 중요한 내용을 메모한다든지, 연설의 내용을 요약해서 자연스럽게 연설로 이끌어 나가는 메모연설을 하는 것이 좋다. 즉흥조연설은 말 그대로 사전에 준비를 철저히 해놓고 즉흥적인 말투로 연설하는 것이므로, 내용이 충실하면서도 자연스럽고 유창하기 때문에 청중에게 감동을 줄 수가 있다. 청중과 함께 호흡하며 항상 깨어 있는 상태로 생기 있는 반응을 얻고 있는 유명 연설가들 대다수가 바로 이 즉흥조 연설을 하고 있다는 사실을 명심하라.

2 연설의 내용구성

(1) 내용이 중요하다

신체가 건강하여 음성이 좋고 화술과 표현력이 뛰어나다 하더라도 빈약한 내용이나 신념이 없는 내용의 연설은 그냥 스쳐 지나가는 소리에 불과하다. 연설을 들어 보면 내용은 좋은데 표현력이 좋지 못하여 감명, 감동 등의 공감을 얻지 못하는 사람이 있는가 하면, 화술은 번지르르한데 내용이 알차지 못하여 연설의 실효를 거두지 못하는 사람도 볼 수 있다. 대중 앞에서 연설을 하는 연사는 연설의 목적을 먼저 알고 주제에 따라서 내용을 알차게 준비해야 한다. 주제가 정해졌으면 충분한 자료를 수집하여 그에 알맞은 자료를 선택하고 체계 있게 정리하여 효과적으로 구성하는 것이 중요하다. 아무리 자료가 풍부해도 불필요한 자료나 원고를 나열하는 식으로 구성하게 되면 좋은 자료라고 하더라도 구성의 단계에서 잘못되어 그 연설은 실패하게 된다.

연설의 내용은 주제와 그 주제에 따른 연설의 목적에 맞게 씌어져야 할 뿐만 아니라 목적 달성을 위하여 효과적으로 구성되어야 하는데, 내용의 선택이나 구성은 청중의 욕구를 따라줄 수 있는 것이어야 한다. 관심도나 친밀감을 무시한 내용은 청중의 마음속에 파고들 수 없으며, 스릴(thrill), 유머러스(humourous), 타이밍(timing), 시사성에 맞는 내용이 아니면 청중의 관심을 끌기가 어렵고 친밀감을 갖지 못하게 된다. 아울러 이러한 연설의 내용이라고 하더라도 청중의 수준에 맞게 꾸며지지 않으면 안 될 뿐만 아니라 구체적이고 명확한 내용이어야 하며, 실현성이 있는 내용이어야 한다. 연설자의 편견에 따른 단편적인 내용이나 불확실한 내용, 그리고 주제에 맞지 않거나 추상적인 내용으로 연설을 하게 되면 실패한다. 모름지기 연사는 그 내용의 준비에 있어서 충실하고 완전하지 않으면 안 된다. 연설자 자신도 만족한 내용이 아니면 연단에 올라서는 것을 삼가는 것이 좋다.

(2) 연설원고 작성요령

좋은 연설 원고를 작성하기 위해서는 먼저 충분한 자료의 수집이 필요하다. 분야별로 스크랩북(scrap book)을 만들어서 기회 있을 때마다 구체적이고 정확한 통계 숫자나 사실적인 예화 등 독특하고 기발한 내용, 신선하고 시사성 있는 내용을 수집하여 두는 것이 좋다. 이처럼 자료가 충분히 수집되어 있으면 주제에 맞는 것을 선택하여 구성해야 한다. 내용의 구성에 있어서는 다음의 구성 요건을 참고해야 한다.

- 청중의 수나 성분을 미리 파악할 것

- 시대적 배경을 잊지 말 것.
- 시간제한을 잊지 말 것.
- 말할 장소가 어디인가를 알 것.
- 기발한 연제(演題)를 정할 것.
- 연제에서 이탈하지 말 것.
- 복잡하지 않고 간결할 것.
- 확신과 신념에 차 있을 것.
- 수사법을 적절하게 활용할 것.
- 쉬운 말과 어감이 좋은 말, 어법에 맞는 말로 쓸 것.
- 생생하고 축소된 문장으로 표현하되 구체적으로 쓸 것.

특히 연설의 제목에 해당하는 연제는 전체 내용의 축소판이므로 연사는 청중이 흥미를 가지고 들을 수 있도록 흥미 있는 연제를 선택해야 하며, 확신이 있고 청중을 압도하는 힘이 포함되어 있어야 한다. 연제 자체가 결론을 말해주는 것은 좋지 않으며, 흥미 있고 의문을 던져주는 것이어야 한다. 청중은 연제를 보고 연설을 듣기 전에 나름대로 내용을 추측하게 된다.

(3) 내용의 단계적 구성법

1) 3단계 구성법 (서론, 본론, 결론)

서론은 도입 부분 또는 주제의 제시단계(opening, introduction)라고 한다. 연제에 맞는 흥미 있는 말로 시작하여 듣는 사람으로 하여금 그 연설을 진지하게 들을 수 있도록 해야 하며, 놀라운 사건이나 뉴스 또는 유머러스한 내용으로 어떤 문제를 가지고 이야기할 것인지를 제시해준다. 또한 서론에서는 문제의 핵심을 말하지 않음으로써 청중이 들으면서 연사와 함께 연제를 풀어 나가도록 하는 것이 좋다.

본론은 전개 부분 또는 주제의 분석단계(main substance, body)라고 하는데 청중과 연사가 호흡을 같이하여 주제에 핵심을 풀었으면, 그 주제의 구체적인 내용을 분석하여 그 문제를 같이 해결할 수 있도록 청중의 심리를 유도해야 한다.

결론은 종결 부분 또는 주제의 정리단계(closing, conclusion)라고 한다. 주제가 제시·분석되었으면 원인과 결과를 설명하고 의문을 없애도록 하며, 주제의 내용을 다시 요약하고 강조하여 재확인시키며, 대안, 방법론, 해결책 등 연사가 주장하는 바를 종합적으로 정리해주는 단계이다.

2) 4단계 구성법 (기, 승, 전, 결)

- 기(起)는 문제의 제기, 주제의 소개 또는 제시 단계로 서론이라고 할 수 있다.
- 승(承)은 문제의 설명, 사례의 설명 또는 사실, 관찰, 실험, 느낌 등을 설명하는 단계로 본론이라고 할 수 있다.
- 전(轉)은 문제의 해결 단계로 대책 또는 분석·논증하여 해결책을 찾는 단계로 역시 본론이다.
- 결(結)은 전체 종합 단계로서 기·승·전의 마무리 단계이며 결론이다.

3) 5단계 구성법

5단계 구성법은 미국 퍼듀 대학 교수 앨런 H. 먼로(Alan H. Monroe)의 구성법인데 그는 연설의 내용 구성을 5단계로 나누는 것이 효과적이고 주장했다.

- 1단계 : 흥미, 주의 집중 단계 : attention step → 주의 환기 단계(서론)
- 2단계 : 문제 제시 단계 : need step → 필요 제시의 단계(서론)
- 3단계 : 해결책 제시 단계 : satisfaction step → 필요 만족의 단계(본론)
- 4단계 : 결과 강조, 증명 단계 : visualization step → 구체화의 단계(본론)
- 5단계 : 결심, 촉구 단계 : action step → 행동 유도의 단계(결론)

연설의 원고를 효과적으로 구성하기 위해서는 위의 각 단계별 구성 요령에 맞추어야 한다. 주제(main point)가 설정되면 연제(title)를 정해야 하며,

목적(end)에 따라서 서론(opening), 본론(main substance), 결론(closing) 순으로 구성하는 것이 좋다.

3 연설의 표현기법

(1) 목적을 분명히 하라

연설은 목적이 분명해야 한다. 그것은 말하는 사람이 그 내용을 청중에게 이해를 시키거나 감명 · 설득 · 설복시키는 데 기준이 되며, 궁극적으로는 말하는 사람이 의도한 대로 청중을 움직이는 데 있다. 따라서 말하는 사람은 말을 듣는 청중의 목적을 자신의 목적과 일치시켜야 하며, 목적이 다른 청중이라고 하더라도 효과적인 표현 수단을 통하여 끌어들여야 한다. 일반적으로 대화에서는 뚜렷한 목적이 없이 시작되어 확실한 목적의 달성 없이 끝나는 경우가 있으나, 연설의 경우는 목적이 분명하다.

연설은 사실을 알릴 목적으로 하는 '보고연설'이 있는가 하면 지식의 제공을 위한 '제시연설'이 있고, 이론과 상황을 알리기 위한 '설명연설'과 이론과 상황의 모범을 보이기 위한 '시범연설' 등이 있다. 그리고 상대를 공격하기 위한 '공격연설'이 있는가 하면 공격을 방어하기 위한 '방어연설'이 있으며, 청중을 순간적으로 움직이기 위한 '선동(煽動)연설'과 연설자의 뜻대로 청중의 마음을 사로잡는 '설득연설' 등이 있다.

따라서 연설자는 연설의 특성을 알아야 하며, 목적을 확실히 자각하고, 그 목적지를 향해 달려가는 마음으로 연설을 해야 한다. 그래야만 청중이 연설자의 말에 대해서 주의를 기울여 흥미를 가지고 욕구의 충족을 느끼게 되는 것이다.

(2) 가치 있는 주제를 찾아라

연설은 단 한마디가 중요하다. 그 한마디는 전체 내용의 핵심이 되는 핵심어, 또는 주제가 되는 주제문장인 것이다. 링컨의 게티즈버그 연설도 결국에는 '민주주의 정신'이 전체 연설 내용의 핵심어인 것이며, '국민의, 국민에, 국민을 위한 정치가 지상에서 소멸되지 않도록 하여야 한다.'는 이 말 한마디가 연설의 주제문장인 것이다.

우리의 인간사회는 시대에 따라서 '이슈'가 대두된다. 정치적으로는 권력구조 문제로 '대통령 중임제'가 이슈로 떠오를 수 있고, 경제적으로는 일자리 창출과 투자 활성화를 위한 소위 '뉴딜정책'이 이슈가 될 수도 있다. 그리고 사회 문제나 교육 문제를 비롯해서 문화와 예술 등의 분야에서도 다양하고 가치 있는 주제를 찾을 수 있으며, 세월호 참사로 인한 '안전과 국가개조' 문제가 시대적 이슈로 떠오르는 등, 연설을 듣는 군중에게 필요한 가치 있는 주제를 발견하는 것이 연설 성공의 지름길인 것이다.

(3) 짜임새 있는 구성을 하라

연설 내용의 구성은 짜임새가 있어야 청중을 만족시킬 수 있다. 요리를 할 때도 재료가 있으면 그 재료를 적절하게 이용하여 조리를 하고 조미료를 첨가하여 음식을 만들어야 맛이 나는 것이며, 건물을 짓더라도 사전에 설계를 하고 그 설계도에 따라 지어야 튼튼하고 아름다운 건물을 지을 수가 있는 것이다. 이와 마찬가지로 장시간 동안 연설을 하는 경우에 짜임을 무시하고 아무렇게나 생각나는 대로 말을 한다면, '뒤죽박죽'이 되거나 '날림공사'를 할 수밖에 없다. 즉, 횡설수설한다거나 꼭 해야 될 말을 빠뜨리거나 해서는 안 될 말을 하는 경우도 있을 것이다. 따라서 효과적인 연설을 하기 위해서는 단계별로 짜임에 따라 준비를 하여야 한다. 그 구성 단계는 연설 내용에 따라, 또는 연설자에 따라 달리할 수도 있으나 대체적으로 서론과 본론, 그리고 결론의 3단계로 하는 것이 무난하다.

서론에서는 어떤 말을 할 것인가를 분명히 하여, 청중으로 하여금 홍

미와 관심을 갖도록 하는 주제 제시의 단계이다. 들을 만한 가치가 있는 주제를 알려주고, 더불어 그 주제에 따른 문제점이 있으면 그 문제의 심각성을 보여줌으로써 관심을 고조시키는 것이다. '연설은 최초의 3분에 성공과 실패가 좌우된다.'고 하는 말도 결국에는 주제가 청중들이 관심을 갖는 것인가, 또는 그 주제와 관련한 문제가 과연 관심을 가질 만큼 심각한 것인가에 달려있다고 보아야 할 것이다. 이러한 단계는 음식을 먹음직스럽게 만들어 보임으로써 군침을 삼키게 하는 단계라고 할 수 있다.

본론에서는 청중의 욕구를 충족시켜주는 욕구충족의 단계이다. '욕구 충족'이라고 하는 것은 충실한 내용에 따라 구체적으로 하나하나 공감을 불러일으키는 것을 말한다. 따라서 연설자는 실제 연설에 앞서 주제와 관련한 자료의 수집에 심혈을 기울여야 하며, 일반 청중이 미처 알지 못했던 사실이나 의견 등으로 공감을 불러 일으켜야 한다. 특히, 전문 분야의 경우에는 특정 전문가가 듣더라도 미처 연구하지 못했던 새로운 사실이나 획기적인 의견을 제시하면 관심을 가질 것이요, 그 내용이 논리적으로 이치에 맞고 유익한 것이라면 만족할 것이다. 즉, 충실한 내용은 곧 음식을 먹는 사람이 포만감을 느끼도록 하는 재료이며, 연설자는 이 재료로 만든 음식을 마음껏 맛있게 먹을 수 있도록 하여야 한다.

결론은 청중이 연설을 듣고 기억을 하여 연설자가 의도한 대로 행동에 옮겨줄 수 있도록 하는 단계이다. 다시 말하면 청중이 이해를 하고 공감을 한다거나 연설 내용을 기억하여 연설자의 요구에 따라줄 수 있도록 하는 것을 말한다. 그렇게 하기 위해서는 주제를 다시 한번 상기시켜주고 본론내용을 요약 정리해 주는 것이 좋으며, 주장이나 방법, 또는 해결책이나 실천방안 등을 강조하여 기억하고 행동에 옮길 수 있도록 유도해야 한다. 연설을 음식에 비유한다면 먹고 싶었던 음식을 맛있게 먹고 나서 그 음식이 맛이 있었다는 것을 기억하고 다시 찾을 수 있도록 하는 단계다.

(4) 연설 시작하기

연설은 첫 마디가 중요하다. 그것은 처음 시작부터 청중의 관심을 끌고, 시선이나 주의를 집중시켜야 하기 때문이다. 따라서 처음 시작 부분을 주제의 제시 단계라고 본다면 주제와 관련한 중요한 한마디가 필요하다. 연설의 첫 마디는 전체 연설 내용을 짐작해볼 수 있도록 안내하는 문장이다. 마치, 사람의 첫 인상만 보고도 그 사람의 됨됨이를 짐작할 수 있는 것처럼 말이다. 따라서 첫 마디 문장은 짧은 것이 좋다. 처음부터 문장이 길면 청중으로 하여금 이해도를 떨어뜨려 난해할 수밖에 없기 때문이다. 예를 들어 '세월호 참사'를 주제로 연설을 한다면 '세월호 참사는 온 국민을 슬프고 분노하게 만들었습니다.'라며 짧은 문장 속에 주제를 내포하며 '슬픔과 분노'를 말해주는 식이다.

그리고 첫 마디는 주제를 암시해주는 것이 좋다. 청중은 연설자가 무슨 말을 할 것인지 궁금해하는 것이다. 따라서 연설자는 '무엇'에 대하여 말할 것인지를 안내해줌으로써 관심을 갖게 하는 것이 좋다. 그러나 직접 주제를 드러내는 것보다 상징적으로 암시를 해주고 나서 점차적으로 밝혀주는 것이 더욱 효과적이다. 왜냐하면 첫 마디를 통해서 관심을 끈 다음 한마디 한마디를 통해 흥미를 고조시키는 효과가 있기 때문이다. 또 첫 마디는 상황에 따라 생동감이 넘치는 말로 시작하는 것이 좋다. 예를 들면 '대통령 선거의 중요성'을 강조하는 연설이라면 "역시, 대통령 선거는 중요한 선거인가 봅니다. 저기 계신 여성 유권자 여러분, 아침 드시고 설거지도 제대로 못 하고 바쁘게 나오셨지요? 지금도 이 유세장에는 수없이 많은 유권자들께서 계속 오고 계십니다."라고 한마디 하며 분위기 조성을 할 수 있을 것이다.

다음으로 첫 마디는 새로운 소식으로 시작하는 것이 좋다. 사람들은 알고 있는 이야기를 들려주면 생동감을 느끼지 못한다. 연설장에 모인 군중들이 미처 알지 못한 뉴스를 처음부터 전해주면 귀가 솔깃할 것이다. 예를 들면 '북한의 비핵화'를 주제로 연설을 한다면, "반가운 소식이 하나 들어 왔습니다."하면서 뉴스를 전해 주는 것이다. 그렇게 되면 '과연 어떤 소식인가'하고 주의가 집중될 것이다. 이때, "북한의 김정은 국무위원장이 CVID(완전하고 검증 가능하며 돌이킬 수 없는 비핵화)를 조건 없이 수용한다는 성명을 발표했다고 합니다."하고 연설을 해나간다면 얼마나 흥미진진해 하겠는가.

그리고 첫 마디는 예화로 시작하는 것이 좋다. 주제와 관련한 실례를 들어 보이면서 주제의 심각성을 부각한다거나 재미를 더해주는 것이다. 이것은 중요한 문제나 커다란 사건에 대한 실례를 드는 것으로 '얼마 전에 이런 일이 있었습니다.' 또는 '어느 통계를 보니까 이 정도로 심각하더라.' 하는 식이다. 마지막으로 첫 마디는 유머로 시작한다거나 질문으로 시작하는 것도 좋은 방법이다. 물론, 유머나 질문은 연설 주제와 관련한 것이어야 한다. 유머나 질문을 통해 청중들의 잡다한 생각들을 털어버리고 연설에 집중할 수 있도록 하는 효과가 있으며, 연설자에게는 여유를 가지고 함께 웃고, 함께 생각하는 동안 긴장감도 풀 수 있는 좋은 방법이다.

(5) 청중의 심리를 파악하라

연설자는 청중의 심리를 알아야 한다. 연설은 일반적으로 대중을 상대로 하기 때문에 개인적인 대화처럼 상대방의 눈치를 살피면서 말할 수는 없다. 대체로 사전에 준비된 내용에 따라 일방적으로 표현하는 것이 연설의 특성이다. 따라서 연설자는 청중심리를 알아야 한다. 우선, 개인은 남의 이야기를 들을 때 이성적 판단을 하지만, 청중은 다중에게 둘러싸이면 이성을 잃고 감정에 휩쓸리게 되는 것이다. 그리고 이성적 판단은 이치를 따지기 때문에 더딘 편이나 감정으로 받아들이는 경우는 순발력이 있다. 또 개인이 이성적으로 느끼는 반응은 미온적으로 나타나지만, 다중이 느끼는 감정은 폭발적으로 나타난다. 그런가 하면 개인의 반응은 지속적으로 오래가지만 다중의 감정으로 받아들이는 반응은 순간적으로 쉽게 잊혀지기도 한다.

연설 내용의 준비도 청중의 심리를 알고 하여야 한다. 정치나 사상 연설은 교육이나 일반 연설과는 달리 이성보다는 감정에 호소하는 경우가 많다. 그렇기 때문에 선동이나 설득의 화법을 주로 활용한다. 정치, 사상 연설은 연설자의 의도 자체가 정치 소신이나 사상 감정을 전달하는 데 목적이 있기 때문에 대체적으로 폭넓은 비유법을 많이 쓴다. 게다가 선동적이거나 파괴적인 열변(熱辯)이 있는가 하면, 인간의 감정에 파고드는 냉변(冷辯)을 구사하는 등 다채로운 연설기교를 부리게 된다.

그리고 이론이나 상황의 전개에 있어서 과장하는 경우가 많으며, 연설자의 감정을 청중에게 전달하여 양자의 감정 일치를 노리는 연설법이다. 경우에 따라서는 논쟁적인 화제를 가지고 청중에게 자신의 견해를 밝혀 청중의 마음에 변화를 일으키게 하고, 자신의 뜻대로 행동하도록 유도하기도 한다. 이러한 연설은 정치, 사상 연설에서 흔히 쓰이는 연설법이며, 청중 중에는 반대의 의견을 가지고 임하는 사람이 있다는 특수성이 있다. 그러기 때문에 청중이 마음을 바꿀 수 있도록 설득하게 되고, 청중이 모르는 사실을 알려서 선동하게 되며, 청중이나 제3자의 의견에 대하여 공격이나 방어의 연설을 하게 되는 것이다.

수사학에서의 설득은, 연설자가 훌륭한 인격의 소유자일 경우 그 사람의 인격을 믿고 설득되는 것이며, 인간의 심리 상태를 알고 감정에 호소하였을 때 감정이 일치되면 또한 설득되는 것이다. 그리고 연설자의 어떠한 증명이 될 만한 이론이나 증거를 믿고 설득되는 것이다. 그러므로 연설자는 순간적인 감정에 호소하지 말고, 인격을 갖추어야 하며, 정확한 이론에 근거를 두고 청중의 감정에 호소하는 연설법이 가장 좋은 방법이다.

(6) 정곡을 찌르는 한마디가 중요하다

미국의 남북전쟁 당시에 행해졌던 '에이브러햄 링컨'의 '게티즈버그 연설'은 역사적으로 유명하다. 전몰자 국립묘지 봉헌식에 참석하여 불과 5분 정도의 짧은 연설을 하였지만, 이 연설문은 오늘날까지 명연설로 기록되고 있는 것이다. 유명한 웅변가들도 많은데 왜 링컨의 그토록 짧은 연설이 명연설로 기록되는 것일까? 그것은 연설의 주제와 표현에 있는 것이다. 1863년 당시, 미국이 처한 상황에서 '국민의, 국민에 의한, 국민을 위한 정치'가 지상에서 소멸되지 않도록 해야 한다고 말하여 민주주의의 정신을 간결하면서도 가장 적절하게 표현하였다는 데 있다. 링컨은 '민주주의 의식의 고취'를 목적지로 정해놓고 달려간 것이다.

물론, 역사적으로 명연설을 한 위대한 인물들은 많다. 로마의 정치가 '키케로'는 세계 최고의 웅변가로 손색이 없으며, '안토니우스'나 '브루투스'도 당대의 유명한 웅변가들이었다. 그리고 미국의 사업가 '카네기'도 빼놓을 수 없으며, '마크 트웨인'이라는 필명으로 널리 알려진 미국의 유머작가 '클레멘스'도 뛰어난 언변가로 알려지고 있다. 우리는 세계를 움직이는 명연설가들을 보면서 그들의 연설이 솜씨만으로 영향력을 발휘하였다고는 볼 수 없다. 그것은 당대의 시대상이나 연설자의 인품이 기본이 되는 가운데 인류가 바라는 것이 무엇인지를 갈파하고, 가치 있고 정확한 주제를 선택하여 정곡을 찌르는 말을 하였기 때문이라고 보아야 한다. 결국, 그러한 정치가나 연설자들이 사람의 마음을 움직이고 역사를 바꾸어놓은 것이 아니겠는가?

그러나 오늘날의 정치인들은 소신 없이 당리당략에 따라 정략적으로 말을 하는 정치인들이 많지 않은가? 그렇다 보니 정치인들이 민심과 거리가 먼 정책을 쏟아놓고 국민들로부터 비판이나 비난을 받는 것이다. 선거연설의 경우도 마찬가지로 허황된 공약을 남발하는가 하면 알맹이 없는 큰소리만 쳐대는 후보자들을 볼 수 있다. 그러나 이러한 연설 행태로는 연설의 효용 가치를 찾아볼 수 없으며, 유권자들로부터 신뢰와 지지를 받을 수는 없다. 정치인들의 연설뿐만 아니라 우리 일반인들도 연설의 내용이나 표현 방법이 좋지 못하여 공감을 얻지 못하는 경우가 많으므로, 강의나 강연, 또는 연설을 하는 사람은 어떤 내용을 어떻게 말할 것인가 하는 철저한 사전 준비가 필요하다.

(7) 연설 마무리하기

연설의 마무리도 처음 시작 말에 못지않게 중요하다. 처음 단계에서 주의집중을 하여 본론에서 구체적으로 청중의 욕구 충족을 시켰다고 하더라도 마무리가 밋밋하면 연설의 효과를 거두기가 어렵다. 연설을 마무리를 하면서 '정해진 시간이 다되었기 때문에 이것으로 제 연설을 마치겠습니다.' 하는 식의 마무리를 한다거나, '두서없이 말씀을 드려 대단히 죄송합니다. 이상으로 마치겠습니다. 감사합니다.'하고 단상을 내려가는 식의 마무리는 연설의 효과를 기대하기 어렵다.

연설의 마무리는 간결할수록 좋으며, 연설의 핵심인 주제문장을 한마디로 요약 반복해줌으로써, 청중이 기억하고 행동에 옮길 수 있도록 한다거나 강력한 메시지를 던져주는 것이 필요하다. 예컨대 '결국, 북한의 핵 위험으로부터 우리를 보호하는 것은 굳건한 한미동맹과 자주국방력, 경제대국으로 국력을 튼튼히 하는 데 있습니다. 감사합니다.' 하는 식으로 마무리를 하는 것이다. 그리고 연설의 결과에 대하여 상상해볼 수 있도록 하는 한마디가 필요한 것이다. 이럴 경우에는 '일본이 제2차 세계대전 때 진주만을 공격했다가 결국에는 어떤 결과를 가져왔는지, 그들은 생각해봐야 할 것입니다. 감사합니다.'하며 마칠 수도 있다는 것이다. 결국, 장시간의 연설을 들었다고 하더라도 중요한 것은 마지막 한마디라는 것을 잊어서는 안 된다.

4 연설 예문

(1) 링컨의 게티즈버그 연설문

87년 전, 우리의 선조들은 자유의 정신 속에 배태(胚胎)되었던 "모든 사람은 평등하게 태어났다"는 신조에 근거해서 새로운 국가를 이 대륙에 이룩하였습니다.

현재 우리는 거대한 내전(內戰)에 몰두하고 있습니다. 이것에 의한 조국이, 또한 이러한 정신 속에 배태되고 이와 같이 이룩된 모든 국가가 영속될 수 있느냐 없느냐 하는 시련을 겪고 있습니다.

우리는 이제 그러한 전쟁의 한 위대한 격전지에서 만났습니다. 우리는 이렇게 세워진 국가가 영속하도록 여기에서 그 생명을 바친 용사들을 위한 최후의 안식처로서, 그 전장의 한 부분에 헌신하기 위하여 여기 와서 모였습니다.

우리가 이렇게 해야 하는 것은 적절하고 당연한 일입니다. 그러나 이보다 더 큰 의미에서 우리는 이 땅에 헌신할 수가 없습니다. 봉납(捧納)할 수가 없습니다. 정화(淨化)할 수가 없습니다. 살아 있는 사람이나 죽은 사람이나를 막론하고 여기에서 싸운 용사들이야말로 이 땅을 정화했던 것입니다.

그러므로 우리의 미미한 힘으로는 추호도 이를 증감할 수가 없는 것입니다. 우리가 지금 여기에서 이야기하는 추도사를 세상은 귀 기울여 듣지도 않을 것이고, 기억에 남겨 두지도 않을 것입니다. 그러나 용사들이 여기에서 이룩해 놓았던 일은 영원히 기억할 것입니다. 여기에서 싸운 사람들이 이렇게까지 훌륭히 진척시킨 미결 사업에 대하여, 여기에다 몸을 바쳐야 하는 것은 오히려 살아남은 우리인 것입니다.

우리 앞에 남아 있는 대사업에 대하여 여기에서 몸을 바쳐야 하는 것은 오히려 우리들 자신인 것입니다. 그것은 이들 명예의 전사자가 최후의 힘을 다하여 그들의 뒤를 이어받아 우리가 한층 더 헌신한 것을 결의하고,

이들 전사자의 죽음이 헛된 것이 되지 않도록 하며, 또한 이 국가로 하여금 신(神)의 가호 아래 새로운 자유의 탄생을 이룩하기 위하여, '인민에 의한, 인민을 위한, 인민의 정치(The government of the people, by the people, for the people)'를 지상에서 영속시키기 위한 것입니다.

(2) 데모스테네스 연설문

아테네의 명 연설가 데모스테네스가 기원전 338년 아테네 시민들에게 행한 연설로서, 반(反) 마케도니아 파의 중심인물인 그는 페르시아보다 마케도니아의 위협이 더 크고 치명적이라고 주장하면서, 아테네와 테베가 화해하여 반 마케도니아 전선을 구축하고자 역설한 내용이다.

아테네 시민이여, 일어나라

경애하는 아테네 동포 여러분!

여기에 모이신 청중 여러분 가운데 마케도니아 왕 필립이 지휘하는 수십만 대군을 보고, 우리 희랍 열국이 미약하기 때문에 이에 대항하지 못하고 그들의 군화 발에 유린될 것을 보고, 필립 왕이야말로 참으로 우리들의 가장 무서운 적이라고 생각하는 사람이 또 한 사람이라도 있다면, 나는 물론 옳은 생각이라고 말하지 않을 수 없습니다. 그러나 나는 그러한 여러분에게 꼭 고려해야만 될 일이 있다고 말하고자 합니다. 그것은 무엇이겠습니까?

경애하는 아테네 시민여러분!

현재 필립에게 복종하고 있는 대부분의 희랍 열국은 그전에는 자유스럽고 독립된 국가였습니다. 만약 당시의 필립 왕이 자기의 세력이 미약한 탓으로 그를 중심으로 하는 동맹도 없었고, 우리들에게 저항하여 결국 승리할 가망도 없었다면, 오늘날 같은 야만적 행동은 없었을 것입니다.

필립 왕은 우리들의 가장 견고한 수비 지역을 군수 물자와도 같은 것으로 생각하고, 그러한 물자는 당연히 승리자의 수중으로 돌아가게 된다는 것을 알고 있었습니다. 나약하고 비겁한 자가 가지고 있는 것은 당연히 용기 있고 씩씩한 투사의 수중으로 들어간다는 것을 알고 있었습니다. 필립 왕이 일개 평범한 사람으로부터 걸출한 인물이 되어, 마침내 희랍의 전 지역을 정복한 이유는 이와 같은 생각에 많은 자극을 받은 결과인 것입니다.

경애하는 아테네 동포 여러분!

여러분이 만일 나의 말을 받아들여서 저 필립과 같은 생각을 가지게 된다면, 여러분들이 만일 각자 힘이 미치는 한에 있어서 훌륭한 시민이라고 칭찬받기를 원한다면, 또 만일 부유한 여러분들이 지금까지의 우유부단한 생각을 버리고, 자부심을 가지고 번잡스러운 것은 타인에게 맡기고 소란스러운 것도 맡기고, 개인의 향락을 즐기고자 하는 악습을 개선할 수 있다면, 여러분들은 반드시 한 번 놓치신 기회를 다시 포착하여 목전의 난관을 타개할 수 있을 것입니다. 그리하여 빼앗겼던 영토를 탈환하고 저 필립의 오만불손한 죄과를 응징할 수 있을 것입니다.

아테네 동포 여러분!

여러분은 언제 이와 같은 용기를 내실 것입니까? 여러분은 막다른 길에 이르기까지는, 최후의 순간에 이르기까지는, 역시 이대로 한가하게 있겠단 말입니까? 그러면 여러분은 도대체 우리들의 현재의 상황을 어떻게 보고 있는 것입니까?

어떤 사람은 이렇게 말할 것입니다. 우리들은 이 위급한 상황을 방관만 하는 것이 아니라 더 새로운 정보를 얻기 위해 각자 애쓰고 있다고 말입니다. 마케도니아 사람들이 아테네를 정복하지 않고 또 어디를 정복하겠습니까? 어느 누가 "필립이 죽었다고 들었는데 사실인가?" 하고 물으면 "아니오, 죽은 것이 아니라 병이 들었다고 합니다."라고 대답하여, 그것이 마치 하나의 새로운 정보라도 되는 것처럼 생각하고 있습니다. 그러나 가령 필립이 죽었다고 해도 여러분들이 구태의연한 타성을 버리지 않는 한, 또 다시 제2의 필립이 나타나고야 말 것입니다.

여러분! 여러분은 거리의 온갖 풍문에 귀를 기울이지 마십시오. 필립은 우리들의 적입니다. 우리들은 필립에게 짓밟히고 말았습니다만, 이 점을 분명하게 기억하십시오. 우리는 우리 편을 다른 데서 구할 필요는 없습니다. 지금까지 열국은 아테네를 배반하고 마케도니아에 가담하고 있습니다. 희랍의 방방곡곡에서 동지를 구해 다녀도 우리 아테네를 배반하고 마케도니아에 가담하고 있습니다.

희랍의 방방곡곡에서 구해 다녀도 우리 아테네를 위해서 마케도니아에 적대 행위를 하고자 할 사람은 없습니다. 늦으면 타인에게 제압당하고, 빠르면 타인을 제압합니다. 지금 우리들이 망설이고 있다면 오히려 필립의 공격을 받아, 좋든 싫든 간에 이 아테네는 멸망하고 맙니다.

여러분! 아테네를 사랑하기를, 우리들의 부모와 같이, 우리들의 아내와 같이, 우리들의 형제자매와 같이, 우리들의 친구와 같이 사랑한다면 여러분들은 이제 단호히 결심하지 않으면 안 됩니다. 여러분들은 어떠한 전쟁이 일어난다는 것을 알려고 할 필요가 없습니다. 풍설이나 풍문은 들을 필요도 없습니다. 믿을 것은 다만 한 가지뿐입니다. 그것은 무엇이겠습니까? 우리들 아테네 사람들은 이 나라를 창건한 조상들과 같이 각자의 책임을 자각하고 그 책임을 실행하고 그것을 발휘하여, 쉬운 것을 피하고 난관에 의연하게 적면하여 이를 극복하지 않으면 안 됩니다. 그렇지 않으면 재난이 닥쳐와 아테네라는 국가도, 아테네의 시도, 아테네의 집도, 아테네의 사람도 모두 다 마케도니아 왕 필립이 지휘하는 마케도니아 군대의 말발굽에 짓밟혀 버리고 말 것입니다.

아, 여러분! 저 마케도니아 군대의 군마 소리가 들리지 않습니까? 모두 다 일어나십시오! 앉아 있는 사람은 일어나십시오! 서 있는 사람은 달리십시오! 그리고 목숨을 걸고 전진하여 아테네의 국경방어선을 죽음으로 지킵시다!

(3) 안토니우스 연설문

사람들을 설득하는 표준적인 연설문이 필요한가? 모든 설득화술의 표준으로 되어있는 안토니우스의 연설문으로 훈련을 실제같이 소리 내어 해보라. 또한 안토니우스가 적대적인 청중을 어떻게 자기편으로 끌어들이는가에 대해서도 자세히 살펴보라. 그러면 당신도 사람들을 설득하는 방법론을 깨치게 될 것이다.

벗이여, 로마인이여, 동포 여러분, 나에게 귀 기울여 주시오. 난 시저를 묻으러 온 것이지 칭찬하러 온 것이 아니외다. 인간의 악행은 죽은 후에도 남지만 인간의 선행은 뼈와 함께 땅에 묻히기 마련이오.

시저 역시 그럴 것이오. 고결한 브루투스, 그는 시저가 야심에 불탔다고 말하였소. 만일 그게 사실이라면 애절한 비애인데, 가슴 아프게도 시저는 그 값을 치렀소. 나는 브루투스와 다른 사람들의 허락을 받아 말씀드리는 겁니다.

브루투스는 고매한 분, 그 밖의 사람들도 고매하지요. 난 시저에게 추도사를 하러 이곳에 온 것이오. 그는 나의 친구이며, 나에게 믿음을 주고 공정하였소. 그러나 브루투스는 그를 야심가라고 하였소. 브루투스는 고매한 분이시오.

시저는 많은 포로들을 로마로 데려왔으며 포로들의 몸값은 모두 국고에 내놓았소. 어찌 이것이 시저의 야심이란 말이오? 가난한 사람들이 배고파 울부짖을 땐 시저도 함께 울었소. 야심이란 이보다 더 냉혹한 마음에서 생기는 법. 그런데도 브루투스는 그를 야심가라 하오.

어쨌든 브루투스는 고매한 분이오. 여러분은 루퍼커스 제전 때 보셨을 거요. 내가 세 번씩이나 시저에게 왕관을 바쳤지만, 모두 거절한 것을. 이게 야심이오? 그런데도 브루투스는 시저가 야심을 품었다고 말했소. 분명 브루투스는 고매한 분이시오.

내가 브루투스의 말씀에 대항하는 건 아니오. 다만, 아는 바를 말하기 위해 여기 있는 것이오. 여러분은 한때 시저를 사랑했소. 물론 이유가 있지요. 그런데도 왜 여러분은 그를 애도하기를 꺼리는 겁니까?

오, 분별력이여! 그대는 금수에게 도망쳐 버리고 사람들의 이성은 눈이 멀었는가! 날 용서하시오. 내 심장은 시저와 함께 관 속에 들어갔소이다. 심장이 내게로 되돌아 올 때까지 기다려 주시오.

(시민들은 안토니우스의 말이 일리가 있다면서, 자기들끼리 웅성거리며 이야기를 한다. 슬픔에 잠긴 안토니우스는 다시 연설하기 시작하면서, 시저의 유언장을 가지고 청중의 시선과 판단을 기다린다.)

진정하시오, 여러분, 난 읽을 수가 없소. 여러분은 목석이 아니라 인간이오. 인간인 이상 시저의 유언을 들으면 여러분은 필시 격분해서 이성을 잃어버릴 것이오.

(공모자들을 향해 다시 한번 은근한 비난을 한다.)

그 명예로운 사람들을 비난하기가 두렵소. 그들의 비수가 시저를 찔렀던 것이오.

(안토니우스는 연단으로부터 걸어 내려와서 청중이 자신과 시저의 시체를 에워싸게 한다.)

만약 여러분들께 눈물이 있다면 지금이야말로 눈물을 흘릴 때요. 여러분은 이 외투를 아실 거요. 나는 시저가 이 외투를 입던 날을 기억하오. '어느 여름날' 저녁 군막 속에서 너비 족을 정복하던 바로 그날이었소. 보시오, 캐시어스의 칼이 여길 찌르고 들어갔소. 캐스카의 원한 담긴 칼이 찌른 이 자국을 보시오. 여긴 총애를 받던 브루투스가 찌른 자국이요. 저주받은 칼을 브루투스가 뽑아 들었을 때, 자, 보시오. 시저의 심장에서 쏟아지는 피를 브루투스가 찌른 이 상처는 가장 잔인무도했소.

(무질서한 군중들이 격분해서 큰 소리로 비난을 퍼붓기 시작한다.)

친애하는 벗들이여, 선량한 벗들이여, 내 말에 격분해서 갑작스런 폭동을 일으켜선 안 됩니다. 친구 여러분, 나는 여러분의 마음을 도둑질하러 여기 온 것이 아니라오. 나는 브루투스처럼 웅변가도 아니오. 여러분이 알다시피, 나는 평범하고 무뚝뚝한 사나이라오. 다만, 내 친구를 사랑할 뿐이라오. 그저 솔직하게 말할 뿐이오. 여러분 자신도 알고 있는 걸 이야기할 뿐이오.

여러분에게 시저의 상처를, 저 불쌍하고 말 없는 상처를 보여드려, 그 상처 대신 말할 뿐이오. 만일 내가 브루투스이고, 브루투스가 안토니우스라면 안토니우스는 여러분의 마음에 불을 질러 시저의 상처마다, 혀를 주어 로마의 돌까지도 선동하여 폭동을 일으키게 했을 것이오.

(시민들이 폭동을 일으키자 마지막으로, 안토니우스는 자신의 산책로와 과목, 과수원들 모두를 기꺼이 사람들에게 남긴다는 시저의 유언을 읽어서, 격분한 사람들을 진정시킨다. 그런 다음, 안토니우스는 폭동을 일으키려는 군중을 달랜다.)

(4) 전봉준의 연설문

옛글로 된 연설문은 현대식 표기가 아니어서 표현하기가 쉽지 않다. 어려운 말 문장이나 문장이 매우 길어 호흡조절의 어려움을 겪으며 하는 것도 좋은 훈련방법이다.

오늘의 신하들은 나라에 보답할 생각은 하지 않고 헛되이 지위를 차지하고 앉아 나라의 녹을 훔쳐 먹으면서, 임금님의 총명을 가려서 막고 아부로써 구차스러이 용납됨을 일삼으며, 충성스런 선비의 간하는 말을 요망한 소리라 하여 내치고 곧은 인사를 못된 무리라 배척하니, 조정안에서는 나라를 떠받들 인재가 없고 밖에는 백성을 학대하는 벼슬아치가 창궐하고 있다. 그리하여 인민들의 마음은 흐트러지고 변하여, 들어온즉 즐길 생업이 없고 문을 나선즉 제 몸을 보신할 길이 없다.

학정은 날로 방자하여지고 원성이 끝없이 일어나니, 임금과 신하의 의리며 아비와 자식의 윤상이며, 위와 아래의 분수가 거꾸로 무너져 남는 것이 없게 되었다.

위로는 삼공과 육공으로부터 아래로는 방백과 수령에 이르기까지, 국가의 위태로움은 생각지 않고 오직 내 몸을 살찌게 하고 내 집을 윤택하게 할 계책에만 급급한가 하면, 관리를 전형하여 쓰는 등용문은 마치 재화를 생산하는 지름길로 보이게 되고 과거에 응시하는 시험장은 급기야 문하를 교역하는 저자를 이루었다.

민중은 나라의 근본이라, 근본이 깎이면 나라가 곧 쇠잔해지는 법이다.

그런데 관직에 있는 자들이 나라를 붙들고 백성을 안접하여 살게 할 방책은 생각지 않고 외지에 향저나 별서를 설치하는 데 정신을 빼앗기고, 오로지 혼자만 잘 살 방책으로 헛되이 지위와 녹을 축내며 도둑질하고 있으니, 어찌 이와 같은 일이 이치에 옳다 할 것이랴.

우리의 무리는 그저 풀 자라는 들에 죽다 남아 흩어져 사는 백성들이다.

그러나 그 소출을 먹고사는 땅 역시 나라의 것이요, 우리의 걸친 옷 또한 이 나라를 다스리는 임금님의 것을 입고 있기에, 이 나라 자체의 위태로움을 앉아서 보고 있을 수 없는 일이다.

이에 팔로가 마음을 한 가지로 하고 억조가 서로 묻고 의논하여, 마침내 의로운 깃발을 높이 들었다.

이로써 나라를 받치고 백성을 안접시키기로 죽고 사는 맹세를 삼노니, 오늘의 광경이 비록 놀랍고 해괴한 바 있다 하더라도, 결코 두려워 망녕되이 움직이지 말고 각자 생활에 안돈하기 바라노라.

그리하여 태평한 세월의 해와 달을 함께 축하하며 치화를 누리게 된다면, 그보다 더한 다행함이 없을 것이다. 여러분, 불의와 타협하지 맙시다.

(5) 루즈벨트 대통령 취임사

<결속을 위해 여러분의 지원을>

오늘은 국가의 임무를 수임하는 날입니다.

따라서 우리 국민들은 저의 대통령직 취임에 즈음하여, 이 나라의 현 상태가 요구하는 솔직함과 결단력을 가지고, 그들에게 말씀드려 주실 것을 기대하고 있음을 확신합니다.

이 위대한 국가는 현재까지 존속해 왔으며 앞으로도 존속할 것이며, 새로운 원기를 회복하여 번영할 것입니다.

그러므로 저는 무엇보다도 먼저 우리가 두려워해야 할 것은 후퇴를 전진으로 전환시키는 데 필요한 노력을 마비시키는, 무어라 이름 붙이기도 어렵고 불합리하고 근거가 희박한 공포 그 자체라는 저의 굳은 신념을 말씀드리고자 싶습니다.

우리의 국민생활이 암흑에 덮일 때마다, 솔직하고 강력한 지도력이 승리를 이루는데 필요한 국민의 이해와 지원을 얻지 못하던 적은 없었습니다.

저는 여러분께서 오늘날과 같은 중대한 시기에, 다시 한번 그와 같은 지원을 지도력에 부여해 주실 것을 믿습니다.

저는 먼저 해야 할 일을 먼저 하는 일을 실제적인 정책으로서 옹호할 것입니다. 국제적인 경제문제를 재조정함으로써 세계무역을 회복시키기 위한 노력을 게을리 하지 않을 것이지만, 국내의 위급한 경제문제 해결이 세계무역을 회복하는 일보다 우선하는 것입니다.

이와 같은 특별한 국가부흥수단을 쓰도록 인도하는 기본적인 이념이 도량이 좁은 민족주의는 아닙니다.

세계정책 분야에 있어서는 저는 이 나라를 선진정책에 헌신토록 하고자 합니다. 제가 만일 우리 국민의 기질을 올바로 인식하고 있다면, 지금쯤 우리는 전에 없이 우리가 서로 의존하고 있다는 사실을 깨닫고 있다고 생각합니다.

즉 우리는 남의 것을 취할 수만은 없으며, 남에게 주기도 해야 한다는 것을 알고 있습니다.

저는 이상 말씀드린 바를 실천에 옮겨 드릴 것을 굳게 다짐하는 바이며, 동시에 하나의 신성한 의무감이 뒤따르는 보다 원대한 목적이, 지금까지는 전시에만 일어나던 일치된 의무감으로 우리를 결속시킬 것임을 확신하는 바입니다.

Ⅲ. 3분 스피치

3분 스피치는 자신의 의사 표현을 3분 안에 압축해서 조리 있고 명료하게 표현하는 기법으로 인사말, 자기소개, 홍보활동, 대중연설, 소감발표 등에 가장 효과적인 방법으로 대중스피치에서 널리 사용되는 기법이다.

1 3분의 힘

복잡하고 스피디한 현대사회에서 최단 시간 내에 상대에게 나를 인식시킬 수 있는 최고의 코드는 3분이다. 인생에서 중요한 순간인 면접에서 나를 각인시키는 데 필요한 시간은 3분이고, 대기업에서 선호하는 1장짜리 보고서도 3분 안에 이해하도록 요약되어 있다. 그래서 3분의 가치를 제대로 알고 쓸 줄 아는 것이 현대인의 성공 무기다. 당신은 '웰빙시대에 하필이면 인스턴트식 3분이냐'고 반문하겠지만 예를 들어 '엘리베이터 브리핑'이라는 것에 대해서 잠시 생각해보자. 이것은 최종 결정권자가 엘리베이터를 오르내리는 짧은 시간을 최대한 활용하는 각광받는 브리핑의 한 방식으로, 이때 안건을 제대로 브리핑할 수 없다면 그 프로젝트는 폐기되거나 다시 고민될 수밖에 없다. 우리가 체감할 수 있는 현대 비즈니스 세계는 넘쳐나는 정보의 홍수 속에서 결정적인 정보만을 골라내는 효율적인 판단이 필요하기 때문에, '3분'은 한 사람의 일생에 중요한 결정을 내리기에 충분한 시간이며 30년을 좌우할 수도 있는 시간이다.

당신이 어떤 사람을 만나든지 3분의 가치를 최고로 발휘하기 위해서는 무엇보다도 철저한 사전 준비가 필요하다. 일단 당신이 만나려는 사람이 무엇을 싫어하고 좋아하는지의 개인적 취향, 업무 스타일, 그의 성격 등을 아는 것은 기본이다. 당신은 그 사람을 대면하는 3분 동안 그 사람의 손짓,

몸짓 하나에도 무엇을 원하는지 눈치 챌 수 있어야 이에 대한 적절한 반응으로 그 사람으로 하여금 당신이 원하는 결론을 내리게 만들 수 있다. 내가 그 사람을 설득하고자 하는 바를 3분이라는 짧은 시간에 핵심만 말할 수 있도록 제대로 정리하는 것 또한 중요하다. 만일 당신이 세일즈를 한다면 더욱 그렇다. 대부분의 고객들은 '시간이 없으니 간단히 말해보세요'라는 말로 세일즈맨을 따돌리려고 하기 때문이다. 그러나 당신이 짧은 시간 내에 고객의 취향에 맞는 상품에 대한 3가지 정도의 알기 쉬운 요점만을 설명하면, 상대는 놀라운 관심을 보일 것이다.

자신의 기획안에 대해서 설득을 해야 하는 입장이라면, 기획안 중에서 특히 강조하고 싶은 요소나 특징을 설명 순서대로 A4용지에 간단히 특징 정도를 정리해보자. 이때 포스트잇에 그것을 메모해두고 대화 중 상대의 반응에 따라 적절히 순서를 재배열해 보는 것도 효과적이다. 준비된 서류를 상대에게 살짝 보여주는 것도 당신이 성실하게 준비해 상대를 만나고 있다는 점을 어필할 수 있다. 3분이란 시간은 단지 상대와 인사만 하고 명함을 주고받음으로 지나가 버릴 수 있는, 실제로 매우 짧은 시간이다. 때문에 당신의 첫인상이 상대에게 전부가 될 수도 있다는 것을 명심하자. 처음 나쁜 인상을 받았다면 당신이 아무리 그럴듯한 달변으로 상품에 대해 조리 있게 말해도, 당신은 별 소득을 얻지 못할 것은 명백한 사실이다. 상대를 만나기 전에 당신의 이미지를 점검하는 것은 필수다.

3분이라는 짧은 시간동안 상대를 설득하기 위해서 갖춰야 할 것은 바로 3분 안에 자신이나 혹은 팔고자 하는 상품을 드러낼 수 있는 요령 있는 화술이다. 그러나 3분 안에 말하는 방법을 훈련하는 것은 단지 말만 짧게 하기 위한 것이 아니라, 이야기의 핵심을 제대로 표현할 수 있어야 한다. 때문에 결론부터 짧고 명료하게 말하는 습관이 무엇보다 중요하다. 이것은 자신의 입장을 명확하게 밝힐 수 있어 당신은 자신감 넘치는 사람으로 상대에게 비춰진다. 만일 보수적인 상대에게 자유롭고 개방적인 분위기를 운운한다면 모든 게 엉망으로 될 것은 뻔한 일인 셈이다. 상대가 존중하는 가치와 정확한 수치를 근거로 덧붙여 준다면 더욱 논리적으로 보일 수 있다. 여기에 짧은 문장으로 많은 의미를 설명할 수 있는 속담, 격언과 같은 비유라는 수사법을 덧붙인다면, 상세한 설명이 필요한 복잡한 문제를 상대가 금방 이해할 수 있도록 해 대화가 한결 수월해진다. 또 한 가지는 이야기 초반을 매우 느리게 시작하되, 전개는 빠르게 해야 한다. 이것은 성급한 실수를 예방할 수 있고 상대방을 당신의 대화 리듬에 끌어들일 수 있는 효과적인 방법이다.

2 3분 스피치 구성

(1) 3분 스피치 내용구성

3분 스피치는 대체로 다음과 같은 구성으로 전개하면 무난하다.

「첫인사, 자기소개 → 서론 도입 → 본론(주제발표) → 결론 마무리 → 끝인사」

3분 스피치는 3분이라는 짧은 시간 내에 듣는 사람에게 전달해야 하므로 이야기가 옆길로 새지 않도록 스피치 내용구성에 세심한 주의를 기울여야 한다. 따라서 금방 지나갈 것 같은 3분을 어떻게 조리 있고 의미 있게 만드느냐를 고민해야 한다. 간혹 어떤 사람들은 3분 스피치를 할 때 시간 개념을 가지지 않고 그저 적당하게 말하다 대충 3분이 되리라는 짐작과 함께 스피치를 마무리하는 사람들도 있다. 이런 사람들은 대개 스피치를 하다 청중들의 반응이 좋으면 신이 나서 3분의 시간을 훌쩍 넘기며 엉뚱한 주제를 말하는 경우도 종종 보게 된다. 그러나 청중들은 2분이라는 시간이 지나면 서서히 인내의 한계를 드러낸다는 사실을 유념해서 내용을 조리 있게 구성해야 한다. 이렇듯 3분 스피치는 한 가지 주제를 조리 있게 3분 안에 발표하는 것이다.

(2) 3분 스피치 기법

여러 사람 앞에서 말 잘하는 사람은 평범한 이야기 속에 핵심을 담아 청중의 마음을 움직이는 재주가 있다. 사람들은 어느 박식한 사람의 고상한 설교보다 이웃집 아저씨가 옛날이야기를 들려주듯, 쉽고 간단하게 예를 들어가며 하는 말에 더 귀 기울인다.

1) 이야기의 소재는 자기 생활에서 찾아라

"예화를 사용하지 않고 3분간 스피치 하는 것이 예화를 사용하면서 10분 동안 말하는 것보다 더 지루하다."는 말이 있다. 아무리 수준 높은 이야기라 할지라도 예화 없이 단순한 이론적 전개나 고리타분한 미사여구로는 청중의 관심을 얻을 수 없다.

2) 말은 짧게 하라

요즘 사람들에게는 간결하고 스피디한 논리 전개가 설득력을 갖는다. 또 말은 짧을수록 감칠맛이 나기도 한다. 바쁘게 살아가는 요즘 세상에 간결함은 대화의 생명이기도 하다. 질질 끄는 말은 오히려 신뢰감을 떨어뜨리는 요인이 될 수 있다.

3) 시작과 끝이 좋아야 전부가 좋다

연단에 올라서자마자 '준비를 별로 못 해서' 또는 '아는 게 별로 없어서', '3분이라는 시간이 부족해서 전부 다 말씀드릴 수는 없고…'라는 말은 해서는 안 된다. 이런 말은 결국 자신의 성의가 부족했거나 연사로서의 자격이 떨어진다는 것을 증명하는 말밖에 안 된다. 청중들의 호기심과 흥미를 유발시킬 수 있는 자신 있는 멘트로써 서두를 장식하고, 끝맺음도 확실하게 해야 3분 스피치 전체가 살아나는 것이다.

4) 한 개의 테마를 3분 이내에 끝내라

들으나 마나 한 이야기를 가지고 지지부진하게 시간만 끌고 있으면 청중들은 이내 딴 곳에 시선을 돌려버리고 만다. 3분 스피치는 내용이나 구성 면에 있어서 간결하면서도 다이내믹한 전개로 3분 이내에 한 개의 테마로 이루어져야 한다. 그리고 3분의 시간을 지키지 못한다면 3분 스피치의 의미는 없어지고 말 것이다.

5) 충실한 내용을 준비하라

3분 스피치가 감동을 줄 수 있는 것은 간결하면서도 말에 알맹이가 있기 때문이다. 그러므로 단 한마디라도 사람의 마음을 파고드는 깊이가 느껴지도록 좋은 내용을 충실히 준비하는 데 주력해야 한다. 그리고 꾸밈없고 자연스럽게 친구에게 이야기하듯 청중을 대하다 보면, 자기도 모르게 말의 가닥을 잡게 되고 자신감 있는 스피치를 진행할 수 있게 된다.

6) 스토리텔링 기법으로 말하라

청중을 상대로 하는 것이기 때문에, '음성도 좋아야 하고, 발음도 좋아야 하고, 내용도 좋아야 하고, 표현도 잘해야 하고….' 이런 식의 강박관념에 사로잡히게 되면 말투부터 딱딱해지고 억양도 이상해져서 억지로 꾸미게 되고 남의 흉내를 내는 어설픈 스피치를 하게 된다. 연사는 청중 앞에서 있다는 것을 의식하지 않고 자연스럽게 그들과 공감대를 형성하는 것이 중요하다. 청중을 상대로 자신의 주장을 펼친다기보다는 그들과 이야기를 나눈다는 기분으로 임해야 말도 제대로 나오는 법이다.

그러므로 3분 스피치의 흐름을 대화식으로 연출하는 것이 좋은 방법이다. 청중과 이야기하듯 스토리텔링 기법으로 스스로 질문을 던지고 그 질문에 답변해나가는 것이다. 당신의 이야기가 아무리 강력한 메시지를 담고 있다 하더라도 말하는 법, 말하는 태도에 힘이 없고 성실함이 느껴지지 않는다면 아무런 효과도 기대할 수 없게 된다. 3분 스피치는 살아 움직이는 신선함이 있어야 청중의 호응을 이끌어낼 수 있는 것인데 그 신선함이란 바로 당신 자신의 가장 자연스러운 모습이란 걸 잊지 말아야 한다.

7) 3분 스피치 발표시 주의점

- 바른 자세와 밝은 표정으로 청중에게 시선 안배를 골고루 한다.
- 정해진 3분 시간을 잘 지키도록 한다.
- 시간에 쫓기듯, 혹은 시간을 때우려는 듯한 발표가 되지 않도록 말하는 속도를 적당하게 안배한다.
- 목소리는 크고 또렷하며 자신감 있는 목소리로 정확한 발음에 유의한다.
- 발표 도중 3초 이상 머뭇거리는 시간이 있어서는 안 된다. (방송사고의 기준)
- 가급적 유머, 위트를 섞어 재미있게 말하도록 한다.
- 3분 스피치에서는 한 가지 주제만을 전달할 수 있음을 유념한다.

(3) 3분 스피치 주제예시

- 나의 장점과 단점은
- 10년 후 나의 모습은
- 우리 가족의 자랑거리
- 내가 만약 100억 로또에 당첨된다면
- 나의 이상형은 어떤 사람인가
- 내가 생각하는 소중한 가치란
- 내가 생각하는 '행복' 이란
- 내가 생각하는 '사랑' 이란
- 세상이 아름답다고 느낄 때는
- 나만의 건강비법
- 지금까지 살아오면서 가장 행복했던 때
- 성형수술을 한다면 하고 싶은 부위는
- 내가 만약 이민을 간다면 가고 싶은 나라는

- 남자(여자)라서 가장 행복을 느낄 때
- 남자(여자)라서 가장 불편을 느낄 때
- 내가 생각하는 가장 부러운 사람은
- 무인도에 갈 때 가져가고 싶은 3가지
- 나에게 있어서 친구의 의미는
- 다시 고등학생이 된다면 가장 해보고 싶은 일
- 살면서 가장 후회스러운 점
- 내가 생각하는 이상적인 결혼관
- 20년 후에 열어보는 타임캡슐에 넣고 싶은 것 3가지
- 부모가 자식에게 남길 가장 소중한 유산은
- 다른 사람에게 추천하고 싶은 여행지
- 환경문제에 대한 생활 속 실천사항
- 나의 노후 계획은
- 성공적인 직장생활의 비결은
- 배우자의 조건은 무엇인가
- 나만의 스트레스 해소법.
- 세상에서 가장 불쌍한 사람은
- 우리나라에 사는 것이 좋다고 느낄 때
- 생일날 받고 싶은 선물
- 지금보다 10년 혹은 20년 더 젊어진다면
- 나만의 독서비법
- 사랑받는 남자(여자)가 되려면
- 갑자기 열흘간의 휴가와 보너스가 주어진다면
- 나의 멘토로 삼고 싶은 사람
- 외국인에 비해 한국인이 우월한 점
- 외국인에 비해 한국인이 개선해야 하는 점
- 내가 생각하는 성공적인 삶이란

- 내가 살면서 큰 결단을 필요했던 경험
- 사랑하는 사람에게 꼭 해주고 싶은 것
- 내 인생에서 가장 어려웠던 선택
- 가장 좋아하는 명언과 이유
- 죽기 전에 꼭 해보고 싶은 일 3가지
- 나의 성격에 가장 큰 영향을 준 사람
- 내가 추천하고 싶은 음식점
- 내가 책을 쓴다면 주제와 제목은
- 나의 자랑스러운 친구 소개하기
- 다시 태어나면 이것만은 꼭 하고 싶다
- 기억력을 향상시키는 방법은
- 가장 기억에 남는 여행지는
- 지하철에서 유용한 시간 보내기
- 추천하고 싶은 데이트 코스
- 외국인에게 소개하고 싶은 문화유산
- 인간관계에서 가장 소중한 것은
- 나는 어떤 곳에 기부하고 싶나, 그 이유는
- 우리나라 언론의 역할에 대한 나의 생각은
- 내가 체험한 웃음의 효과
- 내가 존경하는 사람은 누구이며 그 이유는
- 내가 생각하는 스피치 능력 향상 방안
- 리더가 갖추어야 할 꼭 필요한 능력은

■ **3분 스피치 예문**

연제 : 상대의 잘못을 지적하는 방법

안녕하십니까? 인간관계를 소중하게 생각하는 사람, ○○○입니다.

지금부터 **'상대의 잘못을 지적하는 방법'**에 대해서 말씀드리겠습니다. 아무리 좋은 의도라도 상대의 잘못을 지적하기란 참 어렵습니다. 왜냐하면 상대방은 이미 신경이 거슬리기 마련이므로 잘못을 지적할 때는 지혜로운 방법이 필요합니다.

그럼, **'상대의 잘못을 지적하는 방법'** 세 가지를 말씀드리겠습니다.

첫째, **상대의 잘못을 지적할 때는 인격적으로 비난해서는 안 됩니다.** "이봐. 나지각씨, 보아하니 습관적으로 지각하는 것 같은데, 어릴 적부터 집에서 학교 다닐 때도 그랬나?" 이렇게 잘못한 행위가 있으면 그 행동 자체만을 지적해야지 평소의 인간성이 어떠니, 가정교육이 잘못되었다느니 교육을 잘 못 받아서 그렇다는 등의 인격적인 모독은 삼가야 합니다. 대화의 기법 중 가장 어려운 부분 중의 하나가 상대의 잘못을 지적하는 것이므로 특히 주의해야겠습니다.

둘째, **상대의 잘못을 지적할 때는 압축 요약해서 말해야 합니다.** '말의 효과는 말하는 시간과 반비례한다.'는 말이 있습니다. 지적이 효과를 거두기 위해서는 될 수 있으면 말을 압축요약해서 사용해야 합니다. 한두 마디의 말이라도 거기에 정성과 힘을 담아서 상대방을 움직일 수 있다면 바람직한 지적이 될 것입니다. 그러므로 지나치게 긴 지적은 이미 지적의 기능을 상실한 무의미한 것입니다. 사람은 상대가 일방적으로 하는 긴 말은 쉽게 싫증을 내기 마련입니다. 특히 자신의 결점을 지적하는 말이라면 어떻겠습니까? 아무리 듣기 좋은 말이라도 반복해서 들으면 싫어지는 것이 인간의 심리입니다. 하물며 자신을 지적하는 말이야 오죽하겠습니까?

셋째, **상대의 잘못을 지적할 때는 타인과 비교하지 마십시오.** "이봐, 나지각 씨 자네 오늘 또 늦었어. 김성실 씨 좀 봐. 몇 시에 나온 줄 알아? 저 친구 반만이라도 따라가 봐." 이렇게 비교하는 말은 생각 없이 내뱉는 말이므로 듣는 쪽에서는 큰 타격을 입게 됩니다. 이런 말은 자칫 비교되는 두 사람 사이를 갈라놓는 결과가 될 수도 있으므로 유의해야 합니다.

지금까지 상대의 잘못을 지적할 때는 **첫째는 인격적으로 비난하지 말고, 둘째는 압축 요약해서 말하고, 셋째는 타인과 비교하지 말라**는 세 가지 원칙에 대해서 말씀드렸습니다. 아무리 격의 없는 사이라도 상대의 잘못을 지적할 때는, 지혜로운 방법을 통해 상대가 잘 받아들일 수 있도록 유의해야겠습니다.

오늘은 **'상대의 잘못을 지적하는 방법'**에 대해서 말씀드렸습니다. 끝까지 경청해 주셔서 감사합니다.

Ⅳ. 발표 실습

1 자기 이름 소개

자기소개 첫말을 할 때, 단순히 "안녕하세요? ○○○입니다"라고만 소개하는 것보다는, "안녕하세요? 지역문화 향상에 앞장서는 사람, ○○서점 대표, ○○○입니다."라고 말하는 것이다. 이렇게 소개하면 자신이 하는 일에 대한 긍지와 자부심을 가지고 생업에 종사하고 있음을 표현하는 멋진 소개가 된다. 또 당신이 가정주부라면 "저는 집에서 평범하게 살림살이하는 가정주부입니다."라고 소개하기보다는 "반갑습니다. 가족의 건강을 책임지는 전업주부, ○○○입니다. 저는 다른 요리는 평범하지만 잡채요리만큼은 잘 만듭니다. 집안 행사 때 일가친척들이 잡채만큼은 전적으로 저에게 맡기는 편입니다. 기회가 되면 맛있는 잡채를 함께 나누었으면 좋겠습니다."라고 말해보라. 그럼 당신의 위상이 갑자기 상승하는 느낌을 받을 것이다.

(1) 자기 이름 소개 예문

① 안녕하십니까? 열정적으로 세상을 살아가며
가슴이 뜨거워 정이 넘치는 사람, ○○○입니다.

② 안녕하세요? 항상 새로움을 추구하며
할 수 있다는 신념으로 살아가는, ○○○입니다.

③ 안녕하십니까? 말보다는 행동을 우선으로 하는 행동파,
모든 것을 행동으로 보여주는 ○○○, 인사드립니다.

(2) 자기 이름 소개문 실습

①

----

②

----

③

----

2 자기소개법

우리가 대중 앞에서 말할 때 반드시 해야 할 스피치 중에서 맨 처음 하게 되는 것이 바로 자기소개이다. 자기소개는 자신의 첫인상과 첫 이미지가 결정되는 것인 만큼 원고를 미리 작성하여 연습하고 상황과 환경에 맞게 잘 활용할 줄 알아야 한다.

(1) 시작 인사, 이름 소개

첫째, 시작 인사와 함께 자신의 이름을 소개한다. 이름을 소개할 때 자신을 상징적으로 표현할 수 있는 적당한 수식어, 즉 자신을 나타낼 수 있는 브랜드명을 이름 앞에 말하면, 자신을 알리고 기억시킬 수 있는 좋은 방법이 된다.

- **안녕하십니까? 항상 긍정적으로 살아가는 사람, ○○○입니다.**
- **안녕하세요? 행운을 기다리기보다 운명을 개척하는 사람, ○○○입니다.**

※ 자기소개를 할 때 고개 숙여 인사하고 말할 것인지, 인사말을 하고 난 후 고개 숙일 것인지를 분명하게 선택해야 한다. 주로 실내에서는 먼저 인사하고 멘트 하며, 실외에서는 멘트 후 인사하는 것이 좋다. 그러나 실내라도 강당이나 체육관 등 넓은 장소에서는 주위가 산만한 편이므로, 인사말 멘트를 먼저하고 고개 숙여 인사하는 것이 좋다. 이때 고개 숙여 인사하면서 동시에 멘트를 하는 것은 잘못된 습관이다. 특히 마이크를 잡고 할 경우에 고개를 숙이며 동시에 멘트를 하면 성대가 눌려 인사말이 제대로 전달되지 않을 수 있다. 고개 숙여 인사를 할 때는 청중이 손뼉을 칠 수 있는 시간을 주고 정중함을 주고자 허리를 숙인 상태에서 1~2초 정도 머물러 준다.

(2) 거주지 소개

둘째, 자신이 살고 있는 지역을 말한다. 이때 자신이 거주하는 지역 이름과 관련된 이야기를 활용하면 좋다.

- **저는 물 맑고 산 좋고 공기 좋기로 소문난, ○○동에 살고 있습니다.**
- **제가 살고 있는 곳은 막창 골목으로 유명한, ○○동입니다.**

(3) 하는 일 (직업) 소개

셋째, 자신이 지금 하고 있는 일(직업)을 소개한다. 이때 좀 더 구체적으로 직업 선택의 배경이나 직업의 사회적 기여도 등을 설명하면 좀 더 효과적이다.

- **저는 디자인을 전공하고 현재 ○○회사에서 ○○을 담당하고 있습니다.**
- **평소 식품영양에 관심이 많은 저는, 건강한 사회가 되기 위해선 가족 건강이 최우선이므로 현재, 가정에서 가족들의 식품영양을 확실히 책임지고 있습니다.**

(4) 좋아하는 것, 잘하는 것 (취미, 특기) 소개

넷째, 자신이 좋아하고 잘하는 것을 소개한다. 상기 1) 2) 3)이 개인정보를 이야기 한 것이라면 4)부터 진짜 자기소개가 되는 셈이다. 4)부터는 구체적으로 소개할 경우 동호인을 쉽게 만날 수 있게 된다.

- **저는 산이 좋아 우리나라 100대 명산은 다 가보았습니다. 앞으로는 가까운 해외명산을 가고 싶은데 함께 하실 분은 연락주시기 바랍니다. 그리고 산악자전거를 탄지가 10년 정도 되는데 해마다 전국대회에 출전하고 있습니다.**
- **저는 애견을 기르는 것이 취미입니다. 현재, 애견미용은 샵을 이용하지 않고 집에서 혼자 할 수 있을 정도며 경진대회 수상도 했습니다. 애견에 관심이 있으신 분은 저와 함께 좋은 정보를 공유했으면 좋겠습니다.**

(5) 참여 동기, 하고 싶은 말

다섯째, 모임에 참여하게 된 동기를 말하며 이때 모임을 소개해준 사람이 있으면 소개한다. 그리고 모임에 대한 관심 표현, 앞으로의 계획·다짐·소망·덕담 등을 말한다.

- **저는 평소 이 모임에 관심이 많았으나 차일피일 미루다, 마침 ○○○께서 함께 가자고 권유하시기에 이렇게 참여하게 되었습니다. 앞으로 많은 지도 편달을 바랍니다.**
- **저는 인터넷 검색을 통해 이 모임을 알게 되었고 막상 참여하고 보니, 과연 잘 왔구나 하는 생각이 듭니다. 앞으로 이 모임이 더욱 발전하여 많은 사람들이 참여했으면 좋겠고, 소외된 이웃에게 희망을 주며 지역사회 발전에도 큰 몫을 담당하는 단체로 성장하기를 기대합니다.**

(6) 마무리 끝인사

여섯째, 끝인사로 마무리한다.

- **우리 모두 즐겁고 뜻 깊은 시간을 가졌으면 합니다. 만나서 반갑습니다.**
- **여러분, 열정맨, ○○○을 꼭 기억해 주십시오. 감사합니다.**

3 자기소개 예문

(1) 자기소개 예문1

안녕하십니까?

행운을 기다리기보다 운명을 개척해가는 사람, ○○○ 입니다.

저는 문화의 거리로 불리는, ○○동에 살고 있으며, 디자인을 전공하고 자동차부품회사에서 광고기획을 담당하고 있습니다.

평소 산이 좋아 우리나라 100대 명산은 다 가보았습니다만, 앞으로 가까운 해외 명산을 가고 싶은데 혹시 함께 하실 분은 연락주시기 바랍니다. 그리고 색소폰을 분 지가 10년쯤 됩니다. 한 달에 한 번은 정기적으로 봉사활동을 하고, 가끔은 야외무대에서 공연도 하고 있습니다.

이 모임은 인터넷 검색을 통해 알게 되었고, 이렇게 참여하고 보니 과연 잘 왔구나 하는 생각이 듭니다. 앞으로 이 모임에 많은 사람들이 참여하고 더욱더 발전하기를 기원합니다.

오늘의 이 만남이 소중한 인연으로 계속 이어지길 바랍니다. 감사합니다.

(2) 자기소개 예문2

안녕하십니까? 지성과 감성을 겸비한, ○○○입니다.

이렇게 훌륭하고 멋지신 여러분을 만나 뵙고자 막창골목으로 유명한, ○○동에서 왔습니다.

저는 언제나 '가치 있는 일을 하자'는 좌우명으로 세상을 살아가는 비즈니스맨입니다.

제가 좋아하는 것은 독서입니다. 새벽 6시면 기상하여 매일마다 명상과 독서를 통해 마음의 양식을 쌓고 있습니다. 여러분도 아침 시간만 잘 활용해도 1주일에 1권의 책은 반드시 읽을 수 있으니 적극 권해드립니다. 그리고 헬스를 한 지 20년이 되었는데 생활체육인 보디빌딩대회에서 입상한 경력도 있습니다.

제가 이곳에 오게 된 동기는 대인관계 화술 부족과 여러 사람 앞에 서면 울렁증 현상으로 제대로 표현하지 못함을 극복하고 싶어 왔습니다. 앞으로 대인관계 처세술, 대중스피치 발표술 등 소통의 기법을 잘 배워서 성공적인 인간관계를 통한 행복한 삶을 추구하고 싶습니다.

여러분을 만나게 되어 대단히 기쁘게 생각하고 소중한 인연으로 생각합니다. 앞으로 이 인연이 필연이 되기를 바랍니다. 감사합니다.

(3) 자기소개 예문3 (PREP기법)

- **Point (요점)**

안녕하세요? ○○○입니다. 제 닉네임(별명)은 "똑소리"라고 합니다.

- **Reason (이유)**

제가 똑소리가 된 이유는, 대인관계를 할 때, 업무적으로 대하는 저의 태도 때문인 것 같습니다.

- **Example (사례)**

저는 여성으로서 비즈니스를 하려면 나만의 카리스마가 필요하다고 생각합니다. 그래서 "업무처리는 이성적으로, 인간관계는 감성적으로"라는 나만의 철학을 가지고 있습니다. 따라서 동료를 대할 때는 물론이고 고객을 대할 때도 이 원칙은 그대로 적용됩니다. 그러다 보니까 "똑소리"라는 닉네임이 붙은 것 같습니다. 하지만 머리는 쿨(cool)해도, 가슴은 핫(hot)

하답니다.

- **Point (요점)**

여러분과의 소중한 만남을 필연으로 만들고 싶은 똑소리, ○○○을 꼭 기억해주시기 바랍니다. 감사합니다.

3 건배사

각종 모임이나 단체 회식 등에서 건배사는 우리의 생활문화로 자리 잡은 지 이미 오래되었다. 그러므로 사전에 건배사를 미리 준비해두면 멋진 구호선창으로 좌중의 분위기를 고조시킬 수 있다. 요즘 우리가 사용하는 건배(乾杯)는 '잔을 깨끗이 비운다.'는 중국의 풍습에서 유래되었다. 그러나 건배는 같은 병에 담긴 술을 함께 마심으로써 독이 없음을 알리고자 하는 데서 유래되었다는 설(說)도 있다. 건배사는 미니 연설이므로 그날 모임의 의미, 주제, 목적에 대해 언급해야 하고 가장 중요한 것은 짧고 간단하고 함축적이어야 하며 행동 통일을 이루어 서로가 하나임을 상기시킨다.

건배 제의는 누군가에게 요청을 받을 수도 있고 스스로 나설 수도 있다. 하지만 "내가 건배 제의를 하겠다."고 스스로 나서서는 많은 박수를 기대하기가 어렵다. 당신이 리더(leader)라면 무리가 없겠으나, 가능하다면 누군가에게 건배 순서를 갖자고 제의하여 요청하거나 요청을 받아 선창하는 모양이 좀 더 자연스럽다.

그리고 건배 제의는 특별한 경우가 아니면 일어서서 하는 것이 좋다. 서서 말한다는 자체가 청중으로 하여금 귀를 기울이게 하며 스피치를 성공으로 이끄는 자기표현 테크닉이다. 서서 함으로써 톤이 당당해지고 그 자세에서 더욱 박력을 느낄 수가 있으며 좌중을 완벽하게 바라볼 수 있다. 그리고 그 자리의 상황이나 듣는 사람들의 반응을 파악함으로써 정확한 발언의 가능성이 높아지고 설득력이 훨씬 커진다. 특히 남들 앞에서 이야기하는 데 자신이 없는 사람은 반드시 일어서서 한다. 서는 것만으로도 적극적이라는 인상을 줄 수가 있다.

(1) 건배 제의 순서 (정식)

① 먼저 앞에 놓인 잔을 채우게 한다. (잔을 채우는 동안 좌중을 잠시 살핀다)

"지금부터 건배 제의를 하겠습니다. 먼저 앞에 놓인 잔을 채워주시기 바랍니다."

② 건배 제의 기회를 갖게 해준 사람에게 인사를 한다.

"오늘, 이 멋진 자리에서 건배 기회를 준 ○○○님께 감사드립니다."

③ 당일 모임 취지와 관련한 멘트를 한다. (회식 인사말은 짧을수록 좋다)

"우리는 항상 만나면 즐겁고, 안 보면 보고 싶은 ○○회원들입니다. 오늘 이렇게 분위기 좋은 곳에서 회원들과 함께하는 이 자리가 너무 좋습니다. 앞으로 자주 이런 자리를 가지기 바라며 우리 회원들의 건강과 앞날의 무궁한 발전을 기원합니다."

④ 건배구호를 선창한다.

"이 모든 소망을 술잔에 담고 건배구호는 '이기자'로 하겠습니다. '이런 기회 자주 갖자'라는 뜻입니다. 제가 '이기자'하고 외치면 여러분은 '이기자-이기자-이기자'하고 점점 크게 세 번 외치시기 바랍니다. 자! 술잔을 높이 들기 바랍니다.

(선창) **이기자!** (다 함께) **이기자, 이기자, 이기자!** (이때 선창자도 같이 외쳐준다)

⑤ 마신 다음 박수를 유도한다.

"짝짝짝" (술잔을 놓고 먼저 박수를 친다) **"감사합니다"**

(2) 건배 제의 순서 (약식)

건배 제의를 할 때 당일 모임 취지와 관련한 인사말을 생략하고 건배사를 하면 약식 건배사가 된다. 여러 사람이 건배 제의를 할 경우 시간관계상 인사말을 생략하고 바로 건배 제의 멘트를 하는 방법이다.

■ **예문**

"건배 제의를 하겠습니다. 앞에 놓인 잔을 채워주시기 바랍니다.

저에게 건배 제의 기회를 주신 회장님께 감사드리며, 건배구호는 **"소화제"**입니다.

'소통과 화합이 제일이다'는 뜻입니다.

잔을 높이 드시고, **소화제,** / **소화제~~~** (짝짝짝) 감사합니다.

※ 분위기, 상황에 따라서 건배 멘트를 활용한다.

■ **마취제** : 마시고 취하는 게 제일이다.

■ **진통제** : 진정으로 통하는 게 제일이다.

(3) 건배 멘트

1) 공공단체 회식

지금부터 건배 제의를 하겠습니다. 먼저 앞에 놓인 잔을 채워주시기 바랍니다.

오늘 이렇게 성황을 이뤄주신 여러분, 대단히 감사합니다. 그리고 건배 기회를 주신 회원님들께 감사드립니다.

이 자리에 모이신 한 분 한 분의 발전이 바로 우리 조직의 발전이요, 나라의 발전입니다. 건배구호는 **"나가자"**입니다. "나라와 가정과 자기발전을 위하여"란 뜻입니다. 제가 "나가자"로 선창하면 여러분께서 "나가자"로 힘차게 외치시기 바랍니다.

자, 다함께 잔을 높이 들고,

"나가자!" / 나가자~~~ (짝짝짝)
"감사합니다"

2) 일반단체 회식

지금부터 건배 제의를 하겠습니다. 앞에 놓인 빈 잔은 채워주시기 바랍니다.

먼저 제게 영광스럽게도 기회를 주신 '○○회' 회장님, 대단히 감사합니다. 우리는 항상 만나면 즐겁고 함께 하면 좋은 사람들입니다. 우리가 살고 있는 많은 날 가운데 가장 불행한 날은 웃지 않은 날이라고 합니다.

그래서 건배구호는 **"웃자, 웃자, 웃자짜"**로 하겠습니다. 항상 웃고 살자는 의미에서 제가 "웃자, 웃자"하고 선창하면, 여러분께서는 '웃자짜!'로 힘차게 외쳐주시기 바랍니다. 자, 잔을 높이 들고.

"웃자 웃자!" / 웃자짜 ~~~ (짝짝짝)
"감사합니다"

3) 분위기 띄우는 건배 멘트

- 지화자 : 지금부터 화끈한 자리를 위하여
- 단무지 : 단순 무식하게 지금을 즐기자
- 거시기 : 거절하지 말고 시키는 대로 기분좋게
- 해당화 : 해가 갈수록 당당하고 화려하게 살자
- 사이다 : 사랑합니다. 이 생명 다 바쳐서 사랑합니다.
- 변사또 : 변함없는 사랑으로 또 만나자!
- 무시로 : 무조건 시방부터 로맨틱한 사랑을 위하여
- 재건축 : 재미나고 건강하게 축복받으며 삽시다

- 사우나 : 사랑과 우정을 나누자
- 오징어 : 오래도록 징그럽게 어울리자
- 개나발 : 개인과 나라의 발전을 위하여
- 당나발 : 당신과 나의 발전을 위하여
- 당나귀 : 당신과 나의 귀중한 만남을 위하여
- 이기자 : 이런 기회 자주 갖자
- 소화제 : 소통과 화합이 제일이다
- 마취제 : 마시고 취하는 게 제일이다
- 진통제 : 진정으로 통하는 게 제일이다
- 뚝배기 : 뚝심 있고, 배짱 있고, 기운차게
- 고도리 : 고통과 도전을 즐기는 리더가 되자
- 우거지 : 우아하고 거룩하고 지성 있게
- 오바마 : 오늘은 바래다 줄게, 마음껏 마셔
- 청바지 : 청춘은 바로 지금부터
- 남행열차 : 남다른 행동과 열정으로 차세대 리더가 되자
- 마스터 : 마음껏 스스럼없이 터놓고 마시자
- 올파파 : 올해도 파이팅하고 파이팅 합시다
- 마돈나 : 마시고 돈 내고 나가자
- 니나노 : 니도 한잔, 나도 한잔, 2차는 노래방으로
- 우하하 : 우리는 하늘아래 하나다
- 사서함 : 사랑하고 서로 아끼고 함께 가자
- 막걸리 : 막걸리는 걸쭉하고 리드미컬하게 마시자
- 고감사 : 고생하셨습니다. 감사합니다. 사랑합니다
- **영어 건배구호** : "에브리바디"하고 선창하면 다같이 "원 샷"으로 화답
- **불어 건배구호** : "더 불어"하고 선창하면 다같이 "멋져 불어"로 화답
- **중국어 건배구호** : "소취하"하고 선창하면 다같이 "당취평"으로 화답

(소주에 취하면 하루가 즐겁고, 당신에게 취하면 평생 즐겁다는 뜻)

4 인사말

인사말 스피치는 작은 모임에서 행하는 인사말부터 일반적으로 공식적 행사에서 내빈과 대표가 행하는 인사말, 그리고 각종 의식행사를 주최하는 기관의 장(長)이 행하는 공공기관 행사 인사말 등, 매우 다양한 형태로 이루어지는 스피치이다.

(1) 인사말 스피치

1) 인사말의 종류

① 경축사(慶祝辭)와 축사(祝辭)
② 기념사(記念辭 또는 紀念辭)
③ 치사(致辭)
④ 격려사(激勵辭)
⑤ 환영사(歡迎辭)
⑥ 환송/송별사(歡送/送別辭)
⑦ 답사(答辭)
⑧ 조사 및 추도사, 추모사
⑨ 훈시(訓示)
⑩ 담화문(談話文)

2) 인사말 작성법

① 모임의 취지를 잘 이해한다.

어떤 모임이든 그 나름대로의 취지가 있다. 따라서 스피치의 부탁을 받은 연사는 무엇보다 먼저 그 모임의 취지를 잘 이해하여야 한다. 취지를 이해하지 못하면 초점을 맞추지 못하게 되고, 초점을 잃은 연사의 스피치는 아무리 그럴듯하더라도 그 모임의 흥을 깨는 역할밖에 못 한다.

② 자기의 입장을 분명하게 안다

인사말을 해야 할 연사는 "주최자가 왜 나에게 스피치를 의뢰했을까?"하고 의도를 파악하여 그 핵심을 스피치 내용에 담아야 한다. 예를 들면 청중들의 동기부여를 원하는지, 격려를 원하는지, 주최 측에게 힘을 실어달라는 요청인지 등을 잘 파악하여야 하며, 자신의 입장에 알맞은 스피치를 해야 한다.

③ 주제를 살리는 화제를 선택한다.

스피치의 승패를 좌우하는 것은 유효적절한 화제를 어떻게 전개하여 주제를 살려내는가의 문제라고 할 수 있다. 대개의 화제란 주제에 대한 자기의 생각이나 경험담, 인상 깊었던 장면이나 에피소드 등을 들 수 있는데, 쉽게 적당한 재료를 찾지 못했을 때에는 주제에 합당한 화제는 어떤 것이 있을까를 메모지에 적어보는 것이 쉽다.

④ 3분 스피치를 기준으로 한다.

모임에서의 스피치는 <인사치례>에 가깝기 때문에 가능한 간결하게 끝내는 것이 바람직하다. 공식적인 행사에서는 3분~5분 정도의 분량이 적당하나, 상황에 따라서는 1~2분 이내 스피치를 하는 것이 더 효과적일 경우도 많다. 일반적인 인사말 스피치는 가장 핵심적인 부분만을 짧고 간략하게 표현하는 게 좋다.

⑤ 목적에 따라 내용구성을 다르게 한다

- 일반적인 방법은 서론→본론→결론으로 화제를 전개하며, 처음과 끝에 인사말을 두는 방법이 좋다.
- 항상 서론이 먼저여야 하는 것은 아니고, 보고문과 같은 형식은 결론을 먼저 말함으로써 의견이 보다 명쾌하게 전달되기 쉽다는 이점이 있다.
- 젊은 층이나 동년배 사이의 모임, 이미 잘 알고 있고 자주 만나는 사람들의 모임에서 인사말은 서두를 빼버리고 처음부터 결론을 내리는

방법이 좋다.

- 3분 이상 인사말은 3단(서론-본론-결론)기법이 좋지만, 1분 정도의 짧은 인사말은 샌드위치기법으로 인사말을 하는 것이 효과적이다.

⑥ 스피치에도 양념을 곁들여야 한다

음식도 양념이 알맞게 가미되어야 제 맛을 내듯이, 스피치 또한 산뜻하고 흥미 있는 화제의 양념이 가해져야 효과를 높일 수 있다. 스피치에 불필요한 부분은 과감히 생략해야 하겠으나, 중심이 되는 화제에 맛을 첨가하는 일은 필수불가결한 요소이다.

⑦ 예의바른 말을 사용한다

스피치는 인격의 표현이라고 할 수 있다. 따라서 예의바르고 정중한 말을 사용해야 듣는 이의 호감을 사게 되고, 또 자신의 의견도 효과적으로 전달될 수 있다. 말씨는 스피치 전체를 통하여 시종일관 고정할 필요가 있다.

⑧ 알기 쉬운 말을 사용한다

스피치에 있어서 간접적인 표현이라든가 듣고도 쉽게 알아들을 수 없는 문구나 말은 될 수 있는 한 사용하지 않는 것이 좋다. 부득이 어려운 용어를 사용해야 할 경우라면 간단한 해설을 첨가하여 사용하는 것도 나쁠 것은 없다. 듣는 이의 이해도를 충분히 배려하여 알기 쉬운 말을 사용할 때 스피치 효과도 증가될 것이다.

⑨ 삭제해도 좋을 부분을 잘라낸다

꽃꽂이 전문가는 필요 없는 부분을 잘 잘라내는 것이 꽃꽂이의 비결이라고 한다. 스피치 연사는 화젯거리를 수집하여 대강의 줄거리를 세우고 초안을 작성한다. 이후 원고에 쓸데없는 말이 들어가지는 않았는가, 언어표현이 적절하게 되었는가, 그리고 주어진 시간에 알맞은 분량인가를 검토하여 필요 없는 부분을 잘라내야 한다.

⑩ 피해야 될 화제는 삼가한다

같은 말이라도 상황에 따라서 해도 될 때가 있고, 하지 말아야 할 때가 있다. 예를 들어 결혼식에선 '헤어진다, 끊어진다, 찢어진다.'등의 말을 삼가야 하며, 준공 축하연에선 '탄다, 무너진다, 깨진다.'등의 말은 금기어이다. 그리고 불특정 다수가 모이는 곳에선 정치, 종교, 사상에 관한 화제는 피하는 것이 좋다.

3) 인사말 스피치의 순서

① 시작 인사 및 간단한 자기소개
② 참석자 및 주최자에 대한 감사의 말
③ 모임의 취지에 관한 말
④ 하고픈 말, 앞으로의 바람
⑤ 마무리 및 끝인사

(2) 인사말스피치 예문

1) 친목회 (회장 인사말)

회원 여러분, 반갑습니다. 제○기 회장, ○○○입니다.

먼저 여러 가지 바쁜 일들을 제쳐두고, 우리 스피치클럽 발전을 위해서 이렇게 귀한 걸음으로 참석해주심에 감사드립니다. 또 오늘 행사를 위해 준비해주신 임원진 여러분께도 감사의 말씀을 전합니다.

오늘 이 행사는 1년에 한 번 하는 정기적인 행사로써, 우리 회원들의 단합과 친목을 다지는 자리입니다. 인생은 만남이라고 했습니다. 언제, 어디서, 누구를, 어떻게 만나고 어떻게 관계를 유지하느냐가 중요합니다. 우리는 그동안 자기계발이라는 울타리 속에서 만나, 회원 상호간에 친목과 우정을 나누고 서로 인간적인 소통을 해 왔습니다.

오늘은 그동안 스피치를 통해 서로 인연을 맺은 선, 후배들이 한자리에 모여 소통하고 화합하며, 회원 상호간에 더욱더 돈독한 인간관계를 다지는 계기가 될 것입니다. 그리하여 힘이 들 때는 서로 땀을 닦아주고 슬플 때는 서로 눈물을 닦아주며, 지친 삶에 활력이 되고 힘든 인생의 생기가 돋는, 소중한 만남의 자리가 되길 바랍니다.

모쪼록 오늘 하루, 즐겁고 멋진 추억이 남는 행복한 하루가 되시기 바랍니다. 회원 여러분의 가정에 항상 건강과 행운이 함께 하길 기원합니다.

감사합니다.

2) 야유회 (회원 인사말)

꽃 피는 봄날이나 단풍 계절인 가을이면 각종 모임에서 야유회가 줄을 잇는다. 마음이 통하는 사람끼리 떠나는 야유회만큼 삶의 활력이 되는 나들이도 드물 것이다. 야유회를 기다리는 재미, 당일 전개되는 즐거움, 그리고 다녀온 후에도 사진과 후기를 보면서 아름다운 추억으로 남는 것이 야유회다. 그런데 이처럼 즐거운 야유회에 비라도 오면 회장단은 정말 하늘이 원망스러울 것이다. 새벽부터 하늘을 쳐다보며 '이놈의 비가 언제쯤 그치려나?'하고 걱정이 종합세트로 밀려온다. '재수가 없으면 뒤로 자빠져도 코가 깨진다더니, 어제까지 멀쩡하던 하늘이 하필이면 오늘 아침에 왜 깨진 독처럼 줄줄 새느냐?' 왕짜증을 내도 아무 소용이 없다. 관광버스에 몸을 싣는 순간, 부정적인 단어는 모두 잊어버려야 한다. 오히려 날씨가 궂거나 비가 올수록 밝은 표정과 긍정적인 말을 해야 한다.

■ **야유회 인사말 구성원칙**

① 무조건 밝고 즐겁게 그리고 간결하게 하라.

② 집행부의 노고에 감사하라.

③ 참석자에게 감사하라.

야유회 인사말

스피치회원 여러분, 반갑습니다. 봄만 되면 신바람 나는 사람, 신나라입니다.

먼저 이렇게 멋진 자리를 마련해주신 회장단 여러분에게 진심으로 감사드립니다. 그리고 오늘 궂은 날씨임에도 불구하고, 많이 참석해주신 회원 여러분들을 보니 "참 잘 왔구나." 하는 생각이 듭니다.

우리 지역에만 해도 많은 스피치클럽이 있습니다만 부드러우면서도 열정적이고, 인간미 넘치는 우리 ○○스피치 클럽만큼, 인정과 사랑으로 뭉친 단체가 어디 흔하겠습니까?

그러다 보니 하늘도 우리를 시샘하여 비를 내리는 것 같습니다. 그러나 이렇게 봄비가 내리면 봄은 더욱더 무르익고, 온갖 꽃들이 다투어 피어날 것이며 우리의 마음속에도 사랑과 우정의 꽃이 만개(滿開)할 것입니다. 그동안 강의실에서 만나던 다정한 회원들끼리 우산을 받쳐 들고, 비 오는 봄 들판을 걸어보는 것도 잊을 수 없는 추억이 될 것입니다.

아무쪼록 오늘 이 야유회에 참석하지 못한 분들이 두고두고 후회할 만큼 멋진 야유회가 되도록, 회원 여러분들의 따뜻한 마음과 속정을 나누는 '나눔의 장'이 되었으면 좋겠습니다. 감사합니다.

이렇게 밝고 힘찬 목소리로 웃으며 인사를 한다면 버스 안의 분위기는 완전히 달라질 것이다. 이와 같이 야유회 인사는 어떤 여건, 어떤 경우라도 밝고 경쾌하게 해야 한다. 비가 오거나 회원들의 참석이 저조하다고 아침부터 짜증 내고 투덜거리면, 모든 회원들의 기분을 합동으로 망쳐버리게 되는 것이다.

■ **고문 인사말**

어느 단체나 모임의 고문격인 연장자는 이러한 야유회를 계획하여 준비하느라고 애를 쓴 회장단의 노고를 치하하고 박수를 유도하는 것이 좋다.

인사말

회원 여러분, 반갑습니다, 여러분의 왕언니로 통하는, ○○○입니다.

오늘같이 좋은 날, 저도 여러분에게 한 말씀 드리지 않을 수가 없습니다.

오늘 우리가 할 일은 모두 다 신나게 즐겁게 놀다 오면 됩니다.

그리고 오늘 이 즐거운 야유회를 계획하고 준비하느라고 많은 수고를 아끼지 않았고, 날씨 걱정에 밤잠도 설쳤을 회장님을 비롯한 회장단 여러분께, 격려와 감사의 박수를 보내주시기 바랍니다. (짝짝짝)

또한 빗길에 안전운행을 위해 애쓰실 기사님에게도, 큰 박수를 부탁드립니다. (짝짝짝) 끝으로 오늘 2차는, 제가 시원하게 쏘겠습니다. 감사합니다.

이렇게 출발 인사말부터 밝고 즐겁게 할 때, 화기애애한 야유회는 단체의 단합을 더욱 확고히 할 것이다.

3) 짤막한 송년사

① 시작 단계

여러분, 반갑습니다. ○○○입니다.

② 감사 단계

먼저 올 한 해 동안 모두 다 무탈하게 지내고, 뜻 깊은 오늘을 같이하게 됨을 매우 기쁘게 생각합니다.

③ 내용 전개 단계

돌이켜보면 올해도 정말 다사다난했습니다. 보람찬 일도 많았고 아쉬운 점도 많았습니다. 그러나 이제 안 좋았던 기억은 모두 잊어버리고, 행복했던 기억은 고이 간직하면서, 새해에는 모두 건강하고 희망찬 모습으로 발전하길 소망합니다.

④ 마무리 단계

모쪼록, 여러분의 가정에 건강과 행운이 가득하시길 기원합니다. 감사합니다.

4) 송년회 인사말

송년회 인사말인 송년사는 크게, 천천히, 자연스럽게 말하되 한 해를 회고하는 인사말이 들어가는 것이 좋습니다. 다음 예문을 참고하시고 활용하시기 바랍니다.

① 시작 인사

회원 여러분, 안녕하십니까? 항상 정의로운 삶을 살기위해 노력하는, ○○○입니다.

올 한해도 이제 서서히 저물어가고 있습니다. 저무는 한 해를 정리하며 반가운 얼굴들을 만나는 이 자리는, 참으로 의미 있는 자리입니다.

② 서론 (안부, 날씨로 시작)

오늘 추운 날씨인데도 불구하고 많은 분들이 오셨습니다. 저는 여러분들을 뵙는다는 생각에 추운 줄도 모르고 왔는데, 여러분들은 어떠셨나요?

자주 얼굴을 뵙는 분도 계시고, 띄엄띄엄 뵙는 분도 계시고, 1년 만에 뵙는 분도 계십니다. 하지만 송년회인 오늘이라도 이렇게 얼굴을 직접 보게 되니까, 기분이 참 좋습니다.

③ 본론 (나의 생각 느낌, 연중 회고 사항 중 특별한 사건, 에피소드를 말한다)

○○년은 여러분들의 해로 만드셨나요? 한 해를 마무리하면서 돌이켜 보면 참으로 다사다난했습니다. 올해는 국가적으로 중요한 일들이 많은 한 해였습니다만 우리 회원들에게도 많은 일들이 있었던 한 해였습니다.

특히 올해는 우리 모임에서 그동안 미루어 왔던 부부동반 해외여행을 함께 다녀온 것이 가장 기억에 남습니다. 모처럼 부부가 함께하며 부부애를 다지는 의미 있는 행사였다고 생각합니다. 비록 사정상 함께하지 못한 회원도 있었지만, 다음기회에는 꼭 함께하길 바랍니다.

그리고 우리 모임도 이제는, 우리끼리만의 행복이 아닌 이웃과 함께 행복을 나누는, 더욱더 성숙한 단계로 나아가길 바랍니다. 이웃에게 따뜻한 손길을 펼치는 사업을 내년에는 계획하고 실천했으면 하는 바람입니다.

④ 끝인사 (미래에 대한 좋은 이야기, 당부의 말)

모쪼록 이 시간 좋은 분들과 편하게 이야기 많이 나누시고, 다가오는 ○○년도에는 행운과 축복이 가득한 한 해를 맞이하시기 바랍니다.

그리고 항상 행복한 가정생활이 되시고, 건강하시기 바랍니다.

감사합니다.

Thinking
Speech

제 6 장

기억훈련

Ⅰ. 기억법

여러 사람 앞에서 발표할 때 연사를 힘들게 하는 것 중 하나는, 갑자기 눈앞이 캄캄해지며 발표할 내용이 생각나지 않는 것이다. 그래서 고대 수사학에서도 기억술을 가르쳤듯이, 현재 스피치를 공부하는 사람은 반드시 기억법을 익혀두어야 한다.

1 기억이란

휴대폰, 컴퓨터 없이는 살 수 없는 요즘 시대에 노인뿐만 아니라 젊은이들도 건망증으로 고민을 한다. 디지털 기기에 지나치게 의존해 기억력이 크게 저하된 상태를 일컫는 '디지털 치매'라는 신조어가 탄생할 정도이다. 사용하지 않는 뇌는 퇴화하기 마련이다. 공부를 잘하기 위해서, 대인관계를 원활하게 하기 위해서, 더 나은 삶을 위해서도 기억력은 반드시 필요하다. 사소한 사실까지도 유달리 잘 기억해내는 사람이 있는가 하면, 약속이 취소된 것을 깜박 잊고 혼자 약속장소에 나가 기다리는 사람도 있다. 또, 어떤 것은 몇 년이 지났는데도 생생히 기억나는데, 어떤 것은 불과 몇 분 전에 들은 것인데도 기억이 나지 않는 경우가 있다.

도대체 기억이란 무엇일까? 기억은 우리가 생각하는 것보다 그리 단순한 것이 아니고 한 덩어리로 되어 있는 것도 아니다. 기억이란, 현재 혹은 앞으로 사용하기 위하여 우리가 배운 것(정보)을 저장하는 과정으로서 크게 구분해 보았을 때, 단기기억과 장기기억이 있다. 일단 우리에게 입력된 정보는 단기기억에 잠시 동안 있다가, 장기기억으로 옮겨지게 된다. 단기기억은 아주 짧은 기간 동안만 유지되는 기억으로서, 우리가 특별히 노력하지 않으면, 금방 잊어버리게 된다.

2 기억의 종류와 단계

(1) 단기기억

단기기억은 5-9개의 용량을 가지며, 주의를 기울이지 않으면 잊어버리게 된다. 전화번호가 대개 7-8자리로 되어 있는 것도 이것 때문이다. 단기기억을 주머니에 비유를 한다면, 종이 주머니와 같다. 종이봉투는 잘 찢어지고, 오랫동안 보관을 못 한다. 단기기억은 마치 종이봉투처럼 오랫동안 보관하지도 못하고 많이 담을 수도 없다.

(2) 장기기억

우리가 보통 기억이라고 부르는 것으로 거의 무한한 용량을 가지고 있다. 초등학교 때의 친구들을 오랜 시간이 지나도 기억할 수 있는 것은 장기기억의 덕분이다. 장기기억은 주머니에 비유하자면, 아주 튼튼한 철가방이라고 할 수 있다. 그런데 주머니에 든 물건들이 많으면, 어떤 물건을 넣어 놓았는지 잘 알 수 없다. 그래서 먼저 물건을 차곡차곡 집어넣어야 하고, 가끔씩은 무엇이 들어있는지 들여다봐야 필요할 때 꺼내 쓸 수 있게 된다. 마찬가지로 기억을 할 때에도 체계적으로 정리해서 집어넣고 가끔씩은 무엇을 기억했는지를 확인해야 시간이 지나도 잊어버리지 않는다.

(3) 기억의 단계

기억이 어떤 과정을 거쳐서 발생하는가를 살펴보면, 기억은 한 번에 이루어지는 것이 아니라 여러 가지 과정을 거쳐서 일어난다. 즉, 기억은 '기억 받아들이기 ⇒ 기억 가지고 있기 ⇒ 기억해내기'의 과정을 거쳐서 이루어진다. 만일 이 과정 중 어느 한 곳에서 문제가 생기면, 우리는 배웠던 내용을 기억해내지 못하게 된다. 우리가 흔히 '기억을 잘한다'고 말하는 사람들은 이 과정에서 잘 실패하지 않는 사람들이라고 할 수 있다. 그럼, 이런 기억의 단계에서 실수하지 않고, 습득한 내용을 더 오랫동안 잘 기억할 수 있는지에 대해서 살펴보자.

3 기억 방법

(1) 결합법

결합법은 기억법의 기본으로 기억해야 할 사항을 결합하여 하나로 만드는 것이다.

예) '호랑이 - 동생'

둘을 결합하여 하나의 이야기처럼 만들어내는 것이다. "호랑이가 동생을 잡아먹었다."라고 하든지, "호랑이를 동생이 때려잡았다."라고 하든지, "호랑이 등에 동생이 올라타고 있다."라고 하면 된다. 이렇게 하여 호랑이 하면 동생이 떠올리도록 만드는 것이다. 결합을 할 때에는 되도록 강한 자극이 되도록 해야 기억에 오래 남는다.

(2) 변환법

변환법은 어떤 기억해야 할 사항을 기억하기 쉽게 변환하는 방법이다. 변환법은 그 자체가 완전한 기억법이 아니고, 주로 다른 기억법의 보조로 쓰이는 기억법으로서 기억하기 어려운 사항을 쉬운 사항으로 변환시키는 것이다. 변환법은 종류가 다양하고 또 각자가 연구하여 얼마든지 개발해 낼 수 있다.

1) 구체화법 : 추상적인 것을 눈에 보이는 구체적인 것으로 바꾸는 것이다. 바꿀 때는 그 사항의 핵심적인 것으로 바꾸어야 한다.
예) 교통 ⇨ 자동차 / 통신 ⇨ 전화

2) 역순법 : 말의 순서를 바꾸어보는 것이다.

예) 모세 ⇨ 세모

3) 첨부법 : 글자에다 몇 자 더하여 다른 의미가 되게 하는 것이다.

예) 김천택 ⇨ 김천택시

4) 유사음법 : 유사한 음으로 바꾸어 보는 것이다. 영어단어 외울 때 많이 쓰이는 방법이다.

예) ruler(룰러) : 지배자 ⇨ 룰러 ⇨ 눌러(지배자는 눌러)

5) 축약법 : 글자를 축약하여 말을 만드는 것이다. 주변에 볼 수 있는 사례가 가장 많은 방법이다.

예) 국제수지 ⇨ 국수 / 대법원판결 ⇨ 대판

6) 숫자 변환법 : 무의미한 숫자를 기억하기란 여간 어려운 게 아니다. 그래서 숫자를 기억하기 쉬운 것으로 바꾸는 방법이다. 숫자변환방법은 일대일 변환식과 유사음 변환식 방식이 있다.

예) 2424 ⇨ 이사이사 이삿짐 / 1472 ⇨ 일사철리

7) 유사 연상법 : 내용이 일치하거나 비슷한 것으로 변환하는 것이다.

예) 손가락 ⇨ 발가락 / 호랑이 ⇨ 사자

8) 반대 연상법 : 반대되는 말로 만들어보는 것이다.

예) 하룻강아지 ⇨ 범 / 왕자 ⇨ 거지소년

9) 부착 연상법 : 그 사항을 말할 적마다 자신의 머릿속에 제일 먼저 떠오른 것으로 바꾸는 것이다. 이것은 주관적인 것이므로 각자 다를 수 있다.

예) '전쟁' 하면 뭐가 떠오르는가? 어떤 이는 '6.25'라고 하고, 어떤 이는 '2차 대전'이라고 할 것이고 또 어떤 이는 '탱크'라고 할 수도 있다. 이처럼 자신에게 맨 먼저 떠오르는 것으로 바꾸는 것이 부착연상법이다. 또 하나 예를 들면, '휴전선' 하니까 뭐가 제일 먼저 떠오르나? 군인? 아님, 철조망? 이런 것이 부착 연상법이다.

10) 동음법 : 발음이 똑같지만 뜻이 다른 것으로 변환하는 것이다.

예) 수도(그 나라의 중심도시) ⇨ 수도(수돗물이 나오는 것)

차(자동차) ⇨ 차(마시는 차)

11) 분석법 : 무의미한 글자를 하나하나 풀이하듯 다른 뜻으로 만드는 것이다.

예) 법상종(불교의 한 종파) ⇨ 법보다 상위에 있는 종파

이처럼 변환법은 아주 다양하며 자신의 연구에 따라 얼마든지 만들어낼 수 있다. 이 변환법을 각종 기억법에 적용해나가면 커다란 효과를 볼 수 있을 것이다.

(3) 심상법

심상법은 기억을 빨리 오래 남기기 위한 방법이다. 예를 들면 '뱀-소나기'의 내용을 결합법에 의할 경우 그냥 '소나기를 맞으며 뱀이 지나간다.'라고 기억하면 되지만 문제는 기억이 그리 오래가지 않는다는 것이다. 그래서 '뱀이 소나기처럼 쏟아진다.'로 기억한다. 그리고 머릿속에 뱀이 소나기처럼 정말 쏟아지는 장면을 그린다. 그러면서 무섭고 징그러운 감정을 스스로 느껴가며 자기 암시를 준다. 이렇게 하여 자기에게 강한 심상을 스스로 남기는 것이 심상법이다. 이 심상법을 어느 정도 숙달시키고 나면 놀랄 정도로 기억력이 증가한다. 이것 역시 꾸준한 연습이 필수다. 강한 자극을 주기 위해 심상법에는 다음과 같은 방법을 이용하고 있다.

1) 과장법 : '냉장고-소고기'를 결합할 경우 '냉장고 속에 황소가 들어가 있다.'처럼 사물의 성질을 과장하는 것이다.

2) 의인화법 : 굴뚝 위의 연기를 '굴뚝이 담배를 피고 있다.'처럼 사물을 의인화시키는 것이다.

3) 자극법 : 스스로에게 자극이 되도록 암시를 주는 것이다. 뱀에게 물

렸다고 할 경우 진짜 물린 것처럼 아픔을 느껴보라. 아니면 자신의 살을 직접 한번 꼬집어보라.

4) **감정법** : 기억사항을 '기쁘다, 슬프다'는 식으로 감정을 느껴보는 것이다.

심상법을 이용하기 위해서는 몇 가지 원칙이 있다. 이미지 즉, 영상을 될수록 빨리 떠올리고 망설이거나 주저하지 말라는 것이다. 일단 한 번 만든 심상은 가급적 바꾸지 말고, 심상은 사물의 성질과 밀접한 것을 위주로 하는 것이 효과적이다.

(4) 핑거 기억법

우리의 신체부위를 이용하는 핑거 기억법은 우리 선현들의 지혜에서 힌트를 얻을 수 있다. 우리 선현들은 사주를 볼 때 천간(天干)과 지지(地支)를 손가락과 손바닥에 대입한 지장법(指掌法)을 활용해, 편리하고도 능숙하게 육십갑자와 나이를 알아냈다고 한다. 다음의 단어들을 순서대로 암기해보라.

① 햄버거 ② 손수건 ③ 공룡 ④ 호박 ⑤ 동전 ⑥ 잉크 ⑦ 미녀 ⑧ 삼겹살 ⑨ 휘발유 ⑩ 선생님 ⑪ 꿈 ⑫ 아인슈타인 ⑬ 바가지 ⑭ 기름

어떤가? 잘 외워지나? 대부분은 시도하다가 '쉽지 않네.'하며 고개를 절로 흔들게 될 것이다. 무작정 외우려고 하니 정말 외우기 어려울 것이다. 많은 사람이 "나는 머리가 안 좋은가 봐." "난 원래 암기력이 약해" 하며 외우는 데 힘들어한다. 이럴 때 무슨 좋은 방법은 없을까? 쉽게 암기를 해낼 수 있는 뭔가 좋은 비책은 없을까? 그것이 바로 핑거 암기법이다. 핑거 암기법은 손가락 마디를 활용한 기발한 암기법이다.

1) 핑거 기억법 요령

손가락 마디 수는 엄지가 2개이고 나머지 손가락은 3개씩이다. 총 마디

수를 합하면 14개가 된다. 우리 한글의 자음 수도 바로 14개다. 한글 자음을 'ㄱ에서부터 ㅎ까지' 엄지 첫 번째 마디부터 소지의 마지막 마디까지 대입해 본다. 자음 자체로는 아무것도 연상되지 않으므로 각 자음을 의미 있는 단어로 만든다. 먼저 다음 키워드를 완벽히 익혀두어야 한다.

※ 핑거 기억법 키워드

• 엄지 : 가구 / 나무 • 검지 : 다음 / 라면 / 마당 • 중지 : 바지 / 사랑 / 아내 • 약지 : 자동 / 차키 / 카드 • 소지 : 타임 / 파랑 / 하늘

2) 기억할 단어를 대입

앞으로 외울 단어들을 이 키워드와 연관시켜 암기하면, 언제나 순서대로 쉽게 떠올릴 수 있다

① 가구 - 햄버거 ⇨ **가구** 서랍장 안에는 **햄버거**가 가득 들어 있다.
② 나무 - 손수건 ⇨ **나무**에 **손수건**이 매달려 있다.
③ 다음 - 공룡 ⇨ **다음** 사이트에서 **공룡**을 검색했다.
④ 라면 - 호박 ⇨ 호박**라면**에는 **호박**이 가득 들어 있다.
⑤ 마당 - 동전 ⇨ **마당**에 **동전**들이 마구 떨어져 있다.
⑥ 바지 - 잉크 ⇨ **바지**에 **잉크**가 묻어 버렸다.
⑦ 사랑 - 미녀 ⇨ 내가 **사랑**하는 사람은 **미녀**는 아니지만, 마음씨가 아주 착하다.
⑧ 아내 - 삼겹살 ⇨ **아내**가 맛있는 **삼겹살**을 굽고 있다.
⑨ 자동 - 휘발유 ⇨ **자동** 주유기로 **휘발유**를 넣었다.
⑩ 차키 - 선생님 ⇨ **차 키**는 **선생님**이 갖고 계신다.

⑪ 카드 - 꿈 ⇨ **카드**를 마음껏 긁는 **꿈**을 꾸다가 잠에서 깨어났다.
⑫ 타임 - 아인슈타인 ⇨ **타임**머신을 타고 **아인슈타인**을 만나러 간다.
⑬ 파랑 - 바가지 ⇨ **파랑** 색깔의 **바가지**가 참 특이하다.
⑭ 하늘 - 기름 ⇨ **하늘**을 향해 치솟는 **기름**이 유전개발의 상징이다.

이렇게만 하면 모든 단어들이 순서대로 암기된다. 자, 이제 손바닥을 펼쳐 볼까? 손가락 마디마디를 보며 각 마디의 키워드를 떠올리며 암기한 정보를 끄집어내기만 하면 된다. 지금은 마디별 키워드를 완전히 암기하지는 못했을 테니, 일단은 암기한 내용을 손마디 키워드를 보며 말해 보라. 핑거 암기법의 놀라운 효과를 경험할 것이다.

자, 어떤가? 아이큐가 몇 배 좋아진 것 같은가? 핑거 기억법은 스피치를 할 때는 물론이고, 일정관리, 협상 항목 체크, 회의 안건 체크 등 다양한 곳에 응용해볼 수 있으며, 심지어는 시장을 보러 갈 때도 쉽게 효과적으로 활용할 수 있을 것이다.

(5) 숫자 기억법

숫자 기억법은 숫자의 모양을 키워드로 기억하고, 그 모양을 외울 단어와 연관시켜 암기하면 언제든지 기억을 떠올릴 수 있다.

1 : 촛불	2 : 오리	3 : 삼지창	4 : 네잎클로버	5 : 손바닥
6 : 코끼리코	7 : 깃발	8 : 모래시계	9 : 골프채	10 : 십자가
11 : 일원	12 : 시비	13 : 열쇠	14 : 일사천리	

① **촛불** - 촛불을 생일 케익 대신 **햄버거**에 꼽았다.
② **오리** - 오리 목에 **손수건**을 넥타이처럼 묶었다.
③ **삼지창** - 삼지창을 든 **공룡**이 나타났다.
④ **네잎클로버** - 행운(네잎클로버)의 **호박**이 넝쿨째 굴러들어왔다

⑤ **손바닥** - 손바닥에 **동전**을 한 움큼 쥐고 있다.

⑥ **코끼리 코** - 코끼리가 코로 **잉크**를 묻혀 붓글씨처럼 쓰고 있다.

⑦ **깃발** - 깃발을 든 **미녀**가 신차 홍보를 위해 사진을 찍고 있다.

⑧ **모래시계** - 모래시계로 시간을 재며 **삼겹살**을 굽고 있다.

⑨ **골프채** - 골프채를 팔아 **휘발유**를 잔뜩 샀다.

⑩ **십자가** - 십자가 밑에서 기도하는 우리 **선생님**.

⑪ **일원** - 일원을 주고 동생의 **꿈**을 샀다.

⑫ **시비** - 시비를 걸어도 **아인슈타인**은 꿈쩍을 하지 않는다.

⑬ **열쇠** - 열쇠를 **바가지** 안에 숨겨 놓았다.

⑭ **일사천리** - 일사천리로 **기름**을 빼냈다.

Ⅱ. 기억력 향상

기억력 향상을 위한 방법은 의외로 간단하다. 평소 자신의 생활습관에 관심을 갖고 두뇌 훈련을 한다면 나날이 기억력은 좋아질 것이다. 다음은 기억력향상을 위한 생활습관의 변화를 위한 방법이다.

1 지적인 뇌력 향상법

(1) 관심 분야를 공부하라

기억력은 새로운 공부를 할 때 가장 강화된다. 여러 개념을 연결하고 정리하는 과정을 반복하면서 뇌세포 사이의 연결 회로가 강화된다. 기억력을 강화하려면 약간 어려운 공부를 해야 한다. 예를 들면, 문학책을 읽을 때는 쉽고 재미있게 독서가 되더니 철학책을 읽으니 어렵다면, 철학책이 나에게 기억력을 더 증진시키는 것이다. 단순 암기보다 철학이나 신학과 같이 '깊이 생각해야 하는' 공부일수록 효과가 좋다. 증권투자원리 · 요리강좌 등 자기개발을 위한 공부도 두뇌를 적극적으로 쓰도록 만들기 때문에 기억력 감퇴를 막아준다. 공부는 심리적으로 안정된 상태에서 해야 뇌에 입력이 잘 되므로, 자신의 생활리듬에 맞춰 '아침형'이면 새벽에, '올빼미형'이면 밤에 하자. 너무 밤늦은 시각이나 점심 직후 등 수면뇌파가 나올 때에는 기억력 증진 효과가 떨어진다.

(2) 마인드맵으로 분류 저장하라

우리가 일상생활에서 말할 때는 생활용어를 쓰기 때문에 쉽게 표현할 수 있지만, 어떤 테마에 대해서 말할 때는 알고 있는 내용도 기억이 잘 나지 않는다. 그래서 테마별로 마인드맵을 저장해두면 저장한 이미지를 기억하는 방식으로 기억력을 강화한다. 그리고 내비게이션은 초행길을 갈 때만 쓰고, 다음에 찾아갈 때는 내비게이션을 끄고 기억을 되살려 운전하는 습관을 들인다. 인터넷을 이용해 단순한 웹서핑을 반복하면 기억력에 나쁘지만, 주제를 정해 놓고 여러 사이트에서 필요한 정보를 찾아 모으는 '전략적 검색'을 하면 집중력과 기억력이 강화된다.

(3) 독서는 전자책보다 종이책으로 하라

규칙적인 독서는 기억력 약화를 포함한 인지기능장애를 20% 줄여준다. 수필집 등 가벼운 책보다 삼국지・토지 등 대하소설이나 추리소설을 읽자. 전후맥락을 되새기면서 독서해야 단기기억이 장기기억으로 효과적으로 전환돼 기억력이 강해진다. 종이책이 모니터로 읽는 전자책보다 기억력 증진 효과가 크다. 종이책은 손으로 수십 페이지씩 넘겨 가면서 앞에 읽었던 부분으로 되돌아가는 등 '입체적인 이동'을 하면서 읽게 되지만, 전자책은 마우스나 손가락을 밀어서 책장을 넘기는 등 '평면적인 이동'을 하기 때문에 두뇌에 자극을 덜 준다.

(4) 책 읽을 때 요약 메모하라

필기는 기억력 유지・강화의 핵심인 두뇌의 정보처리기능 유지에 직접 도움을 준다. 책을 읽으면서 내용을 요약해서 적는 습관을 가지면 기억력이 증진된다. 필기한 뒤에 다시 읽어보면서 내용을 재정리하면 해당 내용을 기억하는 것 외에, 두뇌의 기억능력 자체를 강화하는 데에도 더욱 효과적이다. 일기를 쓰거나 직장에서 회의할 때 내용을 메모하는 것도 좋다. 한편, 뇌의 단기기억 용량은 한계가 있어 쓸데없는 정보를 너무 많이 받아들이면, 기억력에 장애를 가져올 수 있다. 따라서 기억력을 강화하려고 자질구레한 일을 모두 적거나 기억하려고 애쓰는 것은 바람직하지 않다.

(5) 기억력을 높이는 메모기술

메모는 부족한 기억력을 보충하는 것은 물론이고 메모하는 행위 자체가 기억력을 견고하게 만드는 역할을 한다. 기억력을 두 배로 높이는 메모의 기술을 살펴보자.

1) 생각에 앞서 메모부터 하라

지나치게 많은 생각은 기억하는 데 장애가 된다. 하지만 살다 보면 너무 많은 자극들과 정보들이 있어 한 가지 정보에 집중하는 것이 어렵게 느껴질 때가 많다. 이때 메모는 기억해야 할 정보에 집중하라는 신호가 된다. 정상적인 두뇌를 가지고 있지만 좀처럼 무엇이든 기억할 수 없는 사람이라면 생각에 앞서 메모부터 하라.

2) 손에 들어오는 수첩, 스마트폰을 이용하라

수시로 아무 때나 메모를 하려면 수첩 하나는 꼭 필요하다. 크기는 손안에 잡고 있기도 쉽고 호주머니에 넣기에 부담되지 않는 정도의 크기가 적당하다. 수첩과 필기도구를 항상 준비하고 사용하기 편리한 곳에 둔다. 그리고 메모하기 어려울 경우에는 스마트폰으로 녹음을 하는 것도 좋은 방법이다.

3) 스스로에게 질문하면서 적어라

가끔 이전의 메모를 보다 보면 왜 적은 것인지, 도대체 무슨 내용을 적어 놓은 것인지 헷갈릴 때가 있다. 이런 경우 메모는 기억을 수월하게 해주는 것이 아니라 오히려 스트레스를 주게 된다. 따라서 메모할 때는 '메모의 이유'를 머릿속에 각인시키는 약간의 장치가 필요하다. 뇌가 메모를 꼭 필요한 것이라고 인식하려면 메모에 대해 자꾸 생각나게 해야 한다. 스스로에게 질문하듯이 메모하면 그런 효과를 볼 수 있다. 누군가에게 무언가를 설명하듯 "전화번호가 뭐라고 그랬지? 국번이 3927이지? 이걸 어떻게 외울까? 3 곱하기 9는 27이잖아, 이렇게 기억하면 쉽겠지?"라는 식으로 하면 메모의 이유를 잊는 것을 줄일 수 있다.

4) 핵심단어, 이니셜을 활용하라

메모의 사전적인 의미는 '다른 사람에게 말을 전하거나 기억을 돕기 위해 짤막하게 적어두는 글'이다. 따라서 줄줄이 길게 기억해야 하는 내용을 적어두는 것은 메모가 아니다. 메모가 되려면 아주 간략한 형태로 변신해야 한다. 메모는 기억의 힌트이기 때문이다. 따라서 대화나 문장 등을 기억해야 한다면 그중 핵심단어들을 우선 뽑아야 한다. 그리고 그 단어를 순서대로 적는다. 만약 핵심단어가 하염없이 나온다면 이니셜을 활용하자. 메모의 양을 대폭 줄일 수 있다. 메모를 할 때는 언제나 '요점만 간단히' 라는 것을 잊지 말자.

5) 덩어리로 묶어 적어라

핵심단어와 이니셜이라고 하더라도 무한정 나열하면 기억에 별 도움이 되지 않는다. 메모는 기억을 도와주는 수단이지 기억 그 자체가 되지는 않기 때문이다. 메모를 보면 "아하!" 하고 생각이 나야지 메모를 다시 공부하는 상황이 되어서는 안 된다. 따라서 메모 자체도 기억을 돕는 형태로 잘 정리되어 있어야 한다. 메모해야 할 정보가 많을 때는 나열을 하기보다는 4~5개 정도의 덩어리로 묶어 적는다. 띄어쓰기와 여백을 최대한 활용해 한눈에 4~5개의 덩어리가 보이도록 메모한다. 무조건 묶는 것보다 정보를 조직화하여 주제별, 상위개념, 하위개념 등으로 묶는다.

6) 그림으로 메모하라

메모가 부담이 된다고 말하는 사람 중에는 '손 글씨'가 부담된다고 고백하는 사람이 많다. 메모할 때 글씨를 잘 쓸 필요는 없다. 메모의 목적은 기억을 도와주기 위함이지 다른 사람에게 검사받기 위함이 아니다. 또한 메모는 글자보다 각종 기호(한자, 알파벳, 별표, 이모티콘 등)나 도형(□△ ○ 등)을 이용하는 것이 좋다. 가장 좋은 메모법은 기억해야 할 정보를 간단하게 만화로 그리는 것이다. 당연히 그림은 잘 그리지 못해도 괜찮다. 그림으로 메모하는 것은 정보를 시각적으로 가공한다는 것을 의미한다. 가공과정에서 기억은 더욱 단단해질 수 있다. 이런 메모는 보는 순간, 기억해야 했던 상황을 영화처럼, 사진처럼 영상으로 떠오르게 한다.

7) 육하원칙, 숫자, 고유명사로 메모하라

'이것은 꼭 기억해 놓아야겠다.'라고 마음먹었다면 기억해야 할 것을 가능한 한 구체적으로 적어야 한다. 포괄적인 단어보다는 핵심단어나 이름, 명칭을 위주로 적고 가능하면 육하원칙(누가, 언제, 어디서, 무엇을, 어떻게, 왜)에 따라 적는다. 또한 기억해야 할 정보가 발생한 날짜도 기록할 필요가 있다. 날짜를 적을 때는 '180120(2018년 1월 20일)' 식으로 적는 것이 편하다. 특히 이야기 도중 나오는 숫자나 고유명사들은 빼먹지 않도록 주의한다. 이런 것들은 잘못 기억되었다가는 낭패를 당하게 된다.

8) 메모한 후 소리 내어 읽어라

핵심단어든 이니셜이든 메모를 작성했다면 단 3초라도 좋으니 잠시라도 시간을 내어 메모한 내용을 읽는다. 기억할 정보가 잘못 기록되었을 때 바로잡을 수 있는 좋은 기회가 되고, 종이뿐 아니라 뇌 속에 다시 한번 적는 수단이 된다. 메모 후 바로 다시 소리 내어 읽어 보는 습관은 메모의 정확도와 뇌의 기억능력을 높이는 데 유용하다.

9) 메모 타임을 정하라

메모는 기억해야 할 것이 발생하는 그 순간, 그때그때 해야 한다. 하지만 그렇게 할 수 없는 상황에 놓인 사람도 분명 있을 것이다. 종종 수첩을 꺼내 적는 것이 민망한 상황도 있다. 이럴 때는 일정한 시간마다 5분 내지 3분 정도를 할애하여 메모타임을 만든다. 이전 1시간 혹은 2시간 전에 있었던 일 중 기억해야 할 사항을 적는 것이다. 메모타임은 꼭 기억해야 할 정보를 기록해 놓는 시간일 뿐 아니라 머릿속에 떠돌아다니는 많은 생각을 일목요연하게 정리하는 시간이기도 하다. 이때 메모하는 정보와 관련된 자신의 감정이나 의견을 함께 적어 둔다면, 기억하는 데 더 도움을 받을 수 있다. 재미있는 것은 이렇게 시간을 내어 자주 메모를 하다 보면 순수한 기억력이 좋아진다. 쓰고 기억하는 단순한 작업이 기억력 훈련의 종류 중 하나이기 때문이다.

10) 메모 확인하는 습관을 가져라

메모가 습관이 되다 보면 한 가지 심각한 부작용이 생기기도 한다. 무엇이든 기억하려 들지 않고 무조건 기록만 해두는 것이다. 즉, 메모에 지나치게 집착하는 것이다. 하지만 메모는 메모일 뿐 다시 보지 않으면 낙서에 불과하다. 메모가 기억하는 데 도움이 되게 하려면 수시로 메모를 확인하는 습관을 들여야 한다. 만약 너무 바빠 불가능하다면 하루에 한 번 혼자 있는 시간을 만들어 메모를 쭉 읽어 보도록 하자. 잠들기 전이라도 좋다. 오늘 적은 메모를 확인하고 꼭 기억할 것과 기억하지 않아도 되는 것을 분리한다. 기억과 메모의 차이는 기억이란 언제든지 내가 원할 때 꺼내 정보로 사용할 수 있지만 메모는 직접 보려고 하지 않으면 정보가 되지 않는다는 점이다.

2 생활 속 뇌력향상법

(1) 자연은 최고의 뇌력 충전소

우리의 일상은 차렷! 열중 쉬엇! 바로! 긴장의 연속이다. 팍팍하게 살자니 머리는 열 받고 목은 땡기고 어깨는 뭉치고 몸은 움츠러든다. 에너지의 흐름이 기폐(氣閉)된다. 열은 내려주고 뭉친 것은 풀어주고 꼬인 것은 펴주고 머릿속 가득 찬 잡념은 가지치기해서 기개(氣開)시키자. 몸속 유전자는 고향을 잊지 않는다. 연둣빛 실버들, 분홍 진달래, 찔레꽃 향기, 빨간 단풍잎, 황금빛 들판, 솔 냄새, 물소리에 피부를 스치는 바람결은 오감을 일깨워 의식을 확장한다. 하늘과 땅의 기운은 최고의 뇌력 충전소이다.

(2) 햇볕은 뇌력 발전기

인공조명 아래 이뤄지는 도시생활은 일조량 결핍에 양기 부족을 일으킨다. 운동도 실내에서 하니 도시인의 평균 바깥 생활은 하루 중 4%에 불과하다고 한다. 빛은 뇌를 깨워서 세로토닌을 분비시켜 활성화하고 어둠은 멜라토닌으로 뇌를 잠들게 한다. 햇빛은 비타민D를 몸속에 합성하게 해 암도 막아준다. 햇빛이 부족하면 생식력도 약해진다. 따라서 태양에너지로 양기를 충전하고 두뇌 힘을 키우자.

(3) 신선한 공기를 뇌 부르게

온종일 제일 많이 먹는 것은 공기다. 1분에 15회 이상 숨을 쉬니 하루 1,440분을 곱하면 대략 2만회 정도 호흡한다. 1회를 500㎖로 치면 약 1만ℓ짜리 50통의 공기가 하루에 우리 몸속을 들락날락한다. 폐 속 5억 개의 꽈리모양 폐포는 펼치면 20평 아파트 넓이다. 폐포의 표면에서 산소와 이산화탄소가 교환된다. 0.3초 눈 깜짝할 새다. 하지만 폐포가 아무리 넓어도 공기오염이 심각하니 산소는 부족하고 폐도 고생이다. 이산화탄소는 강력한 결합력으로 헤모글로빈을 가로채 산소 부족을 일으킨다. 뇌도 신선한 산소를 듬뿍 먹어야 뇌파가 안정되고 힘이 생긴다.

(4) 잘 먹으면 뇌력도 쑥쑥

미각은 혀와 얼굴에 퍼진 감각신경을 통해 뇌로 전달된다. 미각중추는 전두엽과 도피질, 대상회, 해마 주변까지 뇌 전체에 널리 퍼져 있다. 식욕은 가장 큰 생존 욕망으로 몸에 필요한 영양과 에너지만을 채우는 게 아니다. 눈으로 보고 냄새 맡고 맛을 음미하며 씹는 과정에서 뇌의 넓은 영역이 활성화된다. 낯선 음식을 먹는 것은 도전이다. 적극적인 마음으로 뇌회로에 맛있는 기억을 경험하게 하면 식욕 중추가 작동하며 침이 고인다.

거꾸로 뇌 힘이 떨어진 환자들은 미각이 둔해지거나 약해진다.

(5) 잠 빚은 카드 빚보다 무섭다

몸속 생체시계는 낮과 밤에 맞춰 모든 신진대사와 체온, 수면, 각성 활동, 호르몬 기능을 조절한다. 인간은 체온이 높은 항온동물로 낮에 활동하면, 밤에는 잠을 자야 뇌의 피로를 풀고 신진대사를 낮춰서 에너지를 아낀다. 밤에 불을 켜놓고 자면 면역을 강화하고 노화를 막아주는 멜라토닌 호르몬이 분비되지 않는다. 며칠 밤을 꼴딱 새우다가 숙제하듯 밀린 잠을 자는 것은 나쁜 습관이다. 그날 머리에 입력된 정보는 잠자는 동안 단기기억에서 장기기억으로 저장되기 때문에, 미국의 정신 의학자 스틱 골드가 2,000년 인지 신경과학 잡지에 발표한 논문에 따르면, 지식을 자기 것으로 만들려면 지식을 습득한 날 최소 6시간을 자야 한다고 한다.

(6) 냉수 마시고 뇌 식히자

뇌가 가장 많이 지닌 성분은 물이고, 가장 기피하는 것은 열이다. 뇌세포는 고온에서 파괴된다. 불쾌한 자극을 받으면 변연계가 반응해 대뇌피질과 시상하부로 전해지고 뇌하수체에서 호르몬이 분비돼 부신을 자극한다. 화가 나면 코르티솔과 아드레날린 같은 스트레스 호르몬이 울컥울컥 나온다. 화에 오래 시달리면 단기기억과 학습능력을 맡은 뇌의 해마 부위가 수축한다. 뇌도 찌그러지며 생기를 잃는다. 반복되는 화는 '분노회로'를 만들어 점점 강력하게 반응하고, 화는 열을 위로 솟구치게 해서 그야말로 '뚜껑 열리게' 하기도 한다. 급한 불은 물로 끄자. 분노가 치밀어 오르면 얼른 한잔 죽 들이키고 5초만 참아보자.

(7) 칭찬은 뇌를 빛나게 한다

오감 중 시각 다음으로 중요한 것은 청각이다. 귀가 모아들인 소리는 와

우신경을 거쳐 뇌간을 지나 머리 옆 측두엽의 청각중추에 전달된다. 몸속의 물은 음파의 전도체이므로 음악과 소리는 온몸의 세포를 진동시킨다. 특히 언어와 노래는 뜻을 담고 있어 뇌를 직접 자극한다. 습관적으로 내뱉는 말과 듣는 말은 내면화된다. '짜증 나'고 '신경질 나'고 '기가 막혀'서 '미치고 팔짝 뛰다'가 '돌아버리고' '죽는' 게 진짜 소원일까? 나쁜 말은 하는 사람이나 듣는 사람이나 뇌 힘을 빼앗는다. 말은 파동에너지로 생각의 씨다. 잘될 거야, 할 수 있어, 내가 할게, 고마워, 대견해, 멋지다, 기특하다, 훌륭해, 좋아, 사랑해… 칭찬과 인정, 격려의 말은 막강한 생기 배터리로 온몸의 세포를 행복하게 감싸주고, 뇌에 혈류를 팍팍 돌게 해준다.

(8) 양손 쓰기로 쌍방향 통합 뇌 쓰기

뇌는 좌우로 나뉘어 있으며 섬유조직인 뇌량으로 연결돼 있다. 이 부분으로 정보를 교환하며 따로 또는 같이 협력한다. 좌뇌의 논리에 우뇌의 감성이 어우러져 쌍방향 통합 뇌를 쓰는 건 양뇌이고 인간의 기본자세이다. 뇌에서 가장 넓은 면적을 차지하는 것은 손을 관장하는 부위이며 운동중추의 30%는 손의 움직임을 조절한다. 양손을 사용하는 것은 뇌를 전체적으로 활성화하고 균형감각을 키운다. 뇌에 질환이 생겨도 양손잡이가 회복이 빠르다. 평생 한쪽 손만 혹사하라는 법은 없다. 놀이와 운동, 걸레질과 설거지는 밥 안 먹는 손으로 자꾸 해보자. 평소에 주로 쓰지 않던 손을 사용하면 새로운 신경망이 생기므로, 오른손잡이라면 이제부터는 매일 이를 닦는 것부터 왼손으로 실천해 보라.

(9) 주3회 30분 이상 빠르게 걸어라

보살핌과 걱정은 다르다. '나는 원래 약하니까' 이런 말은 뇌에 깊이 각인된다. 자동차만 잔고장 수리하고 기름칠하면 몇십 년 더 너끈하게 굴러가는 게 아니다. 앞머리 전두엽은 정보와 지식의 창고. 팔다리를 흔들면서 힘차게 하루 30분 이상 일주일에 세 번 걸으면 전두엽이 조금씩 커진다는 연구도 있다. 운동근육이 발달하듯이 뇌도 탱탱해지고 민첩해진다. 걷기는 온몸이 자극받는 오감 샤워이다. 뇌신경은 이런 일정한 리듬의 평화로운 운동을 좋아한다. 그리고 걷기는 기억력을 포함한 인지기능장애가 30% 정도 줄어들고 뇌신경세포를 활성화해준다.

(10) 웃음은 평생건강권

'아기의 미소와 웃음은 생존전략'이라고 인류학자들은 말한다. 한 번 웃을 때마다 온몸 근육의 30%에 이르는 200여 개의 근육이 진동한다. 웃으면 산소 공급이 늘어나서 뇌 힘이 좋아지고 시무룩한 세포에 생기가 돈다. 기쁨 호르몬인 엔돌핀, 엔케팔린은 모르핀보다 300배나 강한 진통효과가 있다. 웃음은 몸이 스스로 만들어내는 천연의 명약. 진통제, 근육 이완제, 피로 회복제이자, 혈액순환 촉진제, 혈압 강하제이며, 미용제, 불면증 치료제일 뿐만 아니라 암도 막는 면역 증가제다.

웃을 줄 안다는 것은 대뇌피질과 대뇌변연계가 동시에 활성화돼 뇌간에 영향을 끼치는 고급한 능력으로 탁월한 '개인기'이다. 같은 상황이라도 웃으면 뇌가 활성화돼 생각이 바뀌니 결과도 달라진다. 돈이 들기는커녕 부가세 환급까지 받는 셈이다. 반면, 스트레스는 기억력의 적이다. 스트레스 호르몬인 코티졸은 뇌의 기억세포를 손상시키므로, 스트레스는 바로 풀어야 한다. 건망증이 심해서 불안하면 병원에 가서 진단받아 보는 것만으로도 '건망증 스트레스'가 줄어들어 기억력을 회복하는 데 도움이 된다.

(11) 드라마 시청은 기억력에 나쁘다

TV도 시청하면서 뇌를 능동적으로 쓰는 다큐멘터리, 기행물, 추리물, 퀴즈프로그램 등의 프로그램을 보자. 오락프로그램이나 드라마처럼 뇌가 일방적으로 정보를 받아들여야 하는 TV프로그램은 인지기능장애 위험을

10% 정도 높인다. 바둑 · 장기 · 고스톱처럼 전략적으로 뇌를 쓰는 게임은 기억력 증진에 도움이 되지만, 화면에 나타나는 적에게 총을 쏘아 맞추는 등 단순한 반응을 하는 게임은 별다른 도움이 되지 않는다.

(12) 명상을 하라

규칙적으로 명상을 하면 뇌에 물리적 변화가 일어난다. 이는 뇌신경의 시냅스 네트워크가 새롭게 생겨나기 때문이다. 명상은 주의력과 함께 자기 스스로를 인식하고 감정을 이입하는 능력을 키워준다. 명상은 필요 없는 자극에 대한 두뇌의 반응을 줄여주므로 기억력을 좋게 하고 명상의 장점은 언제 어디서나 할 수 있다는 점이다.

(13) 사교춤을 배워라

외국어든 요리든 뭔가 새로운 것을 배우는 것은 뇌에 좋다. 특히 왈츠 같은 공식 사교춤을 배우면 뛰어난 효과가 있다. 미국 몬티피요르 의대의 건강심리학자 '돈 뷰즈'는 "생각을 하면서 움직이고 동작을 바꿔야 하는 데다 몸을 유연하게 한다는 장점이 있다."고 한다.

(14) 낭독하며 외워라

책이나 신문을 큰 소리로 읽으면 조용히 속으로 읽을 때와는 다른 뇌 부위에 자극이 주어진다. 이런 자극은 뇌에 혈액이 잘 흐르게 하고 건강하고 활동적이게 만들어 두뇌향상에 도움을 주며 낭독하며 외우는 것만큼 두뇌를 운동시키는 것은 없다. 두뇌를 집중시키고 생각의 방향을 제시한다. 생각의 방향이 정해지면 하루의 삶이 매우 효율적으로 변한다. 하루에 2~3개의 새로운 단어, 좋은 글, 좋은 시, 명언 등을 외우자.

Ⅲ. 중년의 기억력

중년을 넘기고 있는 사람들은 거의 예외 없이, "젊었을 때는 기억력이 참 좋았는데 지금은 멍청이가 되어버렸다"고 안타까워하는 모습을 볼 수 있다. 기억력에 대한 실증적 연구 결과들을 보면, 사람들은 일반적으로 연령이 증가하면서 기억력이 감퇴한다. 왜 연령이 증가하면 기억력이 감퇴할까?

1 기억의 과정

과거에 발생했던 사건이나 외부에서 들어온 정보를 우리 기억 속에 저장했다가 나중에 필요할 때 회상하는 과정은 <**부호화, 저장, 인출**>의 세 가지 과정으로 이루어져 있다.

(1) 부호화 과정

맨 처음 과정은 여러 가지 자극을 우리가 쉽게 기억할 수 있도록 잘 분류하는 과정이다. 이런 작업을 '부호화'라고 부른다. 우리가 경험하는 자극들은 시각, 청각, 촉각 등의 방법으로 부호화된다. 기억을 잘하기 위해서는 먼저 정보를 잘 부호화해서 저장할 필요가 있다. 부호화 과정은 서류를 체계적으로 분류해두면 필요할 때 훨씬 찾기 쉬운 것과 유사하다. 만일 여러 가지 서류와 자료를 아무런 체계 없이 이곳저곳에 그때그때 손닿는 곳에 놓아둔다면 나중에 필요할 때 찾기 어렵다. 서류를 체계적으로 분류하지 않아서 급할 때 필요한 서류를 찾지 못해 당황해하면서 모든 서류철을 허겁지겁 다 뒤져본 경험은 누구나 있을 것이다. 즉 부호화를 제대로 하지 않으면 필요할 때 쉽게 찾을 수 없다. 나이가 들면서 기억능력이 떨어지는 이유 중 하나는 나이가 들면서 새로운 정보를 효율적으로 처리하지 못하기 때문에 나중에 필요할 때 적절한 정보를 빨리 인출하지 못한다.

예를 들면, 온 가족이 오랜만에 다 같이 영화를 보러 갔다 와서 각자 영화를 본 소감을 이야기하는 경우를 떠올려 보자. 젊은 자녀들은 그 영화 속의 구체적인 사건이나 활동에 대해 세세하게 이야기하는 경향이 있다. 하지만 중년의 부모들 경우에는 세세한 줄거리보다는 주인공의 심리적 동기를 더 잘 기억하고, 그 주인공의 의도를 나름 많이 해석하려는 경향을 보인다. 이렇게 연령에 따라 같은 영화를 보았지만 기억하는 내용이 서로 다른 이유는 연령이 증가하면서 부호화 과정에 변화가 오기 때문이다. 나이가 들면 세세한 부분까지 부호화하지 않고 좀 더 넓게 요약된 정보를 저장하는 경향이 증가한다.

(2) 저장 과정

저장 과정은 <감각기억, 단기기억, 장기기억>의 세 과정이 있다. 전화번호를 기억하려는 경우를 생각해보자. 처음 전화번호를 잠깐 쳐다보면 그것은 감각기억이다. 만약 여기서 더 이상 기억하려는 노력을 하지 않으면 잠깐 후에는 그 번호를 기억하지 못한다. 그러나 그 번호를 입속으로 몇 번 외우면 그 번호를 보지 않고도 전화를 걸 수 있게 된다. 이것이 단기기억이다. 그러나 단기기억도 특별한 노력이 없으면 몇 분 후에는 소멸된다. 하지만 그 번호로 여러 번 전화를 해보거나 자기가 이미 알고 있는 다른 번호와 연관 지어 외우는 연습을 하면 오랫동안 기억할 수 있다. 이것이 장기기억이다.

감각기억은 잠시 동안만 기억하는 것이기 때문에 연령에 따른 차이가 크게 없다. 즉 어린이나 노인이나 감각기억 능력은 큰 차이가 없다. 단기기억에는 연령에 따른 감소가 있다. 연령이 증가하면서 단기기억에서 기억하는 숫자, 단어 등의 자료가 줄어든다. 하지만 크게 염려할 필요는 없다. 지능검사 등의 결과를 보면, 중년기에도 일상생활을 하는 데 지장을 줄 만큼의 단기기억 감소 폭이 크지 않기 때문이다. 단지 옛날에는 별반 노력을 하지 않아도 몇 번 입속으로 중얼거리면 잠시 동안에 욀 수 있었는데, 지금은 그렇지 않을 뿐이다.

우리가 일반적으로 기억에 대해 이야기하는 것은 장기기억을 의미한다. 장기기억은 문자 그대로 오랫동안 가지고 있을 수 있다. 예를 들면, 시골에서 함께 초등학교에 다니던 친구들과 소풍 가서 놀던 일은 지금도 또렷이 기억할 수 있다. 치매에 걸린 노인들도 방금 전에 한 식사는 기억하지 못하지만 어렸을 때 고향에서 있었던 일들은 기억한다. 장기기억은 감각기억이나 단기기억보다 연령에 따른 차이가 크다. 사실 중년 이후의 일상생활에서 제일 곤혹스러운 것은 장기기억으로부터 정보를 인출하지 못하는 것이다. 기억력 감퇴는 단지 필요한 정보를 제때에 기억 못하는 것으로 끝나는 것이 아니라, 중년들의 자존심에 큰 영향을 미치는 경우가 있다. 심한 경우에는 과제들을 제대로 수행하지 못하고, 결과적으로 우울증의 원인이 되기도 한다.

(3) 인출 과정

기억을 떠올리기 위해서는 꺼내는 과정, 즉 인출 과정이 필요하다. 인출 과정에는 크게 두 종류가 있다. 하나는 회상(回想)이고, 다른 하나는 재인(再認)이다. 회상(回想)은 '한국의 수도는 어디인가?'라는 질문처럼 장기기억 속에 저장되어 있는 정보 중에서 답을 찾아내는 과정이다. 일상생활에서 제일 많이 사용하는 기억은 회상에 의존한다. 우리의 기억 속에 저장되어 있는 수많은 정보 중에서 제일 적합한 정보를 골라내어 회상하는 것을 일반적으로 기억력이라고 부른다.

재인(再認)은 '보기에 제시된 세 도시 중 서울과 제일 가까운 도시는 어느 곳인가?'라는 질문처럼 장기기억 속에 저장되어 있는 정보와 보기에 제시된 정답을 짝짓는 것이다. 일반적으로 재인이 회상보다 더 용이하다. 우리는 때때로 회상은 할 수 없지만 재인은 할 수 있는 경우가 많다. 일반적으로 주관식 문제를 풀 때는 회상을 사용하고, 객관식 문제를 풀 때는 재인을 사용한다. 연령이 증가하면서 정보의 인출이 어려워지는 이유 중에 하나는 회상능력이 떨어지기 때문이다. 그에 비해 재인능력은 연령에 따라 큰 변화가 없다.

2 기억력 보존

이처럼 나이가 들어가면서 기억력이 떨어지는 것은 일반적인 현상이다. 그리고 기억력에 관여하는 인지적 과정은 한 가지가 아니다. 각 과정에 대한 이해와 관심을 가지고 노력하면 기억력 때문에 크게 염려할 필요는 없다. 우선 기억력을 보존하기 위해서는 주의집중과 연습이 필요하다. 특히 단기기억을 잘 못하는 것은 처음 정보를 부호화하는 과정에서 주의집중을 잘하지 않았기 때문이다. 젊었을 때 해결해야 하는 과제들은 대개 고도의 주의집중이 필요한 것이 많다. 조금 전에 연락했던 거래처의 전화번호를 빨리 기억해낸다든지, 방금 전에 헤어진 이성의 연락처를 알고 있다는 것이 결정적 순간에 중요한 차이를 만들 수 있기 때문에, 젊은이들은 세심하고 구체적인 사안에 자동적으로 더 집중을 하게 된다.

젊은이들과 달리 나이든 사람들이 해결해야 할 사안들은 살아가는 동안 쌓은 경험에 의거해, 더욱 넓은 시각에서 조망해볼 수 있는 능력이 필요하다. 여객기인지 군용기인지의 여부를 가리기 위해 다투는 어린이들에게 지나가던 어른이, "얘들아, 그건 둘 다 비행기야"라고 점잖게 타일렀다는 일화가 말해주듯이때로는 그냥 비행기만으로도 필요한 대답이 되는 경우가 많이 있다. 이럴 경우에는 여객기인지 군용기인지를 가리기 위해 불필요한 인지적 노력을 할 필요가 없는 것이다.

우리 주위에는 점차로 나이 들면서 떨어져가는 기억력을 보완해줄 많은 유용한 기기들이 '하루가 멀다' 하고 시중에 나오고 있다. 이제는 많은 친지들이나 거래처의 전화번호를 일일이 외우고 있을 필요가 없다. 우리 손에 있는 휴대전화는 예전에 집집마다 가지고 있던 두꺼운 전화번호부보다 더 많은 전화번호를 저장하고 있다. 뿐만 아니라 거실에 비치해 두었던 20권짜리 '대백과사전'보다 더 많은 양의 지식을 저장하고 있어서, 어느 때 어느 곳에서나 쉽게 사용할 수 있다.

지금은 한 개인이 기억하고 있는 정보의 양이 중요한 것이 아니다. 전에는 백과사전을 가지고 다닐 수 없었기 때문에 머리에 저장하는 능력이 중요했다. 학교에서 보는 시험에서 좋은 성적을 내기 위해서는 '달달' 외우는 능력이 절대적이었다. 하지만 아무리 기억력이 좋아 많은 정보를 머릿속에 저장하고 있는 사람도 인터넷의 한 포털 사이트의 '지식인'을 이길 사람은 없다. 이제 정말 중요한 것은 주어진 정보를 이용한 '문제해결'이다. 정말 다행스러운 것은 실제적인 문제해결 능력은 중년에 절정에 달한다는 것이다.

3 중년의 뇌 재발견

그 동안 뇌 과학에서 가장 주목받는 성과는 뇌의 가소성에 관한 연구였다. 뇌세포는 절대 새로 생기지 않으며 나이가 들수록 줄어들기만 한다는 기존의 생각과 달리, '뇌는 쓰면 쓸수록 계발된다.'는 가소성의 원리는, 뇌에 대한 새로운 이해와 두뇌 계발의 가능성을 열어주었다.

(1) 과소평가 받아온 중년의 뇌

<뉴욕타임스>의 건강 전문 기자 바버라 스트로치가 쓴, 《가장 뛰어난 중년의 뇌》는 또 다른 의미에서 우리의 고정관념을 겨냥한다. 그는 지금까지 우리가 알고 있던 사실과 달리, 40세~65세에 이르는 중년의 뇌가 인

생에서 가장 뛰어난 뇌라고 말한다. 언뜻 고개가 갸웃거려지는 주장이다. 했던 말을 또 하는 아버지, 휴대폰을 잃어버려 온 집안을 뒤지다가 결국 냉장고 안에서 찾은 어머니, 한 학기가 다 지나도록 이름을 기억하지 못하는 선생님, 새로운 운영 시스템에 적응하지 못하는 직장 상사 등, 우리가 아는 중년의 뇌는 대체로 정보 처리 속도가 느리고 새로운 것을 받아들이기 어려워할 뿐만 아니라 집중력도 약하고 건망증이 심하다. 미안한 말이지만, 그들의 뇌는 심각한 결함을 안고 있는 것처럼 보인다. 하지만 겉으로 드러나는 이런 치명적인 결함 때문에 중년의 뇌가 그동안 과소평가 받아왔다고 한다.

중년의 뇌가 정보 처리 속도나 세부 사항을 기억하는 정확도, 주의력 등에서 20대의 뇌보다 다소 떨어지는 건 사실이지만, 종합적인 사고 능력 차원에서는 뇌의 전성기에 해당한다. 중년의 뇌는 그동안 쌓아온 다양한 경험과 지식을 연결해서 당면 과제를 해결하는 데 탁월하다는 것이다. 따라서 중년의 뇌가 가진 경쟁력은 따로 있다. 중년의 뇌는 판단력, 종합 능력, 직관력, 통찰력, 어휘력 등에서 우수하다. 중·고등학교 때는 제아무리 이해하려고 해도 이해되지 않던 개념이 나이가 들어서 저절로 이해되는 경험을 누구나 한 번쯤 해봤을 것이다. 중년의 뇌는 이처럼 젊은 뇌보다 요점을 더 잘 이해하고 논의의 핵심을 예리하게 간파한다. 큰 그림을 파악하는 데 능하고, 복잡한 문제를 해결하는 데 적합하다. 그 방면에서는 20대의 뇌가 따라오지 못할 정도다.

여성 심리학자 셰리 윌리스가 실시한 연구 결과는 인간의 뇌가 나이 들수록 인지능력이 더 좋아진다는 사실을 보여준다. 미국 시애틀 세로 연구소는 1956년부터 40년간 7년마다 6,000명을 대상으로 뇌 인지능력을 검사해왔다. 그 결과 40세~65세, 즉 중년의 뇌가 '언어 기억', '공간 정향', '귀납적 추리'에서 최고의 수행 능력을 보였다. 보통 머리가 가장 좋은 시기라고 생각하는 20대의 뇌는 '반응 속도'와 '계산 능력' 두 부분에서만 중년의 뇌를 앞질렀을 뿐이다.

(2) 기억력은 떨어져도 문제해결 능력은 오히려 커져

우리는 나이가 들수록 더 지혜롭고 현명해진다는 사실을 경험으로 알고 있다. 하지만 그것이 개인의 변화라고만 생각했지, 중년의 뇌 전반에서 일어나는 보편적인 현상이라고 단정 짓기는 어려웠다. <바버라 스트로치>는 뇌과학, 인지과학, 심리학 등을 아우르는 다방면의 연구 결과를 통해 '중년의 뇌가 인간의 생애 중에서 가장 뛰어나다'는 사실을 객관적인 데이터로 증명하고 있다.

중년 뇌의 탁월함은 일단 감정 조절 면에서 드러난다. 일찍이 공자가 논어에서 '이순(耳順)'이나 '종심(從心)'이라는 말로 나이가 들면서 유순해지는 인격을 표현한 것처럼 중년의 뇌는 감정 조절에 노련하다. 최근의 연구 결과는 그러한 변화가 단순히 개인적인 인성과 경험에서 오는 것이 아니라, 호르몬의 영향이라고 지적한다. 캘리포니아 대학 <달립 제스트> 박사는 에딘버러 국제회의에서 "나이가 들수록 뇌에서 도파민의 양이 줄어들기 때문에 감정적이고 충동적인 결정을 덜 하게 된다."라고 발표했다. 우리가 보통 '지혜(wisdom)'라고 일컫는 것이 사실은 호르몬의 작용이라는 말이다.

중년의 뇌는 또 젊은 뇌보다 위기관리 능력이 뛰어나다. 몇 해 전에 뉴욕을 출발한 여객기가 엔진 속으로 날아드는 거위 떼를 피하려고 허드슨 강에 불시착한 일이 있는데, 당시 승객 150명 전원이 생존할 수 있었던 것은 조종사와 승무원, 구조를 도운 예인선의 선장까지 모두 경험 많고 노련한 중년이었기 때문이라는 분석이 있다. 실제로 중년의 뇌는 다른 연령대에 비해 위기관리 능력이 뛰어나다. 일리노이 대학 신경과학자 <아트 크레이머>는 40세~69세의 항공 교통 관제사와 항공기 조종사 118명을 대상으로 응급 상황에 대처하는 시뮬레이션 실험을 했다. 나이 든 조종사들은 처음 시뮬레이션 장치를 다루는 데는 시간이 걸렸지만, 핵심 조종 기술과 문제해결 능력 면에서는 젊은 조종사들보다 더 뛰어났다.

나이가 들수록 기억력이 떨어진다는 통념도 사실과 반드시 일치하는 것은 아니다. 미국 뉴욕 마운트시나이 의대 연구팀의 연구 결과에 의하면 나이가 들수록 떨어지는 것은 단기 기억력일 뿐이라고 한다. 연구팀이 붉은털원숭이를 대상으로 한 기억력 테스트 결과, 원숭이들은 나이가 들수록 단기 기억력은 떨어지지만 중요한 정보는 더 오래 기억하는 것으로 나타났다. 물론 중년에 뇌의 일부 능력이 감퇴하는 것은 어쩔 수 없이 받아들여야 하는 현실이다. 하지만 우리가 우려하는 것과 달리 뇌의 손실은 그렇게 맹렬하게 일어나는 것도 아니고, 뇌의 기능이 한순간에 현저하게 나빠지는 것도 아니다. 대부분의 뇌세포는 꽤 오랫동안 제자리에 머물 뿐만 아니라, 운이 좋으면 80대~90대까지도 온전한 기능을 유지한다.

4 좌 · 우뇌를 모두 사용해야 수행 능력이 증가

그렇다면 몇 가지 치명적인 결함에도 불구하고 중년의 뇌가 생애 최고의 뇌로 활약할 수 있는 비결은 무엇일까? 첫째 이유는 미엘린(myelin)층에서 찾을 수 있다. 미엘린은 신경세포를 둘러싼 백색의 지방 물질로, 뉴런을 통해 전달되는 전기신호가 누출되거나 흩어지지 않도록 보호하는 절연체 역할을 한다. 이 미엘린이 전선의 절연물처럼 신호들을 빨리 이동시키고 누출을 방지하는데, UCLA 신경과학자 <조지 바트조키스>가 19세~76세, 남성 70명의 뇌를 영상 촬영해보니 뇌에 미엘린의 양이 가장 많은 나이가 바로 50대였다.

또 다른 근거는 중년의 뇌가 젊은 뇌보다 긍정적이라는 데 있다. 편도는 우리 뇌에서 부정적인 위기나 공포 상황에 가장 민감하게 반응하는 부위다. 그런데 산전수전 다 겪은 중년의 뇌는 의도적으로 긍정적인 정보에 초점을 맞출 줄 안다. 게다가 뇌는 나이가 들수록 감정을 통제하는 능력도 더 나아지기 때문에 사태를 침착하게, 보다 낙관적으로 해석할 수 있게 된다. 이러한 낙관성이 뇌 상태를 한층 긍정적이고 쾌활하게 만들어주기 때문에 덩달아 위기관리 능력도 높아진다.

마지막으로 나이가 들면 젊을 때와는 달리 좌·우뇌를 함께 사용하기 때문에 수행 능력이 더 뛰어나다는 견해도 있다. 토론토 대학 신경과학자 <셰릴 그레이디>가 언어 테스트를 해본 결과, 젊은 사람들은 주로 한 번에 뇌의 한쪽만을 사용하는 데 비해, 나이 든 사람들은 양쪽 뇌를 모두 사용하는 것으로 드러났다. 즉, 중년층에서는 좌뇌와 우뇌를 동시에 사용하는 '양측 편재화' 현상이 일어나는 것이다. 이처럼 좌·우뇌를 동시에 쓰게 되면 더 좋은 아이디어를 짜낼 수 있게 되고, 안 될 일도 되게 하는 놀라운 두뇌 능력을 발휘할 수 있게 된다.

하지만 중년의 뇌가 제아무리 탁월하다고 해도 누구나 나이가 들면서 저절로 똑똑해지는 것은 아니다. 젊은 시절 얼마나 뇌를 잘 썼느냐가 중년의 뇌를 결정한다. 마찬가지로 중년이라는 긴 시간을 어떻게 보내느냐에 따라, 노년의 뇌기능 또한 차이가 날 수밖에 없다. 100년 전까지만 해도 선진국의 평균 수명은 약 47세였지만 현재는 약 78세까지 연장되었다. 우리는 지금 인류 역사상 처음으로 65세 이상의 인구가 5세 미만의 인구를 역전한 시대에 살고 있다. 우리나라의 중년 핵심 인구도 720만 명에 이른다. 이제 그 어느 시대보다 중년의 뇌를 잘 이해하고 계발해야 할 때다. 새롭게 재편될 인류의 중심에 중년의 뇌가 있다.

Thinking
Speech

제 7 장

문자언어 훈련

Ⅰ. 스피치 글쓰기

화법(話法)능력은 '상대에게 무슨 말을 어떻게 할 것인가?'의 능력인데 이는 '메시지 작성기술' 즉, 글 쓰는 능력이 포함된다. 또한 상대를 이해시키기 위하여 그것을 정확하게 표현하는 '표현기술'이 있어야 하는데 이는 단어, 문장, 어절 등으로 구성되므로 스피치 글쓰기 능력은 반드시 필요조건이다. 이는 책을 쓰기 위한 글쓰기(Text Writing) 능력과 스피치를 위한 글쓰기(Speech Writing) 능력은 차이점이 있다는 사실도 알아야 한다.

1 글쓰기와 생각

글쓰기와 생각의 깊이는 어떤 관계가 있을까. 단적으로 이야기하면 아주 밀접한 관계가 있다. 생각은 글로 정리되고 글을 통해서 발전한다. 생각이란 건 머릿속에 마음대로 떠도는 것이라서 언어로 정리되지 않으면 더 발전하지 않는다. 문자가 발명되고 나서야 사람의 생각은 급격하게 발전했다. 그럼 이런 의문을 가질 수가 있다. '평소에 언어로 표현하진 않지만 생각은 깊은 사람이야' 그런 사람이 있지 않을까? 한마디로 말하면 그런 사람은 없다. 생각 잡기는 언어로 표현되지 못하면 잡념일 뿐이고 망상일 뿐이다. 이건 인류의 오랜 경험으로 또는 이론으로 이미 결론이 난 문제다. 글을 읽는 것만으로는 충분치 않다. 눈팅은 눈팅일 뿐이다.

가끔 책을 읽는다고 해도 기록을 하지 않으면 거의 쓸모가 없다. 책을 한 번 읽었을 때 스스로 뭔가 어떤 깨달음을 얻은 것 같은 착각을 하겠지만 그건 착각일 뿐이다. 글의 내용을 요약 메모하던지, 독서노트를 쓰던지, 짧은 독후감이라도 써놓지 않으면 안 읽은 거나 마찬가지다. 어떤 사람은 "그래도 한 번 읽은 것과 아예 안 읽은 것이 어떻게 똑같나?"하고 말하겠지만, 글을 쓰지 않으면 생각의 깊이와 발전이라는 측면에서는 거의 똑같다는 말이다. 눈팅이 글만 안 쓴다 뿐이지 특정 분야의 식견은 떨어지지 않는다고 주장하는 사람도 있을 것이다. 그건 어떤 일정한 분야의 지식을 말하는 것이지, 생각의 깊이나 발전성을 의미하는 것이 아니다. 의외로 이런 기본적인 사실조차 착각하는 사람들이 우리 주변에는 많은 것 같다.

2 좋은 글쓰기 방법

(1) 다독

좋은 글을 많이 읽어야 한다. 다른 모든 작업이나 기술과 마찬가지로, 글을 쓰는 데도 남의 글을 많이 읽음으로써 배우는 바가 많다. 주어진 글을 이해할 수 있는 능력은 조리 있는 글을 쓸 수 있는 바탕이 된다. 또한 글을 많이 읽으면 어휘가 증가된다. 많은 어휘를 구사할 수 있어야 좋은 글을 쓸 수 있는데 남의 글은 어휘의 창고인 것이다. 그리고 독서를 많이 함으로써 해박한 지식과 폭넓은 체험을 얻을 수 있다. 독서의 유용성에 대해서는 긴말을 할 필요가 없이 필수임을 강조한다.

(2) 다작

글을 많이 써 보아야 한다. 글쓰기 능력이란 누가 요령을 일러준다고 해서 향상되는 것이 아니다. 스스로 많이 써 보는 등의 자신의 꾸준한 연습과 노력이 있어야 한다. 특히 글쓰기의 초보자는 어떻게 써야 할지 몰라서 헤매는 경우가 많은데, 이것은 글을 쓰는 일에 대하여 일종의 공포감을 지니고 있기 때문이다. 이러한 공포감을 극복하는 데도 자꾸 써 보는 연습보다 더 좋은 방법은 없다는 것이다.

(3) 다상량

많이 생각하여야 한다. 이 세상의 모든 것이 글의 자료가 될 수 있다. 그러나 그것 자체가 그대로 글 거리가 되는 것은 아니다. 주변의 어떤 현상에 대하여 자기 나름대로 음미하고, 검토하며, 분석하고, 비판함으로써 다른 사람들이 미처 찾아 내지 못했거나 지나쳐 버린 사항을 끌어내서 써야 한다. 따라서 많이 생각하라는 말은 사람이나 사물에 대한 날카로운 관찰력과 예민한 감수성을 평소에 꾸준히 기르라는 뜻이다.

그러면 평소와는 다른 새로운 것을 발견할 수 있게 되고, 그것의 의미를 확장하게 되면 좋은 글을 쓸 수 있게 된다.

3 생활 속 글쓰기 방법

(1) 주변 사람들에게 관심을 갖자

우리 주변에는 많은 사람들이 있다. 가깝게는 가족이 있고, 친척이나 친구, 직장동료, 모임회원 등도 있다. 이제부터 주변 사람들에게 관심을 갖고 그들의 모습이나 행동, 화술 등을 유심히 살펴 보라. 평소에 보던 늘 같은 모습이라도 관심을 가지고 보면 이제껏 보지 못했던 새로운 면을 발견할 수 있을 것이고, 새로운 느낌이 들면 그 느낌을 틈틈이 적어 보라. 나의 주변 사람들이 가지고 있는 성격이나 특징들이 모두 좋은 글감이 될 것이다. 그렇게 조금씩 써나가다 보면 사람을 대할 때 좀 더 깊이 생각하면서 대화하는 버릇도 길러지고 인간관계도 좋아진다. 주변 사람들에 대해서 관심과 애정을 가지고 주의 깊게 살펴보면 좋은 글을 얼마든지 쓸 수 있게 된다.

(2) 여행을 많이 다니자

여행이라는 말만 들어도 가슴이 설레지 않나? 여행은 늘 똑같은 생활에서 벗어나 새로운 경험을 맛보게 해주며 호기심을 충족시켜 준다. 여행에서 얻은 새로운 경험은 그 자체가 다양한 글감이 될 수 있다. 여행지에서

본 것 중 가장 인상적인 것이나 새롭게 만난 사람, 낯선 음식, 낯선 문화, 새롭게 알 게된 사실 등을 글로 써 보라. 물론 느낌이나 생각이 곁들여져야 된다. 직접 보고 느낀 것이기 때문에 다른 글보다 부담감이 적을 것이다. 여행은 먼 곳을 다녀오는 것뿐만 아니라 가까운 곳에 다녀온 것도 좋고 주말에 가족들과 다녀온 것도 좋다. 이처럼 늘 똑같은 생활에서 벗어났다면 그 새로운 느낌을 글로 써 보라. 특별히 잘 쓰겠다는 생각을 하지 않아도 그 자체가 좋은 글이 될 수 있다.

(3) 평소에 말을 가려서 하자

우리가 날마다 하는 말은 일상생활에 많은 영향을 준다. 생각 없이 던진 한마디 말이 어떤 사람에게는 아픈 상처로 남기도 하고, 어떤 사람에게는 커다란 힘이 되기도 한다. '말 한마디로 천 냥 빚을 갚는다', '발 없는 말이 천리 간다', '낮말은 새가 듣고 밤 말은 쥐가 듣는다' 등의 속담을 보아도 어떻게 말을 하느냐가 얼마나 중요한지를 알 수 있다. 인간관계에서 말 한마디로 오해가 풀리기도 하고, 오히려 싸움이 커지기도 하는 경험을 누구나 해 보았을 것이다. 그러므로 말을 할 때는 꼭 필요한 말을 필요한때, 필요한 만큼만 하되, 한 번 더 생각하고 말하는 습관을 길러야 한다.

특히 자신과 가까운 사람에게는 속어나 비어, 은어, 지나친 사투리를 거리낌 없이 쓰게 되는데 그런 말도 쓰지 않도록 해야 한다. 이렇게 자신이 쓰는 낱말이나 말투 등을 고민하다 보면 글을 쓰는 데도 많은 도움이 된다. 글이란 자신이 평소에 사용하는 말을 가지고 쓰게 되므로, 바른 글쓰기보다 바른 말하기가 더 앞서 행해져야 한다는 사실을 꼭 유념하기 바란다.

(4) 날마다 일기를 쓰자

일기 쓰기는 학창시절에 선생님이 검사를 하기 때문에 또는 부모님이 시켜서 쓰는 경우가 많지만, 일기는 남에게 검사를 받기 위해 쓰는 것이 아니라 자신의 하루 일과를 정리하면서, 자신을 되돌아보고 내일의 계획을 세우기 위해 쓰는 것이다. 만약 글을 잘 쓰고 싶다면, 우선 일기를 쓰기부터 시작해 보라.

오늘 하루 내가 한 일은 무엇이며, 어떤 생각을 했고, 기분은 어땠는지에 대해 자세히 적는다. 하지만 무작정 하루에 있었던 일을 나열하는 것은 아무런 의미가 없다. 하루 중 가장 인상에 남는 일을 골라 쓰고, 이때 중요한 것은 자신의 감정을 여러 가지 문장으로 표현해 본다.

(5) 처음부터 긴 길을 쓰려고 하지 말자

글을 쓴다고 하면 왠지 길게 써야 할 것 같은 생각이 들 때가 많다. 그런데 처음부터 긴 글을 쓰려고 하면 뜻대로 써지지 않아서 힘이 들고, 글 쓰는 것에 싫증을 느끼게 되며 포기하게 된다. 또한 길게 써놓은 글을 보면 대부분 자신이 쓰려고 한 내용보다도 불필요한 말을 죽 늘어놓게 되고, 정작 자신이 하고 싶었던 말은 단 몇 줄로 끝날 때가 많다.

그러므로 글을 길게 쓰려고 하기보다는 한 줄을 쓰더라도 자신의 생각을 정확하게 표현하는 습관을 들이도록 하라. 그러다 보면 짧은 글 안에 최대한 자신의 생각을 표현해야 하기 때문에 여러 가지 느낌을 압축 요약 정리할 수 있는 장점이 있다. 따라서 짧은 글에 자신의 생각을 정확하게 드러내는 방법을 터득할 수 있게 되고, 그것이 곧 화술(話術)로 연결된다. 그렇게 자꾸 연습을 하다 보면 조금씩 글 쓰는 것에 자신감이 생길 것이다.

4 글쓰기 준비

글 쓰는 데 익숙하지 않은 사람일수록 시작을 두려워한다. 글쓰기가 직업인 이들은 준비가 완벽하지 않더라도 일단 글을 쓰고 본다. 어느 유명한 작가는 "앞 문장이 뒷 문장을 불러온다."라고 했다. 글쓰기를 시작하기가 두렵고 머릿속에 뒤죽박죽 들어있는 생각들을 정리하기가 엄두가 안 나는 경우라면, 역시 나름대로의 준비를 제대로 하는 것이 좋다. 즉 단 한 번이라도 쓸 것 같은 연장들을 골고루 찾아서 챙겨 넣은 연장통을 곁에 두고 덤비는 것이 훨씬 쉽다는 뜻이다.

(1) 인용할 자료들은 정리하여 한꺼번에 모아 놓는다

주제가 정해지고 관련 자료들을 찾다 보면 대체로 인용할 자료가 있는 페이지를 복사하여 두거나, 짧은 분량이면 책갈피를 끼워놓고 글을 쓸 때 들춰보겠다고 생각한다. 이렇게 해놓으면 정작 글을 쓸 때 어느 책에 그 자료가 있었는지 헷갈리기 쉽고 여러 자료를 한꺼번에 비교할 수가 없어서, 가장 적합한 인용 자료를 맞춤하여 집어넣기도 어렵게 되며 시간 낭비는 말할 것도 없다.

거창한 논문이 아니어서 색인 작업까지는 하지 않더라도 관련 자료를 정확하게 옮겨놓고 시작하는 것이 좋다. 여러 자료를 한꺼번에 볼 수 있도록 같은 노트나 여백의 종이에 정리해놓으면 전체 내용의 맥락을 이해하는 데 도움이 된다. 이때 참고문헌의 출처도 같이 옮겨놓아야 정확하게 인용할 수 있고 확인도 가능하다. 짧은 글일 때도 이런 습관을 들이면 전체적으로 볼 때, 시간 낭비도 줄이고 관련 주제를 자주 되새길 수 있게 된다.

(2) 마인드 맵(mind map)을 이용한다

심리학자들은 커뮤니케이션에서 맵(map)을 자주 이용하기를 조언한다. 글을 쓸 때도 글의 맥락을 잡는 자기만의 맵을 사용하면 논지가 옆길로 새는 것을 막을 수 있다. 이 맵은 큰 줄기에 작은 줄기가 매달리는 나무 모양이든, 화학의 분자식 같은 형태이든 자기가 알아볼 수 있으면 된다. 소주제를 잡은 다음 그 소주제를 받치기 위해서 어떠한 자료와 주장들을 펼칠 것인가 하는 것들을, 그림으로 간략하게 정리하는 것이다. 큰 동그라미에 주제를 간단히 적어 넣고 거기서 작은 열매들을 그리면서, 써나갈 예시나 논거들을 하나씩 적어두면 된다.

(3) 먼저 말로 설명해본다

정보 전달을 위주로 하는 기술적인 글쓰기의 경우 글의 가닥을 잡기 어려울 때는 먼저 말로 풀어보는 것도 큰 도움이 된다. 이때는 가능한 그 주제를 잘 이해하고 있는 동료나 친구를 대상으로 설명을 해 본다. 상대방이 그 내용을 쉽게 알아듣는지, 어느 부분을 더 강조해야 할지 이런 것들을 점검한다. 상대방에게 설명을 하고 또 그의 질문을 받고 하는 동안, 자신이 쓰려고 하는 내용이 어느 부분에서 명확하지 않은지 알게 된다.

자 이제 준비가 되었으면 문을 닫아라. 글쓰기 작가는 집필실을 따로 두고 있다고 한다. 왜냐하면, 집에서 작업하면 자꾸 어슬렁거리게 되고 멀쩡한 냉장고 안도 궁금하게 되고 TV도 보게 되기 때문이다. 글쓰기는 집중력이 절대적으로 필요하므로 텔레비전, 오디오는 물론이고 스마트폰도 꺼두는 게 좋다. 그날 목표한 분량을 쓸 때까지는 작업실 문을 열지 않겠다고 생각해야 한다.

5 글쓰기 방법

(1) 사전을 자주 찾아보자

글을 잘 쓴다는 것은 자신의 생각을 잘 표현한다는 말이다. 자신의 생각을 잘 표현하려면 우선 논리적인 사고력과 풍부한 상상력을 가지고 있어야 한다. 그러나 이런 논리적인 사고력과 풍부한 상상력은 하루아침에 생겨나는 것이 아니다. 이것은 많은 글을 읽고 여러 가지 생각을 하면서 얻어지는 것이다. 특히 주어진 주제에 대해 자신의 생각을 잘 풀어 쓰려면 여러 가지 분야에 대한 상식이 필수다. 이러한 상식은 주제와 관련된 책과 자료를 보면서 익힐 수 있다.

그런데 그 방법 말고도 평소에 어렵지 않게 '척척박사'가 되는 길이 있다. 그것은 다름 아닌 사전을 자주 찾아보는 것이다. 책을 읽을 때나, 신문을 읽을 때, 혹은 텔레비전 뉴스를 보다가 모르는 것들이 나오면 그냥 지나치지 말고, 그때마다 사전을 찾아라. 그러면 궁금했던 사실들뿐 아니라 그 밖의 여러 가지 주변 상황에 대해서도 덤으로 알게 되는 효과를 거둘 수 있다. 스마트폰에서 사전 앱, 역시 같은 역할을 하는데 글 잘 쓰는 방법은 단어를 많이 알고 어휘력이 풍부하여야 글쓰기가 쉽고 자연스럽게 글을 쓰는 것이다.

(2) 모든 일에 호기심을 갖자

우리가 잘 알고 있는 과학자 에디슨이나 뉴턴 같은 사람들은 자신의 주변에서 일어나는 모든 일에 대해 그냥 지나치는 법이 없었다. 달걀에서는 어떻게 병아리가 나오는지, 사과는 왜 아래로 떨어지는지 등에 관한 호기심은 세계의 과학사를 바꾸어 놓았을 뿐만 아니라 우리의 생활도 편리하게 만들어 주었다.

이러한 호기심은 우리 생활뿐만 아니라, 글을 쓰는 데에도 많은 도움을 준다. 평소에 너무 익숙해서 그냥 지나쳤던 모든 것에 대해 호기심을 가져보자. 무지개는 어떻게 해서 생기는 것인지, 모든 꽃은 왜 아름다운지, 잠을 자면 왜 꿈을 꾸는지 등등 우리가 갖는 호기심은 모두 글쓰기의 좋은 글감이 될 수 있다.

그리고 위와 같은 호기심이 생길 때마다 그것을 글로 써 보라. 호기심이 생기게 된 이유나, 호기심이 해결된 이유 등을 말이다. 그렇게 하나하나 적어나가다 보면 어느 새 글쓰기가 어려운 것이 아니라 재미있는 것이라는 사실을 깨닫게 될 것이다. 그러다 보면 점점 글쓰기에 대한 자신감이 생겨서 글을 더욱 잘 쓸 수 있게 된다. 즉 글 잘 쓰는 방법은 바로 모든 일에 호기심을 가지는 것이다.

(3) 상상력을 키우자

'인간에게 날개가 있다면?', 라이트 형제가 새를 보면서 상상한 내용이다. 이 상상력 하나로 우리가 타고 다니는 비행기가 탄생한 것이다. 이처럼 상상력은 새로운 것을 얻게 해준다. 뿐만 아니라 생활을 풍족하게도 해주고 재미있게도 해준다.

스티븐 스필버그 감독이 만든 '쥐라기 공원'이라는 영화를 본 적이 있는가? '쥐라기 공원'은 모기의 화석에서 공룡의 유전자를 뽑아내어, 그것으로 살아 있는 공룡을 만든다는 내용의 영화다. 스티븐 스필버그의 상상력에 의해 탄생한 이 영화는 전 세계적으로 큰 화제를 불러 모았으며, 많은 사람들에게 감동과 재미를 주었다.

이렇듯 풍부한 상상력은 또 다른 상상을 불러일으키고, 생각의 깊이를 더해 준다. 깊이 생각을 하다 보면 자연스럽게 글을 쓰는 데 도움이 될 것이다. 여러분도 상상력을 끊임없이 발휘해 보라. 불가능한 공상이라도 좋다. 텔레비전을 보고도 상상하고, 책을 읽으면서도 상상하고, 친구들과 대화를 나눈 뒤에도 상상을 해 보라. 그리고 그 상상력을 노트에 옮겨 적어 보라. 상상의 나래를 펼쳐 쓰는 습관은 그 자체로도 글 잘 쓰는 방법이다.

(4) 메모하는 습관을 기르자

글쓰기를 잘하고 싶다면 먼저 메모하는 습관을 길러야 한다. 사실 메모를 하는 것은 그리 어려운 일이 아니다. 그러나 실제로 행동에 옮기려고 하면 잘 안 되는 게 바로 메모를 하는 일이다. 사람들의 머릿속은 항상 많은 생각들로 가득하다. 다만 그것을 기억하느냐, 잊어버리느냐 하는 차이가 있을 뿐이다. 아무리 좋은 생각이라고 해도 필요할 때 이용하지 못하면 아무 소용이 없다. 그렇기 때문에 글 잘 쓰는 방법에는 메모하는 습관이 반드시 필요한 것이다.

길을 가다가 길가에 피어 있는 들꽃을 보고 아름답다는 생각을 했다면 그 느낌을 메모해 보자. 그리고 직장에서 동료에게 재미있는 이야기를 들었다면 그것 또한 메모해 보자. 이 모든 것들은 나중에 글을 쓰는 데 많은 도움이 될 것이다. 하루의 계획을 매일매일 메모해 두는 것도 글쓰기를 잘 하는데 필요한 부분이다.

메모는 자신의 생각을 정리할 수 있는 방법 중에서 가장 단순한 것에 속한다. 언제 어느 때든지 기억나는 것이 있거나, 기억해 두고 싶은 것이 있다면 메모를 해 보자. 글을 잘 쓰는 방법은 특별한 데 있는 것이 아니다. 평소에 자주 메모를 하다 보면 그것이 쌓여서, 나중엔 글 쓰는 것에 대해 자신감도 생기고 글도 잘 쓰게 될 것이다.

(5) 생각을 정리하라

글을 잘 쓰기 위해서는 먼저 자신의 생각을 머릿속에 분명하게 정리하는 것이 중요하다. 이것은 어떤 글을 쓰든지 마찬가지다. 생각을 정리해보지도 않고 글을 쓰려고 하면 체계가 잡힌 글을 쓰기가 매우 어렵고, 스스로도 무슨 글을 쓰고 있는지 혼란스럽다. 또한 머릿속에서는 분명하게 정리된 생각이 막상 펜을 들고 쓰려고 하면 잘 써지지 않은 경우도 많다. 이럴 때는 펜을 놓고 다시 한번 자신의 생각을 정리하는 시간을 갖는 것이 좋다. 그리고 일단 정리가 되면 그 생각을 말로 해보는 것이다.

예를 들어 독서소감문을 쓴다면, 쓰기 전에 친구나 가족에게 자신이 읽은 책의 내용 줄거리를 다 이야기하고 나서는 책을 읽고 난 느낌이나 감상까지 이야기해보는 것도 좋다. 그러다 보면 자연스럽게 줄거리와 감상이 정리될 것이다. 또한 주제 발표원고를 쓴다면, 스피치 문장을 쓰기 전에 친구나 가족에게 먼저 말해보고, 이렇게 자신이 말로 한 것을 차근차근 메모지에 옮겨 적어 보라. 그러면 말할 때 생각이 정리되고, 글을 쓸 때 다시 한번 생각이 정리되어, 글을 훨씬 쉽게 쓸 수 있을 것이다.

(6) 이미지를 그려라

글을 쓰면서 끊임없이 머릿속으로 이미지를 그려본다. 인물, 행동, 장면 무엇이 됐든 자신에게 생생하게 그려지면 청자도 똑같이 느낄 것이다. 손과 머리는 밀접하게 연결되어 있어 자신이 본 이미지는 청자에게 그대로 전달될 수 있다. 그런 현상은 무의식적으로 일어난다. 글을 쓸 때 머릿속으로 이미지를 그리다 보면 자기도 모르게 이미지에 부합하는 단어가 튀어나온다. 또 한 가지는 청자를 상상해 보는 것이다. 청자를 미리 알고 있다면 더할 나위 없이 좋다. 모를 땐 적당한 청자의 이미지를 떠올려라. 바로 그 한 사람을 상대로 글을 쓰면 효과가 있다.

(7) 한 사람을 상대로 써라

대중을 상대로 글을 쓰려 하면 부담스럽다. 절대로 다수를 상대로 쓰지 마라. 한 사람을 상대로 글을 써라. 개개인을 상대로 글을 쓰면 청자와 신뢰감을 형성할 수 있다. 청자가 수천 명이 된다 해도 정작 한 사람 한 사람은 그 메시지 내용을 개인적으로 받아들일 뿐이다. 마치 한 사람을 상대로 편지 쓰듯 글을 쓰면, 글 속에 자연스럽게 자신만의 아우라(Aura)가 발산된다.

(8) 흥분하라

글을 쓸 때 자신이 전달하려는 주제를 온몸으로 느껴라. 그리고 감정을 실어라. 편안한 사람과 만나 이야기를 할 때 사람들은 손짓 발짓을 하고, 눈을 크게 떴다 찡그렸다, 목소리를 낮췄다 높여다 하며 다양한 감정 표현을 한다. 이야기에 활기가 넘친다. 그러나 똑같은 이야기를 글로 쓰라면 점잖아지곤 한다. 결과는 안 봐도 뻔하다. 글에도 흥분된 감정을 표출하라. 억누르지 마라. 감정을 느껴라. 자신이 감동을 받아야 청자도 감동을 받는다.

(9) 요점을 집어라

글을 쓸 때도 말하고 싶은 것을 말하되 필요 없는 단어, 필요 없는 문장은 과감히 버려라. 유능한 꽃꽂이 전문가는 불필요한 가지를 잘 쳐내는 것인 것처럼, 웬만큼 재미있고 간단하지 않으면 금세 싫증을 내는 아이들이 청자라고 생각하면서 글을 쓰면 누구라도 만족시킬 수 있다.

(10) 평가하지 마라

글을 쓰는 당사자는 자신의 글이 훌륭한지 부족한지 평가할 수 없다. 결정권은 청자에게 있다. 최선을 다해 쓰고, 멋지게 마무리하되 평가는 청자에게 맡겨라. 자신의 글을 평가하다 보면 일의 진척이 느려진다. 당신이 할 일은 그냥 글을 쓰는 것뿐이다.

6 어휘력 향상법

어휘력향상은 화법능력의 필수 조건이다. 다음은 어휘력 향상을 위한 방법이다.

(1) 어휘력 향상의 생활화

- 글을 읽다가 눈이 번쩍 뜨이는 낱말은 체크한다.
- 재미있는 말이나 특이한 표현은 메모 한다.
- 쓰다 막힌 낱말, 말하다 생각나지 않는 표현은 꿈길에서도 물고 늘어진다.
- 자기 나름의 관찰, 표현으로 자신도 감동되게끔 한다.

(2) '메모'는 어휘력 향상의 보증수표다

- '명연사'의 뒤안길엔 반드시 '메모수첩'이 있다.

- '메모'는 어휘력 향상의 첫 관문인 글감의 해결사다.
- '생활의 주변' 모두가 메모의 대상이다.
- 번뜩이는 순간적 '영감'을 메모는 붙잡아 준다.

(3) 애매한 말은 사전을 뒤져라

- '정확한 문장'은 정확한 언어에서 시작된다.
- '사전'은 글 쓸 때나 말하기의 절대적 필수품이다.
- 낱말의 '사전적 의미'보다 '문맥적 의미'에 유의하라
- 언젠가는 써먹을 말이면, 붉은 줄을 치거나 인용노트로 만들어 두라.

(4) 좋은 글이나 신문의 사설, 칼럼을 정독 한다

- '좋은 글'의 장점을 분석하여 모방한다.
- 참신한 주제, 인상적인 화제, 변화 있는 구성, 운치 있는 표현은 노트에 적어라.
- 특히 감명의 요인인 '표현기술'을 명심하며 읽는다.
- 사설, 칼럼을 읽고 자신의 생각도 함께 표현한다.

(5) '고치기'는 글쓰기의 왕도이자 말하기의 왕도이다

- 띄어 읽기, 띄어 말하기 훈련을 하라
- 색연필, 형광펜을 가지고 읽어라.
- 장소를 달리해서 읽어 보라.
- 가능하면 제3자에게 읽혀 보라.

(6) 설득의 기법을 익혀 둔다

- 명쾌한 논리적 구성을 하라.
- 쉬운 어휘로 표현하라.
- 구체적인 화제(소재)로 표현하라.

- 재미있는 표현 기교를 익혀라.

(7) 구체적인 실례를 들어라

- 독자나 청자는 구체적 경험이나 실례를 좋아한다.
- 구체적 내용은 현장감을 더하여 잘 이해된다.
- 개성적 경험, 재미있는 화제는 독자나 청자들이 오래 기억한다.

(8) 소리 내어 읽으면서 쓴다

- 산문에도 '가락'과 '흐름'이 있다. 부드럽게 읽히게끔 한다.
- 낭독하면서 쓰면, 글의 잘못된 부분이 잘 드러난다.
- 낭독하노라면 자기의 글을 독자의 위치에서 바라보게 된다.
- 여러 번 낭독하노라면, 글의 내용이 자기만족에 치우쳐 있다는 걸 발견하게 된다.

(9) 시간을 정해서 글을 써 본다

- 시간을 정해 놓고 쓰면 집중력이 일어나 글을 잘 쓸 수 있게 된다.
- '몰아쓰기'에 숙달되면 글쓰기의 순서와 요령이 몸에 배어 글쓰기가 쉬워진다.
- 숙달되면 어휘력 향상에 크게 도움이 된다.

(10) 명문을 필사하고 암송하라

- 시간을 정해놓고 명문을 필사하면 완성도가 높아진다.
- 명문을 암송하면 인용노트는 절로 만들어 진다.
- 암송을 생활화하면, '명문'의 어휘력 향상과 스피치 능력이 향상된다.

Ⅱ. 스피치 컨텐츠

원래 타고난 말솜씨가 뛰어난 사람이라면 스피커로서 복 받은 사람임에 틀림없다. 그러나 그런 사람이 우리 주위에 과연 얼마나 있을까? 천부적인 말솜씨에 풍부한 지식까지 겸비하고 있다면 더 바랄 게 없겠으나, 대다수는 스스로 말솜씨가 부족하다고 여긴다. 스피치에 있어서 정작 중요한 것은 말재주가 아니라, 말의 재료가 되는 개인의 지적(知的) 자산인 컨텐츠(contents)이다. 컨텐츠가 뒷받침되지 않는 말솜씨란 공허한 잔재주에 불과하다. 물 흐르는 듯한 달변에 화술이 유창하기는 하나 말에 알맹이가 없고 내용이 유치하다면, 결코 성공하는 스피커가 될 수 없다.

1 스피치의 자료수집

만약 당신이 자신의 화술에 문제가 있다고 느낀다면, 평소 꾸준한 노력으로 해박한 지적 자산인 컨텐츠를 확보하는 데 관심을 기울여야 할 것이다.

(1) 목표는 뚜렷하게

스피치의 재료, 즉 화젯거리를 구할 땐 막연하게 이것저것 끌어 모으기만 해서는 곤란하다. 먼저 목표를 확실히 정하고 자료수집에 나서야 한다. 일단 자신의 관심사를 분명히 한 다음 어떤 내용을 어떻게 말할 것인가 하는 스피치의 주제를 결정해야 자료수집이 용이하다. 주제를 명확하게 결정하고 자료수집에 나서면 이상하리만치 그 분야에 관련된 거리가 여기저기서 눈에 들어올 것이다.

목표와 관심을 가지고 사물을 바라보면 평소에는 아무런 연관이 없는 것처럼 여겨지던 일들까지도 자신의 스피치 주제와 매우 요긴하게 연결되어 있음을 발견하게 된다. 그러니까 한 분야에 대한 집중적인 관심은 곧 당신 자신을 전문가로 만드는 지름길이 되기도 한다는 것이다. 가령 친구들 간의 잡담이나 오며가며 듣는 뉴스, 심지어 신문 광고란, 길거리 현수막에서까지 귀한 자료를 발견하게 된다.

(2) 항상 메모하고 스크랩하라

훌륭한 스피치를 위하여 무엇이든 많이 읽는다는 건 필수다. 그러나 단지 읽는 것으로만 끝난다면 허사가 되고 만다. 단순한 독서행위는 쉬는 시간에 바둑을 두는 것과 같은 지적 소비행위에 불과하기 때문이다. 스피치를 하기 위한 독서의 목적은 자료를 구하는 데 있다. 그러니까 지적 소비행위로서의 독서가 아니라 지적 생산 활동으로서의 독서가 되지 않으면 안 된다.

흔히 책 한 권을 열심히 읽었다고 해도 하루만 지나면 대략적인 스토리만 머리에 남을 정도인데, 하물며 통계수치나 외국의 지명, 인명 따위는 더더욱 기억해내기 어렵다. 그러므로 당신이 읽고 경험한 것을 지적 자산화하려면 '기억'에 의존할 것이 아니라 메모와 스크랩을 통한 '기록'에 의지해야 한다.

더구나 엄청나게 쏟아져 나오는 정보를 눈과 귀로만 접하게 되는 경우에는 그 정보의 60%가 1시간 이내에 잊혀버린다고 한다. 정보의 양이 많거나 활용도가 클 경우 메모와 스크랩은 더더욱 중요하다. 그런데 메모나 스크랩할 때 간단히 제목만 메모해 놓았다가는 도대체 무엇을 위한 자료인지 본인도 생각이 나질 않을 때가 있다.

자료나 정보를 처음 접할 때의 상황이 구체적이고 완전한 메모를 할 수 없는 상황이라면, 일단은 단편적인 몇몇 키워드(key word)를 적어둘 수도 있다. 그런 경우라도 가급적 빠른 시간 내에 자세한 내용을 재정리해두어야 한다. 메모를 할 당시에는 모든 걸 자신이 파악하고 있는 것 같지만, 그 자료를 몇 달, 아니 몇 년 후에나 사용하게 될지도 모르기 때문이다. 그럴 경우 어떤 의도에서 자신이 그 메모를 적어둔 것인지 알쏭달쏭해지는 수가 많다. 따라서 메모든 스크랩이든 자세한 내용과 그 출처를 구체적인 기록으로 남겨놓는 것은, 자료정리의 기본이라 할 수 있다.

(3) 호기심을 자극하는 것은 모두 잡아라

책이나 신문, 또는 TV나 인터넷에서 본 것이나 길거리에서의 경험 등 당신의 호기심을 자극하는 것은 무엇이든 일단 메모하고 스크랩하는 습관을 들이자. 일상생활 중에도 문득문득 생각나는 좋은 아이디어가 있으면, 그때마다 지체 없이 메모해두어야 한다. 만약 지나쳐버린다면 막상 필요할 땐 어디에 무엇이 있는지 몰라 우왕좌왕하기 십상이다.

2 스피치의 컨텐츠

세상을 울리고 웃기는 강연의 명수들이 대중에게 쉽게 접근하고 인기를 한 몸에 받는 이유는, 주변에서 쉽게 접할 수 있는 경험담이나 예화로 쉽게 메시지를 전달한다는 점과 느낌을 숨기지 않고 이야기체 형식으로 담백하게 표현한다는 점이다. 이런 점을 보아도 스피치의 내용구성은 거창한 수사학을 동원하지 않더라도 가식 없이 자기의 생각과 느낌을 진솔하게 표현한다면, 청중에게 호감과 감동을 얻을 수 있다.

(1) 사실에 느낌을 담아라

생활하는 가운데 보고, 듣고, 느낀 것들을 꾸밈없이 솔직하게 얘기할 줄 알아야 한다. 스피치 내용은 크게 볼 때에 '**사실+느낌**'으로 이루어진다. 사실은 눈에 보이는 것 그대로이고, 느낌이란 어떤 사실을 보고 생각되어지는 것, 즉 마음으로 보는 것이다.

스피치의 내용구성에 있어서 느낌은 아주 중요하다. 말의 느낌은 말하는 사람의 향기다. 왜 그럴까? 장미꽃도, 아카시아 꽃도, 라일락도 꽃내음이다 같다고 생각해 보라. 아주 싱거울 것이다. 장미꽃은 장미꽃대로, 아카시아 꽃은 아카시아 꽃대로 향기가 있다. 이처럼 꽃내음이 다 다르듯 각자의 내음이 다른 것이 좋다.

그림 가운데에 추상화라는 게 있다. 추상화가 바로 이런 과정으로 그려지는 것이 아닐까? 물론 시(詩)도 그럴 것이다. 원래 시는 빨간 것을 빨갛다고 나타내지 않고, 시를 보는 사람이 '아! 이게 빨간 것을 노래한 것이로구나.'하고 느낄 수 있도록 써야 좋은 시다. 시뿐이 아니라 스피치도 마찬가지로 이런 느낌이 필요하다는 것이다. 빨간 색을 보면 떠오르는 것들을 생각해 보아라. 예쁜 아가씨의 빨간 입술이 떠오르고, 또 빨간 장미꽃이 떠오르고, 그리고 원숭이 엉덩이가 떠오르고….

어느 무엇을 생각하든 나로부터 물결이 퍼지듯 생각을 펼쳐 나가면 아주 쉽게 찾아 낼 수가 있다. 눈에 빨갛게 보이는 그것만이 아니라, 빨갛다고 느껴지는 것은 모두 생각해낼 수 있다. 예를 들면 슈베르트를 빨갛다고 한다면 왜 그럴까? 슈베르트 곡에는 들장미가 있기 때문이다. 그렇다면 사랑과 정열도 빨갛다고 표현할 수 있다. 따라서 자신의 말을 맛깔스럽게 표현하려면, 먼저 '사물'에 대한 풍부한 관찰력과 '사실'에 대한 깊은 사고력을 키우고 자신의 느낌이나 생각을 잘 전달할 수 있는 표현력을 길러야 한다. 느낌을 잘 표현할 줄 아는 사람이 말을 잘하는 사람이며 명연사이다.

(2) 생각의 줄거리를 잡아서 말하라

생각한 것들을 낱말로 적고, 거기에서 줄거리를 잡아 또다시 낱말로 추린 것을 생각 잡기라고 말할 수 있다. 스피치를 하려고 할 때 말하기 전에는 그리도 할 말이 많은 것 같은데, 막상 사람 앞에 서면 하나도 생각이 나질 않는 경우가 많다. 말하려고 하는 생각을 따라 잡으려면 생각을 낱말로 적는 수밖에 없는 것이다.

낱말로 적으면 말하려는 것을 잊어버리지 않느냐고 반문할지 모르지만 그 낱말 속에는 여러분의 생각이 다 들어갈 수 있다. 예를 들면, 여러분이 바다에 관한 주제로 스피치를 한다고 가정해보자. '바다' 하면 너무도 막연해 무슨 말부터 해야 할지 모른다. 그럼 먼저 나와 바다를 연관 지어 생각해보자.

- **내가 가보았던 바다**
- **바다와 해수욕**
- **배를 타고 섬 여행**
- **섬에서 바다낚시**

이것 말고도 바다 하면 생각이 나는 게 많을 것이다. 조개, 파도, 갈매기, 파라솔, 수영복, 돛단배, 파도타기, 모래…

냇가의 징검다리는 그 간격이 좁아야 건너기가 좋지만 스피치를 위한 생각잡기의 징검다리는 그 폭이 넓어야 좋다. 좋은 스피치를 위해서 생각잡기를 할 때는 생각되어지는 낱말들을 붙여 놓지 말고 좀 멀게 잡는 게 좋다. 한 낱말만 보아도 고구마 줄기 하나를 걷어 올리면 주렁주렁 달려오듯이 딸려 나오는 법이니까 말이다. 이렇게 말하고자 하는 내용이나 줄거리를 연상적으로 구성하면 메모하거나 기억하여 말할 때 편리하다.

말할 내용 중에는 이야기를 영상화(映像化)하여 기억하는 방법이 있는데 이는 영상 기억법이다. 여러분이 어렸을 때 감동적으로 본 영화를 잊지 않고 잘 기억하고 있는 이유는 그 줄거리를 영상화하여 기억하고 있기 때문이다. 예를 들면 **<아스팔트길 → 횡단보도 → 보도블록 → 화단 → 바닥 → 유리 → 흙 → 돌 → 이야기 → 흥미>** 등의 10가지 단어를 암기해서 순서대로 말해보라고 한다면, 그냥 단어를 무작정 외운다면 암기가 결코 쉽지 않을 것이다. 그러나 위의 단어들을 스토리화하거나 영상화시키면 쉽게 기억할 수 있다.

(3) 단어를 연상하여 문장을 완성하라

예를 들면 '물'과 '불'을 적어놓고 우선 거기서 연상되는 것들을 나열해본다.

- '물'에서 연상되는 단어 : 폭포, 호수, 이슬, 비, 홍수, 피서, 얼음 …
- '불'에서 연상되는 단어 : 지옥, 화재, 119, 소방차, 캠프파이어 등이다.

단어를 떠올리는 즉시 연상하는 것들이 10초에 다섯 가지는 나와야 하는데, 우선 그 단어를 떠올리면 괜히 피상적으로 연상하려 들지 말고 먼저 그 단어에서 찾을 수 있는 종류들을 나열해보라. 그러면 물의 종류는 증류수, 이슬, 비, 얼음, 1급수, 수돗물, 음료수 등 순식간에 여러 개를 찾을 수 있다. 그리고 물의 성질이나 특성을 생각해보고 나중에는 은유적 표현이나 상징을 생각해보라. 그리고 자신의 경험에서 얻어진 생각들을 나열하게 되면 물에서 연상되는 낱말들을 짧은 시간 안에 무수한 연상이 가능해질 것이다.

다음으로 연상된 단어들을 무작위로 두개씩 묶어 주고 그 두 단어가 들어가는 문장을 완성해본다. 단, 그저 단어에 맞춰서 문장을 만들려고 애쓰다 보면 그냥 단어끼리의 연결로 끝나버리는 어설픈 문장을 만들게 되므로, 6하 원칙(누가, 언제, 어디서, 어떻게, 무엇을, 왜)으로 문장을 완성하면 만들어진 문장은 논리적으로 구성이 된다.

만약 서로 전혀 연관이 없는 단어라서 한 문장으로 곤란하면 문장을 분리해도 된다. 예를 들면, 얼음과 폭포라는 단어를 묶었는데 처음에는 폭포를 먼저 생각하고 얼음을 떠올려봤지만 문장이 떠오르지 않을 때, 서로 뒤바꿔 생각해도 문장이 떠오르질 않을 때 그냥 이렇게 하면 된다. "나는 너무 더워 얼음을 아작아작 씹어 먹었다. 그러자 몸 안에 있는 열기가 폭포를 맞은 것처럼 가라앉는 것이었다." 는 식으로 구성하면 된다.

(4) 인용문을 사용하라

스피치할 때 인용문의 힘은 상대를 내편으로 만드는 데 효과적이다. 인용문은 지극히 감성적인 효과를 지닌다. 상당히 논리적인 말을 인용하더라도, 인용문이 가지는 후광효과에서 이미 우리의 감성이 자극된다. 인용문은 상대의 관심을 끌어내는 것은 물론 짧은 메시지로 강력한 효과를 발휘하는 데 유용한 무기가 된다.

그날그날 일을 처리하지 않고 미루기 일쑤인 사람들에게 오늘을 열심히 살고, 현재에 충실해야 한다는 구구절절 옳은 도덕교과서 같은 훈계보다는, 파블로 피카소가 말한 "하지 못하고 죽어도 괜찮은 것만 내일로 미뤄라"는 구절을 인용해서 얘기를 시작하는 것이 훨씬 매끄럽고 효과가 좋다.

이렇게 시의적절하게 쓰는 인용문의 힘은 아주 강력하다. 잘 고른 인용문의 힘은, 수만 마디 말보다 강력함을 보여주기 때문이다. 유명 정치인들이나 리더들의 말을 들어보면 인용문이 상당히 효과적으로 사용됨을 알 수 있다. 이미 그들은 인용문의 힘을 알고 있는 것이다.

인용문에는 검증의 효과와 메시지 함축, 익숙함, 후광 효과라는 강점이 담겨있다. 아무 말이나 인용하는 것이 아니라, 대개 강력한 메시지를 검증받은 말들을 인용하기 때문이다. 익숙한 속담이나 격언 혹은 문학작품이나 명저의 명 구절을 인용하거나, 유명인사의 어록을 인용하는 경우가 많다. 이들은 이미 대중에게 검증된 말이고 확인된 효과이니 강력함을 줄 때 쓰는 말로서는 아주 안정적인 셈이다. 승부수라 생각하고 한마디 던졌는데 반응이 신통치 않으면 낭패가 아닐 수 없다. 그래서 검증된 명 구절이나 명언을 인용하는 것이 안전하다.

그리고 인용문은 길지 않다. 대개 한 문장이다. 따라서 한 문장 속에 함축되어지고 정리된 메시지를 전달하기에 강력할 수 있다. 그리고 유명한 사람들의 유명한 말을 인용하기에 귀에 익어서 쉽게 각인이 된다. 아울러 유명인사의 말이 가지는 후광효과도 입게 된다. 같은 말이라도 내가 만들어낸 말보다는, 유명한 사람의 입을 통해서 나온 말이 더 대중적 설득력을 가질 수 있는 것은, 그 말을 원래 했던 명사의 권위에서 비롯되는 후광효과인 셈이다.

서양에서 가장 많이 인용되는 것은 성경과 셰익스피어이고, 동양에서는 논어라고 한다. 우리는 속담이나 사자성어를 많이 인용한다. 이제는 좀 더 전략적인 인용문을 구사하기 위해, 세계적 석학의 이론이나 명저에서의 명언, 세계적 리더들의 명언 등을 잘 외워뒀다가 인용해보라. 인용문의 힘을 직접 느낄 수 있을 것이다.

그럼 무슨 말을 어떤 상황에서 인용해야 하나? 인용은 이미 다른 사람이 유사 상황에서 사용해서 효과가 좋았던 말을 활용하는 것이다. 따라서 다른 사람이 어떤 상황에서 그런 말을 썼는지를 이해하는 것이 필요하다. 평소 신문이나 책을 많이 본 사람들에겐 이것이 어렵지 않은 일이 될 것이다. 영화나 드라마의 멋진 대사를 기억하면서 우리 머릿속에는 전후의 상황과 상대방의 대사 등을 어울러서 기억하게 된다. 단지 대사 한마디가 감동적인 것이 아니라, 그 상황에 그 대사가 사용되었기에 감동적인 것이다. 아무리 멋진 말이라도 그것이 어울리지 않는 상황이라면 효과가 없다.

그리고 인용문은 대중적이어야 한다. 널리 알려져 있는 대중적 명사의 인용구 혹은 남들이 다 알만한 익숙한 인용구여야 한다. 인용문이라고 구사했는데 자기 외엔 아무도 모른다면 곤란하니 말이다. 그 역량의 중심에는 독서와 인용 노트 작성, 주제와 상자를 고려해서 미리 인용문을 준비하는 계획이 있다.

따라서 인용 노트를 만들어라. 평소 책을 읽다가, 아니면 명사의 얘길 듣다가 좋은 말이 있으면 그것을 기록해두는 습관을 들이면 좋다. 자신에게 처할 주요 상황별로 카테고리를 만들어두고, 그에 어울리는 인용문들을 평소에 하나씩 기록해두다 보면 나중에는 엄청나게 중요한 자산이자 자신만의 무기가 된다. 그리고 대화 상황에 미리 얘기할 주제와 얘기들을 대상자를 고려해서 그날 얘기할 인용문을 준비해두는 것이 필요하다.

Ⅲ. 스피치 원고 구성

1 스피치 삼단논법 구성

(1) 서론기법

스피치의 서론은 서두, 핵심 명제의 소개, 전체 스피치에 대한 예고 등으로 구성된다. 물론 모든 서론이 다 이 세 가지 요소를 포함하는 것은 아니다. 상황에 따라서 이 중 1~2개 요소를 생략할 수도 있다.

1) 서론의 중요성

우리나라 연사들은 본론을 중시한 나머지 서론을 등한시 하는 경향이 있는데, 서론은 단순히 본론으로 들어가기 위한 가교가 아니며, 본론 못지않게 중요한 기능을 수행한다. 우리 속담에 '시작이 반이다'라는 말이 있는데, 시작이 좋으면 그 일이 성공할 가능성이 높고 시작이 나쁘면 실패할 확률이 높다는 말이다. 대중스피치의 경우는 '시작이 반 이상이다'라고 할 만큼 서론이 중요하다.

대부분의 연사들은 발표 불안증 속에서 스피치를 시작하기 때문에 서론이 잘못 풀려나가면 더욱 심한 불안증에 시달리게 되어, 준비해 온 본론을 제대로 발표하지 못하게 된다. 반면에 서론이 잘 진행되면 불안증이 금방 사라져버리기 때문에 이어지는 스피치에서 제 능력을 충분히 발휘할 수 있다. 따라서 성공적인 스피치를 원한다면 본론을 준비하는 이상의 노력을 기울여 서론을 준비하여야 한다.

2) 좋은 서론의 조건

좋은 서론을 개발하려면 우선 서론이 수행하는 기능들을 이해하고, 이

기능들을 제대로 수행할 수 있는 방법을 연구하여야 한다.

① 청중의 관심과 흥미를 유발시킬 수 있어야 한다.
② 좋은 분위기를 조성할 수 있어야 한다.
③ 자연스럽게 스피치 주제를 도입하여야 한다.
④ 연사의 공신력과 선의를 강조하여야 한다.
⑤ 스피치의 내용을 적절히 예고하여야 한다.

3) 서론의 기법

서론을 개발하는 기법은 매우 다양하다. 주제와 핵심 명제를 소개하기 이전에 서두를 사용하여 관심을 끌고 분위기를 조성하는 기법이 있는가 하면, 거두절미하고 바로 주제를 도입하는 방법도 있다. 이 중에서 어떤 방법을 선택하느냐 하는 것은 자신의 스피치 상황과 목적 그리고 청중의 속성에 따라 달라진다. 그러므로 다음 여러 가지 기법을 살펴보고, 자신의 스피치에 가장 적절한 방법을 고르는 것이 좋다.

■ **서두를 사용하는 서론 기법**

① 관심 끌기 서두 기법
② 인용에 의한 서두 기법
③ 주변 상황 코멘트 기법
④ 청중 동원 기법
⑤ 신변잡담 기법
⑥ 생생한 일화를 이용한 기법
⑦ 의외의 효과 도구를 이용한 기법
⑧ 수사적 질문을 이용한 기법
⑨ 신뢰감을 주는 목차를 이용한 기법
⑩ 역사적 내용을 이용한 기법

⑪ 칭찬을 이용한 기법
⑫ 시사적인 뉴스를 이용한 기법
⑬ 충격적인 내용을 이용한 기법

■ **서두 없는 서론의 기법**

서두 없는 서론 기법이란 청중의 관심을 끌거나 분위기를 조성하기 위한 특별한 노력 없이, 바로 주제를 소개하거나 핵심 명제를 언급하는 기법을 말한다.

4) 서론 준비 시 주의사항

① 서론은 짧을수록 좋다.
② 자료검색 중 서두감이 있으면 미리 챙겨두라.
③ 가능한 한 자자구구 준비하라.
"**안녕하십니까? 산사랑회원 여러분, 영원한 산악인이 되고 싶은, ○○○입니다.**"

5) 서론 도입 시 금지할 멘트

① "오늘 사람이 영 없네요…"
② "제가 대신해서 여러분들에게 말씀 드리게 된 것을 용서하십시오. 그러나…"
③ "제가 잘할 수 있을지 모르겠습니다. 그렇지만…"
④ "시간이 없어 준비를 잘하지 못해서 죄송합니다."
⑤ "갑작스럽게 나오라고 해서 나오긴 나왔는데 지금 아무 생각이 없습니다. 그래도 한 번 해보겠습니다."

(2) 본론기법

1) 주제를 확실히 파악한다

스피치는 자신이 말하고 싶은 의견이나 생각, 또는 사상, 신념 등을 말이라는 매체를 통해 남에게 전달하여 설명이나 설득함으로서 목적을 달성하려고 하는 행위를 말한다. 따라서 우선 자신이 말하고 싶은 것, 즉 주제를 명확히 파악하는 것이 기본 조건이 된다. 그런데 막상 스피치 할 때가 되면 무엇을 말하고 싶은지, 자기 자신도 알 수 없게 된다거나 할 말을 잊어버리는 사람이 의외로 많다.

예를 들어 '취미'라는 주제로 이야기할 때, "**에~ 취미에 대해서 이야기하자면, 나는 골프도 하고, 낚시도 하고, 그림 그리기도 좋아합니다. 또 정원 가꾸기에도 흥미가 있습니다. 골프라는 것은 건강에 매우 좋은 취미인데, 돈과 시간이 많이 드는 것이 단점입니다. 건강에 좋다고 하면 낚시도 건강에 좋은데, 더구나 취미와 실리를 겸하기 때문에 이렇게 좋은 것은 없다고 생각합니다. 그러나 낚시라고 하면 바다낚시도 있고 민물낚시도 있습니다. 그중에 망둥어라는 고기는 초심자도 낚을 수 있는 고기입니다. 때로는 모자에 낚시 바늘이 걸리는 일이 있는데, 이것을 초보자는 조심해야 합니다. 그러나 낚시는 붕어에서 시작하여 붕어로 끝난다고 하듯이 붕어라는 것은 쉬운 것 같으면서도 어렵고, 어려운 것 같으면서도 쉽고 미끼도 지렁이를 씁니다. 그런데 지렁이는 말려서 달여 마시면 밤에 자다 오줌 싸는 아이에게 약으로 쓰인다고 하는데, 이런 아이가 있는 분은 한번 시험해보면 좋을 겁니다. 에~ 이상으로 마치겠습니다.**" 이처럼 이야기가 뒤죽박죽 되어버리면 듣는 사람은 당연히 제대로 알아들을 수가 없다.

예를 들면 이 경우, '취미라고 해도 나는 많은 취미를 가지고 있는데 그

중에서도 무엇을 이야기할까?'라는 부분부터 시작하여, '그렇다, 낚시 이야기를 하자, 낚시 중에서도 아주 재미있는 것, 어려운 것, 내가 낚시를 시작한 동기 등 여러 가지가 있다. 그래, 내가 낚시를 시작한 동기를 이야기하자,' 하고 자신이 말하고 싶은 것의 표적을 정확히 파악하는 것이 중요하다.

자신이 말하고자 하는 주제를 정확히 파악한 말하기를 예로 들면,

"오늘은 제가 낚시를 취미로 하게 된 동기를 이야기하겠습니다. 제가 좋아하는 것은 민물낚시입니다. 아내의 친정에 함께 갔을 때 태어나서 처음 낚싯대라는 것을 잡아보았습니다. 그곳은 아주 시골이어서 달리 즐길 만한 것이 없었습니다. 그래서 심심풀이로 해본 것이 시초였습니다. 그런데 처음에 한 그 낚시에서 놀랍게도 큰 황갈색을 띤 붕어를 30마리나 낚은 것입니다. 나중에 들은 바로는 그렇게 많이 낚이는 것은 드문 일이라는 것이었습니다. 이 붕어 낚시에는 지렁이를 미끼로 사용합니다. 이것을 손으로 만지는 것이 처음에는 징그러웠는데, 낚시를 하고 있는 사이에 점점 열중하게 되어 나중에 보니 조금 전에 지렁이를 만진 손으로 김밥을 먹고 있었습니다. 손을 씻는 것도 잊을 정도로 열중하고 있었던 겁니다. 그리고 또 한 가지는 자연 환경의 아름다움입니다. 숲과 논에 둘러싸여 종다리와 개구리 울음소리를 들으면서 조용히 낚싯줄을 드리우고 있으면, 바로 도원경에 있는 기분입니다.

솔직히 말해서 그때까지 저는 낚시는 한가한 사람의 놀이라고 내심 업신여기고 있었는데, 스스로 해보니 세상에 이런 즐거운 것이 있었던가! 하고 눈앞이 환히 트이는 것 같았습니다. 그 이후 제 인생은 낚시 삼매경에 빠지게 되었습니다. 휴일에는 하루 종일 텔레비전을 끼고 살며 방안에서 뒹굴며 지내는 사람들은 시험 삼아 한 번 낚시를 해보는 것은 어떨까요. 그럼 분명히 열중하여 빠져들게 될 겁니다. 오늘은 제가 낚시를 시작하게 된 동기를 이야기했습니다."

이렇게 이야기를 하면 듣는 사람이 잘 알 수 있을 것이다. 자신이 말하고 싶은 것이 정확히 무엇인지 몰라서는 안 된다. 우선 자기 자신이 무엇을 이야기하고 싶은가를 확실히 파악하는 것이 중요하다.

2) 주제에서 시작한다

사람의 몸이 뼈와 살로 구성되어 있듯이, 스피치도 주제와 화제 두 가지로 구성되어 있다. 주제란 '자신이 제일 말하고 싶은 것, 즉 이야기의 줏대가 되는 골격'이고, 화제란 '주제를 이해시키기 위한 살 붙이기'를 말한다. 스피치는 이 두 가지가 반드시 있어야 한다. 이것이 이야기를 구성하는 두 가지 요소이다.

알기 쉬운 이야기를 하려면 우선 이 주제, 자신이 제일 말하고 싶은 것을 줄여서 간략하게 말해야 한다. 즉 이야기의 방향을 먼저 알리는 것이다. 앞에서 말한 취미 이야기에서 '낚시를 시작한 동기를 이야기하겠다'고 먼저 말하면 이야기를 듣는 사람도 '이런 이야기가 전개되는구나!' 하고 받아들일 자세가 된다. 보고하는 경우에는 결과를 먼저, 경과는 나중에 말하라고 하는데, 이 결과가 주제라는 것이다.

버스를 타는 경우에도 <○○행>이라는 표시가 붙어 있으면 승객들이 안심하고 탈 수 있을 것이다. 신문을 읽을 때를 생각해 보자. 만약 기사에 표제가 붙어 있지 않다면 신문을 읽을 마음이 생길까? 당연히 생기지 않는다. 눈길을 끄는 표제가 붙어 있으면 본문을 읽을 마음이 생기게 된다. 이 경우 표제의 항목이 바로 스피치의 주제에 해당된다. 그리고 이것은 반드시 맨 먼저 나와 있다.

결혼 피로연의 스피치를 예로 들면, 무엇을 말하고 싶은지 모르는 이야기부터 시작하는 사람이 많다.

"오늘 정말 축하합니다. 신랑 김철수 군과 제가 알게 된 것은 그가 입사한 이래 8년 정도 되는데, 그는 입사 당시 다른 사람과 좀 달랐습니다. 첫째로 키가 크다는 것입니다. 190센티미터나 되는데 다른 사람보다 목 하나가 더 큽니다. 키 큰 남자라고 하면 대체로 느리고 싱거운 사람이 많은데, 그는 보시다시피 얼굴 생김새도 잘생겼고 뭇 여성이 반할 만합니다. 사실 입사하자마자 여직원들 사이에서는 그의 화제가 언제나 끊이지 않았습니다. 야구를 할 때도 투수에 4번 타자, 팀의 인기를 독차지하고 있었습니다. 일하는 점에서도 성적이 우수하고 또 책임감이 강한 남자인데….”

이런 식이다. 자신이 말하고 싶은 주제를 파악하지 못하고 신랑의 장점만 나열하는 형식으로 말하고 있다. 그리고 주제도 처음에 말하지 않았다. 그러므로 무슨 내용을 말하고 싶은지 모르는 이야기가 되어버렸다.

이 경우에 이렇게 스피치를 하면 어떨까?

“축하합니다. 신랑 김철수 군은 정말 책임감이 강한 남자라는 것을, 말씀드리고 싶습니다. 지금도 잊지 못합니다. 금년 1월 눈 오는 추운 날이었습니다. 거래처를 돌고 밤 9시경 회사로 돌아와 보니, 아무도 없어야 할 사무실에 불이 켜져 있는 것이었습니다. 혹 도둑이 들었나 하고 생각하며 살며시 문을 열어보니, 김철수 군이 혼자 책상에 앉아 일을 하고 있지 않겠습니까. ‘아니, 이 시간까지 뭘 하고 있는 건가?’하고 말을 붙이자, ‘아, 부장님이십니까, 실은 낮에 부장님께서 오늘 중으로 마치라고 분부하신 A회사에 제출할 서류를 작성하고 있는 중에 이사님의 급한 지시를 받아 그것을 먼저 했습니다. 그랬더니 시간이 걸려 늦어졌습니다. 하지만 거의 다 마쳤으니까 이제 곧 끝날 겁니다.’라고 말하지 않겠습니까, 눈이 오고 난방도 꺼져 있는 추운 사무실에서 이렇게 늦게까지 일을 하고 있는 그의 강한 책임감에 저는 무한 신뢰감을 보낼 수밖에 없습니다.”

이렇게 이야기를 계속해가면 이해가 쉬워진다. 이렇게 스피치 할 때는 우선 자신이 제일 말하고 싶은 주제를 처음에 말하되 아주 간결하게 요약해서 20자 이내로 표현하는 것이 바람직하다.

3) 사실, 사례로 뒷받침한다

☞ 감동 포인트를 찾아내서 거기서 자신이 말하고 싶은 주제를 이끌어낸다.

스피치를 구성하는 방법으로써 우선 자신의 체험에 의한 사실이나 타인의 체험에 의한 사례가 있고, 거기서 자신의 의견이나 하고 싶은 말을 이끌어내는 경우가 많다. 예를 들면, 앞에서 말한 '신랑은 책임감이 강한 남자'라는 주제는 '늦게까지 일을 하고 있었다.'고 하는 하나의 사실에서 자신의 의견이 생기게 되는 것이다.

다음은 '스피치 주제발표'의 한 사례이다.

"여러분, 안녕하십니까, 저는 <통화할 때 상대에게 같은 말을 되풀이하도록 하지 말자>는 내용을 말씀 드리겠습니다. 저는 서울의 ○○서점에 근무하고 있습니다. 약 1년 전의 일입니다. 구매담당자가 '홍길동 씨, ○○은행에서 국어사전에 대해 물어보고 싶다는 전화가 와 있습니다.'라는 말만 하고 전화를 넘겨주었습니다. '전화 바꿨습니다. 국어사전에 대해 문의하셨습니까?'하고 말했지만 대답이 없었습니다. '전화 바꿨는데, 국어사전에 대해 뭘 알고 싶으십니까?'하고 말하자 겨우 착 가라앉은 50대 연배의 여성 목소리가 들려왔습니다. '왜 이렇게 어렵습니까, 똑같은 말을 세 번이나 되풀이해야 합니까? 그 회사의 전화 받는 사람은 어떻게 돼 있는 겁니까?'하고 호통을 치는 것이었습니다. 누구시냐고 물었더니 큰 은행의 인사과장이었습니다.

이 상황을 파악해보니, 처음에 전화를 받은 사람은 경리 담당자이고 그

다음에는 구매담당자에게 전화가 돌아갔습니다. 그러고는 '은행 창립 기념일에 국어사전을 1,200권정도 기념품으로 하고 싶다'는 상담이었기 때문에 판매 담당인 저에게로 전화가 돌아온 것입니다. 한 권에 3만원이나 하는 사전이 1,200권이므로 합하면 3천6백만원입니다. 게다가 이 사전은 어느 서점에서든 취급하고 있습니다. '거기만 서점이 아닙니다. 다른 데 부탁하겠습니다.'하고 거절해도 할 말이 없는 겁니다. '놓친 물고기는 크다'고 하는데 강물 속으로 뛰어들어 잡을 작정으로, 사과하고 곧 견본을 가지고 찾아갔습니다. 과연 큰 은행의 여성 과장답게 대단한 관록이 붙어 있는 분이었습니다. 물론 호되게 야단맞아 진땀을 뺐지만 어쨌든 주문을 받게 됐습니다. 그런데 여러분, 세상에 이렇게 도량이 큰 사람만 있겠습니까, 그렇지 않습니다. 이 손님은 마침 넓은 사람이었기 때문에 다행이었습니다.

전화를 바꿔줄 때는 누구에게 바꿔주면 좋을 것인가를 잘 생각하여 담당자에게 전화로 들은 용건의 줄거리를 전하고 전화를 바꿔주는 교육이 철저하지 못했기 때문에 하마터면 3천6백만 원의 매상을 놓쳐버릴 뻔했던 겁니다. 여러분의 회사에서는 이런 일이 없을 것이라고 생각합니다. 그러나 아무튼 소홀히 하기 쉬운 전화 받는 법, 전화 바꿔주는 법을 다시 한번 재고하였으면 하는 바람입니다. 오늘은 똑같은 말을 두 번, 세 번이나 손님에게 말하게 해서는 안 된다. 전화를 바꿀 때마다 상대에게 절대로 똑같은 말을 되풀이하게 하지 말자는 이야기를 했습니다. 끝까지 경청해주셔서 감사합니다."

이 스피치도 전화를 바꿀 때마다 똑같은 말을 되풀이하게 하지 말자는 화제가 먼저 있고, 자기가 하고 싶은 말이 나오게 된 것이다. 말하자면 하나의 사실이나 실례, 즉 화제가 이야기의 모체이며, 그 모체에서 하고 싶은 말, 주제가 생기게 된다. 그러므로 스피치를 할 때는 맨 먼저 해야 할 작업은 이 모체가 되는 사실, 실례, 즉 화제를 찾아내는 것이다.

결혼 피로연의 스피치라면 신랑 신부의 인품에 대해 강하게 마음에 남아 있는 사항이라든가 결혼이라는 것에 대해 자신이 생각하고 있는 것, 회사의 사례라면 회사 안에서 최근 있었던 일 중에서 인상 깊이 남아 있는 일, 나아가서는 남에게 들은 것, 읽은 책 중에서 감동한 포인트를 찾아내서 거기서 자신이 말하고 싶은 주제를 이끌어 낸다. 그리고 주제만으로는 추상적이어서 알 수 없으니까 구체적인 화제, 사실이나 실례로 주제를 뒷받침하면 이야기는 매우 알기 쉽게 전달될 수 있다.

4) 샌드위치 화법으로 마무리 짓는다

☞ 처음과 끝에 주제를 말하고 중간에 화제를 넣는다

☞ 스피치를 전개할 때는

① 주제를 좁혀서 이야기하고

② 사실, 실례로 뒷받침한 후

③ 주제를 다시 한번 되풀이하여 매듭짓는다.

이런 순서로 이야기하면 알기 쉽다. 앞에서 언급한 **<통화할 때 상대에게 같은 말을 되풀이하도록 하지 말자>** 라는 이야기의 주제를 처음에 말하지 않고, 느닷없이 "나는 서울의 한 서점에서 근무하고 있습니다. 약 1년 전 일인데…"하고 시작했다면 어떤 이야기가 될 것인지 듣는 사람은 짐작할 수 없고 어리둥절해지고 만다. 그러므로 우선 주제를 말해야 한다.

대체로 알기 어려운 이야기의 한 예로 추상적인 말만 나열하는 경우가 있다. 예를 들어 상사가 신입사원에게 훈시로 다음과 같은 말을 했다고 하자.

"여러분은 입사한 오늘 이후부터는, 성심 성의껏 일을 해주기 바랍니다. 손님을 비롯하여 사람들에게 친절하게, 일에는 투지 또 투지, 노력 위에 또 노력, 이것 없이 생존경쟁에서 이길 수 없습니다. 또 일을 함에 즈음하여 항상 상대의 입장에서 적극성을 갖는 것이 필요합니다. 세상은 모두 거울, 자신이 한 일 전부가 자신에게 돌아온다는 것을 잊지 말고, 앞으로 더욱 분발해주기 바랍니다."

이런 말을 들으면 신입사원은 무엇을 해야 좋을지 전혀 알 수 없을 것이다. 그것은 첫째로 주제가 확실하지 않다는 것과 둘째로 추상적인 '말'만 늘어놓았을 뿐으로 구체성이 하나도 없기 때문이다. 이런 이야기를 하면서도 상대를 이해시켰다는 기분으로 착각하는 상사는 스피치 공부를 한 적이 없는 사람이다. 그러고는 듣는 사람의 수준이 낮기 때문에 자신의 이야기를 이해하지 못한다고 자신을 정당화시킨다. 정말로 수준이 낮은 것은 이야기하는 자신이라는 것을 깨닫지 못하는 것이다.

그럼 추상적인 말이라는 것에 대해 알아보자. 'A는 무책임한 남자다.' 라는 표현을 하고 구체적으로 말했다고 생각하는 사람이 있는데, '무책임'이라는 것이 어떤 것인지 명확하지가 않기 때문에 이것은 구체적인 표현이 아니라 추상적인 표현이다. A는 "3시까지 꼭 하겠습니다."라고 말하면서 4시가 되어도 아직 하고 있지 않다. "10시까지 가겠습니다."하고 손님에게 약속을 해놓고는 11시가 되어도 가지 않고 있다는 등 구체적인 사실이 있다면 무책임한 남자라고 말해도 좋을 것이다. 추상적인 말이라는 것은 사실을 요약한 결론이기 때문에 결론만을 말할 것이 아니라 사실 그대로를 말하면 듣는 사람이 무책임한 남자라는 것을 알게 된다. 이것이 바로 구체적인 표현법이다.

샌드위치 화법은 주제(추상적인 말)를 말한 후에는 그것을 듣는 사람이 잘 이해할 수 있도록 화제(사실, 실례)를 곧 전개한다. 이 화제를 전개할 때는 '있는 그대로' 말하는 것이 중요한데, ① 자신이 한 일, 말한 것 ② 본 것, 들은 것 ③ 그때 생각한 것 ④ 그 것에 대한 현재의 의견, 감상 ⑤ 세상 일반인들의 예로부터 구전되어 온 습관이나 말 등의 다섯 요소를 받아들이는 것이다. 이것은 <통화할 때 상대에게 같은 말을 되풀이하도록 하지 말자>의 사례를 참고하면, 이 다섯 요소가 모두 포함되어 있기 때문에 이야기가 생동감이 있고, 움직임이 있고, 알기 쉬워진다. 그리고 끝으로 또 한 번 주제를 말한다. 처음에 말한 주제를 잊어버리는 사람도 있으니, 처음과 끝에 주제를 말하고 중간에 화제를 넣는 샌드위치 방식의 이야기로 마무리를 짓는다.

이야기라는 것은 눈에 보이지 않는 말을 사용하여 듣는 사람의 머릿속에 하나의 그림을 그리게 만들어 주는 것이다. 스피치를 마무리 지을 때 이것이 들어가 있는지 여부를 반드시 체크해보라. 말로 그림을 그린다는 것은 눈에 보이지 않는 말로 듣는 사람에게 하나의 그림을 그려 나가게 하는 화법으로 상대를 자신의 이야기로 끌어들이는 요령이다. 그렇게 하기 위해서는 될 수 있는 한 구체적인 표현을 사용하고, 그 당시의 긴박감이 전해지도록 리얼하고 생동감 있게 즉, 입체적으로 이야기하는 것이 중요하다.

(3) 결론 기법

결론은 스피치 본체의 실행이 끝난 후 핵심 아이디어를 재강조하고 연사가 궁극적으로 내세우고자 하는 주장을 제시하는 부분이다. 결론은 크게 스피치가 끝나 감을 신호하는 종료 신호, 핵심 명제나 주요 아이디어를 재차 강조하는 요점 재강조, 그리고 스피치를 완전히 끝맺는 결언으로 구성된다.

1) 종료 신호

종료 신호는 결론의 서두에 해당한다. 많은 연사들이 본론이 끝나자마자 종료 신호를 주지 않고 즉시 요점을 재강조하거나 결언을 제시하는데, 이것은 마치 스피치를 서론 없이 시작하는 것과 같다. 종료 신호 없이 요점 재강조에 들어가면 청중들은 본론이 끝났다는 사실을 모르기 때문에, 재강조 부분을 본론의 연속이라고 생각하게 된다. 또 종료 신호 없이 결언을 제시하면 청중들은 그때도 본론이 계속되고 있는 줄 알고 있다가, 연사가 돌연히 스피치를 끝내고 연단을 내려오는 것을 보고서야 '아 그것이 결론이었구나.'하고 생각하게 된다.

2) 요점 재강조

요점 재강조는 결론의 본체에 해당하는 부분으로 본론의 핵심 내용을 요약 정리하거나 스피치의 핵심 명제를 재차 강조하는 것이다. 요점을 재강조하는 방법으로

첫째, 핵심 명제를 내세우는 방법이다. 서론에서 이미 핵심 명제를 언급한 경우에는 이를 보다 단언적인 태도로 재 언급하거나 서론에서와는 다른 표현 기법을 통하여 재차 강조하면 된다. 특별한 이유가 있어서 서론에서 핵심 명제를 언급하지 않은 경우에는 여기서 핵심 명제를 제시하면서 요점을 정리하면 된다.

둘째, 요점을 정리하여 제시하는 방법이다. 스피치가 길어서 많은 주요 아이디어들을 다룬 경우에는 단순히 핵심 명제만을 재 언급하고 마는 것보다는, 주요 아이디어들을 요약 정리하여 주는 것이 더 효과적일 수도 있다.

셋째, 서론으로 회귀하는 방법이다. 즉, "서론에서 제가 두 가지 질문에 대한 답을 찾고자 한다고 말씀드렸습니다. 이제 그 답을 요약해보면…" 하는 식으로 서론에서 제기했던 문제들에 대한 해답을 제시하는 방법이다.

3) 결언

스피치의 결언은 결론 중의 결론에 해당하는 것으로 스피치 전체와 결론부를 동시에 끝맺는 역할을 한다. 이 시점에 이르기까지 연사는 많은 아이디어를 논의했다. 서론부에서 핵심 명제를 제시했고, 본론에서 주요 아이디어들과 그들에 대한 세부 내용들을 자세히 논의했으며, 결론에 와서도 이들 중 중요한 것은 재차 언급하였다. 따라서 결언에서는 더 이상 새로운 아이디어를 소개하거나 지나간 요점들을 재강조할 필요가 없다. 여

기서 해야 할 일은 한 두 마디의 멋진 표현을 통해 지금까지 논의했던 모든 것들이 의미를 갖도록 해 주는 일이다.

4) 결언의 기법

① 인용에 의한 결언 기법
② 미래지향적 결언 기법
③ 청중중심의 결언 기법

5) 결언 준비 시 주의사항

① 짧고 강렬하게 끝내라
② 자료검색 조사 시에 결론감을 찾아 보관 한다
③ 자자구구 준비하라.

"모쪼록 오늘의 이 등반행사가 회원 상호간의 친목도모는 물론이고 개인의 건강관리에도 도움이 되어, 여러분들의 삶에 활력소가 되시기 바랍니다. 끝으로 절대 무리한 산행을 자제해 주시고, 개인행동 없이 가이드의 안내에 잘 협조해주시고, 환경보호에도 적극 앞장서는 성숙한 산사랑 회원의 모습을 보여주시기 바랍니다. 감사합니다."

6) 마무리 인사 때 금지할 멘트

① "두서없이 횡설수설 했습니다. 두서없는 말씀, 끝까지 들어주셔서 감사합니다."
② "갑자기 하라고 해서 영 당황스러웠습니다. 미안합니다."
③ "여러분을 지루하게 해서 대단히 죄송합니다."
④ "저보다 훌륭한 연사가 많은데, 부족한 제가 말씀드려서 죄송합니다."

2 스피치 개요서 작성

(1) 개요서의 장점

스피치 중에서 자연스럽게 준비된 원고로 청중과의 커뮤니케이션을 원활하게 할 수 있는 방법으로는 개요 스피치가 좋다. 이것은 스피치를 준비하는 과정에서나 그것을 실행하는 과정 모두에서 완성된 대본을 사용하지 않고, 개요서만을 작성한 후 이에 기초하여 스피치를 연습하고 실행하는 방법이다.

개요서 스피치란 스피치의 개요(Outline), 즉 주요 아이디어와 세부 내용의 골자만을 간결하게 적어둔 미완성 스피치 대본을 가리킨다. 개요서만을 가지고 연습을 하게 되면 자신의 아이디어를 다양하게 표현해 볼 수 있는 기회를 갖게 된다. 개요서에는 골자만 나오기 때문에 연습할 때마다 표현이 달라질 수밖에 없고 연습을 거듭하다 보면 하나의 골자를 여러 가지로 표현해 보게 된다. 이런 상태에서 실제 스피치를 하게 되면 연습해 둔 표현방식 중 하나가 생각나거나, 또 다른 유사한 표현이 쉽게 떠올라 정확한 표현을 기억하려고 노력할 필요가 없다.

개요서는 완성된 대본이 아니기 때문에 이에 기초한 스피치는 완성된 대본에 기초한 스피치보다 상황적응력이 뛰어날 수밖에 없다. 연사는 스피치를 진행하면서 청중의 반응이나 상황의 변화에 따라 적절하게 대응할 수 있어야 한다. 완성된 대본을 외거나 읽는 경우에는 이러한 것이 불가능하지만, 개요서에 의거해서 스피치를 하는 경우에는 얼마든지 가능하다. 중간 중간 개요서를 참고 하면서 그저 청중과 대화하는 기분으로 살을 덧붙여나가면 되는 스피치 방식이기 때문이다.

(2) 개요서의 종류

개요서에는 준비개요서와 실행개요서가 있다. 준비개요서는 스피치를 준비하는 과정에서 작성하는 개요서로 이것이 완성되면 스피치 준비는 일단 종결되는 셈이다. 준비 개요서에 부연 반복이나 자세한 설명만 첨가하면 스피치 대본이 되기 때문에, 대본을 작성할 필요가 있는 사람도 일단 준비개요서를 만들어 두는 것이 좋다. 대본을 쓰기 전에 준비개요서를 작성해 두면 전체적 조직이나 주요 아이디어들 사이의 관계, 그리고 주요 아이디어와 그 세부 내용들 사이의 관계를 점검하기가 용이해진다.

실행개요서는 준비개요서의 요약본으로 스피치를 실행할 때 참고로 하기 위해 작성한다. 일반적으로 준비개요서는 양이 많기 때문에 실제 스피치를 하면서 참고하기에는 부적절하다. 또한 실제 스피치를 할 때는 준비개요서에 없는 연사 스스로에게 보내는 메시지, 이를테면 "정면을 향하고 미소를 지어라", "잠깐 쉬어라", "질문하라" 등의 메시지가 적혀 있는 개요서를 보면, 더욱 효과적인 스피치를 할 수 있다. 따라서 치밀한 연사들은 준비개요서를 대폭 축소하고, 스스로에게 보내는 메시지를 첨가한 실행개요서를 만들어 이에 기초하여 스피치를 실행한다.

1) 준비 개요서

준비 개요서는 완성된 스피치 개요서이다. 그러나 이것은 실제 스피치 대본 또는 연설문과는 다르다. 스피치 대본은 연결사와 부연 반복 등을 포함하여 완성된 텍스트(Text)의 형태로 써나가지만, 준비 개요서는 부연 반복이나 자세한 설명을 제외한 상태에서 책의 목차를 적는 형식으로 작성한다. 따라서 이것은 대본보다 훨씬 간결하며 그 내용들이 일목요연하게 정렬된다.

준비 개요서는 주제, 세부 목적, 핵심 명제, 서론, 본론, 결론, 그리고 참고 문헌으로 구성된다. 여기서 주제와 세부 목적 및 핵심 명제는 스피치 준비를 일관성 있게 하기 위하여 참고로 적어두는 것이며, 참고 문헌 역시 스피치를 실행할 때 청중의 질문에 대비해서 준비해 두는 것이다. 따라서 실제 스피치 내용과 관련된 부분은 서론과 본론 그리고 결론이다.

서론에 들어가야 할 부분은 서두와 핵심 명제의 소개 및 전체 스피치에 대한 예고 등이 있으며, 본론에 들어가야 할 부분은 주요 아이디어와 세부 내용들이며, 결론에 들어가야 할 부분은 종료 예고와 핵심 재강조 그리고 결언이 있다. 이 외에도 필요한 경우에는 연결을 부드럽게 하기 위한 논의 전환사, 청중의 이해를 돕기 위한 예고와 중간요약 등이 삽입된다.

2) 실행개요서

실행개요서란 스피치를 실행할 때 참고로 하기 위해서 작성하는 준비개요서의 요약본이다. 스피치 준비는 준비개요서가 완성되면서 끝나고 연사는 이 준비개요서를 앞에 놓고, 스피치를 실행하는 연습을 하게 된다. 그러나 실제 스피치를 할 때는 준비 개요서가 너무 방대해서 참고하기 어려우므로, 스피치 내용을 기억하는 데 도움이 되는 중요한 단어나 문구를 중심으로 하여 실행개요서를 작성할 필요가 있다.

3) 실행개요서 작성시 주의사항

① 준비개요서의 번호체계를 그대로 사용하라

실행개요서는 준비개요서를 두고 연습한 스피치를 실행할 때 참조로 하기 위한 것이므로, 준비개요서의 체계를 그대로 따라야 한다. 바꾸어 말하면, 준비개요서의 모든 번호체계가 실행개요서에서도 그대로 유지되어야 한다. 실행개요서를 간략히 만들겠다는 뜻에서 준비개요서의 일부 항목을 빼고 새로운 번호체계를 만드는 것은 좋지 않다. 실행개요서를 간략하게 만드는 길은 일부 항목을 제외하는 것이 아니라 각 항목의 내용을 요점 위주로 정리하는 것이다.

② 읽기 쉽고 눈에 띄도록 만들라

스피치를 실행하면서 개요서의 내용을 참고로 하는 일은 결코 쉬운 일이 아니다. 계속 눈을 내리 깔고 읽어 나간다면야 매우 간단할 수도 있지만, 스피치는 청중을 향하고 하는 것이기 때문에 오랫동안 개요서를 쳐다볼 수는 없는 일이다. 잠깐잠깐 내려다보면서 그 주요 내용을 잡아내야 하기 때문에, 실행개요서는 읽기 쉽고 눈에 잘 띄도록 만들어야 한다. 눈에 잘 띄게 하려면 번호체계를 일관성 있게 하고, 각 항목의 내용을 요점 위주로 정리해야 한다. 나중에 기억하지 못할까 봐 세세한 내용까지 자세하게 적어두면 개요서가 복잡해져서 스피치 도중에 정확한 지점을 찾는 일도 어렵거니와, 설사 찾았다 하더라도 세세한 내용을 한꺼번에 읽어내는 일이 불가능해진다.

③ 내용뿐 아니라 실행시 주의 사항도 적어두면 좋다

실행개요서에는 준비개요서에 들어 있지 않는 연사 스스로에게 보내는 메시지도 적어두는 것이 좋다. 특히 스피치를 실행할 때 유의해야 할 점들, 이를테면, 자신의 동작에 대한 주의 사항이나 눈 움직임, 또는 진행 속도 등에 대한 코멘트는 자세히 적어두어야 한다. 이런 것은 스스로 알아서 하면 되지 않겠느냐고 반문하는 사람도 있겠지만, 실제 스피치를 하다 보면 이러한 것에 신경을 쓸 정신적 여유를 갖지 못한다. 따라서 실행개요서에 이런 메시지들을 적어두었다가 스피치 실행 시에 이를 참고로 하는 것이 좋다.

④ 주요 통계나 인용문 등은 자자구구 적어두라

개요서에 의한 스피치를 하더라도 자신의 주장이 아니고 남의 이야기나 인용문 등을 발표하는 경우에는, 준비해온 것을 그대로 낭독하는 것이 좋다. 이런 자료들을 외워서 발표하려 하면 기억도 잘 나지 않거니와, 기억을 한다 하더라도 약간씩 틀리게 이야기하는 수가 있다. 따라서 인용을 하는 경우에는 실행개요서에 그 내용을 자자구구 적어두었다가 실행 시 보고 읽는 것이 더 좋다.

⑤ 손에 쥐기에 적당한 카드를 사용하라

실행개요서를 보통 종이에 작성해두면 손에 쥐고 스피치를 할 수가 없다. 그래서 대개 이 종이를 탁자 위에 올려놓는데, 그렇게 되면 이를 참고할 때 고개를 아래로 숙이는 수밖에 없다. 이러한 개요서 참고 방법은 스피치의 리듬을 깨게 되어 멋진 실행을 보장하지 못한다. 보다 더 효과적인 방법은 손에 쥐기에 적당한 크기의 카드 여러 장에 실행개요서를 작성하는 것이다. 스피치 실행 시에는 이 카드들을 왼손이나 오른손에 쥐고 다른 손으로 한 장씩 넘겨가며 참고로 하면 된다. 그러면, 고개를 숙이지 않고 청중을 향한 채 준비된 내용을 참고할 수 있기 때문에, 스피치가 더욱 자연스러워진다.

(3) 핵심 명제의 개발

핵심 명제란 연사가 하고자 하는 말을 하나의 문장으로 요약하는 것을 말한다. 핵심 명제는 세부 목적을 토대로 하여 만들어지는 만큼, 세부 목적이 잘 개발되어 있으면 핵심 명제를 개발하는 것은 별로 어려운 일이 아니다. 그러면 세부 목적을 핵심 명제로 발전시켜 나가는 과정을 살펴보기로 하자.

① 세부 목적을 달성하기 위해 반드시 언급해야 할 3개의 요점을 개발하라

② 요점들을 연결하여 간결한 선언적 문장을 만들라

③ 실제 발표 시에는 의도형 문장으로 표현하라

④ 핵심 명제는 다양한 방식으로 발표할 수 있다

[실 습]

▪주제 : 스피치 훈련 시 고려할 점

▪개괄적 목적 : 설득

▪ 세부목적 : 회원들에게 스피치 훈련 시 고려할 점을 인식시키기 위해

▪ 핵심 명제 : 스피치 훈련 시 고려할 점은 **적절한 어휘선택**을 통해 선택된 어휘를 **조리있게 어법에 맞도록 배열**하여 **정확한 발음으로 훈련**하는 것이 중요하다.

① 적절한 어휘 선택을 하라

② 조리있고 어법에 맞게 배열하라

③ 정확한 발음으로 훈련하라

▪ 실습방법 :

① 준비개요서 작성하기

② 실행개요서 만들기 (카드 크기로 요약)

③ 준비개요서 연습 후 보충하여 실행개요서로 스피치하기

3 스피치 원고작성 유의점

스피치 원고의 문장은 간결하고 짧은 단문으로 쓰는 것이 좋다. 그리고 문어체 형식이 아닌 구어체 형식으로 쓰는 것이 좋다. 이것이 스피치 원고의 좋은 문장을 쓰는 방법이다. 몇 가지만 유의하면 훌륭한 문장을 쓸 수 있다.

(1) 문장성분 사이의 호응이 이루어져야 한다.

문장이 길어지거나 하나의 문장 안에 여러 번의 주술관계가 반복될 때 호응이 이루어지지 않는 경우가 많다. 주어와 서술어만 제대로 맞아도 어색하지 않은 문장이 된다. 또 연관되는 어휘를 서로 가까이 놓으면 어색함을 피할 수 있다. 주어와 서술어가 가까울수록 좋다.

예) 그 당시 그의 얼굴은 기쁨과 슬픔, 그리고 만족감과 허탈감이 미묘하게 어우러진 감정이었다.

→ 그 당시 그의 얼굴은 기쁨과 슬픔이 가득했다. 그리고 만족감과 허탈감이 미묘하게 어우러진 감정으로 가득 차 있었다.

(2) 관형격 조사 '의'의 사용을 남용하지 말 것.

우리말은 조사 하나에 의미가 달라지기도 한다. "나는 너를 믿는다."와 "나는 너만 믿는다."를 비교해 보자. 의미가 확연히 다르다. 그리고 명사가 연속되어 나타나는 문장은 이를 되도록 서술형으로 풀어쓰는 것이 의미의 명료성과 표현의 세련성을 함께 보장하는 가장 좋은 방법이다.

예1) 전쟁의 주장은 범죄이다.

→ 전쟁을 주장하는 것은 범죄이다.

예2) 그래서인지 요즘 영화 제작의 사전 심의가 강화되어야 한다는 비판의 목소리가 커지고 있다.

→ 그래서인지 요즘 영화 제작에 대한 사전 심의가 강화돼야 한다고 비판하는 목소리가 커지고 있다.

(3) 외국어 번역 투의 표현을 피해야 한다.

우리는 영어공부를 너무 열심히 한 탓인지, 외국어 번역 투의 어색한 표현이 많다.

예1) 갑작스레 내린 비가 우리를 그곳에 머물 수밖에 없게 했다.

→ 갑작스레 비가 내려 우리는 그곳에 머물 수밖에 없었다.

예2) 그는 국문학계의 큰 스승으로 불려진다.

→ 그는 국문학계의 큰 스승으로 불린다.

(4) 의미의 중복이 없어야 한다.

의미가 중복되는 것은 미숙한 문장이다.

예1) 남성의 담배 흡연율이 매우 높아졌다.

→ 남성의 흡연률이 매우 높아졌다.

예2) 과반수를 넘는 사람들이 찬성했다.

→ 반수를 넘는 사람들이 찬성했다. / 과반수의 사람들이 찬성했다.

(5) 단어를 함부로 분리해서는 안 된다.

명사 뒤에 '하다'나 '되다'와 같은 접미사가 붙어 만들어진 파생어는 하나의 단어로 인식하여야 한다. 그렇게 쓰지 않은 문장은 명확성이나 간결성이 떨어지므로 주의해야 한다.

예) 그와 같은 신념이 더 이상 **유지**가 **되기** 어려울 것이다.

→ 그와 같은 신념이 더 이상 유지되기 어려울 것이다.

(6) 부적절한 명사형의 표현을 피해야 한다.

우리말은 명사보다 동사와 형용사가 더 발달되어 있다. 이것을 부자연스럽게 명사처럼 쓰면 어색한 문장이 되기 쉽다.

예) 김 선생님이 우리를 가르침은 우리에게는 좋은 추억이었다.

→ 김 선생님이 우리를 가르치신 것은 우리에게는 좋은 추억이었다.

※ 김 선생님의 가르침을 하나라도 잊어서는 안 된다.
(여기서의 '가르침'은 쓰임이 다르다.)

(7) 복수접미사를 남용하지 말아야 한다.

우리말은 문맥을 통해 복수임이 드러나는 경우에는 복수접미사를 생략하는 것이 더 자연스럽다.

예1) 한용운의 시들에는 역설적인 표현들이 많이 있다.

→ 한용운의 시에는 역설적인 표현이 많이 있다.

예2) **여기는 내 친구들이야. / 내게는 세 명의 친구가 있어.**

※ 앞의 문장은 "친구들"을 쓰는 것이 자연스럽지만, 뒤의 문장은 "친구"라고 쓰는 것이 더 자연스럽다.

(8) 수를 나타내는 표현에 유의하여야 한다.

우리말에서 숫자를 가리키는 말에는 고유어와 한자어 두 가지가 있다. 그리고 보통 아라비아 숫자는 한자어로 읽힌다. 숫자와 숫자를 세는 단위가 결합될 때에는 고유어는 고유어끼리, 한자어는 한자어끼리 결합되려는 경향이 강하다. 물론 예외도 있다.

예1) 5달, 5해 → **5개월, 5년 / 다섯 달, 다섯 해**

예2) 1명 → **한 명**, 1장 → **한 장**

(9) 완결된 문장을 써야 한다.

말줄임표가 너무 많아서, 오히려 읽기가 불편한 문장도 종종 본다. 꼭 그 느낌을 전달해야 하는 경우를 제외하고는 되도록 제대로 완결된 문장을 쓰는 것이 좋다.

예) 어찌나 더웠던지… 돈도 없어서…

→ **어찌나 더웠던지 땀을 비 오듯 흘렸지만, 돈도 없어서 걸어서 가야만 했다.**

(10) '~것이다'의 사용에 유의하여야 한다.

'~것이다'라는 표현이 많아지는 이유는 대부분 자신의 글에 자신이 없기 때문이다. 상대방이 아무래도 자신의 말을 잘 알아듣지 못할 것 같아서, 또는 중요한 것인데도 그냥 지나칠 것 같아서 쓰는 말이다. 그러나 이런 표현이 중복되면 오히려 경박해 보이고, 자연스럽지도 못하다. '~것이다'를 쓸 수 있는 문장은 앞에서 한 말을 다시 부연해서 설명하거나, 주술의 호응을 지키기 위해 필요한 경우, 그리고 문장에 힘을 주고 의미를 강조하려 할 때만 쓰는 것이 좋다.

예) 인내와 노력만이 영광된 내일을 가져올 수 있는 것이다.

→ **인내와 노력만이 영광된 내일을 가져올 수 있다.**

(11) 짧은 글로 쓰는 것이 좋다.

한 문장이 3~4줄의 긴 문장으로 구성되는 것 보다는 1~2줄 정도의 짧은 문장으로 구성되는 것이 스피치 원고로서 의미 전달에 유리하다.

예) 단돈 몇 만원으로 버스여행을 한번 떠나보면 많은 사람을 만날 수 있고 무수히 많은 풍경을 볼 수 있고 많은 상황을 접하면서 나름대로 내 인생을 그릴 수 있으며, 비록 지금은 한 치 앞도 보이지 않아 갑갑해도 내 인생의 분명한 꿈만 있으면 삶의 희망을 찾을 것입니다.

→ 버스 여행 한 번 떠나보십시오. 단돈 몇 만원으로 떠난 여행. 많은 사람을 만날 수 있고 무수히 많은 풍경을 볼 수 있습니다. 그리고 많은 상황을 접하면서 나름대로 내 인생을 그릴 수 있습니다. 비록 지금은 한 치 앞도 보이지 않아 갑갑해도 분명한 꿈만 있으면 삶의 희망을 찾을 것입니다.

IV. 스피치의 논리

대중스피치를 위한 발표원고는 논리적으로 구성되어야 청중을 이해시키고 공감을 얻어 설득시킬 수 있다. 따라서 논리적인 구성법은 발표기법에서 매우 중요하다.

1 스피치의 논리적 구성법

(1) 스피치 방향

연사 자신의 목적, 태도, 장단점, 그리고 청중의 태도, 지식, 감정상태 등을 분석하고 스피치를 성공적으로 수행하기 위해서는 사전 준비가 적절하게 진행되어야 한다. 필요한 사항을 제대로 준비하지 못하거나 불필요한 사항만 잔뜩 준비해서 연단에 서게 되면 스피치는 실패로 끝날 수밖에 없다. 따라서 스피치를 앞둔 연사가 제일 먼저 해야 할 일은 이 스피치를 '어떠한 방향으로 준비하여야 할 것인가'를 결정하는 것이다. 스피치 준비의 방향을 제대로 설정하기 위해서 연사는 우선 자기 자신을 정확하게 이해하여야 하며, 그런 다음에 상대방, 즉 청중의 속성을 정확하게 파악하여야 한다. 바꾸어 말하면, 효과적인 스피치의 준비는 정확한 지피지기(知彼知己)에서 출발한다는 것이다.

(2) 핵심 명제(주제문) 개발

주제와 목적을 정하고 핵심 명제를 개발한다. 연사 자신과 청중에 대한 분석이 끝나고 본격적인 스피치 내용을 준비하는 과정에서 제일 먼저 해야 할 일은 그 스피치의 핵심 명제(Purpose sentence)를 정하는 것이다. 핵심 명제란 그 스피치에서 하고자 하는 말을 하나의 간결한 문장으로 표현한 것으로서 그 스피치를 총괄하는 아이디어인 셈이다. 스피치 준비과정을 제대로 이해하지 못하는 사람들은 먼저 여러 가지 아이디어를 개발해 놓은 다음 나중에 이들을 통합하여 핵심 명제를 만들어야 되는 것으로 생각하거나, 아니면 핵심 명제는 연사가 제시하는 여러 아이디어들을 들은 다음 청중이 헤아려야 하는 것이라 생각하는 경향이 있다. 그러나 이것은 매우 잘못된 생각이다.

첫째, 핵심 명제가 제시되지 않은 상태에서 여러 가지 아이디어들이 복잡하게 제시되면 청중은 혼란에 빠져 핵심 명제를 찾아내기는커녕, 연사의 말 자체를 이해하는 데 어려움을 겪게 된다. 핵심 명제, 즉 연사가 하고자 하는 말의 골자가 스피치 서두에서 미리 제시되어야만 그다음에 제시되는 여러 가지 아이디어들이 갖는 의미를 쉽게 파악할 수 ㅂ있다.

둘째, 아이디어들을 다 개발해 놓은 다음 이들을 정리하여 핵심 명제를 추출하는 것은 매우 어려운 작업일 뿐 아니라 지극히 비효율적인 접근법이다. 아이디어들이 일관성 있게 개발되었다면, 정리과정에서 버릴 것도 없고 이들을 통합하는 것도 비교적 용이할 것이다. 그러나 핵심 명제가 정해지지 않는 상태에서 '무슨 얘기를 하지?' 하는 막연한 생각만 가지고 아이디어들을 개발하다 보면 개발된 아이디어들 사이에 일관성이 유지되기 힘들다. 서로 연결이 잘 되지 않는 아이디어들을 통합하여 한마디로 요약한다는 것은 불가능하기 때문에, 결국 많은 아이디어들을 버려야 하며 이 공백을 메우기 위해 다시 새로운 아이디어들을 개발해야 한다.

(3) 주요 아이디어 개발

핵심 명제를 뒷받침할 주요 아이디어를 개발한다. 스피치의 주제와 목적이 결정되고 이에 기초하여 핵심 명제가 개발되면 스피치의 뼈대를 구성할 주요 아이디어를 개발해야 한다. 예를 들어, 어떤 회사의 연구개발팀이 A라는 신상품을 개발하여 이를 중역진에게 발표하는 경우를 생각해 보자.

주제는 '제품 A의 특성과 판매전망'으로 표현될 수 있고 개괄적 목적은 이를 채택하도록 '설득'하는 것이라 할 수 있다. 이때 세부 목적은 "중역진들에게 제품 A의 우수성과 밝은 판매전망을 인식시키기 위해"로 정할 수 있고, 핵심 명제는 "제품 A는 기능이 탁월하기 때문에 밝은 판매전망을 가지고 있다"라 할 수 있다. 이처럼 세부목적과 핵심 명제가 정해지면, 이들을 구성하는 요점들인 '탁월한 기능'과 '밝은 판매전망'을 어떠한 식으로 설명해나가야 할지를 결정해야 한다.

이를테면, '기능이 탁월함'을 보여주기 위해서는 '이전 제품이 가졌던 문제점', '제품 A의 새로운 기능', '제품 A의 기능이 이전 제품의 문제점을 해결하는 방식', 그리고 '제품 A가 가지는 새로운 문제점의 부재' 등을 논의하여야 한다. 이처럼 핵심 명제의 요점을 보다 자세하게 설명하기 위해서, 반드시 다루어야 할 주요 소재들을 찾아내는 과정을 주요 아이디어의 발견 또는 개발이라고 한다.

(4) 세부내용 개발

주요 아이디어 각각에 대한 세부내용을 개발한다. 스피치의 주요 아이디어들이 정해지면 이 주요 아이디어들을 보다 자세히 풀어나갈 세부 내용을 개발해야 한다. 세부 내용을 개발하는 방법은 주요 아이디어의 성격에 따라 달라진다. 주요 아이디어가 연사의 주장을 내세우는 것이라면, 세부 내용은 이 주장에 대한 입증(Support)이어야 하며, 주요 아이디어가 어떤 물건이나 개념, 또는 사건이나 과정의 속성이나 특징을 서술하는 것이라면 세부 내용은 이를 보다 자세히 설명하는 것이어야 한다. 그러므로 세부 내용을 개발할 때는 주요 아이디어가 설득적 성격을 가진 주장이냐 아니면 단순히 정보전달의 성격만을 가진 서술이냐를 판단한 후에, 전자라면 이 주장을 입증하는 내용을 개발해야 하며, 후자라면 그 아이디어를 보다 자세히 설명하는 내용을 개발해야 한다.

(5) 정리 및 조직

개발된 내용을 정리하고 조직한다. 스피치의 조직은 여러 차원에 걸쳐서 이루어지기 때문에 한꺼번에 모든 것을 조직하는 것보다는 단계적으로 체계를 잡아나가는 것이 좋다. 스피치를 조직할 때 제일 먼저 해야 할 일은 주요 아이디어들 사이의 체계를 잡아주는 일이다. 주요 아이디어의 조직이 끝나면, 주요 아이디어 각각에 대한 세부 내용들 사이의 체계를 결정하여야 한다. 하나의 주요 아이디어는 여러 가지 세부 내용들을 갖게 되므로, 이들이 잘 조직되어야 주요 아이디어의 의미가 명확해진다.

주요 아이디어와 세부 내용의 체계가 결정되면, 스피치 주요부의 조직을 완성하여야 한다. 스피치 주요부란 스피치를 시작하는 말과 끝맺는 말을 뺀 나머지 부분을 이야기 한다. 스피치 주요부에는 주요 아이디어와 세부 내용 이외에도 스피치의 핵심 명제가 들어가야 하며, 이 요소들 사이의 관계를 명확하게 해주고 연결을 부드럽게 해주는 예고(Preview), 중간 요약(Internal summaries), 그리고 문간 이동(Transitions) 등이 삽입되어야 한다. 이 세 단계에 걸친 작업이 끝나면 스피치의 조직은 일단 완성되는 셈이다. 물론 실제 스피치에서는 여기에다 서두(스피치를 시작하는 말)와 결론이 첨가되겠지만, 이들은 조직이 완성된 다음에 확정될 것이기 때문에 이 조직에 포함할 수가 없다.

(6) 서론과 결론 개발

서론과 결론을 개발한다. 흔히 스피치를 준비할 때는 서두부터 준비하고 나서, 본론에 해당하는 핵심 명제와 주요 아이디어 그리고 세부 내용 등을 마련하고, 마지막으로 결론을 준비하는 것으로 생각한다. 그러나 일반인들의 생각과는 달리 서두와 결론은 스피치의 조직이 완성된 다음 결정하는 것이 훨씬 더 효과적이다. 결론이 나중에 준비되는 것이야 당연하게 느껴지겠지만, 서두조차도 조직이 완성된 후 개발되어야 한다는 말에 문제를 느끼는 사람도 있을 것이다. 그러나 스피치에서 서두가 나중에 개발되어야 할 필연적인 이유가 있다. 그것은 서두가 먼저 결정되면 스피치의 준비가 모두 이 서두를 염두에 두고 이루어지기 때문에, 정작 스피치 준비를 리드해야 할 스피치의 세부 목적이 외면당할 가능성이 높다는 점이다.

스피치가 목적을 중심으로 일관성 있게 준비되려면 서두가 아닌 세부 목적과 핵심 명제가 스피치 준비를 주도해야 한다. 따라서 본론의 조직이 끝날 때까지는 서두를 결정하지 않는 것이 좋다.

2 스피치의 논리적 3단계구성법

스피치의 어려움을 호소하는 사람들은 대체로 여러 사람 앞에만 서면 긴장되고 떨리며 별로 할 말이 없거나 갑자기 말할 것이 생각나지 않는다고 한다. 또는 할 말은 많은데 도대체 말이 조리 있게 되지 않고, 뒤죽박죽 횡설수설하게 된다고 한다. 이것은 스피치의 컨텐츠가 조리있게 구성되어 있지 않다는 말이며, 스피치 도중 생각나는 대로 말하다 보면 이른바 "잘 나가다가 삼천포로 빠졌다"는 현상이 나타난다. 이럴 때 스피치의 3단계 구성법으로 컨텐츠를 준비하여 실전에 활용하기를 권한다. 스피치의 3단계 구성법은 비교적 간단한 짜임새를 갖고 있기 때문에, 말하는 사람이나 듣는 사람 모두가 이해하기 쉽고 사용하기 쉬우므로 가장 많이 사용되고 있다. 이 기법을 활용한다면 논리적으로 스피치를 할 수 있다.

▣ 스피치의 3단계 구성법 ▣

(도입부)	---	말할 것에 대해 말한다	---	(서론)
(전개부)	---	말한 것에 대해 말한다	---	(본론)
(결말부)	---	말했던 것에 대해 말한다	---	(결론)

(1) 서론

① 서두 : 시작 인사, 자기소개, 관심 끌기

② 주제 선언 : 핵심 명제인 주제를 소개

③ 전체개요 : 전체 스피치에 대한 개요를 소개

서론은 자자구구 준비하여 완전하게 암기하여 소화하고 말하면 자신 있게 출발할 수 있다. 대중스피치는 시작할 때 가장 많은 에너지가 소모됨을 기억하라. 서론은 전체의 10~15%가 적당하나 청중에 따라서 달라지는데 낯선 청중이나 들을 준비가 안 된 청중에게는 서론을 50%까지 시간 안배할 수도 있다. 3분 스피치의 경우라면 30초가 넘지 않도록 한다.

1) 서두 : 시작 인사, 자기소개, 관심 끌기

<예를 들면>

"안녕하십니까? 언제나 긍정적인 생각으로 세상을 살아가는, ○○○입니다.

여러분, 여러 사람 앞에서 자신의 생각과 하고 싶은 말을 잘하고 싶으시죠?"

2) 주제 선언 : 핵심 명제 소개

발표자가 청중들에게 서론에서 반드시 해야 할 것이 '주제 선언'이다. 주제 선언을 하면서 '나는 왜 이런 주제를 선택하였는가?' 하는 호기심을 곁들여 주는 것이 좋다. 주제란 '자신이 말하고자 하는 주요 내용이나 중심이 되는 사상, 내용의 줄거리를 함축해서 표현한 것'이고 "주제, 연제, 제목"이라고 한다. 주제를 텔레비전에 비유한다면 프로그램과 같은 것이다. 시청자들은 텔레비전을 볼 때 프로그램을 보고 "재미가 있겠다. 없겠다"를 판단하고 곧바로 채널을 바꾸기 때문에 주제는 청중의 흥미를 유발함과 동시에 호기심을 자극하는 것이어야 한다. 또한 주제 앞과 뒤에 수식어를 붙여서 청중으로 하여금 강한 호기심과 기대감을 자극한다.

<예를 들면>

"지금부터 여러 사람 앞에서 '발표를 잘하기 위한 방법'에 대해서 말씀드리겠습니다. 이 방법을 통해서 저는 대중스피치를 논리적으로 구사하게 되었고, 자신감을 가지게 되었습니다."

3) 전체 개요 : 스피치에 대한 개요를 소개

<예를 들면>

"여러 사람 앞에서 발표를 잘하기 위해서는, 결과를 미리 예측하지 말고, 대중발표 불안증을 극복하는 심리적인 안정감과 논리적인 내용 구성, 그리고 효과적인 전달기법을 익혀 꾸준히 훈련하면 누구나 발표를 잘할 수 있습니다."

(2) 본론

① 핵심 요지는 '3가지'
② 화제 전개
③ 예화, 사례, 논거

1) 핵심 요지는 3가지

① 가능한 핵심 요지는 세 가지로 말한다.

우리의 기억 구조상 핵심요지가 다섯 가지 넘으면 받아들이기가 곤란하고, 핵심 요지가 한두 가지라면 너무 단조롭고 부족한 느낌을 줄 수 있다. 그리고 핵심 요지가 부득이하게 세 가지가 넘어 여섯 가지라면 두 가지씩 묶어주고, 아홉 가지라면 세 가지씩 묶어 주면 효과적이다.

② 우선순위를 정한다.

핵심 요지 세 가지 중 가장 중요하다고 생각하는 내용은 마지막 세 번째에 놓고, 다음은 첫 번째, 그다음은 가운데 배열하면 된다. 제일 중요한 내용을 맨 마지막에 두는 이유는 최신성의 원리에 의해 우리 인간이 가장 최근에 들은 내용이 뇌리에 가장 오래 남기 때문이고, '초두효과'라는 이야기가 있듯이 첫인상도 중요하게 작용하므로 다음으로 중요한 내용은 첫 번째에 놓이게 된다. 그러나 예외적으로 청중의 주의를 확 끌어당겨야 하는 경우는 제일 중요하다고 생각하는 내용을 맨 앞에 둔다.

③ 격이 같은 말로 한다.

가능하다면 핵심 요지와 어미의 음절수를 맞춘다. 예를 들어 '**발표를 잘하기 위한 방법**'을 주제로 얘기하려고 할 때 첫 번째, '**심리적인 안정**을 가져야 합니다.'라고 했다면 두 번째와 세 번째 모두 '○○**적인** ○○**을 (하여야)가져야 합니다.**'라고 음절수를 고려하여 시작과 끝을 맺어야 한다. 그렇게 얘기할 때 말의 성의가 느껴지고, 품격이 느껴지게 된다.

④ 핵심 요지를 말할 때마다 주제를 계속 언급해준다.

'**발표를 잘하기 위해서는 첫 번째**' 그리고 두 번째, 세 번째… 왜냐하면 긴 강연에서 첫째, 둘째, 셋째 이렇게만 얘기를 한다면, 처음부터 주의 깊게 듣지 않은 청중은 무엇에 대한 첫째, 둘째, 셋째인지 모르기 때문이다.

<예를 들면>

> "그럼, 대중스피치를 논리적으로 구사하기 위한 방법 세 가지를 말씀드리겠습니다.
>
> 첫째, 발표를 잘하려면, 심리적인 안정을 가져야 합니다...
> 둘째, 발표를 잘하려면, 논리적인 내용이 되어야 합니다...
> 셋째, 발표를 잘하려면, 효과적인 전달을 하여야 합니다..."

2) 화제 전개

화제전개는 추상적인 주제를 뒷받침할 수 있는 구체적인 예를 들어주는 것이다. 추상적인 이론만 늘어놓으면 스피치가 어렵고 딱딱해져서, 청중은 귀를 기울이지 않고 그 짧은 시간에도 집중하지 않고 자기 볼일만 보게 된다. 발표를 잘하는 사람은 화제전개를 잘하는 사람이다. 다시 말하면 예화를 잘 드는 사람이라고 말할 수 있다. 마치 그림을 그리듯이 말하는 사람, 청중의 상상력을 자극하는 사람, 말이 용처럼 살아서 꿈틀대는 말, 다이내믹한 언어를 구사하는 사람이 말을 잘 하는 사람이다.

좋은 예로, TV의 주말 드라마를 생각해보자. 좋은 드라마는 다음 편은 어떻게 될까 하면서 일주일을 기다린다. 심지어 드라마에 빠져들어서 자기 자신이 주인공이 되어보는 상상의 그림을 그리게 된다. 스피치의 화제전개도 드라마처럼 되어야 청중의 마음을 움직일 수 있다. '구슬이 서 말이라도 꿰어야 보배.'라는 말이 있듯이 이론적으로 열 번 백 번 설명하는 것보다 실제로 한 번 해보는 것이 더 효과가 있다. 따라서 예화는 '백문이 불여일견(百聞而不如一見)'이라는 말처럼 이론을 간략하게 설명을 하고, 그 이론에 관련되고 뒷받침 해줄만한 구체적인 예를 들어주면 설득력이 배가 되어서, 청중은 '아하 그렇구나!' 하고 무릎을 치게 된다.

<예를 들면>

"얼마 전에 ~ 이런 일이 있었습니다."

3) 예화를 만드는 방법

① 본인과 관련된 예화가 가장 좋다

이미 지상에 뜬 화제는 양복에서 기성복과 같은 것이다. 자기 자신이 경험하고, 체험하고, 느낀 것이 그 어떤 것과도 바꿀 수 없는 최상의 화젯거리다. 또한 자기만이 알고 있는 다른 사람의 이야기도 최상의 화제가 된다. 따라서 자기와 관련된 이야기가 가장 좋은 화제라는 것을 명심하라.

② 포인트를 강조하라

화제전개에서 예를 들긴 들었는데, 예화 자체가 어렵고 딱딱하면 어떻게 될까? 예화에도 포인트가 있다. 그림을 그릴 때도 포인트가 있듯이, 예화를 들 때도 포인트를 주어야 한다. 단풍나무를 그릴 때 단풍잎에 포인트를 주는 것처럼, 예화전개에서도 감정표현에 의한 강조법을 활용하는 것이 좋다.

③ 구체적인 예화를 들어라

아무리 훌륭한 건축가가 건축을 설계했더라도 설계도 자체만으로는 상상만 가능할 뿐 실제적인 집 모양을 볼 수 없다. 집을 지을 때 건축자재, 실내장식, 색깔, 조경, 마지막으로 문패까지 달았을 때, 그 집이 '야, 참 멋진 집이구나!' 나도 저런 집에서 꼭 살고 싶다며 마음을 움직이게 하는 것이다. 이와 같이 예를 들 때도 구체적으로 들어야 한다.

④ 입체적인 예화를 들어라

청중에게 입체감을 느끼게 하기 위해서는 여러 관점에서 생각할 수 있는 구체적인 예를 드는 것이 중요하다.

<예를 들면>

> "저는 과학공원에서 공상과학에 관한 입체영화를 처음 볼 때, 나 자신이 영화 속 화면으로 빨려 들어가는 느낌을 받고, 어찌나 겁이 났던지 의자를 힘껏 꽉 붙들고 긴장과 두려움으로 영화가 빨리 끝나기만을 기다린 적이 있었습니다."

(3) 결론

① 종료 신호
② 요점 재강조
③ 끝맺는 말, 끝인사

1) 종료 신호

비행기를 타고 어느 곳에 갈 때, 착륙 직전 기내방송을 통해 "우리 비행기는 잠시 후 ○○공항에 도착할 예정이오니, 승객 여러분께서는 …"과 같은 안내 방송이 흘러나오듯이 연사는 본론이 끝나고 결론으로 들어가게 되면 이제부터 결론에 들어섰다는 것을 즉, "이제 마쳐야 할 시간이 되었습니다."와 같이 청중에게 알려주어야 한다. 왜냐하면, 갑작스런 끝맺음은 청중을 당황하게 하고, 대중스피치를 망치는 결과를 가져올 수 있기 때문이다.

2) 요점 재강조 (주제 반복)

청중이 본론에서 놓쳤을지 모를 핵심 요지에 대해 결론 부분에서 다시 한번 언급하고 정리해줌으로써 요점을 재강조하고, 또한 연사는 친절하고 자상하다는 인상을 심어줄 수가 있다.

<예를 들면>

"다시 한번 발표를 잘하기 위한 세 가지 방법을 정리하면 첫째, 심리적인 안정감을 가져야 하고 둘째, 논리적인 내용으로 구성되어야 하며 셋째, 효과적인 전달기법을 꾸준히 훈련해야 합니다."

3) 끝맺는 말

멋진 결언으로 짧고 강하고 여운이 남는 마무리를 한다. 우리가 영화를 보고 나면 잘된 영화는 집에 돌아가서도 '과연 주인공이 어떻게 되었을까?' 하는 궁금증과 전체적인 스토리가 기억에 생생하게 남는다. 스피치도 이와 마찬가지로 청중에게 전달한 메시지가 '피드백효과'를 얻는 것이 가장 잘된 스피치가 되는 것이다. 그래서 끝맺는 말은 지금까지 화제를 전개한 것에 대한 자신의 느낌을 짧게 다시 한번 반복해주는 것이다. 결언을 우리의 전통 악기에 비유하면 징 소리에 비유할 수 있다. 본론에서 꽹과리와 장구, 북 소리처럼 계속적인 음성표현을 하였다면, 결론 중에서도 결론에 해당하는 결언에서는 징 소리처럼 크고 우렁차면서도 긴 여운을 남기며 끝마쳐야 한다.

<예를 들면>

> "지금까지 저는 발표를 잘하기 위한 세 가지 방법을 말씀드렸습니다만, 여러분은 어떻게 생각하십니까? 여러분도 여러 사람 앞에서 당당하게 발표 잘하는 자신감 있는 사람이 되시기 바랍니다."

라고 끝맺음을 하는 것이 좋다.

■ **끝인사**

스피치는 인사로 시작하여 인사로 끝맺음을 하는 것이다.

"끝까지 경청해주셔서 감사합니다."

※ 논리적 3단계 구성법 예문

■ **1단계 : 서론**

<인사, 자기소개, 관심 끌기>

안녕하세요? 대중 앞에서 당당하게 발표를 잘하고 싶은, ○○○ 입니다. 여러분, 여러 사람 앞에서 자신의 생각과 하고 싶은 말을 잘하고 싶으시죠? 저는 이 방법을 통해 대중스피치에 자신감을 가지게 되었습니다.

<주제선언>

지금부터 『**대중스피치를 잘하기 위한 방법**』에 대해서, 말씀드리겠습니다.

<전체개요>

여러 사람 앞에서 발표를 잘하기 위해서는 대중스피치 불안증을 극복하는 심리적인 안정감과 논리적인 내용구성, 그리고 효과적인 전달 기법을 꾸준히 훈련하면 누구나 다 발표를 잘할 수 있습니다.

■ **2단계 : 본론**

그럼, 지금부터 대중스피치를 잘하기 위한 방법 세 가지를 말씀드리겠습니다.

첫째는, 대중스피치를 잘하려면 심리적인 안정감을 가져야 합니다.

사람은 누구라도 많은 사람들 앞에 서게 되면 긴장하고 초조해지며 불안해지기 마련인데, 이것은 보다 좋은 결과를 가져 오겠다는 생각과 많은 사람들을 상대로 말을 해야 한다는 부담감에서 오는 현상입니다.

"혹시 내가 발표를 하다가 틀리지나 않을까? 틀리면 사람들이 모두 웃어버릴 텐데…."라고 실패의 결과를 먼저 생각하지 말고, 나의 발표에 만족하며 박수 치며 환호하는 성공의 결과를 생각하십시오. 그리고 심호흡을 하면서 "나는 할 수 있다."라고 자기 스스로에게 다짐을 해보는 '자기암시'를 해 보세요. 또한 철저한 준비와 꾸준한 발표연습을 하면 분명히 심리적으로 안정감을 가져올 수 있습니다.

둘째는, 대중스피치를 잘하려면 논리적인 내용구성이 되어야 합니다.

우리가 많은 사람들 앞에서 자기의 생각과 주장을 올바르게 표현하기 위해서는 내용이 논리적으로 구성되어야 하는데 스피치의 내용구성 방법 중 가장 기본적인 내용구성법이 '서론 - 본론 - 결론의 3단계 구성법'입니다. 먼저 서론에서는 청중들에게 인사 및 자기소개를 하고, 청중들의 관심을 끌 수 있는 멘트를 함으로써 청중들을 집중시킵니다. 그리고 하고 싶은 말의 주제를 선언하고 전체적인 개요를 잠깐 말합니다. 그다음 본론에서는 말하고자하는 내용의 핵심요지를 세 가지 항목으로 분류하여 화제를 전개하면서 예화 및 사례, 논거 등을 제시하며, 스토리텔링 기법으로 발표합니다. 이때 본인과 관련된 예화를 구체적인 사례로 입체적으로 말하는 것이 가장 좋습니다. 마지막 결론에서는 끝맺는 말과 끝인사를 하는데, 이때 주제를 요점 정리하여 다시 한번 반복해 주며, 청중들의 기억을 되살리고 마무리를 합니다.

셋째는, 대중스피치를 잘하려면 효과적인 전달기법을 훈련해야 합니다.

자신이 하고 싶은 말을 청중에게 효과적으로 잘 전달하기 위해서는, 복식호흡을 통한 자신감 넘치는 목소리를 만들어야 합니다. 그리고 음성의 고저, 강약, 완급, 장단, 쉼 등을 통해 자연스럽고 리듬감 있는 어조로 신뢰감과 호감을 주어야 합니다.

'몸은 입보다 더 많은 말을 한다.'는 이야기가 있듯이 말을 할 때는 밝은 표정과 웃음 띤 얼굴, 자연스런 자세와 제스처 등의 보디랭귀지를 통해 청중들과 공감대를 형성하는 것이 매우 중요합니다. 이런 효과적인 전달능력은 하루아침에 이루어지는 것이 아니므로, 평소 꾸준한 훈련과 생활 속에서 습관화되도록 노력해야 합니다.

▪ **3단계 : 결론**

<종료 신호>

지금까지 **'대중스피치를 잘하기 위한 방법'**에 대해서 말씀드렸습니다만 여러분은 어떻게 생각하십니까?

<요약정리>

대중스피치를 잘하기 위한 세 가지 방법을 정리하면 **첫째, 심리적인 안정감을 가져야 하고 둘째, 논리적인 내용으로 구성되어야 하며 셋째, 효과적인 전달기법을 훈련**해야 합니다. 그러면 여러분은 반드시 훌륭한 연사가 될 것입니다.

<끝인사>

이상으로 **'대중스피치를 잘하는 방법'**에 대해서 말씀드렸습니다.

끝까지 경청해주셔서 감사합니다.

3 스피치의 논리적 3단계, 샌드위치 기법

샌드위치 기법은 논리적 3단계 구성법의 하나로 마치 샌드위치 모양과 같다고 해서 샌드위치 기법이라고 한다. 주로 1분 이내 간단한 표현을 할 때는 이 기법을 활용하면 좋고, 3분 이상 스피치를 할 때는 3단 논법을 사용하는 것이 효과적이다.

(1) 논리적 3단계, 샌드위치(A-B-A') 기법

A : 핵심주제를 언급 B : 화젯거리 (주제를 뒷받침할 근거나 스토리) A' : 핵심주제를 다시 강조 마무리

(2) 샌드위치 기법 예문

안녕하세요? 명강사를 꿈꾸고 있는, ○○○입니다.

A : 저는 명강사의 꿈을 이루기 위해 반드시 좋은 목소리를 만들 것입니다.

B : 명강사를 꿈꾸는 저는 40년 넘게 지방에서 살다 보니, 지방 사투리가 입에 배어 발표할 때마다 나도 모르게 사투리가 나오고, 거친 목소리로 인해 여간 힘든 것이 아니었습니다. 그래서 꿈을 이루기 위해 본격적으로 보이스 트레이닝 훈련을 했습니다. 처음 VT-100 프로그램을 100일 동안 할 때는 도중에 포기하고 싶은 마음도 여러 번 들었지만, 명강사의 꿈을 이루기 위해 100일 기도하는 심정으로 하루도 빠짐없이 VT를 성공적으로 달성했습니다.

그리고 그 여세를 몰아 VT-200 프로그램도 도전하고 있습니다. 이젠 주위에서 '표준어도 곧잘 구사하고 목소리가 많이 좋아졌다.'는 이야기를 심심찮게 듣고 있습니다만, 아직까지는 부족한 점이 많이 있다고 생각합니다.

A' : 그래서 저는 명강사의 꿈을 이루기 위해 반드시 좋은 목소리를 만들 것입니다.

경청해주셔서 감사합니다.

4 스피치의 논리적 4단계 구성법

(1) 논리적 4단계, 프렙(PREP) 기법

스피치회원 모임에서 진행자가 당신에게 묻는다. "스피치 할 때 가장 중요하게 고려할 점은 무엇이라고 생각하시나요? 회원님의 견해를 말씀하시되 가능하면 1~2분 내로 말씀해주시기 바랍니다." 이렇게 1~2분이라는 시간이 주어졌고, 이제 제한된 시간 내에 당신의 의견을 말해야 한다. 회원들은 모두 다 당신을 쳐다보고 있는데 당신은 뭔가 말할 거리는 있지만 생각은 잘 나지 않고 머릿속은 매우 혼란스럽다. 그리고 1~2분이란 시간도 매우 부담스럽다.

'아무리 생각해봐도 30초 정도면 할 말이 끝날 것 같은데…' 이런 생각이 들면서 이내 입안은 바짝바짝 마르고, 가슴이 두근거리며 얼굴은 붉어지고 머리는 뒤죽박죽이 되고 만다. 이럴 때 쉽게 응용할 수 있는 스피치 기법이 프렙(PREP)기법이다. PREP기법은 영어(Point-Reason-Example-Point)의 앞자리를 딴 이름이다.

<Point> 주장하고자 하는 결론을 서두에 바로 말한다.

짧은 스피치는 시간의 통제가 핵심이다. 1~2분이란 시간이 주어졌음에도 불구하고 화자가 3분 이상의 시간을 사용한다면, 아무리 좋은 내용을 말했다 하더라도 이미 시간 초과로 인해 청자들의 마음상태는, 공감의 상태에서 거리가 멀어지고 있다는 사실을 염두에 두어야 한다.

<Reason> 주장의 이유를 말한다.

논리적 사고의 기본인 '3의 법칙'을 이용하여 주장에 따른 이유를 3가지 항목으로 말하는 것이 좋다. 그러나 압축 요약해서 1~2개 정도만 말해도 괜찮다.

<Example> 주장을 뒷받침하는 사례나 증거를 댄다.

주장에 따른 사례나 증거를 간략하게 말한다. 이 단계에서는 청자들의 논리성과 감수성을 자극하는 스토리텔링 형태의 말하기 기법을 사용한다. 그러나 유의할 것은 사례를 말할 때 시간 안배를 잘 하여야 한다. 화자가 구체적 사례를 너무 자세하게 말하다 보면 시간을 초과하는 경우가 많다.

<Point> 마지막으로 처음의 결론을 다시 되짚어준다.

마무리단계에서 다시 한번 결론을 되짚어 주면서 청자의 기억을 되새기도록 한다. 이때 키워드는 같되 표현은 달리하는 게 효과가 좋다.

(2) 논리적 4단계, PREP기법 사례

안녕하세요, 스피치를 사랑하는 OOO입니다.

오늘은 "**스피치할 때 가장 중요하게 고려할 점**"에 대해서 말씀드리겠습니다.

<Point> 저는 스피치할 때 가장 중요하게 고려할 점은 '**상대의 마음을 움직이게 만드는 것**'이라고 생각합니다.

<Reason> 그 이유는 세 가지입니다.

첫째, 스피치는 **공감대** 형성이 중요합니다. 상대방의 관심사와 상황에 맞는 말을 해야 하며 이때 자아 노출을 통한 마음 열기가 되면 공감대를 형성할 수 있습니다.

둘째, 스피치는 자연스럽고 **편안함**이 있어야 합니다. 자신의 견해를 말할 때 지나친 자기주장의 표현을 피하고 자연스럽게 스토리텔링 기법으로 리듬감 있게 표현하면 상대방은 편안하게 받아들일 것입니다.

셋째, 스피치는 무엇보다 **진정성**이 있어야 합니다. 아무리 좋은 내용과 논리적인 말이라고 하더라도 화자의 태도, 말투, 표정, 자세, 눈빛에서 진정성을 읽을 수 없다면 이는 결정적으로 상대의 마음을 움직이게 할 수 없는 요인이 되기 때문입니다.

<Example> 이렇게 스피치할 때의 중요하게 고려할 점으로 '공감대, 편안함, 진정성으로 상대의 마음을 움직이게 만드는 것'은 스피치교육을 통

해 전문가로부터 전해들은 말이기도 하지만 수많은 스피치관련 서적에서도 강조하는 내용의 핵심이었습니다.

<Point> 따라서 저는 스피치할 때 가장 중요하게 고려해야 할 점은 **'상대의 마음을 움직이게 만드는 것'**이라고 생각합니다. 끝까지 경청해주셔서 감사합니다.

5 스피치의 논리적 5단계 구성법

(1) 논리적 5단계, 잇도(ITDOE) 기법

지금부터 나의 머릿속에 '**소개하기, 전체 스케치, 세부 스케치, 나의 생각, 마무리**'라는 5개의 상자를 만들고, 모든 내용을 이 상자에 넣어서 나의 생각을 정리하고 말을 할 때는 5개의 상자 순서대로 내용을 꺼내서 말을 하면 된다. 이렇게 매번 상자는 동일하되 주제에 따라서 내용만 바꿔가면서 연습을 하면, 조리 있게 말하기의 기본 체계를 잡을 수 있다. 이런 기법을 잇도(ITDOE)기법이라 한다

이 기법은 '**소개**(Introduction)－**전체**(Total)－**세부**(Detail)－**내 생각**(Opinion) － **마무리**(End)'의 영어 앞자리를 딴 이름이다.

(2) ITDOE 기법 실습1

I. 소개하기(Introduction)

회원 여러분, 안녕하세요. 우리 영화를 사랑하는 사람, ○○○입니다. 저는 여러분들에게 <도둑들>이라는 멋진 한국영화 한 편을 소개하고자 합니다.

T. 전체스케치(Total)

영화 <도둑들>은 최고의 전문성과 매력을 갖춘 도둑들이 함께 고가의 다이아몬드를 훔치는 과정에서 벌어지는 사랑과 배신을 담은 영화

입니다.

D. 세부 스케치(Detail)

특히 마카오 카지노를 터는 장면은 매우 인상적입니다. 초고층 빌딩 옥상에서 와이어를 타고 VIP룸으로 들어가서 드릴과 전문장비를 동원해 금고를 여는 장면에서는 최고의 도둑들이 각자의 전문성과 매력을 한껏 발산합니다.

O. 나의 생각(Opinion)

영화 <도둑들>에서는 이처럼 화려한 액션뿐만 아니라 인물 간의 사랑과 배신의 심리묘사가 잘 표현돼 있어서 끝까지 긴장감을 늦추지 않고 영화를 감상했습니다.

E. 마무리(End)

지금까지 우리영화 <도둑들>에 대해서 말씀드렸습니다. 여러분, 스토리가 알찬 멋진 액션영화를 원하신다면 영화 <도둑들>을 꼭 보시기 바랍니다. 감사합니다.

(3) ITDOE 기법 실습2

직장에서 각자의 자기 업무보고에서 **ITDOE 기법**을 응용하는 방법이다. 회의 때 발표나, 자신의 업무분야를 설명할 때 이 방법대로 표현하면 조리 있게 할 수 있다.

I. 소개하기(Introduction)

안녕하십니까? 홍보부에 근무하는 ○○○입니다.

내년 1월에 출시 예정인 신제품, ○○○에 대한 홍보계획을 말씀드리겠습니다.

T. 전체스케치(Total)

이번에 출시 예정인 신제품의 광고는 TV, 인터넷 광고를 할 예정이며 현재는 광고용 제품촬영을 진행하고 있습니다.

D. 세부 스케치(Detail)

광고부에서 제품촬영은 이미 마친 상태이며, 현재는 광고용 모델을 뽑기 위해 모델 카메라 테스트와 이력서를 통한 개인별 면접이 진행되었습니다. 이달 말까지 모델선정을 하고, 다음 달 중순까지는 광고촬영을 완료할 예정입니다.

O. 나의 생각(Opinion)

이번 신제품을 홍보할 모델 면접의 특징은, 기성모델이 아닌 신인모델 선발이어서 그런지 모델의 스피치 실력을 중시했다는 점입니다. 아마도 제품설명 능력을 중점적으로 본 것 같습니다.

E. 마무리(End)

이상으로 내년 1월에 출시 예정인 신제품, ○○○에 대한 홍보계획을 말씀드렸습니다. 광고촬영이 진행되는 대로 계속 보고하겠습니다. 이상입니다.

(4) ITDOE 기법 실습3

I. 소개하기(Introduction)

회원 여러분, 안녕하세요. 우리 영화를 사랑하는 사람, ○○○입니다. 저는 여러분들에게 <명량>이라는 한국영화 명작 한 편을 소개하고자 합니다.

T. 전체 스케치(Total)

영화 <명량>은 한국영화사상 최다관중인 1,800만명을 돌파한 역사물입니다. 임진왜란 당시 이순신 장군의 명량해전을 소재로, 단 12척의 배로 왜군 330척을 물리친 세계 해전사에서도 유래를 찾아볼 수 없는 최고의 전쟁영화입니다.

D. 세부 스케치(Detail)

특히 이순신 장군이 혈혈단신 대장선 한 척으로 왜선들과 격돌하는 장면은 매우 인상적입니다. 울돌목으로 휘말려 좌초위기에 처한 이순신 장군 배를 일반백성들이 어선을 타고, 갈고리로 대장선을 혼신의 힘을 다해 구출하는 장면은 감동적이었습니다. "필사즉생, 생즉필사"의 정신과 "두려움을 용기로 바꿀 수 있다면 그 용기는 열 배, 백 배의 힘을 낼 수 있다"며 전쟁터에서 맨 앞장에서 적과 싸우는 모습은, 이 시대 리더의 참 모습을 보여주는 영화입니다.

O. 나의 생각(Opinion)

영화 <명량>에서는 이처럼 이 시대에 실종되어가고 있는 리더의 역할을 분명히 보여주고 있으며, 무려 1시간이 넘는 전투 장면과 배우들의 화려한 액션 장면 등은 끝까지 긴장감을 늦추지 않고 영화를 감상할 수 있습니다. 그리고 국민배우 최민식의 연기력 또한 영화의 중량감을 더해 주었으며, 이순신 장군이 보여주는 상징성을 잘 표현했다고 생각합니다.

E. 마무리(End)

지금까지 우리영화 <명량>에 대해서 말씀드렸습니다.

여러분, 우리 국민 1/3이 관람한 영화, <명량>을 아직 보시지 않은 분은 꼭 관람하시기 바랍니다. 감사합니다.

Thinking
Speech

제 8 장

몸짓언어 훈련

Ⅰ. 비언어적 표현

우리의 언어생활을 크게는 '**활자언어**'와 '**음성언어**'로 나누지만 몸동작만으로 의사표현을 하는 '**몸짓언어**'도 있다. 이러한 몸짓언어를 비언어(非言語 nonverbal)라고 한다. 우리의 실생활에서도 보디랭귀지(body language)라 불리는 몸짓언어가 의사표현 수단의 중요한 부분을 차지하고 있다.

1 몸짓언어

몸짓언어는 표정이나 눈짓, 고갯짓 그리고 손짓이나 발짓으로 의사표현을 하는가 하면 어깨의 움직임이나 신체동작 전체에서 많은 뜻을 전달할 수 있다. 상황에 따라서는 말소리로 표현하는 것보다, 몸짓언어로 나타내는 의사표현이 훨씬 더 강렬하고 커다란 영향력을 나타낸다.

말솜씨가 좋은 사람들은 몸동작을 적극적으로 움직이고 호흡도 활발하여 호흡량이 많다. 그러나 말을 잘하지 못하는 사람은 대체로 몸동작 자체가 굳어있으며, 호흡량도 적은 것을 볼 수 있다. 즉, 의사표현을 잘하기 위해서는 '스피치'에 대한 자신감을 가지고 적극적으로 움직이면서 말하는 것을 습관화하여야 한다. 사람은 감정에 따라 신체의 동작이 달라진다. 기분이 좋을 때는 가슴을 당당하게 펴고 활발하게 움직이지만 기분이 나쁠 때는 어깨를 늘어뜨리고 둔하게 움직인다.

마찬가지로 사람은 움직임에 따라 감정도 달라지는 것이다. 웃는 표정을 하면 호흡량이 많아지고 기분이 좋아지며, 사뿐사뿐 걸으면 걸음걸이가 경쾌해질 것이다. 그런가 하면 우울한 표정을 지을 때는 호흡량이 짧아지고 기분이 나빠질 것이요, 터벅터벅 걸을 때면 호흡량이 짧아지고 걸음걸이가 무거워질 것이다. 따라서 여러 사람 앞에 나서서 발표를 할 때는 스스로 기분전환부터 할 수 있어야 하며, 표정관리는 물론 몸의 움직임을 활발하게 조절할 줄 알아야 한다. 인사말이나 연설을 하기 위해서 단상으로 걸어 나가는 경우, 자신감을 가지고 당당한 걸음걸이로 등단하는 사람과 불안과 긴장감 때문에 움츠린 걸음걸이로 등단하는 사람을 비교하여 생각해 보라. 어떤 걸음걸이가 청중들에게 믿음을 줄 수 있겠는가?

우리나라 사람들은 서양 사람들에 비해 몸의 움직임이 둔한 편이다. 서양 사람들은 말을 할 때 활발하게 움직이면서 적극적으로 하는 반면에, 우리나라 사람들은 몸의 움직임이 활발하지 못한 것을 볼 수 있다. 그러나 몸의 움직임은 감정을 움직일 뿐만 아니라 호흡활동에도 크게 영향을 미친다는 것을 알아야 한다. 숨을 들이마실 때는 가슴을 펴고 들이마시게 되며, 내쉴 때는 가슴이 내려앉고 웅크려지게 된다. 따라서 호흡활동을 돕기 위해서는 가슴을 펴거나 웅크리는 것이 자연스러워야 한다.

그리고 말소리를 만들어내기 위해서는 호흡이 중요하게 작용을 한다. 어느 정도의 문장을, 어느 정도의 크기로 소리 낼 것인가에 따라 호흡량도 조절이 되어야 한다. 유창한 말솜씨나 강렬한 연설을 바란다면 몸동작을 활발하게 하여 풍부한 호흡량에 따라 말할 수 있어야 한다. 흔히 보디랭귀지(Body Language)라 부르는 몸짓언어는 스피치를 실행할 때 여러 가지 중요한 역할을 수행한다.

첫째, 몸짓언어는 말의 내용을 해석하는 데 힌트를 제공한다. 당당한 자세와 확신에 찬 표정으로 어떤 이야기를 하면 '이것은 분명한 사실이니 반드시 믿어야 한다.'는 의미를 전달하지만, 청중을 바로 쳐다보지 못하고 굳은 표정으로 이야기하면 연사 자신도 자기가 하는 말에 확신이 서 있지 않으니 알아서 해석하라는 의미로 전달된다.

둘째, 몸짓언어는 연사의 감정 상태를 노출한다. 잦은 움직임, 굳은 표정, 방황하는 눈빛, 그리고 둘 곳을 몰라 이곳저곳을 옮겨 다니는 손은 연사가 불안해하고 있다는 사실을 보여 준다. 반면에 굳건한 자세와 밝은 표정 그리고 긴 응시와 명확한 제스처는 연사가 자신에 차 있음을 보여준다.

셋째, 몸짓언어는 말을 통하여 전달되는 메시지를 보완하는 역할을 한다. 말의 내용을 강조할 필요가 있거나 그 뜻을 더 분명하게 할 필요가 있거나 메시지를 반복할 필요가 있을 때는, 목소리의 조절만으로는 충분하지 않다. 이때는 목소리의 변화 이외에도 적절한 몸 움직임과 제스처를 사용하여야 한다.

(1) 자세

연사의 자세(posture)는 그의 정신적 준비상태와 침착성을 반영한다. 자세가 바르고 굳건하면 그가 정신적으로 잘 준비되어 있으며 침착하다는 것을 보여주지만, 자세가 한쪽으로 기울어져 있거나 뒤로 비딱하게 기대고 있는 경우에는, 정신적으로 해이한 상태에 놓여 있음을 반영하는 것이다. 한편 정신적 준비상태를 돋보이게 하기 위해 너무 꼿꼿이 서게 되면, 연사 자신도 불편하거니와 보는 이의 마음도 불안해진다. 따라서 바르고 굳건한 자세를 유지하면서도 가능한 한 편안하게 서야 한다. 한마디로 스피치를 하는 자세는 편안하면서도 정신을 바짝 차리고 있다는 인상을 주어야 한다.

1) 기본자세

스피치를 하는 기본자세는 두 발을 어깨 넓이로 벌리고 체중을 양발에 균등히 준 상태에서, 허리와 어깨를 곧게 펴고 머리를 똑바로 들고 턱을 약간 당긴 자세이다. 이때 몸에 너무 힘을 주면 자세가 경직되어 불편해진다. 따라서 이런 바른 자세를 흩뜨리지 않으면서 가능한 편안하게 서야 한다. 몸무게를 한쪽 발에만 싣고 비딱하게 서는 자세, 체중을 발가락이나 발뒤꿈치에 실어 앞이나 뒤로 기울어진 자세, 그리고 두 손으로 탁자를 짚으면서 앞으로 수그리는 자세는 피해야 한다.

2) 자세의 적응

스피치의 시작부터 끝까지 기본자세로 일관하기는 무척 힘들다. 오랫동안 같은 자세를 유지하면 육체적인 불편함을 느끼기도 하고 단조로움을 느끼기도 하기 때문이다. 따라서 자세를 바꾸는 것은 있을 수 있는 일이다. 때로는 체중을 한쪽 발에 더 많이 실어둘 수도 있으며 때로는 한 발을 약간 앞으로 내딛어도 좋다. 그러나 이러한 적응 자세는 기본자세에서 너무 크게 벗어나지 않아야 한다. 또 기본자세에서 벗어난 자세를 오랫동안 지속하는 것은 좋지 않다. 그렇다고 해서 새로운 자세를 취하자마자 기본자세로 돌아오라는 것은 아니다. 자세를 바꾸자마자 다시 원자세로 돌아오는 것은 몸이 불안정하게 흔들리는 느낌을 주기 때문에 더더욱 좋지 않다.

따라서 불편함을 해소하기 위해 자세를 바꾼 경우에는 불편함이 어느 정도 없어진 후에, 단조로움을 깨뜨리기 위해 자세를 바꾼 경우에는 변화의 즐거움을 어느 정도 느낀 후에, 다시 기본자세로 복귀하여야 한다. 자세의 적응을 빠르게 그리고 반복적으로 실시하는 것은 반드시 피해야 한다. 몸무게를 계속 이쪽저쪽으로 옮기거나 상체 또는 엉덩이를 좌우로 흔들거나 윗몸을 앞뒤로 흔들거나 한쪽 다리를 좌우로 흔들게 되면, 청중은 눈이 혼란스러워 짜증을 느끼게 된다.

3) 팔과 손의 처리

스피치 자세를 취할 때 가장 처리하기 힘든 것이 팔과 손이다. 경험이 부족한 연사들은 팔을 어떻게 처리할지 몰라 이렇게도 놓아보고 그것도 아니다 싶으면 또 다르게도 놓아보면서 많은 신경을 쓰지만, 역시 자연스럽게 처리되지 않는다. 팔의 처리가 힘든 이유는 팔에 지나치게 신경을 많이 쓰기 때문이다. 대중스피치를 할 때도 대화를 할 때처럼 팔이 스스로 움직이게 내버려두는 것이 최상이다.

팔을 처리하는 기본 원칙은 필요할 때 쉽게 움직일 수 있도록 가볍게 처리해두는 것이다. 두 팔을 모두 가볍게 내리 뻗거나, 한 팔은 내리 뻗고 다른 팔은 탁자 위에 가볍게 올려 두어도 좋다. 아니면 두 손을 가볍게 모아 아랫배 위에 올려 두거나 가슴 앞에 모아둘 수도 있다. 개요서를 작은 카드에 적어둔 경우에는 이것을 한 손에 쥐고 그 손을 가슴 부근으로 끌어올려 두면 다른 손은 자유로이 내버려두어도 좋다.

팔은 제스처를 만들어내는 중요한 기구이므로 이동이 어렵도록 꽉 붙들어 매둔 것은 좋지 않다. 두 손을 쭉 뻗어 탁자를 내리 누르거나, 두 손을 깍지 끼어 아랫배 앞에 두거나, 팔짱을 끼거나, 뒷짐을 지거나, 두 손을 모두 호주머니 속에 넣어 두면 보기도 좋지 않거니와 필요할 때 쉽게 움직일 수가 없다.

(2) 몸동작

몸을 고정해둔 상태에서 스피치를 한다는 것은 불가능하기도 하거니와 바람직하지도 않다. 움직임은 청중의 시선을 모아주기 때문에 때로는 의도적으로 움직일 필요가 있다. 스피치를 할 때의 몸 움직임은 굵으면서도 단호하고 편안하면서도 절도가 있어야 한다. 작고 부단한 움직임은 청중들의 눈을 현혹하게 되며, 불안한 움직임이나 위축된 움직임은 연사가 자신이 없다는 것을 반영하는 것이다.

1) 단상 접근

연사의 몸 움직임은 단상을 향하여 걸어 나가는 데서부터 시작된다. 자신감이 결여된 연사는 허리를 숙이고 엉덩이를 뺀 자세에서 땅을 보고 걸어 나가서는, 탁자 앞에 서자마자 청중을 볼 생각도 않고 스피치를 시작한다. 이러한 단상 접근행위는 스피치를 시작도 하기 전에 망쳐버리는 결과를 낳는다. 설사 자신의 스피치에 자신이 없다 하더라도 허리를 곧게 펴고 당당하게 걸어 나가 단상에 서야 한다. 그런 후에는 청중을 한 번 죽 훑어보고 천천히 스피치를 시작하여야 한다.

2) 진행 중 몸의 이동

스피치를 진행할 때 몸과 팔을 전혀 움직이지 않고 목소리로만 내용을 전달하게 되면 매우 부자연스럽고 딱딱한 느낌을 준다. 따라서 당당하고 굳건한 자세로 스피치를 하되 목소리에 맞추어 몸과 팔이 자연스럽게 움직여야 한다. 그러나 중요한 것은 필요한 만큼만 몸을 움직여야 한다는 것이다. 몸을 지나치게 흔들거나 불필요하게 왔다 갔다 해서는 안 된다. 특히 별 이유 없이 단상을 이곳저곳 옮겨 다니는 것은 금해야 한다. 이렇게 하면 청중이 연사를 보기 위해 계속 몸을 틀거나 고개를 돌려야 하기 때문에 불편하고, 앞자리에 앉은 사람들은 혼란스러워 스피치에 집중할 수 없게 된다.

3) 퇴장

스피치는 결언에서 끝나는 것이 아니라 연사가 완전히 퇴장해야만 끝나는 것이다. 바꾸어 말하면, 퇴장행위도 스피치의 일부분이다. 따라서 좋은 스피치를 하려면 퇴장할 때 몸 움직임에도 신경을 써야 한다. 단상을 접근할 때와 마찬가지로 당당하고 절도 있게 퇴장하되, 중요한 사명을 성공적으로 완수하였다는 보람찬 표정을 지어야 한다. 스피치를 잘해내지 못했다는 것을 자인하는 듯한 쑥스런 표정으로 퇴장하거나 혀를 쏙 내밀거나 고개를 갸우뚱하면서 퇴장하는 것은 좋지 않다.

4) 피해야 할 움직임

모든 움직임에는 목적이 있어야 한다. 특별한 목적을 갖지 않은 무의미한 움직임은 청중의 시선을 현혹하고 집중력을 흩트려 놓는다. 이런 무의미한 동작들은 무의식적으로 나오는 것이 보통인데 가능한 한 의식적인 노력을 통해서라도 이런 동작들이 나오는 것을 막아야 한다. 연사들이 스피치할 때 좋지 못한 행위들은 다음과 같다.

- 몸을 좌우로 또는 앞뒤로 자꾸 흔들어대는 행위.

- 다리의 무게중심을 이쪽저쪽으로 자주 옮기는 행위.
- 단추나 옷 또는 넥타이를 만지작거리는 행위.
- 귀를 잡거나, 이마를 문지르거나, 턱을 만지작거리거나, 머리를 쓰다듬는 행위.
- 머리칼을 뒤로 보내기 위해 고개를 급작스럽게 젖히는 행위.
- 손가락으로 탁자를 두드리거나 손바닥으로 탁자의 가장자리를 문지르는 행위.
- 휴대폰을 만지작거리거나 호주머니 속의 물건을 만지작거리는 행위.
- 호주머니에 손을 넣었다 뺐다 하는 행위.
- 손을 비벼대는 행위.
- 팔찌나 시계 등 장신구를 만지작거리는 행위.
- 팔소매를 걷어 올리는 행위.

(3) 시선 처리

1) 응시의 중요성과 기본 원칙

흔히 눈을 마음의 창이라 한다. 즉, 눈은 그 사람의 심리상태를 잘 반영한다는 것이다. 스피치를 할 때 청중을 마주 바라보지 못하고 왼쪽이나 오른쪽 또는 위를 쳐다보는 것은 심리적으로 위축되어 있다는 것을 반영한다. 그렇게 되면 청중은 연사가 상황을 장악하지 못하고 있다는 것을 눈치채게 되며 그만큼 공신력을 낮추어 평가하게 된다. 따라서 스피치를 효과적으로 실행하기 위해서는 청중을 정면으로 쳐다볼 수 있어야 한다. 어떤 연사는 고개만 정면을 향하고 눈동자는 돌려서 엉뚱한 쪽을 비스듬히 쳐다보거나 천정을 올려다보기도 하는데 이것은 좋지 않은 습관이다.

가장 바람직한 것은 청중 개개인의 눈을 자연스럽고 따뜻하게 쳐다보면서 스피치를 하는 것이다. 따뜻한 응시는 서로 간에 교감을 형성하여 주기 때문에 스피치의 효과를 배가시킬 수 있다. 응시가 지나치게 강렬하거나 특정한 사람만을 뚫어지게 쳐다보는 것은 좋지 않다. 상대가 부담을 느껴 눈길을 돌리게 되고 이런 모습을 보게 되면 연사 자신도 어색함을 느끼게 된다. 따라서 천천히 시선을 옮기면서 한 사람 한 사람을 차례로 응시하는 것이 좋다. 청중을 골고루 응시하라고 하면 어떤 연사는 빠른 속도로 고개를 이쪽저쪽으로 돌리는데, 이것은 매우 비효과적이다.

2) 응시에 부담을 느낄 때

청중의 눈을 정면으로 응시한다는 것은 숙달된 연사에게 있어서도 결코 쉬운 일이 아니다. 우리나라 사람들은 서양 사람들과는 달리 아주 친한 사이가 아니면 깊은 응시를 하지 않는다. 이러한 전통 때문에 우리나라 연사들은 청중을 바로 쳐다보는 것을 부담스럽게 생각한다. 자신은 다른 사람과 달리 청중의 눈을 바로 쳐다볼 수 있다고 생각한다면, 위에서 이야기한 대로 자연스럽고 따뜻하게 청중을 응시하는 것이 좋다. 그러나 이것이 부담스럽게 느껴지면 억지로 이렇게 하려고 노력하는 것보다는 다른 방법을 찾는 것이 좋다.

억지로 눈을 맞추려 노력하다 보면 어색한 기분이 들어 스피치의 진행에 차질이 생길 수도 있기 때문이다. 대화를 할 때 상대방의 눈을 쳐다보는 것이 부담스러우면 그 사람의 콧등을 쳐다보는 대화법이 있다. 대중스피치를 할 때도 이와 유사한 방법으로 응시의 부담감을 해결할 수 있다. 즉, 청중들의 머리 바로 윗부분을 쳐다보는 방법이다. 스피치는 대개 위에서 내려다보고 하기 때문에 청중의 머리끝 부분을 쳐다보면 청중들은 연사가 자신들을 정면으로 보고 있는 것처럼 느끼게 된다.

또, 모든 청중을 골고루 쳐다보는 것이 부담스러우면 자신의 스피치에 호의적인 반응을 보이는 쪽을 쳐다보는 것이 더 편안하게 느껴진다면 그 쪽을 더 자주 쳐다보아도 좋다. 그러나 이런 방법을 쓸 때는 그쪽 사람들과 개인적인 대화를 하는 것처럼 보이지 않도록 유의하여야 한다. 응시가 부담스럽다고 고개를 다른 방향으로 돌리거나, 고개는 정면을 향하되 눈을 다른 방향으로 돌리는 것은 좋지 않다. 고개와 눈은 언제나 청중 쪽으로 같은 방향으로 향해야 한다. 이런 원칙을 지킨 상태에서 청중의 머리끝 부분을 쳐다보거나 자신이 편안하게 생각하는 청중들을 응시해야 한다.

3) 연단에서 시선 처리방법

'연사를 죽이는 데는 칼이 필요하지 않다. 하품 세 번이면 즉사한다.'는 말이 있다. 스피치를 할 때는 비호감형 사람을 보지 말고, 이야기하는 동안에 동의해주는 사람이나 미소를 띠고 있는 사람을 찾아 시선을 주고받으며 스피치를 한다. 연단에 서면 우선 청중을 보는 것이지만 청중 전원의 눈을 본다는 것은 불가능하다. 그러나 그것을 가능하게 하는 것이 'ㄹ'기법이다.

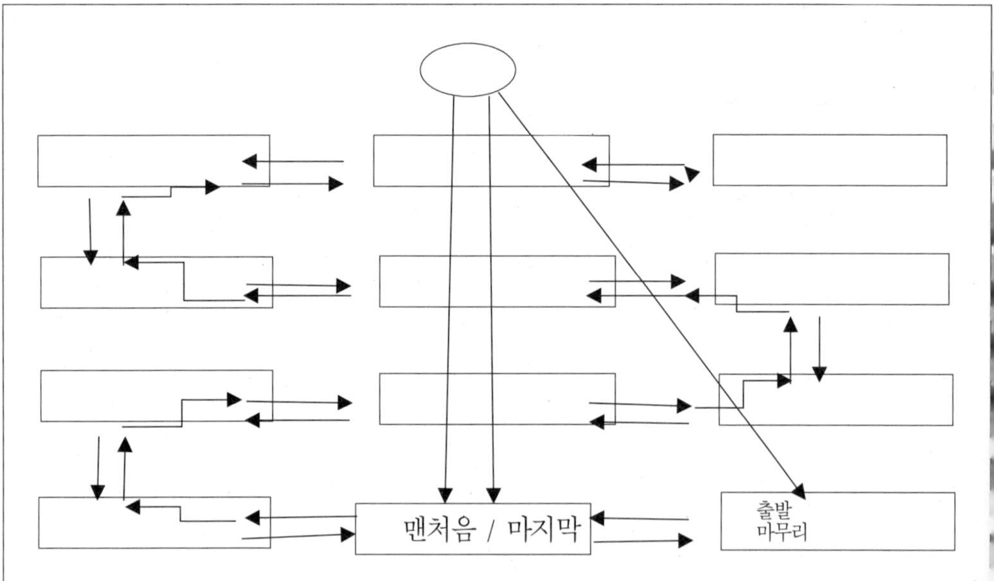

① 처음 시작할 때 맨 뒤 가운데 사람을 본다

연단에 서서 우선 가운데 맨 뒤의 사람을 보고 생긋 웃는다. 다음으로 좌우측 맨 뒤의 사람이 충분히 들을 수 있는 목소리로 "여러분! 안녕하십니까? 반갑습니다."라는 식으로 최초의 인사를 한다. 예) 보고(look)－웃고(smile)－말한다(talk)

② 머리를 끄덕이는 사람을 찾아라

비호감형 또는 부정적인 사람을 보지 않고 맨 뒤 '좌측-가운데-우측' 순으로 차례차례 보도록 한다. 이때 청중 속에서 고개를 끄덕이며 긍정적으로 당신의 이야기를 듣고 수긍하는 사람을 찾는다. 그리고 좌측에 끄덕이는 사람을 찾아 그 사람을 향해 "여러분, 오늘은 ○○○에 관해 함께 생각해 보도록 합시다."라고 말을 한다. 다음에는 우측에 끄덕이는 사람을 찾아 그 사람에게 "오늘 이 시간을 통해 즐겁고 유익한 시간이 되시기 바랍니다."하고 말을 한다. 그리고 다음 차례로 '끄덕이는 사람'을 찾아 한 사람씩 말을 걸어가도록 한다.

③ 마칠 때도 맨 뒤 가운데 사람을 본다

스피치를 진행하며 청중들과 시선교감을 충분히 하고, 스피치를 마칠 때도 처음 시작할 때처럼 가운데 맨 뒤의 사람을 쳐다보며 마무리를 한다. 이렇게 함으로써 전체 청중을 바라보는 시선 처리가 되기 때문이다.

(4) 표정

얼굴 표정은 연사의 감정 상태와 태도를 드러낸다. 경직된 얼굴 표정은 연사가 매우 긴장해 있다는 것을, 벌게진 얼굴은 불안에 떨고 있다는 것을 그리고 찡그린 얼굴은 매우 초조해하고 있음을 반영한다. 긴장, 불안, 초조 등에 휩싸여 있다는 것이 청중에게 알려져서 좋을 것은 하나도 없다. 따라서 대중스피치에 임할 때는 표정을 관리하는 데 특별히 신경을 써야 한다.

스피치를 시작할 때 가장 이상적인 표정은 정색을 하면서도 약간의 미소를 띤 표정이다. 정색을 한다는 것은 정신을 바짝 차리고 있다는 것을 보여주며 미소를 띤다는 것은, 여유를 가지고 있다는 것을 반영한다. 정색을 하는 것은 비교적 쉬운 일이지만 미소를 짓는 것은 결코 쉽지 않다. 그러나 의식적인 노력을 통해서라도 미소를 짓는 것이 좋다. 미소는 보는 사람들에게도 여유를 주지만 연사 자신의 기분도 즐겁게 만든다. 불안하고 초조하더라도 억지로 미소를 짓고 나면 한결 마음이 편안해진다.

얼굴 표정은 내용의 변화에 따라 적절히 변화해야 한다. 즐거운 이야기를 할 때는 즐거운 표정을, 진지한 이야기를 할 때는 진지한 표정을 지어야 한다. 그러나 화난 표정이나 지나치게 흥분된 표정은 피하는 것이 좋다. 이러한 표정들은 연사가 자신의 감정을 적절히 통제할 수 없다는 사실을 반영하기 때문에 공신력에 영향을 미친다. 또 스피치를 하다가 실수를 했다고 해서 쑥스런 표정이나 머쓱한 표정을 짓는 것은 좋지 않다. 실수를 하더라도 예사스런 표정으로 지나쳐야만 그 실수가 필요 이상으로 확대 해석되지 않는다.

(5) 제스처

스피치를 할 때는 목소리의 변화에 따라 그에 적절한 제스처(gesture)가 이루어져야 한다. 제스처는 말을 통하여 전달되는 메시지의 의미를 명확하게 해주며, 특정한 단어나 구절을 강조하는 기능을 하고, 청중의 시선을 모으는 역할을 한다. 모든 제스처는 기본자세에서 제스처를 사용하려는「준비 단계」와 표현의 목적을 달성한「완성 단계」 그리고 본래의 기본자세로 되돌아가는「복귀 단계」가 있다. 이것을 '제스처의 3단계'라고 하며, 이를 무시한 제스처는 자연스럽고 보기 좋은 제스처가 될 수 없다.

※ 제스처의 3단계 :「준비 단계」⇒「완성 단계」⇒「복귀 단계」

1) 제스처의 기본 원칙

스피치를 하는 사람이면 누구나 다 제스처가 중요하다는 것을 알고 있다. 그래서 스피치를 실행할 때는 의식적으로 제스처를 하려고 노력한다. 그러나 제스처에 대해 지나치게 많은 신경을 쓰다 보면 과장되거나 어색한 제스처가 나오게 된다. 제스처는 다른 몸짓언어와 마찬가지로 자연스러움을 그 생명으로 한다. 일상적인 대화를 할 때처럼 제스처가 말의 일부라고 느껴질 만큼 자연스러워야 한다.

제스처가 말과 동떨어져 따로 놀거나, 스피치로부터 분리된 별개의 동작처럼 느껴져서는 안 된다. 제스처가 자연스러워지려면 무의식적으로 손이 움직여야 한다. 그러기 위해서는, 기본자세를 취할 때 손을 자유로이 풀어 놓아야 한다. 깍지를 끼거나 탁자를 누르고 있거나 호주머니 속에 넣어 두면 손이 자유로이 움직일 수 없다. 손을 자유롭게 풀어놓은 상태에서 스피치의 진행에 맞게 몸을 움직이다 보면 자연스런 제스처가 나오게 된다.

2) 제스처의 기법

① 제스처는 팔 전체로 하라

제스처는 말에 악센트를 주고 청중의 시선을 모으기 위해서 하는 것이다. 따라서 제스처는 역동적일수록 더 효과적이다. 제스처를 역동적으로 하기 위해서는 어깨에서 손에 이르기까지 팔 전체를 유기적으로 움직여야 한다. 손만 조금씩 움직이거나, 어깨를 고정시킨 상태에서 팔꿈치 아래만 움직이는 제스처는 좋지 않다. 손이 위로 올라가면 팔꿈치도 따라 올라가야 하고 어깨도 약간 들려야 하며, 손이 열리면 팔꿈치와 어깨도 바깥으로 따라 움직여야 한다.

② 크고 분명하게 하라

제스처는 대화를 할 때처럼 자연스럽게 이루어져야 한다. 그러나 스피치는 대화 때보다 더 많은 청중을 대상으로 하며 청중과 연사와의 거리도 대화 때보다는 멀어지는 것이 보통이다. 따라서 제스처도 이에 맞추어 크고 분명해져야 한다. 크게 하라는 것은 손과 팔의 움직임을 보다 확대하라는 말이며, 분명하게 하라는 것은 한 움직임의 시작과 끝을 명확히 하라는 말이다. 제스처가 크고 분명하면 연사가 열정적으로 스피치에 임하고 있다는 인상을 주기 때문에, 스피치가 설득력을 갖게 된다. 그렇다고, 제스처를 과장되게 크게 하는 것은 좋지 않다.

일반적으로 제스처는 머리 위나 허리 아래로 내려가지 않는 것이 좋고, 좌우로는 양 어깨로부터 30cm 이상 벗어나지 않는 것이 좋다. 연사의 손이 이 선을 넘어가면 그 손을 보는 청중의 시선이 연사의 얼굴로부터 벗어나게 된다. 제스처는 청중의 시선을 집중시키기 위해 하는 것이지 청중의 시선을 혼란시키고자 하는 것이 아니다. 따라서 청중이 눈길을 돌려야 집중할 수 있는 제스처는 피해야 한다.

③ 제스처는 언제나 동작을 완성시켜라

한번 팔을 움직여 제스처를 하기 시작했으면 반드시 그 동작을 끝내야 한다. 그렇지 않고 제스처를 하려다가 어색해서 주춤거리게 되면 자신감이 없다는 것을 드러내는 결과를 낳는다. 스피치를 할 때는 열정과 박력을 보여주어야 할 뿐 아니라 자신감에 차 있다는 것을 보여주어야 한다. 그래야 청중이 연사의 말 속으로 이끌려 들어오기 때문이다. 그러기 위해서는 한번 마음먹고 움직인 팔이라면 의도했던 제스처가 확실히 끝날 때까지 자신감 있게 움직여 주어야 한다.

④ 제스처의 크기와 빈도는 상황에 따라 달라져야 한다

흔히 스피치를 할 때는 제스처를 자주 그리고 크게 하라고 한다. 그러나 이 말은 제스처가 절대적으로 잦고 커야 한다는 것이 아니고, 보통 대화와 비교해볼 때 상대적으로 잦고 커야 한다는 것이다. 제스처의 크기와 빈도는 스피치의 성격과 청중의 크기 및 배치에 따라 달라져야 한다. 어떤 스피치는 성격상 역동적이고 정열적인 발표를 필요로 한다. 이를테면, 정치

연설이나 대 고객 프레젠테이션 또는 대중강연 등이 이러한 스피치에 속한다. 이런 스피치를 할 때는 제스처가 크고 잦아야 한다.

그러나 권위가 높은 청중을 상대로 아이디어를 제시하는 스피치를 하거나, 연구결과를 보고하는 스피치를 할 때, 또는 회의 중에 잠깐 발표를 하는 경우에는 정열적인 스피치보다 차분한 스피치가 더 효율적이다. 이럴 때는 제스처의 폭도 줄여야 하며 너무 자주 할 필요도 없다. 제스처의 폭과 빈도는 청중의 크기에도 적절하여야 한다. 제스처는 청중의 시선을 끌고 말에 강세를 주기 위한 것인 만큼, 청중의 규모가 큰 경우에는 먼 곳에서도 볼 수 있도록 크고 자주 하는 것이 좋다.

⑤ 말과 타이밍을 맞추라

스피치의 제스처는 말의 의미를 분명하게 하고 말에 악센트를 주는 역할을 한다. 따라서 제스처는 말과 타이밍이 맞아야 한다. 말과 따로 노는 손, 움직임이나 말보다 한발 늦게 나오는 제스처, 그리고 말보다 먼저 나오는 제스처는 효과도 없을 뿐더러 스피치를 어색하게 만든다. 제스처를 해야 한다는 강박관념 때문에 억지로 제스처를 하게 되면 손 움직임이 말과 따로 놀게 된다. 또 흥분한 나머지 힘을 넣어 지나치게 크게 제스처를 하려 하면, 말이 끝난 후에야 팔이 정점에 달하게 된다. 따라서 제스처를 위한 제스처 그리고 지나치게 힘이 들어간 제스처는 피해야 한다.

⑥ 내용의 흐름에 맞추어 변화를 추구하라

스피치를 할 때 목소리가 단조로워서도 안 되지만 제스처 역시 단조로워서는 안 된다. 처음부터 끝까지 같은 크기의 제스처를 하거나 같은 모양의 제스처를 하게 되면 스피치까지도 단조롭게 느껴진다. 박력 있고 정열적인 스피치를 하려는 마음에서 계속 강렬한 제스처를 해대면, 청중이 이에 면역되어 얼마 후에는 큰 제스처에도 별 다른 느낌을 받지 못한다. 내용의 흐름에 맞추어 강조해야 할 부분에서는 크게, 그렇지 않은 부분에서는 작게 제스처를 함으로써 몸동작에서의 변화를 추구해야 한다.

⑦ 손과 팔을 다양한 각도로 움직여라

특별히 필요해서 그렇게 하는 경우를 제외하고는 제스처를 할 때 손을 주먹 쥐거나 활짝 펴는 것은 좋지 않다. 손가락과 손바닥을 축구공을 쥔 듯한 정도로 약간 구부린 상태에서 여러 가지 제스처를 하되, 내용의 흐름에 맞추어 손바닥과 지면의 각도 그리고 손바닥과 정면의 각도를 다양하게 바꾸어 주는 것이 좋다. 때로는 지면과 70도 정도의 각도를 두고, 때로는 천정과 70도 정도의 각도를 두며, 때로는 곧바로 지면을 향하도록 하고, 때로는 두 손바닥이 서로 마주 보도록 해야 한다. 손과 팔을 올리고 내리는 각도와 앞으로 밀어내고, 몸 쪽으로 끌어당기는 각도도 내용의 흐름에 따라서 다양하게 변화하여야 한다. 즉, 손 움직임이 단조롭게 반복되어서는 안 된다.

3) 제스처의 사례

제스처는 표정이나 자세와 더불어 다양한 메시지를 나타내게 된다. 제스처 중에서도 손가락은 섬세한 신체 기관이기 때문에 더욱더 다양하면서도 세밀한 표현을 할 수 있다. 연단에서 제스처는 주로 다음과 같이 한다.

① 주장을 나타낼 때 : 주먹을 쥐고 위로 힘차게 올린다.

"힘차게 주장합니다."

② 외침을 나타낼 때 : 손을 펴고 위로 힘차게 올린다.

"힘차게 외칩니다."

③ 지시나 방향을 나타낼 때 : 손을 펴고 힘차게 뻗는다.

"저기를 보십시오."

④ 요구를 나타낼 때 : 손바닥을 위로 하고 앞으로 내민다.

"유권자 여러분, 부탁합니다."

⑤ 거부를 나타낼 때 : 두 손바닥을 앞으로 내민다.

"그렇게 해서는 안 됩니다."

⑥ 결의나 결심을 나타낼 때 : 오른손 주먹을 쥐고 가슴 앞으로 내민다.

"굳게 다짐합니다."

⑦ 단결을 나타낼 때 : 두 손을 합장하고 가슴에 힘 있게 갖다 댄다.

"우리 모두, 단결합시다."

(6) 외모

연사의 외모는 그의 공신력에 영향을 미친다. 연사가 깔끔한 복장에 가지런한 모습으로 나타나면 청중은 그를 신중하고 준비가 잘 된 사람으로 평가하지만, 허술한 복장에 너저분한 모습으로 나타나면 그를 경솔하고 제대로 준비가 안 된 사람이라고 생각한다. 따라서 스피치는 용모를 단정히 하고 복장을 가지런히 한 상태에서 임해야 한다. 용모는 어디서 어떤 스피치를 하더라도 깨끗하고 단정해야 하지만, 복장은 상황에 맞는 색상과 적절한 복장을 골라 입어야 한다. 정중함을 보일 필요가 있을 때는 정장을 해야 하며, 소탈함을 보여야 할 때는 정장을 하지 않는 것이 좋다. 그러나 소탈함을 보이겠다고 지나치게 캐주얼한 복장을 하는 것은 좋지 않다. 소탈함을 보여야 할 경우라도 '깨끗하고 단정해야 한다.'는 원칙을 벗어날 수는 없다.

2 발표자세

대중스피치 할 때 연사의 연단 자세는 등단할 때의 자세부터 시작하여, 스피치 발표자세에서 하단할 때까지의 자세 등 전 과정을 말한다.

(1) 등단 자세

1) 등단 준비

구두, 헤어, 복장 등을 단정히 점검하여 등단을 미리 준비하고 있어야 한다. 특히 의상은 말 없는 자기소개서라고 할 만큼 첫인상을 좌우하게 되므로 단정하게 신경 써야 한다. 예를 들어 상의 단추는 채우는 것이 예의이므로 미리 채우고 있어야 하고, 채우면서 등단하는 일이 없도록 한다. 참고로 단추가 세 개인 양복의 경우에는 위에서부터 두 개만 채우고, 두 개인 경우는 한 개만 채우면 된다.

2) 구분된 동작

자신의 차례가 호명되면 우선 자리에서 일어나 바로 선 다음, 당당한 자세로 무대를 향해 나간다. 그리고 무대의 중심이나 연단 위에 탁자가 놓인 경우는 탁자까지 침착하게 걸어 나간다. 자리에서 일어나면서 연단을 향해 나오는 동안 구부정한, 엉거주춤한, 멋쩍은 듯한 자세를 취해서는 안 된다. 한 동작이 끝났을 때 다음 동작을 진행해야 반듯한 인상을 심어 주게 된다.

3) 시선 수평 유지

시선은 연단을 향해 수평을 유지해야 하며, 팔은 가볍게 흔들어 준다. 고개를 숙이고 나오는 모습과 팔을 붙이고 나오는 모습은 자신 없는 모습으로 비치게 되므로 주의해야 한다.

4) 마이크 조정

연단에 서면 우선 연설용 탁자에 있는 마이크의 높이를 조정한다.(이 순간에 하나, 둘, 셋 하면서 호흡을 깊게 들이마시면서, 들숨을 최대한 확보한다) 또는 마이크를 빼서 손에 들고 사용한다. 이때 마이크는 가능하면 왼손에 든다. 왜냐하면 오른손으로 글을 쓰는 사람이 많아서 마이크를 왼손에 들어야, 오른손으로 판서하거나 제스처를 사용할 수 있고 방향을 가리킬 수 있기 때문이다. 마이크는 턱 밑으로 조정해서 얼굴을 가리지 않도록 신경 써야 하고, 마이크를 빼서 손에 쥘 경우 마이크의 중간 정도를 잡는 것이 보기가 좋다. 마이크에 따라 위치가 다르지만, 흔히 접하는 유선 마이크는 중간에 스위치가 있으며 돌발 상황에 신속하게 대처할 수 있다. 즉 스위치가 엄지에 닿을 수 있는 위치 정도면 적당하다. 또한 마이크를 쥘 때는 마이크를 쥔 손에 힘을 빼는 것이 좋다. 너무 꽉 쥐어 정권이 선명하게 드러나게 되면 힘이 들어가 보여 자연스러움을 잃게 된다.

5) 인사

마이크 조정이 끝나면 청중을 2~3초간 천천히 죽 둘러본 후, 연설용 탁자에서 뒤로 한 걸음 물러나 혹은 탁자 옆으로 나와 허리를 숙여 인사한다. 물론 연설용 탁자가 없는 경우에는 무대의 중앙에서 같은 방법으로 허리를 숙여 인사하면 된다. 이때 자신의 시선이 발끝에서부터 청중 방향으로 1.5~2m 정도(약 45~60도 정도)가 되었을 때, 약 1~2초간 멈추어 준다. 그럼으로써 정중한 느낌을 청중에게 줄 수 있다. 또한 연사에게는 청중의 박수를 충분히 받을 수 있는 이점도 있다. 인사를 할 때 또 한 가지 유의할 사항은 미소를 머금은 얼굴로 청중을 대하라는 것이다. 청중을 대할 때는 환한 미소로 밝은 표정을 지어야 좋은 분위기를 이끌어 갈 수 있다.

연설용 탁자가 연사의 키와 비교했을 때 높다고 생각이 든다면, 혹은 연사가 인사를 하고자 뒤로 한걸음 물러날 때 무대 조건상(청중석이 무대보다 낮은 경우) 청중이 연사의 모습을 잘 볼 수가 없다고 판단될 때는, 옆으로 나와서 인사를 한다. 이때 연설용 탁자의 앞쪽(청중이 볼 때 가까운 쪽) 끝 선과 연사의 발끝이 일치하면 더욱 보기 좋다. 또 한 가지 유념해야 할 점은 인사가 끝난 후 연설용 탁자로 다시 돌아갈 때 등을 보이지 않도록 한다. 즉 돌아서서 청중들에게 등을 보이며 들어가지 말고 옆으로 걸어서 비스듬히 들어가는 것이 좋다.

※ 주의 : 인사는 멘트와 함께 동시에 하지 않는다. 동작과 멘트는 반드시 구분한다.

(2) 연단 자세

1) 기본자세

인사가 끝난 후 호흡을 가다듬으며 연단에서의 기본자세를 갖춘다. 즉 고개는 들고 어깨와 허리는 펴고, 양발은 어깨너비 정도로 벌려 안정된 자세를 취한다. 이때 초보자일수록 자기도 모르는 사이에 짝 다리를 취하거나 어깨에 쓸데없이 과도한 힘이 들어갈 수 있으므로 주의해야 한다. 이것에 대한 하나의 해결 방법을 제시하자면 그것은 양쪽 엄지발가락에 지그시 힘을 주는 것이다. 그렇게 함으로써 한쪽 다리에 힘이 쏠리는 짝다리도 예방할 수 있고, 어깨에 힘이 들어가는 것도 막을 수 있다. 어깨와 발가락 두 곳 모두 힘을 줄 수 없으므로 우리의 눈에 보이지 않는 발가락 끝에 힘을 주는 것은 어깨에 들어갈 힘을 빼는 하나의 방법이 되고 자연스럽게 단전에 힘이 들어가게 되어 복식호흡을 할 수 있는 자세가 된다.

2) 손 처리

연단 경험이 거의 없는 초보자일수록 스피치를 할 때 손을 어떻게 처리해야 좋을지 난감해하며 거추장스럽다는 표현을 많이 한다. 그렇지만 익숙해지면 거추장스럽던 그 손은 스피치의 절대적인 도우미가 된다. 연단에서의 손의 위치는 다음과 같은 세 가지로 나눌 수 있다.

첫째, 바지 재봉 선에 주먹을 가볍게 말아 쥐는 경우.

둘째, 제스처를 쓰는 경우.

셋째, 연설용 탁자 끝머리에 손가락을 살며시 올려놓는 경우.

이상 세 가지 손의 위치를 번갈아 가며 잘 활용해 나간다면 손은 발표를 돕는 스피치의 절대적인 도우미가 될 것이다.

3) 시선 처리

시선은 청중을 골고루 쳐다보는 것을 원칙으로 하지만, 처음에는 표정이 밝고 부드러운 청중을 보고 1:1로 대화하는 기분으로 스피치를 하는 것이 긴장해소, 에너지 보충 등 여러모로 도움이 된다. 그리고 시선 이동은 시간 단위가 아닌 문장 단위로 이동해야 바람직하다. 즉 일정한 시간을 정해 놓고 기계적으로 시선을 이동하는 것이 아니라 문장 단위로 한 문장이 끝났을 때 시선 이동을 하는 것이 자연스럽다.

시선 처리 위치는 처음 시작은 정면을 보고 한다. 그리고 좌측 끝 부분부터 서서히 "ㄹ" 모양으로 시선을 이동하고 앞 위치까지 끝났으면. 역순으로 계속 이동하면 된다. 마지막은 전,중,후면 위치와 관계없이 정면을 보고 마무리 멘트를 하면 된다.

4) 표정 관리

밝은 표정을 기본으로 하지만 "연사는 연기자처럼 스피치하라."는 말이 있듯이 슬픈 얘기를 할 때는 슬픈 표정을, 기쁜 얘기를 할 때는 기쁜 표정을 지어야 한다. 연사가 먼저 감동받지 않으면 청중에게 절대 감동을 줄 수 없다. "연사라는 성냥개비에 불이 붙어야 청중이라는 장작에 불을 붙일 수 있다."라는 말을 유념하라.

5) 제스처

제스처는 보통 '시작-완성-복귀의 과정을 거친다. 그러나 모든 제스처에 적용되진 않는다. 왜냐하면 제스처의 생명은 자연스러움에 있기 때문에 시작-완성을 거쳐 복귀로 가지 않고 바로 다음 제스처로 갈 수도 있다는 말이다. 그리고 스피치를 할 때 청중을 보고 스피치를 하듯이 제스처를 사용할 때 역시 청중을 보고 제스처를 하는 것이 자연스럽다. 단, '그 물건의 모양은 이렇게 휘어져 있었습니다.' 등과 같이 제스처의 모양을 보지 않고는 짐작하기 어려운 묘사와 같은 표현을 제스처로 사용할 때는 손끝을 바라보는 것이 자연스럽다.

(3) 하단 자세

1) 청중에게 인사

스피치가 끝난 후 지금까지 자신의 얘기를 잘 경청해준 청중에게 감사의 뜻을 담아, 감사의 눈빛으로 청중을 쭉 둘러보고 정중하게 인사를 한다.

2) 정면을 다시 응시

청중에게 인사 후 유념해야 할 사항은 정면을 다시 쳐다보고 자리로 향해야 한다는 것이다. 인사 후 바로 자리로 향하게 된다면 등단 자세에서 설명했던, '한 동작이 끝났을 때 다음 동작을 진행하라.'라는 말에 어긋나는 자연스럽지 못한 엉거주춤한 행동이 나오기 때문이다.

3) 시선 수평 유지

하단 시 시선은 등단 자세와 마찬가지로 수평을 유지해야 하며, 팔은 가볍게 흔들어 준다. 고개를 숙이고 나오는 모습과 팔을 붙이고 퇴장하는 모습은 자신 없고 소극적인 모습으로 비치게 된다. 발표를 만족스럽게 마친 연사로서의 환한 표정을 지어주어야 한다. 왜냐하면 청중은 '최신성의 원리'에 의해 연사가 맨 마지막에 보여준 그 표정이, 기억 속에 가장 선명하게 오래 남아 있기 때문이다.

4) 착석

하단 중 사회자가 다시 한번 청중들에게 연사를 향한 격려의 박수를 부탁하면, 제자리에 서서 정중하게 감사의 인사를 한 후 지정된 좌석에 차분하게 앉는다.

5) 여운

청중이 연사로부터 감동한 만큼 연사가 자리에 앉고 난 후에도 계속 연사를 주시하고 있다는 사실을 잊어서는 안 된다. 끝까지 방심하지 않는 태도가 중요하다.

※ 강연장 환경에 따라 연단 순서와 자세는 다소 차이가 있겠지만, 보편적인 스피치의 등단, 연단, 하단자세를 익히면 어떤 장소이든 무난하게 적응할 수 있다.

3 얼굴 표정

(1) 얼굴

<얼굴>이란 글자에는 '얼(魂)=영혼'이라는 뜻과, '굴(窟)=통로'라는 뜻이 들어 있다고 한다. 즉 얼굴은 '사람의 영혼이 머물고 나오는 통로'라는 뜻이다. 죽은 사람의 얼굴과 산 사람의 얼굴은 다르고, 기분 좋은 사람의 얼굴과 기분 나쁜 사람의 얼굴 역시 다르다. 멍한 사람들을 보면 우리는 '얼 빠졌다'고 한다. 얼굴은 매우 정직하다. 그러니 사람의 얼굴은 우리 마음의 상태에 따라 달라진다. 따라서 사람의 얼굴은 마치 영혼이 나왔다 들어왔다 하는 것처럼 바뀐다. 그러기에 변화무쌍한 것이 얼굴이다.

<참고>

- 얼빠진이 : 얼이 빠진 사람
- 얼간이 : 얼이 간 사람
- 어른 : 얼이 큰 사람
- 어린이 : 얼이 이른 사람
- 어리석은 이 : 얼이 썩은 사람

얼굴 표정과 감정의 관계는 불가분의 관계다. 사람의 얼굴은 80개의 근육으로 만들어져 있다고 한다. 그 80개의 근육으로 무려 7,000가지의 표정을 지을 수 있다고 하는데 우리 신체 가운데 근육을 가장 많이 가지고 있고 가장 오묘한 것이 얼굴이라고 한다. 그래서 얼굴을 보면 그 사람의 내면을 알 수 있는데 그것을 '인상'이라고 한다.

인상은 그 사람 내면의 모습이다. 그 사람이 걸어온 모습이고 그 사람이 살아온 삶의 모습이다. 마음의 모든 것은 얼굴에서 나타나기에 얼굴은 마음의 표현이다. 이 세상에서 태어난 이후 지금까지 당신이 쌓아온 성격과 마음가짐, 당신의 태도가 바로 당신의 인상을 만든다. 좋은 인상은 상대에게 편안함을 준다. 밝은 인상은 좋은 이미지를 준다. 따뜻한 인상은 이 세상을 더욱 아름답게 만든다.

따라서 좋은 인상을 만들려고 노력하라. 서로 잘 통하는 얼굴, 영혼이 잘 통하는 얼굴, 생명이 잘 통하는 얼굴, 기쁨이 잘 통하는 얼굴, 감사가 잘 통하는 얼굴, 희망이 잘 통하는 얼굴, 항상 이런 모습으로 하루하루를 활기차게 살아가자.

(2) 얼굴 표정

한국을 찾은 외국 사람들이 공통적으로 하는 말 중의 하나가, 한국인은 무표정하다는 것이다. 우리의 얼굴에 표정을 불어넣어 보자. 개인의 경쟁력이 비슷비슷해지는 요즘, 좋은 표정은 자신의 경쟁력을 업그레이드하는 요소가 될 수 있다.

1) 조선인의 표정

세상 문화가 급박하게 달라지고 있어도 참 변하지 않는 것이 있다. 바로 우리나라 사람들의 얼굴 표정이다. 한국인의 얼굴은 무표정하다. 겉으로 표현하는 것을 쑥스러워한다. 감정표현을 자제하던 유교문화의 잔재가 아직도 한국인의 표정에 남아 있다. 좋아도 안 좋은 척한다. 한국인은 자신의 생각을 말로 표현하지 않으면, 상대의 심중을 알 길이 없다. 우리의 무표정한 얼굴은, 19세기 말 언더우드 선교사의 유명한 기도문 '뵈지 않는 조선인의 마음'에서도 엿볼 수 있다.

"(중략) 조선 남자들의 속셈이 보이지 않습니다. 이 나라 조정의 내심도 보이지 않습니다. 가마를 타고 다니는 여자들을 영영 볼 기회가 없으면 어쩌나 합니다. (후략)"

안타까운 사실은 첨단시대인 요즘도 조선인의 표정을 얼굴에 고스란히 담고 거리를 활보하는 사람들이 너무나 많다는 것이다. 이제 바람직하지 않은 표정 습관은 과감하게 버리자. 표정을 바꾸면 삶이 즐겁다!

2) 움직임이 적으면 얼굴 근육도 빨리 노화된다

얼굴이 무표정하면 나이가 훨씬 더 들어 보인다. 얼굴이 그대로 굳어져 노년에 이르면 딱딱하고 고루한 인상이 되기 쉽다. 피부는 푸석푸석하다. 혈색 또한 좋을 리 없다. 얼굴 근육의 움직임이 적을수록 피부의 노화도 빨리 진행된다. 양 입꼬리가 아래쪽으로 처질수록 나이 들어 보이고, 인상도 좋지 않게 변해 간다. 반면에 웃을수록 얼굴은 젊어 보인다. 미소 지으면 얼굴 근육이 활발하게 움직여 혈액 순환이 잘되고 혈색도 좋아진다. 일부 여성들은 웃기를 거부한다. 미소 지을 때마다 눈가에 주름이 져 마음껏 웃지 못한다는 것이다. 표정에 관한 잘못된 고정관념 때문이다. 웃을 때 생기는 눈가의 표정은 가로주름이다. 가로주름은 아름다운 주름이다. 반대로 인상을 찡그릴 때 생기는 미간의 세로주름은 보기 싫은 주름이다. 눈가에 주름이 있어도 미소 짓는 얼굴은 젊어 보인다.

3) 표정과 말투가 경쟁력을 좌우한다

정보화시대에 개인의 경쟁력은 날로 강화되고 있다. 업무 능력은 비슷한데 승진이 잘되는 사람은 어떤 사람들일까. 조직 내에서 자기 관리, 즉 표정 관리를 잘하는 사람이다. 자신의 심리 상태와 상관없이 부정적인 감정을 채에 거르듯 조절해서 관리하는 사람이 성공한다. 사람은 겉으로 표현되는 표정이나 말투로 상대를 판단하는 존재이다. 마키아벨리의 말을 들어 보자. "사람들은 당신이 어떤 사람처럼 보이는가는 알지만, 실제로 당신이 어떤 사람인가를 아는 사람은 거의 없다."

따라서 아무리 내면이 순수하고 솔직한 성품을 가진 사람이라도, 감정과 표정을 조절하지 않고 표현해버리면 호감을 주지 못하는 사람, 같이 일하고 싶지 않은 사람이 되고 만다. 일상에서 그리고 일터에서 생활하다 보면 마음이 우울한 날도 있고 분노가 치밀어 오를 때도 있다. 그럴 때마다 내면의 감정을 그대로 드러내서는 안 된다. 가장 바람직한 얼굴은 온유한 표정을 가진 얼굴이다. 예를 들면 프레젠테이션이나 면접을 할 때 얼굴이 굳어 있으면, 긴장되어 보일 뿐만 아니라 커뮤니케이션 능력도 떨어진다. 중요한 사안이 걸려 있는 협상 테이블에서는 전략적인 차원에서라도 표정을 잘 관리해야 한다.

ex) 좌뇌형은 오른쪽 얼굴에, 우뇌형은 왼쪽 얼굴에 자신의 감정상태가 잘 나타남.

4) 미소를 지으면 얼굴에 기적이 일어난다

'좋은 얼굴, 좋은 표정을 가질 수 있는 방법'을 알아보자. 좋은 표정의 모양새는 안동 하회탈이다. 하회탈은 눈매가 아래로 내려가고, 입매는 위로 향하는 형태다. 이 입매는 저마다 타고난 입의 생김새와 상관없이 누구나 충분히 개선시킬 수 있다. 먼저 매력적인 입매를 위한 스마일 라인을 만들어 보자.

<하회탈 입매 만들기>

▷ 거울 앞에서 양손의 검지 끝으로 양 입꼬리 좌우를 지그시 누른다.

- ▪지그시 누른 상태에서 입꼬리를 15도 정도 위쪽 방향으로 올려 준다.
- ▪마음속으로 다섯을 센 후 손가락을 뗀다.
- ▪입매 근육이 형상을 기억하여 스마일 라인을 유지하게 된다.

하회탈의 웃는 눈매는 아래로 향하는 스마일 라인이다. 하회탈 눈매를 '이미지화'하면 쉽게 연습할 수 있다. 단 눈매만을 내려 주는 훈련은 거의 불가능하다. 지금 당장 눈웃음만 지어 보라. 입매도 동시에 위쪽으로 움직이려 할 것이다. 따라서 눈매 훈련은 입매 훈련과 동시에 해야 효과적이다.

(3) 표정 연기

표정 연기가 정말 일품이었던 영국의 희극 배우 찰리 채플린이 인기 절정에 있을 때 기차 고장으로 어느 마을에 묵게 되었는데, 마침 그곳에서 축제의 하나로 '채플린 흉내 내기 대회'가 열리고 있었다. 호기심이 동한 채플린은 자신의 신분을 감추고 일반 참가자가 되어 대회에 참석했는데, 결과는 3등이었다. 두 명의 가짜가 1, 2등을 하고 정작 자신은 3등을 한 것이다. 물론 실화이다. 그에 대한 해석이 재미있다. "진짜는 진짜이기 때문에 그럴 필요가 없지만, 가짜는 항상 진짜처럼 보이고자 진짜같이 보이는 노력을 하기 때문에 나온 결과이다."는 것이다.

우리도 실제 연기자는 아니지만, 연기자인 척해 본다면 실감 나게 표정 연기가 잘되지 않을까? 여러 사람 앞에서 말할 때는 연기자의 심정으로 기쁠 때는 기쁘게, 슬플 때는 슬프게 표현해야 하며, 내가 감동받았을 때 청중도 감동・감화시킬 수 있다는 것을 유념해야 한다. 특히 우리 한국어는 주어가 생략된 술어 중심의 언어이기에 표정 연기는 더욱 중요하게 여겨지는 것이다. 좋은 얼굴 표정을 만드는 훈련을 거울 앞에서 하루에 10분씩 3개월만 지속적으로 연습하라. 그리고 생활 속에서 항상 미소 짓는 것을 습관화하라. 그러면 당신의 얼굴에 기적이 일어날 것이다.

(4) 웃는 표정 만들기

잘 웃지 않는 무표정한 얼굴을 관찰해보면 입 주위 근육이 굳어 있어 웃는 모습이 어색하기 짝이 없다. 얼굴도 근육으로 이루어져 있으므로 몸의 근육을 움직인다는 의미에서 웃는 얼굴을 위해는 얼굴 근육을 단련시키는 것이다. 아침에 잠자리에서 일어나면 신체의 단련을 위해 운동을 하듯 웃는 얼굴을 위해서도, 입꼬리 주위의 근육을 잠에서 깨워 운동으로 단련시켜야 한다. 지금부터 '웃는 얼굴을 만들기 위한 근육 운동' 이 자연스럽게 익혀질 때까지 하자. 결코 어렵거나 귀찮은 일이 아니다. 웃는 얼굴로 아름다운 사람이 되고 싶다는 신념만 있으면 된다.

당신은 1분에 숨을 들이마시고 내쉬는 것을 몇 번이나 반복하는가? 인간은 1분에 네 번 호흡을 하게 되면, 거의 120세까지 같은 모습으로 살 수 있다는 주장이 있다. 이렇게 숨을 들이마시고 내쉬기를 네 번 반복하는 것을 네 번 호흡법이라고 한다. 또한 내쉬는 숨은 장수의 삶이고 들이마시는 숨은 빨리 죽는 삶이라고 한다. 인간이 슬퍼서 흐느낄 때 숨을 들이마시기만 하는 것을 보면 일리가 있는 것 같다. 어찌됐건 웃는 얼굴을 효과적으로 개발하기 위해서는, 내쉬는 호흡법을 응용해야 한다.

'하하하' 하고 웃으면 숨을 내쉬게 될 것이다. 얼굴 근육 운동을 할 때도 웃는 얼굴의 효과를 최대한 올리기 위해서 스마일 호흡법이 필요하다. 스포츠를 잘하는 사람은 호흡법에 대해서도 잘 알고 있다. 웃는 얼굴도 몸의 근육을 움직인다는 의미에서 스포츠와 비슷하다. 멋지게 웃는 얼굴을 자유자재로 연출하기 위해서는 호흡이 제대로 이뤄져야 한다. 가장 부드럽고 멋지게 웃는 얼굴을 만들 때는 숨을 내쉰다. 천천히 조용히 내쉬면서 미소 짓는 것이 최고이다. 숨을 내쉴 때는 몸의 긴장이 풀려서 근육도 부드러워지므로 그만큼 멋지게 웃는 얼굴을 만들기 쉽다. 반대로 숨을 들이마시거나 숨을 멈춘 채로 미소 지으면, 어딘가 표정도 어색하고 몸도 움직이기 곤란하다. 야구나 골프에서 볼을 칠 때는 숨을 내쉬면서 스윙하는 것이 철칙이다.

1) 웃을 때도 똑같은 철칙을 적용하라

웃는 연습을 위한 근육운동을 할 때나 손으로 입꼬리를 치켜 올리는 동작을 할 때도 반드시 숨을 내쉬면서 하도록 하라. 조금만 익숙해지면 미소 지을 때 언제나 숨을 내쉬는 습관이 몸에 배게 된다.

2) 웃는 근육운동을 위한 발성연습

운동을 할 때도 효과를 올리기 위해서 워밍업이 필요하다. 웃는 얼굴을 만드는 연습에서는 입 언저리의 근육을 부드럽게 하기 위해 다음과 같이 발성 연습을 해보자.

부드러운 입매를 연출하기 위해 제일 먼저 '**하, 히, 후, 헤, 호**' 연습을 해보자. 사람들의 웃음소리가 주로 '하하하', '히히히', '후후후', '헤헤헤', '호호호' 이므로 이렇게 연습하면 보다 실제적이다. '하하, 후후, 호호'는 품위 있는 웃음소리다. 하지만 '히히, 헤헤'는 그 반대이므로 이런 웃음소리는 내지 않는 것이 좋다. 하지만 입꼬리 올려주기 근육운동에는 꼭 필요한 소리다.

3) 하루에 네다섯 번 정도 해주는 것이 좋다

안면 운동을 할 때 가장 염두에 두어야 할 점은 평상시에 잘 사용하지 않는 근육을 움직여 주는 것이다. 또 마음을 편안하게 가져 스트레스 없는 상태에서 하는 것이 좋다. 입꼬리가 처진 사람은 근육운동을 화장 전이나 목욕 중, 또는 생각날 때마다 해본다. 근육운동을 해서 입 주위가 얼얼한 느낌이 들면 정확하게 따라 했다는 증거이고 입 언저리 근육 운동에 성공한 셈이다. 언제든지 생각날 때마다 하면 당신의 얼굴 표정은 한결 부드러워질 것이다

<웃는 표정 만들기 실습>

■ '**하**' 소리내기

큰 소리로 '**하**', '**하**' 하고 두 번 소리를 낸다. 턱이 움직일 정도로 될 수 있는 한 크게 입을 벌려 소리를 낸다.

■ '**히**' 소리내기

큰 소리로 분명하게 '**히**', '**히**' 하고 두 번 소리 낸다. 입꼬리를 한 일(一)

자로 좌우로 힘껏 당기고 입술의 근육을 긴장시킨다.

■ **'후' 소리내기**

큰 소리로 분명하게 '**후**', '**후**' 하고 두 번 소리 낸다. 입꼬리를 약간 긴장시키는 것처럼 입술을 가볍게 앞으로 내밀고 소리 낸다. 촛불 끌 때 입 모양을 생각하면 된다.

■ **'헤' 소리내기**

큰 소리로 분명하게 '**헤**', '**헤**' 하고 두 번 소리 낸다. 입꼬리를 의식하고 힘을 넣어 위로 올리는 것처럼 한다.

■ **'호' 소리내기**

큰 소리로 분명하게 '**호**', '**호**' 하고 두 번 소리 낸다. 입술을 뾰쪽하게 내밀고 입에 알사탕을 넣었다는 기분으로 한다.

■ **깜짝 놀란 표정 짓기**

입술을 오므린 뒤 눈을 크게 떠 깜짝 놀랐을 때의 표정을 짓는다. 이때 양손으로 볼과 목 뒤를 가볍게 서너 번 두드린다.

■ **좌우로 삐쭉삐쭉**

입술을 오므려 앞으로 쭉 내밀고 좌우로 움직인다. 5~6회 계속하면 입 주위와 볼 근육이 움직이는 것을 느낄 수 있다.

■ **한쪽으로 당기기**

입술을 한쪽으로 힘껏 끌어당기고 어금니를 꽉 깨문다. 좌우로 삐쭉거릴 때와는 다른 근육이 움직인다는 것을 알 수 있다. 좌우 번갈아 5-6회 반복한다.

■ **좌우로 당기기**

아래 입술과 윗입술을 동시에 힘껏 양옆으로 끌어당겨 위, 아랫니를 깨물 듯이 힘을 준다. 마찬가지로 5~6회 해준다.

■ **입 벌려 하늘 보기**

크게 입을 벌리면서 목을 천천히 뒤로 젖힌다. 목덜미의 피로가 풀리고 전신에 활력을 준다. 마지막 단계로 반드시 해주면 좋다.

■ **아름다운 입술을 위한 근육운동**

관상학에서 육체를 상징하는 입술은 눈과 함께 나란히 주목도가 높은 곳이다. 입술도 그냥 내버려 두면 입술의 근육이 점점 탄력을 잃게 되어, 아름다운 입술의 매력을 잃어버리고 만다. 매일 구륜근을 단련시키면 입 언저리의 주름도 방지하고, 매력적인 입매를 만들 뿐만 아니라 입꼬리의 모양을 단정하게 하는 효과가 있다.

■ **입꼬리 누르기**

두 집게손가락과 가운데손가락으로 입꼬리를 누르고 입술을 앞으로 내민다. 입꼬리가 느슨해지는 것을 방지한다.

■ **볼 당기기**

입술 긴장을 풀고 다문채로 두 손을 볼에 대고, 가볍게 귀 방향으로 끌어올려 주듯 당긴다.

■ **볼 당겨 '후후' 소리내기**

손은 '볼 당기기' 상태대로 손의 힘을 빼지 말고, '후, 후' 하고 몇 번 더 되풀이하여 소리 낸다.

웃는 얼굴은 입을 벌리기에 따라서 작게 웃는 얼굴, 보통으로 웃는 얼굴, 크게 웃는 얼굴의 3단계로 나누어진다. 그런데 어떤 사람은 작게 웃는 얼굴이 아름다운가 하면 어떤 사람은 활짝 크게 웃는 얼굴이 멋진 사람이 있다.

4 복장 이미지

"옷차림도 전략"이라는 광고 문구도 있듯이, 사람에게 있어 어떤 복장을 하느냐는 분명히 사회생활을 하는 데 훌륭한 전략이 될 수 있다. '사람이 옷같이 사소한 일에 신경을 쓰면 나중에 큰일을 못 한다'는 생각은 그야말로 옛말일 뿐이다. 옷은 단순히 신체를 가리고 보호하는 1차적 기능을 넘어, 그 사람의 이미지를 결정하는 중요한 요인으로 자리 잡고 있기 때문이다. 특히 입사 면접처럼 잠깐 동안의 만남을 통해 처음 보는 사람의 첫인상이 결정되는 경우, 옷차림이나 색깔에 따라 그 인상은 크게 달라지게 된다.

옷은 개인의 체형상의 결점을 커버하는 데도 큰 역할을 하고 있다. 그렇다면 개인의 체형에 따라 어떤 옷차림을 하면 이미지상의 결점은 감추고 장점을 돋보이게 할 수 있을까? 전문가들에 따르면 우선 남성의 경우 키가 크고 체격도 좋으면 자신감이 있고 약간 마른 사람의 경우 매우 예리한 이미지를 풍긴다. 반면 체격이 좋은 사람의 경우 건방진 인상을 줄 수 있고, 날씬한 사람은 언제나 긴장한 듯한 분위기를 줄 수 있다. 그러므로 옷차림을 통해 이 같은 단점을 보완할 필요가 있는데 거만하지 않게 보이려면 정장도 중간 톤 정도를 선택해야 좋다.

회색이나 베이지색 등의 중간색은 사람을 겸손하게 보일 수 있고, 상의와 하의를 색채 대비가 너무 심하지 않은 서로 다른 색으로 입어보는 것도 잘 어울릴 수 있다. 반대로 마른 사람은 보다 영향력 있고 자신감이 넘치는 것처럼 표현할 필요가 있는데, 이때는 약간 진한 색상의 정장을 입거나 진한 색상의 가방을 들 경우 권위를 나타낼 수 있다.

키가 크고 마른 사람이 세로 줄무늬를 피하는 것이 좋다는 것은 기본이다. 사선 줄무늬가 약간 잔잔한 문양을 택하면 좋은 인상을 줄 수 있다. 키가 작은 남성도 복장을 어떻게 매치 시키느냐에 따라, 위엄이나 영향력이 없어 보인다는 단점을 충분히 커버할 수 있다. 먼저 정장은 감청색, 곤색, 검정색 등 진한 색상을 선택하는 것이 좋으며 회색도 안정적 이미지를 풍길 수 있다.

이때 상의를 더블로 하거나 어깨에 패드를 넣는 것은, 작은 키를 더욱 부각시키는 역효과를 낼 수 있으므로 피하는 것이 좋다. 그리고 상의와 하의는 같은 색으로 하는 것이 키를 커 보이게 할 수 있다. 와이셔츠는 흰색이나 하늘색 등 단색으로 선택하는 것이 바람직하며, 특히 작은 키 대신 얼굴로 시선을 모아주려면 와이셔츠 컬러와 넥타이는 단정하고 산뜻한 것으로 택해야 한다. 현란한 색깔, 꽃무늬 등의 넥타이는 금물이다. 안경도 너무 큰 것으로 하지 않는 편이 좋다.

복장 선택에서 가장 곤란을 겪는 사람이 바로 뚱뚱한 체형을 가진 사람이다. 뚱뚱한 남성의 경우 상대방에게 편안한 느낌을 줄 수 있지만 반대로 느리고 단정치 못해 보일 수도 있다. 그러므로 정장은 진한 색이나 중간색으로 선택하고 여린 색깔은 피하는 것이 좋다. 꼭 끼는 옷은 뚱뚱한 체형을 더욱 강조할 수 있으므로 피하는 편이 좋으며 특히 목이 끼는 와이셔츠를 입지 않도록 주의해야 한다. 또 날씬해 보이기 위해 세로 줄무늬가 있는 옷을 입는 경우가 많은 데, 이때 줄 사이가 너무 넓지 않은 옷을 택하는 편이 바람직하다.

옷차림이 더욱 큰 영향을 미치는 것은 아무래도 여성이다. 아무리 사회생활을 하는 여성이라 해도 남성적인 인상을 풍기는 복장은 오히려 역효과를 가져오기 쉽다는 것이 패션 관련 전문가들의 조언이다. 최근 미인의 조건 중 중요한 것의 하나로 키가 크면 남성적이고 권위적으로 보일 수 있으며, 날씬할 경우 어색하게 긴장돼 있는 이미지를 풍길 수 있다. 그러므로 체격이 전체적으로 큰 여성은 연한 색상의 정장으로 부드러운 인상을 만들 필요가 있다.

반대로 마른 사람은 진한 단색의 정장이 자신감을 나타내 보일 수 있다. 그리고 체격이 큰 사람은 지나치게 큰 단추 장식을 피하는 것이 좋지만, 허리가 긴 사람은 좀 넓은 벨트를 착용하는 것이 바람직하다. 또 다리가 지나치게 긴 사람은 상의 길이를 늘이면 균형 있게 보일 수 있다. 그리고 액세서리는 많이 쓰지 말고 최대한 단순화시키는 것이 좋은데, 작거나 앙증맞아 보이는 디자인은 큰 키를 더욱 강조할 수 있으므로 피한다.

신발도 굽이 너무 낮은 것은 어색해 보일 수 있으므로 약간 굽이 있는 것을 택하는 것이 좋으며, 핸드백은 너무 작은 것으로 선택하지 않도록 주의할 필요가 있다. 반대로 키가 작은 여성은 약간 짙은 색상의 단색 정장이나 재킷이 딸린 원피스를 입는 것이 좋다. 이때 재킷과 치마의 색상이 너무 대조를 이루지 않도록 할 필요가 있으며, 어깨가 지나치게 강조되지 않도록 하는 것도 중요하다. 대담하거나 요란한 무늬보다는 단순한 디자인의 복장을 택하는 것이 좋은데, 불안해 보일 정도로 높은 시선을 끌지 않도록 하는 점도 중요하다.

뚱뚱한 여성도 복장으로 체형상의 결점을 충분히 커버할 수 있다. 먼저 너무 꼭 끼는 옷이나 지나치게 여유가 있는 옷은 피하고 몸에 잘 맞는 복장으로 선택해야 한다. 비교적 진한 색상을 택하는 것이 좋은데, 옷감 두께도 너무 두껍거나 살이 비칠 정도로 얇은 것은 피하는 편이 낫다. 요란한 무늬나 체크무늬 등은 피하고 소매를 강조하지 않은 것이 바람직하며, 구두와 스타킹을 복장과 비슷한 색상으로 통일하면 전체적으로 길어 보이므로 결점을 보완할 수 있다. 또 지나치지 않는 깨끗한 화장으로 얼굴에 시선이 쏠리도록 하는 노력도 필요하다.

이 같은 복장 선택에서 가장 중요한 것은 바로 끝마무리라 할 수 있다. 양말이나 스타킹, 벨트나 구두, 액세서리 등 복장을 더욱 돋보이게 할 수 있는 요인들에 신경을 쓰지 않으면 전체적인 이미지까지 흐려 놓을 수 있기 때문이다. 특히 남성의 경우 면도이다. 면도를 잘하지 못할 경우 단정치 못한 인상을 줄 수 있으므로 수염을 깨끗이 깎는 것이 좋다. 남성에게 면도만큼 여성에게 중요한 것이 화장이다. 여성은 최소한의 메이크업으로 최대의 효과를 낼 수 있도록 주의해야 한다. 그리고 대부분의 실내조명이 사람을 약간 창백하게 보이도록 만든다는 점을 감안하여 약간은 화사하게 하는 편이 좋다.

Ⅱ. 연극대본 훈련

연극대본을 통한 스피치 훈련은 음성언어 훈련 및 몸짓언어 훈련을 동시에 할 수 있는 종합훈련이라고 말할 수 있다. 연극배우가 된 기분으로 연극대본의 맡은바 자신의 역할에 몰입하면서 훈련하면, 훌륭한 몸짓언어 훈련이 될 것이다.

1 베니스의 상인

셰익스피어의 명작, <베니스의 상인>은 셰익스피어 낭만 희극 중의 하나로 인간성 탐구를 심도 있게 다룬 불멸의 문학적 가치가 있는 작품이다.

<역할 분담>
해설자, 공작, 안토니오(베니스 상인), **밧사니오**(안토니오 친구), **샤일록**(유태인), **포샤**(재판관), **그라시아노, 네리사.**

■ **해설** : 재판 날이 되었습니다. 베니스의 법정 주변에는 많은 사람들이 몰려들었습니다. 사람들은 그런 말도 안 되는 계약이 어디 있느냐며 농담일 것이라고 생각했습니다. 그런데 샤일록은 정말로 재판정에 서기 위해 나타난 것입니다. 증서가 효력을 인정받게 되면 안토니오는 목숨을 잃고 말 것입니다. 온 도시 사람들이 모두 재판 결과를 몹시 걱정하고 있었습니다. 벨몬트에서 달려온 밧사니오 일행은 재판 시간에 맞추어 법정에 도착했습니다. 사람들 사이를 헤치고 법정으로 들어가 보니 귀족과 고관들이 나란히 앉아 있었습니다. 공작은 정면으로 보이는 재판장석에 앉아 있었고 안토니오는 피고석에 서 있었습니다.

▪ **공작** : "참으로 딱하게 되었네. 이번에 자네를 고소한 사람은 돌처럼 차갑고 동정심이라고는 눈곱만큼도 없는 사람이란 말일세."

▪ **안토니오** : "그동안 재판소 측에서 애써준 것에 감사드리며, 이미 모든 각오는 되어 있습니다."

(샤일록이 불려 왔습니다. 공작은 샤일록을 향해 조용히 타일렀습니다.)

▪ **공작** : "그대는 계속 고집을 피우며 버티고 있지만 그대도 역시 인간이므로 결국에는 태도가 바뀌어 진정한 자비를 베풀 것이라고 생각한다. 지금이야 저 상인에게서 살 1파운드를 베어 내겠다고 고집하지만 결국 이 계약을 취소할 뿐만 아니라, 오히려 인간다운 정에 이끌려 원금의 일부까지 면제해줄 것이라고 생각한다. 최근에 저 상인이 입은 예기치 못한 막대한 손실은 그 누구라도 동정하는 마음을 금할 수 없을 정도이다. 그대도 그의 이런 상황을 안타깝게 여길 것이라 믿는다. 우리 모두는 그대의 너그러운 대답을 기다리고 있다."

(그러나 샤일록은 아무리 좋은 말로 권해도 끝까지 고집을 부리며)

▪ **샤일록** : "저도 손해인 줄 잘 알면서도 이렇게까지 재판을 신청한 이유는 안토니오에게 묵은 원한이 있는 것도 사실이지만, 그보다 더한 이유는 그가 어쩐지 주는 것 없이 밉기 때문입니다."

(그 소리를 들은 밧사니오는 자기도 모르게 소리를 질렀습니다.)

▪ **밧사니오** : "뭐라고? 어쩐지 미워서 그런다고? 그게 어떻게 인간으로서 할 짓이란 말이냐?"

(그러자 안토니오가 밧사니오의 말을 가로막고 나섰습니다.)

▪ **안토니오** : "이제 그만하게. 말해서 통할 상대가 아니야. 더 이상 말해 봤자 공연한 헛일이라고. 가능하다면 빠르고, 확실하게 재판을 받아 저 유태인의 소망을 이루게 해 주고 싶네."

(밧사니오는 치밀어 오르는 화를 겨우 억제하면서 샤일록을 향해 말했습니다)

▪ **밧사니오** : "빚진 돈 3천더컷을 그 두 배인, 6천더컷으로 쳐서 갚으면 어

떻겠소?"

- **샤일록** : "흥, 그까짓 6천더컷에 여섯 배라고 해도 나는 싫소. 난 처음 계약 당시의 차용 증서대로 처리할 뿐이요!"
- **공작** : "남에게는 전혀 자비를 베풀지 않으면서, 어떻게 자신은 신의 자비가 베풀어지기를 바랄 수 있겠는가?"
- **샤일록** : "나쁜 짓도 하지 않았는데 어째서 제가 재판을 두려워하겠습니까? 하지만 이자의 살 1파운드는 제가 비싼 돈을 지불하고 산 것이니 결국 제 것입니다. 그러니 베어 가겠다는 것이 당연하지 않습니까? 만약 안 된다고 말씀하신다면 베니스의 법률은 있으나마나한 것이 될 것입니다. 어서 재판을 내려 주십시오."

(자신만만한 샤일록의 얼굴을 빼고는 법정 안에 있던 모든 사람들의 얼굴 표정은 얼어붙은 듯이 굳어져 있었습니다. 샤일록은 칼을 갈기 시작했습니다. 밧사니오는 절망적인 목소리로 외쳤습니다.)

- **밧사니오** : "안토니오, 기운을 내게! 지면 안 되네. 용기를 내라고! 자네 몸에서 피 한 방울이라도 흘리게 할 수는 없네. 차라리 내 피와 살과 뼈를 모두 저 유태인에게 주어 버리겠네!"
- **안토니오** : "밧사니오, 자넨 내 몫까지 오래 살아남아, 나를 위해 묘비명을 써 주기 바라네."

(그때 파두아의 벨라리오 박사가 보내는 편지를 가진 사신이 도착했다는 소식이 법정에 전해졌습니다. 공작은 오늘의 재판을 위해 학식이 풍부한 법학박사를 모셔 오기로 했던 것입니다. 곧 그 젊은 사신이 법정 안으로 들어섰습니다. 그 사람은 법학박사의 서기로 변장한 네리사였습니다. 공작은 변장한 네리사가 내민 편지를 대충 훑어보았습니다. 의뢰를 받은 벨라리오 박사는 마침 몸이 아파 올 수 없게 되었고, 그 대신 젊고 유능한 법학박사를 보낸다는 내용이었습니다. 그와 더불어 반드시 기대에 어긋나지 않을 사람이므로 자신 있게 추천한다는 내용이 실려 있었습니다. 박사 옷으로 차림새를 단단히 갖추고, 법령집까지 들고 들

어온 포샤를 공작은 반갑게 손을 내밀며 악수를 청해 맞이하였습니다.)

■ **공작** : "잘 오셨습니다. 자, 이쪽으로. 그런데 지금 소송중인 이 문제에 대해서는 이미 알고 계셨겠지요?"

■ **포샤** : "네, 자세히 알고 있습니다. 그런데 어느 쪽이 상인이고 어느 쪽이 유태인입니까?"

(공작의 명령으로 안토니오와 샤일록이 앞으로 나오고, 곧 박사의 심문이 시작되었습니다.)

■ **포샤** : "그대의 이름이 샤일록인가?"

■ **샤일록** : "네, 제가 샤일록입니다."

■ **포샤** : "그대의 이번 소송은 참으로 보기 드문 경우요. 하지만 소송 절차에 있어서 이상이 없으니, 베니스의 법률로써는 달리 그대를 비난할 수는 없소."

(포샤가 이번에는 안토니오에게 물었습니다.)

■ **포샤** : "그러면 그대의 목숨이 원고에게 달려 있다는 말인가?"

■ **안토니오** : "네, 원고는 그렇게 주장하고 있습니다."

■ **포샤** : "증서에 대해서 이의는 없는가?"

■ **안토니오** : "없습니다."

■ **포샤** : "그렇다면 원고가 자비를 베푸는 수밖에 달리 방법이 없겠소."

■ **샤일록** : "자비를 베풀라고요? 무엇 때문에 그래야 하지요?"

■ **포샤** : "자비라는 것은 하늘이 베푸는 것. 따라서 이 세상의 그 어떤 권력보다 고귀하고, 때문에 자비가 정의를 누그러뜨릴 때 지상의 권력은 신의 힘에 가깝게 높아질 수 있소. 당신의 요구가 법적으로 정의로운 것은 분명하지만, 오로지 법적 정의만을 끝까지 고집한다면, 어느 한 사람도 구제받을 수 없을 것이오. 이런 이야기를 하는 것도 오로지 법적인 것만을 고집하는 그대의 결심을, 조금이라도 바꿔 보려고 하는 얘기요. 더 이상 결심을 바꾸지 않겠다면 엄격한 베니스의 법정은, 이 상인에게 선고를 내리는 수밖에 다른 방법이 없소. 상인이여, 그대는 빚진 돈을 갚

을 수 없는가?"

(그러자 밧사니오가 재판관 앞으로 나와 무릎을 꿇고 간청했습니다.)

- **밧사니오** : "오, 제발 부탁드립니다. 이번만은 다소 법률에 위배되더라도 아무쪼록 현명한 판단을 내려 주십시오. 대의를 위해 조금은 법률을 굽혀 주시고, 이 악마를 제재해 주십시오."
- **포샤** : "그건 안 될 말이오. 베니스의 어떠한 권력이라도 이미 정해진 국가의 법률을 고칠 수는 없소. 만약 그런 일이 생기고 나면 그에 따라 국가에 여러 가지 혼란이 생겨날 것이오. 그리고 그로 인해 큰 어려움에 부딪히게 될 것이오. 그러니 그건 안 됩니다."

(이 말을 듣고 있던 샤일록은 몹시 기뻤습니다.)

- **샤일록** : "오, 다니엘(구약성서에 나오는 지혜로운 선지자)같은 명재판관님이 오셨네! 참으로 젊고 훌륭하신 명재판관님! 감사합니다."

(재판관이 자기 옷자락에 입맞춤을 하는 샤일록을 일으켜 세우며 말했습니다)

- **포샤** : "어디 그 증서를 보여 주시오."
- **샤일록** : "여기 있습니다. 네, 바로 이겁니다."
- **포샤** : "샤일록, 이 돈을 세 배로 해서 지불하면 어떻겠소? 싫소?"
- **샤일록** : "싫습니다. 신께 맹세를 했습니다. 베니스를 통째로 준다 해도 그것만은 안 됩니다."
- **포샤** : "그렇다면 이 증서는 기한이 다 되었으므로 원고는 정당한 권리로 피고의 심장 옆에서 1파운드의 살을 베어 낼 권리가 있소. 그렇지만 자비를 베풀 수는 없겠소? 원금의 세 배를 받고 이 증서를 내가 찢도록 해 주시오."
- **샤일록** : "증서대로 하겠습니다. 맹세코 누가 뭐라고 해도 제 마음은 변하지 않습니다. 재판장님, 어서 판결을 내려 주십시오."
- **포샤** : "그렇다면 할 수 없는 일이오. 피고 안토니오는 원고 샤일록의 칼을 받을 준비를 하시오."

■ **샤일록** : "오, 훌륭하신 재판관님! 젊고 공명정대하신 명재판관님!"
■ **포샤** : "이 증서에 씌어 있는 내용이 법적으로 정당함을 인정하오."
■ **샤일록** : "옳습니다. 오, 현명하고 공정하신 재판관님!"
■ **포샤** : "피고, 가슴을 펼치시오. 그래, 무게를 달 저울은 있소?"
■ **샤일록** : "여기 이렇게 빠짐없이 준비해 놓았습니다."
(샤일록은 윗옷 주머니에서 준비해 온 저울을 꺼내 보였습니다. 그러자 재판관은 또다시 말했습니다.)
■ **포샤** : "샤일록, 의사를 부르는 것이 좋겠소. 그대의 부담으로 말이오. 상처 부위에서 흐르는 피를 막지 않게 되면 생명이 위험할 테니까."
■ **샤일록** : "그래야 한다고 증서에 적혀 있나요?"
■ **포샤** : "아니오, 적혀 있지 않소. 하지만 그 정도는 인정상 베푸는 것이 당연하지 않겠소?"
■ **샤일록** : "안 됩니다. 증서에는 그런 내용이 없습니다."
(샤일록은 손에 든 증서를 다시 한번 읽은 다음, 재판관에게 보여 주었습니다)
■ **포샤** : "피고, 자네는 할 말이 없는가?"
■ **안토니오** : "별로 할 말이 없습니다. 이미 각오는 되어 있습니다. 밧사니오, 악수나 하세. 잘 있게. 내가 자네 때문에 이렇게 되었다고 해서 슬퍼하지 말게. 신께서는 그래도 아직 내게 친절하신 것 같네. 몰락한 노인이 되어 살게 만들지 않고, 젊었을 때 죽게 해 주시니 말일세. 비참한 꼴만은 면하게 해 주셨지 않나?"
(안토니오와 밧사니오는 서로 부둥켜안았습니다. 그러고 나서 안토니오는 침착하게 말을 이어갔습니다.)
"아무쪼록 자네 부인에게 잘 이야기해 주게. 내가 얼마나 자네를 사랑했는가를. 그리고 자네에게도 이런 친구가 있었다는 사실을. 자네가 슬퍼한다는 사실만으로도 나는 자네를 위해 이렇게 빚을 갚는 걸 조금도 후회하지 않네. 만약 저 샤일록의 칼이 조금이라도 깊숙이 가슴을 찌른다면, 난 그야말로 모든 것을 다 바쳐 배상하는 결과가 될 테니까."

(안토니오의 이야기를 듣고 난 밧사니오는, 친구에게 이렇게 말했습니다.)

- **밧사니오** : "안토니오, 난 결혼을 했네. 그리고 내 아내는 나에게 있어서 생명과도 같은 소중한 여자일세, 하지만 이 생명도, 내 아내도 그리고 이 세상 그 어느 것도 자네의 생명보다 귀중한 생명은 없다네. 자네를 구하기 위해서라면 모든 것을 잃는다고 해도 아깝지 않네. 내 모든 것을 희생해서라도 이 악마에게서 자네를 구하고 싶네."

(재판관 포샤는 밧사니오를 향해 타일렀습니다.)

- **포샤** : "이봐요, 만약 당신 부인이 옆에 있다가 그 말을 듣는다면, 그리 좋아하지는 않을 것이오."

(그러자 '그라시아노'도 한마디 거들었습니다.)

- **그라시아노** : "저에게도 사랑하는 아내가 있지만 아내가 죽어 천국에 가서 하느님께 저 잔인한 유태인의 마음을 바꿔 놓게 할 수만 있다면, 아내를 천국에 보낼 수도 있을 것입니다."

(서기 '네리사'도 이 말에는 가만히 듣고만 있을 수 없었습니다.)

- **네리사** : "그런 이야기는 부인의 귀에 들어가지 않도록 조심해야겠어요. 그러지 않으면 가정에 불화가 생길 테니까요."

(이들이 주고받는 이야기를 듣던 샤일록이 혼잣말로 중얼거렸습니다.)

- **샤일록** : "흥, 기독교인 남자들은 모두가 다 저렇다니까! 내 딸에게 기독교인을 남편으로 맞이하게 할 수는 없어. 차라리 그럴 바에는 예수와 나란히 십자가에 못 박힌 살인범 바라빠의 자손과 결혼시키는 게 훨씬 낫겠다!"

(이렇게 실컷 혼자 중얼거리고 나서 샤일록은 재판관 쪽을 향해)

- **샤일록** : "이건 시간 낭비일 뿐입니다. 어서 빨리 판결을 내려 주십시오."

(재판과정을 지켜보던 사람들은 어떤 판결이 내려질지, 모두 숨을 죽이고 있었습니다. 드디어 포샤가 판결을 내렸습니다.)

■ **포샤** : "이제 피고의 살 1파운드는 원고의 것이오. 법정은 이것을 인정하고 법에 다라 당신에게 주는 바이오."

■ **샤일록** : "오, 공명정대하신 재판관님!"

■ **포샤** : "따라서 그대가 직접 피고의 심장 옆에서 살 1파운드를 베어 내야 하오. 베니스의 법률이 허락하고 이 법정이 이 사실을 시인하오."

(조마조마하게 기다리던 사람들은 그만 가슴이 철렁 내려앉았습니다.)

■ **샤일록** : "오, 학식이 높으신 재판관님이시여! 안토니오, 각오해라 자. 어서!"

(샤일록은 칼을 쥐고 안토니오에게로 다가섰습니다.)

■ **포샤** : "아직 내 얘기가 끝나지 않았소. 이 증서에 명기된 대로 '살 1파운드'만 떼 내되 피는 단 한 방울도 흘려서는 안 되오. 만약 기독교인의 피를 단 한 방울이라도 흘리게 한다면 그대의 재산은 몰수당할 것이오."

■ **샤일록** : "이것도 법입니까?"

■ **포샤** : "샤일록, 직접 이 조문을 읽어보시오. 그대가 정의를 주장한 이상 엄격한 재판을 하고 있는 것이오."

■ **샤일록** : "그럼 아까 그 제안을 받아들이겠어요. 저 기독교인을 용서할 테니 돈을 세배 지불해 주십시오."

■ **밧사니오** : "옛다. 받아라. 돈 여기 있다."

■ **포샤** : "그대 유태인이 받아야 할 것은 정의의 판결일 뿐이오. 어서 저 사람의 살덩이를 떼시오. 만일 1파운드보다 천 분의 일, 아니 20분의 1이라도 무겁거나 가벼워서도 안 되오. 저울대가 머리카락 한 올만큼이라도 기울어지거나 피 한 방울이라도 흘린다면, 그대는 사형당할 것이오."

■ **샤일록** : "판사님, 원금만이라도 받게 해 주십시오."

■ **포샤** : "그대는 이 공개 법정에서 그대의 영혼을 걸고서 이미 돈 받기를 거절하지 않았소. 증서대로 저당 잡은 것을 찾아가는 것이 바로 정의가 아니오."

▪ **샤일록** : "마음대로 하시오. 나는 이제 더 이 엉터리 재판에 응하지 않겠소이다."
(퇴장하려 한다)

▪ **포샤** : "유태인이여, 본 법정은 그대를 아직 퇴정시킬 수 없으니 기다리시오. 베니스의 국법에 따르면 외국인이 베니스 시민에 대해서 직접 또는 간접으로 그 생명을 노린 사실이 판명될 경우, 가해자의 재산의 반은 피해당할 뻔한 시민의 소유가 되고, 국고에 몰수당하게 되어 있소. 샤일록, 그대는 지금 이 법조문에 명백하게 해당되므로 어서 빨리 공작 각하께 무릎을 꿇고 그대 생명에 대해 자비를 간청하시오."

▪ **공작** : "그대의 정신과 우리의 정신이 어떻게 다른가를 보여주기 위해, 그대의 목숨만은 살려주겠소."

2 로미오와 줄리엣(패러디)

❑ 등장인물 : 사회자, 로미오, 줄리엣, 로미오 친구1,2, 신데렐라, 난쟁이1,2,3, 깡패1,2,3, 인어공주, 명품의사

음향 (밝고 경쾌한 음악소리 '싱어송'-리믹스)

▪ **사회자 :** 안녕하십니까? 테크노무도회관에 오신 여러분을 정말 환영합니다. 이곳은 대구에서 가장 물이 좋기로 소문난 무도회장이죠! 여기엔 대구 최고 킹카로 유명한 로미오도 자주 찾아온다는 소문이 있답니다. 자~ 기대되시죠? 그럼 테크노의 세계에 빠져 봅시다!
(흔들흔들 춤추며 퇴장)

로미오와 친구들(1,2)이 등장한다. (배경음악- '분위기 좋고'-송대관)

▪ **로미오 친구1 :** (손가락으로 앞에 있는 사람들을 가리키며)
안녕! 난 흥춘이라고 해~ 테크노무도회관의 두 번째 킹카지. 내 매력에

한 번 빠지면 아무도 못 빠져 나와.

▪**로미오 친구2 :** 안녕! 난 놀춘이야. 강남에서만 10년 살아서 패션의 선두주자이지. 자! 내 옷차림을 봐봐! (자랑스럽게 어깨를 턴다!)

▪**로미오 :** 나의 이름은 로미오! 바로 내가 테크노무도회관 최고의 킹카이지! 난 오늘 나의 줄리엣을 찾으러 왔어. 어디보자. (관중을 쭉 훑어보면서)

오~ 오늘은 물이 좋은 걸? (한 사람을 가리키며) 오~ Good!

이때 난쟁이삼총사 등장. 친구1에게 달려간다. (배경음악-'챔피언'-싸이)

▪**난쟁이1 :** 왕자님, 왕자님 큰일났어요! 우리 공주님이 공주님이! (울면서)

▪**난쟁이2 :** 이상해요 (난쟁이 삼총사 다 같이 운다.)

▪**로미오 친구1 :** 울지만 말고 어서 말해보렴

▪**난쟁이3 :** 저희가 숲에 갔다 왔는데, 공주님이 안보여서 뒤뜰에 가보니 한 손에 사과를 들고 쓰러지셔서 깨어나시질 않아요.

▪**난쟁이 다같이 :** (로미오와 그의 친구들에게 매달리며) 왕자님의 도움이 필요해요!

▪**로미오 친구1 :** 그래? 그럼 어서 가보자. 로미오 미안. 난 빨리 가봐야겠어.

▪**로미오 친구2 :** 흥춘이! 나도 같이 가. 내가 도움이 될지 몰라.

로미오! 오늘은 너 혼자 줄리엣을 찾아봐~

친구와 난쟁이 삼총사는 서둘러 퇴장한다.

▪**로미오 :** 녀석들, 나랑 있으면 빛나질 못하니 저런 식으로 도망가는군.

그나저나 나의 줄리엣은 어디에 있는 거지?

이때 오른쪽으로 사뿐사뿐 걸어오는 신데렐라와 로미오, 눈이 마주친다. (음악-'빙글빙글'-나미)

두 명이 어항(랩으로 만들어서 물고기 붙임)을 가져와 둘 사이를 돌고 둘은 랩을 사이에 두고 돈다. 한 바퀴 돌고 어항을 든 사람들 들어가고 로미오와 줄리엣, 서로 손을 잡는다.

▪ **로미오 :** 거룩한 그대의 손을 이 두 손으로 더럽혔다면, 그 죄의 벌로 내 입술로 그대에게 키스하여 씻으리라

▪ **신데렐라 :** 안 돼요, 왕자님. 그건 당신 입술에 욕이 돼요.

▪ **로미오 :** 그럼, 손에 하는 키스라도 받아주세요.

▪ **신데렐라 :** 당신이 해가 되면 저는 달이 되고,

▪ **로미오 :** 당신이 하늘이 되면 난 그 안에 반짝이는 별이 되겠소!

서로 바라보며 행복해한다.

이때 깡패 등장한다.(배경음악 :'나 이런 사람이야'-DJ DOC)

로미오, 신데렐라를 뒤로 보내며 막아선다.

▪ **깡패1 :** 어이, 분위기 좋구먼, 아따! 이것은 로미오 아닌가이?
로미오 감히 우리 나와바리를 넘나들어 야이,
오늘이 니 제삿날인줄 아러~

▪ **깡패2 :** 아따 성님, 직접 나서지 마십시오잉, 지가 직접 해결하겄습다. 로미오, 너 죽창동 회장님이라고 들어는 봤냐? 니는 오늘 내 손에 주그써~ 어여, 용팔아!

❖ **깡패3 :** 부르셨습니까 성님. 저 용팔이어라이. 성님이 하도 닭꼬치 먹고 싶다 해서 학교운동장 철봉 뽑아서 닭꼬치 만들어드린 용팔이어라이. 그때 성님 닭대신 철봉 씹어서 앞니 몽땅 나갔지라이~ 남자가 남자다워야 남자지! 용팔이는 땅굴을 파서라도 로미오 패고 와야 쓰겄습다.

▪ **로미오 :** 줄리엣, 어서 피해요!

▪ **신데렐라 :** (아주 깜짝 놀라며) 네? 줄리엣이라고요? 저~ 저는...

▪ **로미오 :** (손가락은 줄리엣 입술에 갖다 대며) 그건 나중에 말하고, 어서

피해요!

음악 : 등장음 (일본)

깡패와 로미오 대치하다가. 로미오 '이얏!' 소리와 함께 지나가면 쓰러진다.

(정지 동작)

■ **사회자 :** 못 보신 분들을 위하여 거꾸로!

다시 거꾸로 천천히 걸어간다. (테이프 돌리는 소리)

로미오 '이얏' 하며 달려가서 권법을 쓴다. 지나가며 쓰러진다.

■ **로미오 :** 핫핫, 줄리엣, 이제 됐소. 우리 함께 파티장으로 가요.

이때 종소리가 들린다.

■ **신데렐라 :** 어머나, 벌써 12시네. 왕자님, 그럼 이제 전 가봐야 해요.

■ **로미오 :** 네? 가다니? 무슨 소리에요?

■ **신데렐라 :** 사실 전 신데렐라라구요! 난 또 우리 왕자님인 줄 알았네~ 이그, 우리 왕자님은 대체 어디에 계신 거야? 내일 다시 와봐야겠네~ 그럼 왕자님 안녕! 김기사~ 운전해! 어서~~ (가려다가)
참! (실내화를 벗어 떨어트린다.)

이때 줄리엣이 등장한다. (배경음악- '언제나 사랑해'-제이세라)

■ **줄리엣 :** (입에 손을 모아 외치며) 나의 로미오는 어디 있나요?
(로미오를 바라보며) 오~ 로미오 ! 여기 있었군요!

■ **로미오 :** 아니, 당신은 누구세요?

■ **줄리엣 :** 나에요. 당신의 사랑, 줄리엣.

■ **로미오 :** 뭐? 당신이 줄리엣? (신데렐라가 가던 쪽을 보며) 기다려요 신데렐라, 아!

이것이 당신이 남기고 간 구두이구려, 참 향기롭... (냄새를 맡고) 윽! (쓰러진다.)

■ **줄리엣 :** 로미오님! 로미오님! 아, 당신과 이루어질 수 없다면 차라리 당신과 함께 죽겠어요. (실내화 냄새 맡고 같이 쓰러진다.)

■ **로미오 :** (부시시 일어나 눈을 비비며) 아.. 여긴 어디지? 난 누구지? (벌떡 일어서면서) 이 여잔 누구지? (고개를 갸우뚱한다.)

■ **줄리엣 :** 아~ 잘 잤다! 그런데 누구세요? 흥~ 우리 로미오님은 어디 있지? 로미오 님!! (머리를 손으로 꼬며 사라진다.)

음악 ('해변으로 가요'-DJ DOC)

인어공주가 인상을 잔뜩 쓰며 앉은 채 등장한다.

■ **인어공주 :** (으슬으슬 떨며) 아~ 추워죽겠네! 바깥세상 나오면 멋진 왕자 많다더니 다 거짓말이었어! 빨리 아빠 병 고쳐줄 토끼 간이나 찾아서 들어가야겠다. 에취!!

■ **로미오 :** 아니, 당신은 바로 동해 바다 최고 미녀라는 인어공주!!
여긴 어쩐 일이오?

■ **인어공주 :** 아버지께서 병에 걸리셔서 약을 구하러 나왔어요. 에취! 그런데 어째서 그 많다던 토끼가 여긴 한 마리도 안보이나요?

■ **로미오 :** 아! 그건 요즘 환경이 많이 훼손되어서 토끼들의 수가 점점 줄어들었기 때문이에요. 그 대신 대구 최고의 명품 의사 선생님을 한 분 소개하리다.
의사 선생님! (박수 두 번)

명품의사 등장 (음악 : '스펙타클'-오프닝음악)

■ **명품의사 :** (위 아래로 훑어보며) 어디~ 아파요?

■ **로미오 :** 나 말고 이분 아버지께서 편찮으셔서...

■ **명품의사 :** (종이 한 장을 꺼내 내밀며) 자~ 그럼 여기 한번 처방전 쳐다보세요.

■ **인어공주 :** 오호~ 이분 너무 멋지시다! 그럼 바로 아버지께로 가요! (벌떡 일어서며) 노래 큐!

\# 음향 – 아빠, 힘내세요! 후렴 부분

(아빠 힘내세요! 우리가 있잖아요~ 아빠 힘내세요~ 우리가 있어요~)

■ **사회자 :** (걸어 나오며, 이때 출연진 모두 무대로 나온다)

자, 여러분~ 로미오의 사랑 찾기는 앞으로 어떻게 전개될까요? 궁금하신 분들은 내년 발표회에 오시면, 뒷이야기를 들으실 수 있을 겁니다. 로미오의 아름다운 사랑을 위하여 다함께 춤을 춥시다~~

\# 전원 'DJ DOC 다함께 춤을'

3 신데렐라 (패러디)

■ 등장인물 : 신데렐라, 아버지, 계모, 언니1, 언니2, 마법사, 신하, 왕자, 사람1, 사람2, 엑스트라

제1막 1장

■ **해설** : 옛날 옛적 어느 시골 마을에 신데렐라라는 소녀가 살았습니다. 신데렐라는 어릴 때 어머니가 돌아가셨습니다. 아버지는 출장을 자주 다녀 집을 비우는 시간이 많았습니다. 그래서 신데렐라는 가정교육을 제대로 받지 못해 버릇이 없는 소녀가 되었습니다. 그런 신데렐라에게 새어머니와 새언니가 생겼지만, 버릇없는 성격은 바뀔 줄을 몰랐습니다. 그러던 어느 날....

■ **언니1** : 신데렐라 니 방 안 치울 거야?

■ **신데렐라** : 나둬. 내 방은 내가 알아서 할 테니까

■ **계모** : 니 방은 니가 알아서 하더라도 세수는 좀 하거라. 더러워서 같이 못 살겠다.

▪ **신데렐라** : 같이 못 살겠으면 새엄마가 나가요.

▪ **계모** : (언니)얘들아, 신데렐라 좀 욕실로 데려가자. 강제로라도 씻겨야 겠다.

언니1, 2 : 네... 그래야겠어요... (억지로 신데렐라를 끌고 간다.)

▪ **해설** : 그때!!

▪ **아빠** : 아니 지금 뭣들 하는 짓이오.

▪ **계모** : 아.. 오셨어요. 신데렐라가 하도 안 씻.....

▪ **신데렐라** : 아버지.. 흑흑 왜 이제야 오셨어요? 새엄마랑 새언니가 청소 못한다고...

▪ **아빠** : 당신 그게 정말이요?

▪ **계모** : 아니 그런 게 아니라...

▪ **아빠** : 여러 말 할 것 없소. 다시 한번 이런 일이 생긴다면 가만두지 않을 테니 각오하시오. 신데렐라야 걱정 말거라... 아빠가 옆에 있잖니.. 다음에도 이런 일이 있을 경우에는 이 아빠에게 말하렴..

(아버지 퇴장)

▪ **신데렐라** : 거 봐요. 한 번만 더 귀찮게 굴면 셋 다 내쫓을 꺼야. 흥!

▪ **해설** : 날이 밝아오고...

▪ **언니2** : 엄마 왕자님이 주최하시는 저녁 파티에 참석하실 거죠?

▪ **계모** : 그럼 당연히 가야지. 그나저나 신데렐라가 안 씻어서 큰일이다. 어떻게 데려가지?

▪ **언니1** : 신데렐라야 파티 가게 좀 씻어.

▪ **신데렐라** : 싫어. 안 갈 꺼야!

▪ **계모** : 신데렐라야 정말 안 갈 꺼니?

▪ **신데렐라** : 안 간다니까

▪ **언니2** : 엄마 시간도 다되어 가는데 그냥 가요.

▪ **계모** : 그럼 그러자꾸나.

제1막 2장

■ **마법사** : 어라, 신데렐라 넌 왜 파티장에 안 갔니?

■ **신데렐라** : 가기 싫어서요.. 아니, 아줌마는 누구세요?

■ **마법사** : 내가 누구냐면 나는 너를 돌봐주는 요정이란다.

■ **신데렐라** : 요정? 무슨 요정이 이렇게 생겼어? 이렇게 생긴 요정은 동화책에도 안 나오는데...

■ **마법사** : 사실 난 마법사야. 파티장에 가지 않은 사람들을 파티장으로 보내고 있는 중이지. 너도 어서 가야지.

■ **신데렐라** : 귀찮아요. 거기까지 언제 가요?

■ **마법사** : 너 이번 파티가 무슨 목적으로 열리는 건지는 아니? 왕자님의 아내를 뽑는 거라구. 왕자님의 아내란 즉 왕비!!! 왕비가 얼마나 좋은 것인데... 왕자님도 진짜 멋지고, 궁전에는 맛있는 것과 보석도 잔뜩 있다구. 그런데도 안 갈 꺼니?

■ **신데렐라** : 정말? 이럴 수가! 안 돼!!! 하지만 지금 가려 해도 옷도.. 신발도.. 아무것도 없는 걸.... 어떡해.......

■ **마법사** : 내가 괜히 마법사겠니.. (머리)뿅! (옷)뿅! (신발)뿅!

■ **신데렐라** : 우와~ 뭐.. 아~~~~주 맘에 들진 않지만 나름대로 괜찮군.

■ **마법사** : 대신 자정을 넘기면 안 돼.. 자정을 넘기면 마법이 풀려. 아무리 재미있어도 12시 종이 치기 전에 나와야 해. 잊어선 안 돼!! 꼭!! 명심해!!!

■ **신데렐라** : 무슨 마법이이래... 흐음.... 맘에 안 들지만, 그렇게 할께요

(신데렐라 퇴장)

■ **마법사** : 걱정되는군...

제2막 1장

(신데렐라 등장)

■ **계모** : 어머.. 재가 안 온다더니 웬일이래?

■ **언니2** : 그러게... 깨끗하게 씻고.... 그런데 저 옷은 어디에서 가져왔지?

■ **사람1** : 저 여자는 누굴까? 저렇게 아름다울 수가.... 이 세상에 저렇게 아름다운 사람은 처음 봤어....

■ **사람2** : 역시 왕자님의 아내가 되기 위해, 아름다운 사람들만 모였군....

■ **사람1** : 저 여자가 왕자님 눈에 든다면, 우리는 어림도 없을꺼야...

■ **사람2** : 거기서 왜 우리가 나와? 난 아냐... 니가 어림없겠지....

■ **사람1** : 뭐?

■ **사람2** : 내가 아무리 못생겼어도, 솔직히 너보다는 예쁘지 않니?

■ **사람1** : 니가? 그건 내가 할 소리다...

(두 사람은 싸우며 나간다…)

■ **왕자** : 저 여인은 누구냐?

■ **신하** : 저도 처음 보는 여인이라.. 잘 모르겠습니다. 제가 가서 알아보고 오겠습니다.

■ **왕자** : 아니다. 내가 직접 가보마(신데렐라에게 다가서며) 괜찮으시다면.. 저와 춤을 추시겠습니까?

■ **신데렐라** : (고개를 돌려 썩소를 짓고 다시 돌아보며) 아.. 네.......

■ **왕자** : 당신같이 아름다운 여인은 처음 보오. 어디에 사시는 누구요?

■ **신데렐라** : 저는…(말하려는 순간 종이 친다.)

(신데렐라가 도망치면서 억지로 신발 한쪽을 벗어 던져놓는다)

■ **왕자** : 여보시오.. 잠시만... 이름이라도 알려주시오...

■ **왕자** : (신발을 들어 올리며) 여봐라, 이 신발의 주인을 찾아보아라. 이 신발에 꼭 맞는 아름다운 여인이다.

■ **신하** : 예. 지금 당장 마을을 샅샅이 뒤져서 찾아오겠습니다.

제2막 2장

■ **신하** : 왕자님의 명으로 이 신발의 주인을 찾고 있다. 이 집에 사는 여자들은 모두 나오너라.

▪ **계모** : 우리는 그런 신발 신는 사람이 없는데요....

▪ **신하** : 그래도 여자들은 모두 신어보도록 하여라.

(신데렐라는 잠에서 막 깨어난 듯 눈을 비비면서 나오다가 유리 구두를 보고)

▪ **신데렐라** : 내 꺼야 그 신발.. 내 꺼예요!! 어디 갔나 했더니… 왜 거기에 있지?

▪ **신하** : 정말이오? 그럼 어디 한번 신어보시오.

▪ **신데렐라** : (억지로 신는다) 이거 봐요! 딱 맞잖아요.

▪ **신하** : 작은 것 같은데…..

▪ **신데렐라** : (협박하면서…) 맞다고요… 봐봐요…. 맞죠? 그렇죠?

▪ **신하** : (더듬거리며) 네… 네에……. 그런 것 같네요

(신하와 신데렐라 왕자 앞에 간다)

▪ **신하** : 왕자님. 유리구두의 주인을 찾아왔습니다.

▪ **왕자** : 잉?? 그대가 진정 신발의 주인이란 말이냐.???

▪ **신데렐라** : 네. 맞습니다.

▪ **왕자** : (극구 부인하며) 아니다. 그대가 아니다. 내가 본 그 여인은 너같이 더럽지 않고 깨끗하고 매우 아름다웠는데... (신데렐라를 훑으며) 그대는 아닌 것 같다.. 여봐라.. 다시 한번 찾도록 하여라!!

▪ **신데렐라** : 아니긴요. 제가 맞다니까요!!!!

▪ **왕** : 이 신발의 주인은 그대처럼 더럽고 지저분하고 반항적인 여인이 아니었다!

▪ **신데렐라** : (행동이 돌변하면서) 야!! 나 맞다고! 나보고 아름답다고 하더니… 사람 그렇게도 못 알아보냐?

▪ **왕자** : (쫄아서)…. 죄송하옵니다… ㅠㅠ

▪ **신데렐라** : 알았으면 됐구! 내가 이 신발의 주인이니까 빨리 나 왕비 시켜줘!!

▪ **왕자** : 네..ㅠㅠ

■ **신데렐라** : 조그만 게 까불기는, 그래가지고 왕자나 할 수 있겠냐??

■ **왕자** : 죄송합니다 ㅠㅠ 왕비시켜 줄 테니까, 제발 목숨만은..

■ **신데렐라** : 싫은데? 정 살고 싶다면 나한테 좋은 선물해봐!! 비싼걸루!! 그럼 목숨은 살려줄게!

■ **왕자** : 얼마면 돼! 얼마면 되냐구!

■ **신데렐라** : 원빈 흉내내지마! 속에서 머가 올라오려고 하잖아..

■ **왕자** : 네.ㅠㅠ (혼잣말로 조그맣게) 내가 원빈을 흉내 내든지 말든지, 지가 무슨 상관이야? 하지만.. 여인이 너무 반항스러운 걸.. 그래서 대들 수도 없고 말이야. 저 여인이랑 결혼하기는 죽어도 싫은 걸… 하지만 안 하면 내 목숨은 (손으로 목을 가르며) 꽥!! 인걸…

■ **신데렐라** : 지금 뭐라 그랬어?

■ **왕자** : 아… 아니에요.

■ **신데렐라** : 아니면 됐고….

■ **왕자** : (조그맣게) 휴...살았다

■ **해설** : 이렇게 해서 왕자와 신데렐라는 결혼을 하게 되었습니다. 결혼을 한 후에는 왕자가 신데렐라의 신하 노릇을 하면서, 힘겹지만 재미있게 살았답니다!!

(등장인물 모두 나와서 인사하고 나간다)

4 신(新) 흥부놀부전

■ ~**출연자** : 흥부, 놀부, 흥부아내, 놀부아내, 흥부자식1, 2, 3, 나쁜제비, 착한제비, 각설이1, 2, 3, 망나니1, 2, 3, 해설

■ **해설** : 옛날 저 경상도 땅, 용산동에 흥부라는 맘~씨 고운 동생과 또 심술쟁이 욕심쟁이인 놀부 형님이 살았는데요. 놀부 형은 말할 수 없는 큰 부자였지만 동생 흥부는 무척 가난했습니다. 그렇지만 놀부는 욕심이

많아 먹을 것은 절대 동생과 나누어 먹는 법이 없고 정말 심술쟁이, 욕심쟁이랍니다. 자~ 떠나요. 신흥부놀부전, 너무 재미있고 즐겁습니다. 그럼 지금부터 시작~합니다.

(징소리와 함께 막이 열린다)

■ **아이1** : 아이고~ 배고파 하늘이 노랗게 보이네.

■ **아이2** : 행님~ 말 말아요. 난 등가죽이 뱃가죽에 아예 붙어버렸소.

■ **아이3** : 애고~ 형님들은 말할 힘이라도 있지, 난 말도 못하겠소.

(이때 흥부 힘없이 지나간다.)

■ **아이들** : 밥바바밥바바 바바바 밥밥밥 (유승준 나나나에 맞추어)

아버지 밥 좀 줘요. 밥 좀 줘요 밥~

밥 좀 줘요. 밥이요. (계속 칭얼거린다)

■ **흥부** : 참아라 응(엥)?

(아이1이 댕기의 빨간 끈을 머리에 묶으며)

■ **아이1 :** 아버지 말씀에 이의를 제기합니다. 대관절 배고픈데 참으라굽쇼?

■ **아이2 :** 민족중흥, 가족단결

■ **아이3 :** 아버지는 우리에게 하얀 쌀밥을 제공하라!

■ **아이들** : 제공하라! 제공하라! (주먹을 치켜들며)

■ **흥부아내** : (아이들을 바라보며) 여보~ 당신이 쌀 좀 꿔와야겠어요. 네?

■ **흥부** : 휴! (힘없이) 그럼 기다려요. 내가 놀부 형님께 가서 쌀 좀 꾸어올 테니.

■ **아이들** : (닭살스러운 목소리) 아빠! 화이팅

<놀부의 집>

■ **흥부** : (무서움에 떨며 기어들어가는 목소리로) 계세요? (Bell 소리)

■ **놀부** : 대문 앞에 대체 웬 놈이냐?

■ **흥부** : 안녕하셨어요?

▪ **놀부** : 엥? (딴청을 피우며) 넌 누구냐?
▪ **흥부** : 형님, 접니다. 동생 흥부!
▪ **놀부** : 음 그래, 웬일이냐?
▪ **흥부** : 네, 저 쌀 좀 빌려 주십사 하구요
▪ **놀부** : 뭬야. (경빈어조로) 쌀을?
▪ **흥부** : 어린 자식들이 배고파 우는데 양식이 떨어져 다 굶고 있어요. 제발 양식 좀 빌려 주세요. 조금이라도 좀...
▪ **놀부** : 야야야 꺼져! 개 줄 쌀 있어도 네놈 줄 쌀 절대 없어. 당장 꺼져! 절대로 못 준다. 어여 썩 꺼져!
(놀부가 흥부를 발로 찬다. 흥부 넘어졌다가 냄새를 맡으며)
▪ **흥부** : 대체 이게 무슨 냄새지? (끙끙 냄새를 맡으며 부엌으로 간다) 어랏, 히히 형수님, 안녕하셨어요?
▪ **놀부마누라** : 아~ 보기도 싫어. 썩 비키지 못하겠어?
▪ **흥부** : 배가 무척 고픈데, 밥 한 술만 주세요. 히히
▪ **놀부마누라** : 아이 참~ 저리 썩 비키라니까. 얍!
(밥주걱으로 흥부 얼굴을 힘껏 때린다.)
▪ **흥부** : (흥부는 볼에 붙어있는 밥풀을 뜯어 먹으며) 이쪽도 마저 때려 주세요. 히히
▪ **놀부마누라** : 아유 뭐야? 이 찰거머리 (뜨거운 뒤집개를 들고) 뜨거운 맛 좀 봐라. 얍!
▪ **흥부** : 앗 뜨거. 으이고, 아이고 해도 너무하시는군요. 밥 푼 주걱으로나 때릴 것이지 흑흑.
▪ **놀부** : 야 이놈 흥부야! 여기 이거나 가지고 가 먹어라.
▪ **흥부** : 뭔데요. 형님
▪ **놀부** : 밀 한 알이다.
▪ **흥부** : 밀 한 알이요? 아니, 식구가 열 식구인데 밀 한 알이라니..
▪ **놀부** : 에잉, 이놈아 이거 주는 것도 큰 맘먹고 주는 거야.

(음향 : 산조가락)

■ **흥부** : 으윽! 이런 기분 처음이야. 해도 너무 하시는군

(봄~이 왔네 봄이 와. 우리들의 가슴에도… 봄처녀, 봄봄봄- 봄노래메들리)

착한 제비들이 날아다니다가 불량 제비들을 만났다.

■ **나쁜제비** : 너 강남 제비지? 강남 갔다 온 세금 내. 짜샤

■ **착한제비** : 세금이요? 없는데요.

■ **나쁜제비** : 없어? 그럼 맞어. 짜샤~ 빠샤 아비오----

■ **흥부** : 어랏, 강남 제비가 맞고 있네요...

불의를 보면 참지 못하는 흥부맨 이지요~. 흥부맨!

(싸움은 끝나고, 제비를 부축해 집으로 데려간다.)

쯧쯧 아이고 불쌍해라. 다리가 부러졌군.

<흥부 집>

■ **아이들** : 아빠~ 이를 어쩌죠?

■ **흥부** : 얘야, 솜하고 헝겊 좀 가져 오너라.

■ **아이들** : 우리 집에 그런 게 어딨어요?

■ **흥부** : 없냐? 그럼 옷이라도 찢어야지. 에잇--

■ **착한제비** : 감사합니다. 감사합니다. 감사합니다.

(가을 노래 메들리 , 제비 소리) (봄 노래 메들리)

■ **아이들** : 어, 아빠 제비가 왔어요.

■ **흥부** : 작년에 다리를 다쳤던 그 제비로구나

■ **착한제비** : 핸드폰 받으세요. 때와 장소를 가리지 않습니다.

제비표 0909 핸드폰입니다.

■ **흥부** : 이걸 어떻게 쓰는 거지? 1번을 눌러볼까? 삐--

펑, 축하합니다. 축하합니다. 당신의 행운을 축하합니다. 주택복권 1등에 당첨되셨습니다. 행운아파트와 1억의 상금을 드리겠습니다.

■ **아이들** : 야호! (덩실덩실 춤을 춘다.)

■ **흥부** : 2번을 눌러볼까?

축하드립니다. 당신은 제비나라의 폭력 근절을 위해 목숨을 걸고 싸워 주셨기에 제100대 칭찬 주인공으로 뽑혔습니다.

■ **흥부** : 3번을 눌러볼까?

축하합니다. 쌍쌍치킨 100마리 행운의 주인공이 되셨습니다.

(신나는 노래…) (막이 닫히고 흥부네 집을 바꿔 놓는다.)

■ **놀부** : 네 이놈 흥부야. 네 이놈 어디서 이렇게 많은 돈을 도둑질했느냐?

■ **흥부** : 도둑질이라뇨 형님. (훌쩍 훌쩍 삐짐)

■ **놀부** : 아니 그럼 하루아침에 이 많은 돈이 어디서 났느냐?

(흥부가 놀부 귀에 대고 속닥속닥) - 가야금 산조(음향)

<놀부네 집>

■ **놀부** : 어디 잘나가는 제비 없냐?

저깄구나. (다른 제비들을 괴롭히던 제비를 잡아 유도 한판)

■ **나쁜제비** : 제가 아닌데요? 저기 있는 재인데요?

■ **놀부** : 아무려면 어떠냐? (다리를 부러트리고 대강 동여매주고)

다 됐다. 얼른 썩 꺼져라.

■ **나쁜제비** : 쳇, 어디 두고 보자.

(봄 메들리)

■ **놀부마누라** : 여보~ㅇ(코맹멩이 소리로), 제비가 날아 왔어요.

■ **나쁜제비** : 옛수, 받으슈... '잘 터진다' 표 핸드폰이유.

■ **놀부** : 음, 드디어 올 것이 왔군.

■ **놀부마누라** : 여보~ㅇ(코멩멩이 소리로), 얼른 눌러봐요~

■ **놀부** : 어디, 1번을 눌러볼까?

(망나니들이 칼을 휘두르면서 나타난다.)

■ **망나니1** : 니가 우리 친구 제비를 때렸냐?

■ **망나니2** : 이놈! 심술장이 욕심장이 놀부 어디 맛 좀 봐라.
■ **망나니3** : 이놈은 말이 필요 없어.
■ **망나니1,2,3** (놀부를 마구 때린다.)
■ **놀부** : 아이고 아이고, 안되겠다. 2번을?
(음향 : 각설이 노래)
■ **각설이1** : 야 먹을 거 많~다. 저렇게 못된 놈은 우리가 혼내줘야 돼!
■ **각설이2** : 우리 놀부네 양식 다 가져가자.
■ **각설이3** : 조아 조아 좋아. 우리는
■ **각설이1,2,3** (한판 신나게 놀고 간다.)
■ **놀부** : 제발 살려줘. 더 이상 욕심 안 부릴게. 이젠 안 그럴게. 제발 좀 살려줘요.
(놀부와 놀부마누라는 거지꼴로 흥부를 찾아간다)
■ **흥부** : 아니 형님, 형수님. 이게 대체 무슨 꼴입니까? 거지가 되셨군요.
■ **놀부** : 흥부야, 내가 욕심만 부리고 잘못했다.
■ **흥부** : 형님, 얼른 이리 오세요.
■ **놀부** : 내 담부턴 맘을 고쳐서 착한 사람이 돼야겠다.
(다 함께 'DOC와 춤을'에 맞추어 춤추기)

Ⅲ. VT-200 훈련

1 VT-200 훈련

(1) VT-200 훈련이란

VT-200 훈련이란 비주얼 트레이닝(Visual Training)훈련으로 VT-100이 음성녹음을 통해 청자에게 들려주는 훈련이었다면, VT-200은 동영상 녹화로 시청자에게 보여주고 들려주는 훈련이다. VT-100은 영상을 보여주지 않으므로 원고를 보며 녹음할 수 있지만, VT-200은 영상을 보여주기 때문에 스피치원고를 소화한 상태에서 녹화해야 한다. 따라서 한층 더 난이도가 높은 훈련이다.

VT-100이 음성녹음 훈련으로 언어적 표현이 중심이 되어 호흡, 발음, 발성에 중점을 두었다면, VT-200은 음성훈련을 기본적으로 소화한 사람들이 시선, 표정, 자세, 제스처, 이미지(의상, 헤어, 액세서리) 등 비언어적 표현을 중심으로 한 비주얼과 원고 대본기억을 통한 기억법, 위기상황 대처능력(애드립)을 요구하는 순발력훈련을 겸하고 있는 일종의 미니 1인 방송 종합훈련이다.

(2) VT-200 훈련자격

이 훈련에 참가하는 사람은 VT-100을 성공적으로 달성한 사람만이 가입해서 훈련을 할 수 있다. VT-100 훈련을 하루도 빠짐없이 100일 동안 성공적으로 달성한 사람이 할 수 있도록 자격제한을 한 이유는, 100일간 동영상 녹화를 하여 단체 카톡방에 올린다는 것은 VT-100보다 배 이상 힘이 드는 작업이다. 따라서 VT-100을 달성하기는 했지만 100일 이상 걸려서 달성한 사람은 더욱 하기 힘든 작업이므로, 또다시 120~130일 걸려서 훈련을 하게 되면 하루도 빠짐없이 성실히 VT-200 훈련을 하는 사람들에게 좋지 않은 영향을 끼칠 수 있고, 단톡방 분위기도 저하되기 때문에 제외시키는 것이다.

2 VT-200 훈련과정

(1) 훈련일정

- **01일~10일** (실내훈련) 책 소개하기
- **11일~20일** (실내훈련) 애장품 소개하기
- **21일~30일** (야외훈련) 나의 일상 소개하기
- **31일~40일** (야외훈련) 바깥 활동 소개하기
- **41일~50일** (실내훈련) 분야별 나의 생각 토크

41일 차	정치 분야
42일 차	경제 분야
43일 차	사회 분야
44일 차	교육 분야
45일 차	문화 분야
46일 차	예술 분야
47일 차	종교 분야
48일 차	언론 분야
49일 차	복지 분야
50일 차	스포츠 분야

- **51일~60일** (실내훈련) 나의 생각 토크 (테마별 미션수행)

51일 차	'VT훈련'에 대한 나의 생각
52일 차	'소통'에 대한 나의 생각
53일 차	'중년의 행복'에 대한 나의 생각

54일 차 '성공하는 인생'에 대한 나의 생각
55일 차 '성공적인 인간관계'에 대한 나의 생각
56일 차 '성공적인 자기계발'에 대한 나의 생각
57일 차 '성공적인 독서'에 대한 나의 생각
58일 차 '일과 직업'에 대한 나의 생각
59일 차 '건강관리'에 대한 나의 생각
60일 차 '사회봉사'에 대한 나의 생각

- **61일~70일** (실내훈련) 나의 전문 분야 강의하기
  (1일 3분 분량으로 연결해서 10일간, 30분 강의)
- **71일~80일** (실내훈련) 테마 스토리텔링
  (테마를 선정하고 10일간 연결해서 스토리텔링)
- **81일~90일** (야외훈련) 즉흥 스피치 (공공장소에서 즉흥적으로 토크)
- **91일~99일** (실내훈련) 셀프 피드백 (9일간, 10일 단위로 셀프 피드백하기)
  (01~10일, 11~20일, 21~30일, 31~40일, 41~50일, 51~60일, 61~70일, 71~80일, 81~90일)
- **100일차** (합동훈련) 소감발표 (VT-200 달성자 축하파티)

(2) 훈련용 멘트

- **01~20일 (책 소개, 애장품 소개)**

> 안녕하세요, 비주얼 트레이닝 1일 차 ○○○입니다. 오늘은 '책 소개하기'입니다.
> 오늘 소개할 책은 ○○○작가가 쓴 ○○○○입니다.
> … … …
> 오늘은 ○○○○이라는 책을 소개했습니다. 감사합니다.

※ 책, 애장품을 소개할 때는 스피치의 논리적 5단계인 <ITDOE 기법>을 활용해서 소개하는 것이 좋다.

'**소개하기**(Introduction)－**전체 스케치**(Total)－**세부 스케치**(Detail)－**나의 생각**(Opinion)－**마무리**(End)'

■ 21~40일 (야외훈련, 소개하기)

안녕하세요, 비주얼 트레이닝 21일차 ○○○입니다. 오늘은 '나의 일상 소개하기'로 매일 아침마다 하고 있는 '아침운동'을 소개하겠습니다. … … … 오늘은 나의 일상, '아침운동'을 소개했습니다. 감사합니다.

※ 야외훈련 시에는 스피치의 논리적 3단계인 <샌드위치 기법>을 활용해서 소개하는 것이 좋다. 샌드위치 기법은 **<A(핵심주제)-B(화제)-A′(핵심주제 재강조)형태>**로 간단하기 때문에 야외에서 사용하기 좋다.

■ 41~50일 (분야별 나의 생각 토크)

안녕하세요, 비주얼 트레이닝 41일 차 ○○○입니다. 오늘은 '분야별 나의 생각 토크'로 '정치분야'입니다. … … … 오늘은 '분야별 나의 생각 토크'로 '정치 분야'를 말씀드렸습니다. 감사합니다.

※ '분야별 나의 생각 토크'는 스피치의 논리적 4단계인 <PREP 기법>을 활용하는 것이 효과적이다. 프렙기법은 <**Point**(핵심주제)-**Reason**(이

유)-Example(사례)-Point(핵심주제)> 형태이다.

■ 51~60일 (테마별 미션수행)

안녕하세요, 비주얼 트레이닝 51일 차 ○○○입니다. 오늘은 테마별 미션수행으로 'VT훈련에 대한 나의 생각 토크'입니다. … … … 오늘은 테마별 미션수행으로 'VT훈련에 대한 나의 생각 토크'를 말씀드렸습니다. 감사합니다.

※ '테마별 미션수행 나의 생각 토크'도 <PREP 기법>을 활용하는 것이 효과적이다.

■ 61일~70일 (나의 전문 분야 강의)
■ 71일~80일 (테마 스토리텔링)
■ 81일~90일 (공공장소 즉흥스피치)
■ 91일~99일 (셀프 피드백)
■ 100일 (VT-200 달성 소감발표)

※ 61일~100일까지는 미션 상황에 따라, 적절하게 멘트를 활용하여 VT를 하면 된다.

□ 참고문헌

○기시미 이치로 · 고가 후미타게, 『미움받을 용기』, 전경아 역, 인플루엔셜(2014).

○김민희, 『Premium Chosun』, 조선일보(2017).

○김영임, 『스피치커뮤니케이션』, 한국방송통신대학교 출판부(2006).

○김은성, 『자신 있게 말하기』, 시공주니어(2007).

○김현기, 『핑거스피치』, 한국문화사(2008).

○노구치 요시이키, 『3의 마법』, 김윤수 역, 다산라이프(2009).

○데일카네기, 『카네기 스피치&커뮤니케이션』, 최염순 역, 씨앗을 뿌리는 사람(2004).

○도로시 리즈, 『질문의 7가지 힘』, 노혜숙 역, 더난출판(2002).

○사카토 겐지, 『메모의 기술』, 고은진 역, 해바라기(2003).

○스티브 안드레아스 · 찰스 폴크너, 『NLP,무한성취의법칙』, 윤영화 역, 김영사(2003).

○우지은, 『목소리 누구나 바꿀 수 있다』, 위즈덤하우스(2009).

○우지은, 『30일 완성 목소리트레이닝』, 위즈덤하우스(2010).

○유영만 · 오세진, 『커뮤니데아』, 새로운 제안(2015).

○임유정, 『성공을 부르는 목소리 코칭』, 원앤원북스(2011).

○정재환, 『말 잘하는 아이가 공부도 잘한다』, 민미디어(2003).

○조관일, 『강의 · 강연 · 연설 이렇게 하라』, 21세기북스(1993).

○조관일, 『멋지게 한말씀』, 쌤앤파커스(2010).

○크리스티아네 슈탱거, 『기적의 기억법』, 김영옥 역, 글로세움(2006).

○황유선 · 송의식 · 조현지 · 김지민, 『커뮤니케이션과 방송스피치』, 미르컴(2012).

○EBS<기억력의 비밀> 제작진, 『기억력의 비밀』, 북폴리오(2011).

○KBS<과학카페> 기억력제작팀, 『기억력도 스펙이다』, 비전코리아(2013).

□ 참고사이트

≪21C스피치웅변아카데미≫ cafe.daum.net/speech2006

≪대한민국스피치성공클럽≫ cafe.daum.net/speech2002

≪설기문 마음연구소≫ cafe.daum.net/trancenet

≪예그리나 행복아카데미≫ cafe.daum.net/yeglina1004

≪정동문 통합변화연구소≫ cafe.daum.net/speechleadership

스피치 발표훈련 지침서
싱킹 스피치

인쇄| 2018년 12월 5일
발행| 2018년 12월 10일

글쓴이| 박경식
펴낸이| 장호병
펴낸곳| 북랜드
06252 서울 강남구 역삼동 832-7 황화빌딩 1108
대표전화 (02) 732-4574 | (053) 252-9114
팩시밀리 (02) 734-4574 | (053) 252-9334

등 록 일| 1999년 11월 11일
등록번호| 제13-615호
홈페이지| www.bookland.co.kr
이-메 일| bookland@hanmail.net

책임편집| 김인옥
교 열| 배성숙 전은경

ISBN 978-89-7787-818-1 03300

값 25,000 원